Buddhas Mittlerer Weg

Das erfahrungsbasierte Gestaltungsprinzip in seinem Wirken und Lehren

Robert M. Ellis

Buddhas Mittlerer Weg

Das erfahrungsbasierte Gestaltungsprinzip
in seinem Wirken und Lehren

Robert M. Ellis

Mit einem Vorwort von Stephen Batchelor

Aus dem Englischen von Saskia Graf

Verlag Mittlerer Weg

Ein Projekt der Buddha-Stiftung Heidelberg

Deutsche Erstausgabe 2020

Ein Projekt der Buddha-Stiftung, gemeinnützige Stiftung für säkularen Buddhismus
1. Auflage
Deutsche Übersetzung mit freundlicher Genehmigung des Autors und von Equinox, Großbritannien

Die Originalausgabe erschien 2019 unter dem Titel: *The Buddha's Middle Way Experiential Judgement in His Life and Teaching*
Übersetzung: Saskia Graf, Buddha-Stiftung
Lektorat: Jochen Weber, Buddha-Stiftung
Umschlagsdesign Claudia Tröscher

ISBN 9783753162997

Auch als eBook verfügbar mit ISBN 9783753167428

In diesem Buch sind gendergerechte Sprachformen nur verwendet, wenn sie den Lesefluss nicht stören. Ansonsten sind mit den männlichen Formen die weiblichen und alle anderen mit gemeint.

Wenn wir nach Norden gehen wollen, können wir den Polarstern nutzen, um uns leiten zu lassen, aber es ist unmöglich, zum Polarstern zu gelangen. Unser Bemühen besteht lediglich darin, in diese Richtung zu gehen.

Thich Nhat Hanh

Einführung

Soweit wir wissen, wurde der Mittlere Weg wohl erstmals explizit vom Buddha gelehrt. Der Buddha war ein Mensch, der vor etwa 2.500 Jahren auf dem nordöstlichen indischen Subkontinent gelebt haben soll. Es ist jedoch wichtig, den Mittleren Weg in Hinblick auf die Probleme unserer und nicht seiner Zeit zu verstehen und zu praktizieren. Der Mittlere Weg kann einen wesentlichen Beitrag dazu leisten, unser Leben in allen Erfahrungsbereichen angemessener zu leben.

Wie können wir mit Stress fertig werden und indes unsere Leistungsfähigkeit für eine anstrengende Arbeit bewahren? Indem man den Mittleren Weg in der Meditation praktiziert, bewahrt man ein Zeitfenster wirkungsvoller Erholung zwischen starren, willentlichen Handlungsweisen und unangemessener Hingabe. Wie können wir in einer Welt, in der sich alte Gewissheiten aufgelöst haben, moralische Urteile fällen? Indem wir den Mittleren Weg finden, in dem kein moralisches Prinzip absolut ist, sondern alle moralischen Prinzipien uns mögliche Denkanstöße geben können, um moralische Angemessenheit zu fördern. Wie gehen wir mit einer polarisierten politischen Debatte um? Indem wir einem Mittleren Weg der kritischen Reflexion folgen, von dem wir erwarten, dass gewisse Sachverhalte aus allen Perspektiven beleuchtet werden. Nichtsdestotrotz müssen wir die die Notwendigkeit eines entschiedenen Urteils erkennen, um den gegenwärtigen Bedingungen möglichst gut gerecht zu werden. In der persönlichen Praxis, in der Wissenschaft, in Beziehungen und in unserer Reaktion auf Umweltkrisen brauchen wir heute den Mittleren Weg.

Lange Zeit habe ich über den Mittleren Weg an sich geschrieben, aber vermieden, über den Buddha zu schreiben. Warum? Weil zu viele Menschen an ersteren nur in Abhängigkeit von letzterem denken. Der Buddha hat den Mittleren Weg nicht erschaffen, genauso wenig wie Newton die Schwerkraft erschaffen hat. Dem Mittleren Weg an sich muss die Hauptaufmerksamkeit gelten. Dieser Punkt wird auch allzu leicht in voreingenommenen Debatten zwischen buddhistischen Gelehrten oder Schulen vergessen. Über den Buddha zu schreiben, bedeutet oft, sich belanglosen, voreingenommenen Reaktionen auszusetzen.

Es gibt jedoch auch ausgesprochen gute Gründe, über den Buddha zu schreiben. Als Menschen sind wir geschichtenerzählende Wesen und brauchen Geschichten, die uns inspirieren. Der Buddha liefert nicht nur eine großartige, archetypische Geschichte, durch die man beginnt, den Mittleren Weg zu verstehen, viele Menschen werden vom Mittleren Weg überhaupt erst gehört haben, weil sie von Buddha und vom Buddhismus gehört haben. Trotz all der komplexen Fragen, die der Buddhismus als Tradition aufwirft, bleibt er weiterhin eine wichtige Quelle für das Verständnis des Mittleren Wegs. Erst durch den Buddhismus habe ich selbst überhaupt angefangen, ihn zu verstehen. Menschen, die sich dem Mittleren Weg aus dieser Richtung nähern, benötigen oft eine Klärung von Sachverhalten.

In diesem Geiste möchte ich über den Mittleren Weg in Verbindung mit dem Buddha schreiben. Obwohl es an vielen Stellen kritische Aspekte gibt, besteht mein Hauptanliegen darin, eine klare und positive Darstellung des Mittleren Wegs zu vermitteln, indem ich ihn *durch* die beispielhaften Erzählungen über den Buddha und seine Lehren veranschauliche. Mit dem, was der Buddha getan und gesagt hat zu beginnen, ist eine Möglichkeit, eine grundlegende Wertschätzung des Mittleren Wegs zu erlangen. Dann können wir dazu übergehen, andere mögliche Ansätze zu betrachten, aus denen heraus wir den Mittleren Weg verstehen können. Ich werde das frühe Leben des Buddha schildern, um den Prozess der Entdeckung des Mittleren Wegs zu veranschaulichen, bis ich dann in Kapitel 1.f eine erste detaillierte Darstellung seiner Bedeutung gebe.

Dank der Arbeit mehrerer westlicher und säkularer buddhistischer Lehrer und Autoren hat die nützliche Neuinterpretation des Buddha und des Buddhismus für die heutige Zeit in den letzten Jahren beträchtliche Fortschritte gemacht. Diese haben sich zu einem klareren und hilfreicheren Verständnis der Lehren des Buddha, frei von dogmatischen Beifügungen, vorgearbeitet. An erster Stelle ist hier Stephen Batchelor zu nennen. Batchelors neustes Buch *„Jenseits des Buddhismus“* bietet, meiner Ansicht nach, den bisher besten Ansatz, den hilfreichen Pfad von traditionellen Dogmen zu befreien.

Allerdings scheint es keinem dieser Autoren gelungen zu sein, sich von der letzten Last der Buddha-Debatte zu befreien – dem Rückgriff auf historische Autorität. Der Buddha, für den sie eintreten, soll der *wahre* Buddha sein, der maßgebend ist, weil er in den frühesten (oder kanonischsten) Texten zu finden ist. Alle derartigen Argumente sind Geiseln des Schicksals, abhängig von wechselnden historischen oder textuellen Aussagen. So begründet diese Aussagen jetzt auch erscheinen mögen, sie sind Gegenstand widersprüchlicher Beweise und endloser wissenschaftlicher Auseinandersetzungen über deren Interpretation. Darüber hinaus sind sie ohne Belang für den *Inhalt* der Einsichten des Buddha, welche – sofern sie von Wert sind – sehr wohl für sich selbst stehen können sollten. Deshalb möchte ich mit diesem Buch etwas anbieten, von dem ich wünschte, dass es schon zuvor jemand anderes geschrieben hätte: eine Interpretation der überlieferten Lehren des Buddha, die nur auf praktischen Erwägungen fußt und nicht auf umstrittenen Annahmen über den „wahren“ historischen Buddha.

Warum geht es mir in erster Linie um den Mittleren Weg und nicht so sehr um die anderen Lehren des Buddha? In buddhistischen Darstellungen kommt allgemein den Vier Edlen Wahrheiten, dem Achtfachen Pfad, der Dreifachen Zuflucht, Abhängigem Entstehen, usw. mehr Bedeutung zu. Die Begründung dieser Schwerpunktsetzung wird im weiteren Verlauf des Buchs immer deutlicher hervortreten. Das Schlüsselargument ist, dass *all diese anderen Lehren eine hilfreiche Interpretation des Mittleren Wegs erfordern.* Beginnen wir mit diesen und interpretieren den Mittleren Weg in ihren Begriffen, mündet dies möglicherweise in einem Dogma, das ungeeignet ist, um den Menschen in ihren sich verändernden Lebensbedingungen hilfreich zu sein. Der Mittlere Weg ist jedoch eine wahrhaft universelle Lehre, die sich auf menschliches Urteilsvermögen und nicht auf Behauptungen über die Wirklichkeit stützt. Er bietet somit einen Ausgangspunkt, um jede andere Lehre auf hilfreiche Weise zu interpretieren.

Der Mittlere Weg, so wie ich in hier verstehe und darstelle, ist eine Metapher für eine praktische Methode zur Verbesserung unseres Urteilsvermögens in allen Lebenslagen. Der Weg beginnt genau jetzt, an welchem Ausgangspunkt Sie auch immer stehen mögen, und er erstreckt sich unbeschränkt auf zukünftige Entscheidungen. Dieser Weg ist nicht deshalb der „mittlere" Weg, weil er notwendigerweise gemäßigt oder vermittelnd im herkömmlichen Sinne ist. Vielmehr vermeidet er sowohl positive als auch negative Absolutheitsansprüche. Wie wir sehen werden, bieten das Leben und die Lehren des Buddha viele inspirierende Demonstrationen dieses grundlegenden, praktischen, universellen Mittleren Wegs. Der Mittlere Weg wurde jedoch auch auf weniger hilfreiche Weise dargestellt. Auf vergleichende Aspekte verschiedener Modelle des Mittleren Wegs im Buddhismus wird später in diesem Buch eingegangen (Abschnitt 4).

Dieses Buch möchte daher zunächst eine Darstellung des Mittleren Wegs durch den Buddha geben. Es gibt jedoch verschiedene andere Dinge, auf die ich eingangs hinweisen sollte, um mögliche Missverständnisse zu vermeiden. Es ist weder eine Fürsprache für den noch eine Rechtfertigung des Buddhismus. Ich habe viel vom Buddhismus gelernt und war in einer früheren Phase meines Lebens offizieller Anhänger, bin es aber nicht mehr. Mein Ziel ist es, einige Dinge, die ich aus der buddhistischen Praxis gelernt habe, zu vermitteln und sie mit anderen Quellen der Inspiration in Beziehung zu setzen, und nicht, buddhistische Tradition an sich zu fördern.

Andererseits handelt es sich auch nicht um ein wissenschaftliches Buch in der Tradition buddhistischer Studien, auch wenn es eine ernsthafte akademische Argumentation liefert. Wie bereits erwähnt, will ich nicht den „wahren" oder „historischen" Buddha durch Textanalyse oder irgendeine andere Methode enthüllen. Ich beziehe mich auf Texte über Leben und Lehren des

Buddha (hauptsächlich die aus dem Pali-Kanon), um Quellen der Inspiration zu erschließen. *Ich versuche nicht, irgendetwas mittels Autorität zu beweisen, sei es explizit oder implizit.* Dieser Punkt sollte zu Beginn betont werden, da er von Lesenden, die mit dem traditionellen Buddhismus und seiner Gelehrsamkeit vertraut sind, beim Lesen dieses Buchs leicht vergessen zu werden scheint. An keiner Stelle sollte in meine Argumente ein Berufen auf Autorität hineininterpretiert werden und aus meiner Textauswahl sollte nicht gefolgert werden, dass ich diesen mehr historische Autorität bemesse als anderen.

Im Allgemeinen wähle ich aus, was gemeinhin als frühere Texte angesehen wird, weil diese meist eine klarere, konsistentere und ausgewogenere Sicht auf den Buddha bieten, nicht wegen ihres Alters an sich. Statt nach einem „Beweis“ im Sinne der Tradition oder ihrer akademischen Interpretation suche ich nach einer *praktisch* hilfreichen Interpretation dessen, was uns die Traditionen über den Buddha berichten. Kulturelle Akzeptanz ist daher auch ein Faktor bei meiner Auswahl von Texten, weil ich hilfreiche Interpretationen von Texten, die bereits eine tiefe Bedeutung für Menschen haben, fördern möchte.

Daher werde ich meist mit übersetzten Texten arbeiten, die englischen Lesenden zur Verfügung stehen. Ich werde mich nicht allzu sehr auf Fragen zur Herkunft oder zu den Übersetzungen dieser Texte einlassen. Der Grund dafür ist nicht, dass ich mir der sprachlichen und textuellen Fragestellungen, die die Texte begleiten, nicht bewusst wäre (ich habe Pali in Cambridge beim großen Gelehrten K.R. Norman studiert). Vielmehr bin ich der Meinung, dass diese Fragestellungen in den meisten Fällen wenig praktische Bedeutung haben. Nur wenn wir die Autorität religiöser Texte verabsolutieren und unterstellen, sie seien die unumstößliche Quelle der Wahrheit, müssen wir uns unangemessene Sorgen um ihre Authentizität machen. Wie ich darlegen werde, schließt die konkret praktisch hilfreiche Botschaft des Mittleren Wegs an sich eine solch absolute Autorität von Texten aus.

Ich bin in erster Linie ein praxisorientierter Philosoph und weniger ein Gelehrter. Ich bin für die bisherigen Arbeiten der Gelehrten bei der Übersetzung der buddhistischen Schriften dankbar. Dennoch führte mich meine Erfahrung mit buddhistischer Gelehrsamkeit zur Einsicht, dass ihre übliche Wirkung oft unnötig konservativ ist. Indem sie die Aufmerksamkeit der Menschen ständig auf Fragen der Sprache und historischen Autorität von Texten lenkt, bestärkt sie den wenig hilfreichen Glauben, wir sollten diesen Texten als Quellen des Glaubens eine übergeordnete Autorität verleihen. Meiner Erfahrung nach vermeiden es Gelehrte gewöhnlich, den *praktischen Inhalt* von Texten kritisch zu untersuchen oder ihn gar symbolisch zu würdigen.

Ich interessiere mich für den *praktischen Inhalt* der Texte in Hinblick darauf, was sie uns sagen können, was uns helfen wird, unser Leben zu entwickeln und zu verbessern. Auf viele andere Materialien zu Texten kann und sollte verzichtet werden – nicht erst, wenn die Texte als Quellen anerkannt wurden, sondern schon lange bevor die Auseinandersetzung mit ihnen zum Selbstzweck wird. Natürlich ist es immer möglich, dass wir uns bei der Interpretation alter Texte irren (was uns übrigens auch bei modernen Texten passieren könnte). Ein nachvollziehbarer Ansatz, den Bedeutungsumfang entscheidender Pali-, Sanskrit- oder anderer Wörter zu verstehen, reicht jedoch aus, ehe es zum Selbstzweck wird. Wir sollten einen Punkt erreichen, an dem es anerkanntermaßen weit wichtiger ist, eine *praktisch* hilfreiche Interpretation zu finden als eine, die bloß durch eine wie auch immer gerechtfertigte „Genauigkeit" bestimmt wird.

Ich mache mich an diese Aufgabe, kurz nachdem ich etwas Ähnliches in Bezug auf das Christentum fertiggestellt habe (*Der christliche Mittlere Weg*[1]). Sollten Sie glauben, der Mittlere Weg sei *im Wesentlichen* buddhistisch, sehen Sie sich bitte meine Ausführungen über das Christentum an, um durch Gegenbeispiele widerlegt zu werden. Dort habe ich in ähnlicher Weise eine Interpretation der Evangelien und der Schöpfungsgeschichte der Genesis dargeboten, die sich an der praktisch hilfreichen Bedeutung, die wir daraus gewinnen können, orientiert. Ich habe den Kontext in ausreichendem Maße berücksichtigt, um eine kohärente Interpretation des Texts zu liefern, aber ohne in irrelevante wissenschaftliche oder sektiererische Dispute hineingezogen zu werden. Der Mittlere Weg *kann* in Hinblick auf jegliche Tradition dargelegt werden, unabhängig davon, ob es sich um eine religiöse, philosophische, politische oder künstlerische handelt, er ist nicht die alleinige Domäne oder das Monopol irgendeiner Tradition. Allerdings befassen sich Traditionen in sehr unterschiedlichem Ausmaß mit ihm („Der Mittlere Weg im Nationalsozialismus" wäre wohl eine ziemlich überschaubare Untersuchung).

In diesem Buch ziele ich also darauf ab, die Elemente des Mittleren Wegs, die ich in den Traditionen über den Buddha finde, zu untersuchen und nicht unkritisch irgendeinen buddhistischen Standpunkt zum Mittleren Weg zu übernehmen. Wie jede Tradition wartet der Buddhismus mit Elementen des Mittleren Wegs auf, mit deren Hilfe er Bedingungen, auf die er trifft, gerecht wird, fällt aber andererseits in Dogmen zurück. Um diese Elemente in einer Tradition zu unterscheiden, ist ein kritischer Prozess unabdingbar. Dennoch ist bei der Betrachtung des Buddhismus eine besondere Wertschätzung, wie weit und wie explizit die buddhistische Tradition den Mittleren Weg befördert hat, angebracht.

An wen richtet sich also dieses Buch? Ich erwarte, dass hauptsächlich Buddhisten es lesen werden. Diese Buddhisten müssen offen dafür sein, den

[1] Ellis 2018

Buddha auf am Mittleren Weg ausgerichtete Weise zu verstehen. Das heißt, geleitet vom praktischen Wert der Lehren und der Notwendigkeit, abstrakte Absolute zu vermeiden. Ich hoffe, dass Sie dann in der Lage sein werden, solch eine praktische Lesart der Bedeutung des Buddha zu übernehmen oder sich zumindest davon beeinflussen zu lassen. Dabei wird ihnen eine neue Ressource an die Hand gegeben, um einerseits traditionalistischem Dogma und andererseits wissenschaftlicher Zerstreuung entgegenzuwirken. Es ist durchaus möglich, sich von Buddhas Mittlerem Weg in einer Weise inspirieren zu lassen, die wir mit allen Menschen, ob Buddhisten oder nicht, gemeinsam haben. Auf diese Weise können wir auch die Bedeutung dieser Inspiration auf eine Weise verstehen, die über den Mittleren Weg mit der Inspiration und Ausrichtung anderer diskursiver Traditionen kompatibel ist.

Dieses Buch könnte aber auch für Menschen von Interesse sein, die keine Buddhisten sind, die von der Vorherrschaft traditioneller Autorität und Dogmen im Buddhismus abgeschreckt wurden. Ich hoffe, dieses Buch kann diesen Menschen helfen herauszufiltern, was für ihr Leben in der buddhistischen Tradition am hilfreichsten und relevantesten ist, und dessen Beziehung zu dem, was in anderen Traditionen zu finden ist, besser zu erfassen. Auch hier sollte Menschlichkeit an erster Stelle stehen und buddhistische Tradition dahinter. Dinge auf diese Weise anzugehen kann Menschen helfen, sich mit der buddhistischen Tradition auseinanderzusetzen, die dies sonst nicht tun würden.

Das Buch beginnt daher mit den grundlegenden Erzählungen über das Leben und die Lehren des Buddha. Diese werden aus ihrem ursprünglichen Kontext entnommen mit besonderem Augenmerk auf ihre praktischen Einsichten in Hinblick auf den Mittleren Weg. Die Erörterung einiger der bekanntesten Analogien des Buddha und des Achtfachen Pfads soll ebenfalls dazu beitragen, eine vom Mittleren Weg geleitete Interpretation einiger anderer buddhistischer Schlüssellehren zu bieten. In diesem Zusammenhang muss ich mich dann unweigerlich eingehender und kritischer mit den Beschränkungen der traditionellen buddhistischen Lehre befassen und der Art und Weise, wie sie sich entwickelt hat, was offensichtlich im Widerspruch zum Mittleren Weg steht. Sehr oft ist dies eine Frage der Interpretation, aber dennoch muss klar anerkannt werden, dass einige sehr verbreitete Interpretationen buddhistischer Lehre mit dem Mittleren Weg unvereinbar sind. Diese Kritikpunkte waren das Thema meines früheren Buchs, *The Trouble with Buddhism*[2]. In diesem Buch versuche ich jedoch, diese Kritikpunkte viel umfassender in den breiteren Kontext einer konstruktiven Darstellung der wertvollen Ressourcen zu setzen, die buddhistische Lehren bieten.

[2] Ellis (2011a)

Der letzte Teil des Buches zieht Parallelen zwischen Buddhas Mittlerem Weg und einer Reihe anderer möglicher Modelle für den Mittleren Weg. Einige von ihnen gehen auf die antike Philosophie und Religion zurück, aber die meisten gründen sich auf neuere Erkenntnisse wissenschaftlicher Theorie. Selbst diejenigen, die sich anfangs hauptsächlich ausschließlich für den Buddha interessierten, sollten das Buch dann im Bewusstsein der vielfältigen Formen, die der Mittlere Weg annehmen kann, und seiner vielfältigen Ausdrucksformen menschlicher Erfahrung zu Ende lesen.

1. Der Mittlere Weg in Buddhas Frühem Leben

1.a. Die Geschichte von Siddhartha Gautama

In diesem ersten Abschnitt dieses Buchs werde ich mich mit der überlieferten Lebensgeschichte des Mannes auseinandersetzen, der bekannt wurde als der „Buddha" oder Erwachte – Siddhartha, bis zum Augenblick, den die Buddhisten als seine Erleuchtung oder sein Erwachen bezeichnen. Meine Hauptquelle für diese Schilderung ist der Pali-Kanon, mit gelegentlichen Verweisen auf die spätere und viel ausführlichere Darstellung in Ashvaghoshas „Taten des Buddha" aus dem 1. Jahrhundert[1]. Der nordöstliche Teil des indischen Subkontinents vor etwa 2.500 Jahren bildet den Handlungsrahmen.

Es ist eine *Geschichte*, wenn auch eine symbolisch bedeutungsvolle Geschichte. Die Geschichte wuchs beim Erzählen, aber ich habe versucht, bei ihren einfacheren und grundlegenderen Elementen zu bleiben, wie sie im Pali-Kanon zu finden sind. Im Großen und Ganzen handelt die Geschichte von einem Prinzen, der ein überbehütetes Leben führte, der mit diesem Leben unzufrieden wurde, ausstieg und im Wald nach religiöser Wahrheit suchte. Im Wald wurde er jedoch auch unzufrieden mit den Antworten, die ihm gegeben wurden. Er fand dann nur noch einen weiteren Weg vorwärts, nämlich indem er sich zwischen den Extremen, symbolisiert durch Palast und Wald, bewegte.

Ich möchte hier nur die *Bedeutung* dieser Erzählung untersuchen, nicht ihre Historizität. Zur Untersuchung dieser Bedeutung skizziere ich die Ähnlichkeiten zwischen der Situation Siddhartha Gautamas und der jedes anderen Menschen. Ich werde auch Parallelen zwischen der damaligen Situation und der heutigen ziehen, in der Buddhas Mittlerer Weg nunmehr verstanden und angewandt werden soll. Die Dinge, die ich über die Bedeutung der Erzählung zu sagen habe, wären von genauso großem Wert, wenn sich die ganze Geschichte als reine Fiktion erweisen würde.

Die Universalität dieser Erzählung wird in der buddhistischen Tradition dadurch unterstrichen, dass sie nur als eine von zahlreichen, sich wiederholenden Geschichten betrachtet wird. Diese Geschichten handeln von der Entwicklung aufeinanderfolgender Buddhas in aufeinanderfolgenden vergangenen Äonen. Diese vergangenen Buddhas sollen in ihren Grundzügen die gleiche Geschichte haben, die nur in geringfügigen Details abweicht. Tatsächlich finden sich viele Details der weitverbreiteten Erzählung über Siddhartha Gautama nur im Pali-Kanon als Teil einer Erzählung über einen früheren Buddha,

[1] Ashvaghosha, Buddhacarita. Johnston (1972)

Vipassi[2]. Lassen wir hier die Glaubensinhalte über Geschichte und Kosmologie beiseite und betrachten wir, was diese Wiederholung der Geschichte uns heutzutage sagt. Es geht in erster Linie darum, dass der von einem Buddha gewählte Entwicklungspfad für jeden zu jeder Zeit und an jedem Ort zugänglich ist. Wir sollten daher *nicht* davon ausgehen, dass Siddhartha Gautamas eigener Pfad einzigartig ist oder an die spezifischen Vorgaben einer Kultur oder Religion gebunden ist.

Dieser Erzählung wurde von Buddhisten zu Recht eine besondere (aber nicht einzigartige) Bedeutung beigemessen. Dies begründet sich darin, was sie uns über das Menschsein und die beste Art und Weise, auf diesen Umstand zu reagieren, zu sagen hat, obgleich es wohl auch andere Wege gibt, dieselben Punkte zu vermitteln. Lassen Sie also bitte nicht zu, dass irrelevante kulturelle Vorgaben Ihr Verständnis dieser universell bedeutsamen Geschichte beeinträchtigen.

Stellen Sie sie sich an einer Schwelle stehend vor. An der Schwelle könnten Sie Ihre schmutzigen Stiefel ausziehen. Bitte entledigen Sie sich zusammen mit Ihren matschigen Stiefeln jeglicher Besessenheit von einer unerreichbaren historischen „Wahrheit“ (die Sie ermutigen würde, sich Siddharta als *einzigartig* bedeutsam zu widmen, was er nicht ist). Befreien Sie sich auch von der Abhängigkeit gegenüber der Autorität der buddhistischen Tradition oder ihrer Lehrer (was Ihren Geist gegenüber der Universalität der Geschichte verschließen würde – eine Geschichte, nicht nur für Buddhisten). Wenn Sie diese Dinge einstweilen am Eingang ablegen, können Sie sie auf dem Weg nach draußen jederzeit wieder mitnehmen, wenn Sie möchten, aber im Haus wären sie nur störend. Sie betreten jetzt das Haus der Bedeutung, in dem es uns einzig und allein um die praktische Bedeutung der Erzählung für unser Leben geht.

---

[2] Digha Nikaya 14. Walshe (1995) S. 199 ff.

1.b. Der Palast

Siddhartha Gautama soll ein Prinz gewesen sein, der in einem Palast im Land der Shakya, nördlich des Ganges-Tals, wohlbehütet aufwuchs. Ashvaghosha berichtet ausführlich über den Luxus und Komfort dieser Umgebung. Der Pali-Kanon gibt zwar eine wesentlich kürzere Darstellung, die jedoch ausreicht, um uns einen tiefen Eindruck davon zu vermitteln:

Ich wurde fein erzogen, ihr Mönche; höchst fein, überaus fein war meine Erziehung. Im Haus meines Vaters wurden Lotosteiche angelegt: in einem blühten blaue Lotosblumen, in einem anderen weiße Lotosblumen und in einem dritten, rote Lotosblumen, nur zu meinem Vergnügen. Ich verwendete nur Sandelsalbe aus Benares und meine Kopfbedeckung, meine Jacke, mein Untergewand und meine Tunika waren aus Benares Musselin. Tag und Nacht wurde ein weißer Schirm über mich gehalten, damit mich Kälte und Hitze, Schmutz oder Tau nicht bekümmerten. Ich hatte drei Paläste: einen für den Sommer, einen für den Winter und einen für die Regenzeit. Während der vier Monate des Regens wurde ich im Palast für die Regenzeit von Musikerinnen unterhalten und ich verließ in diesen Monaten nicht den Palast. Während in den Häusern anderer Leute Diener und Sklaven eine Mahlzeit aus Bruchreis und saurem Haferbrei erhielten, wurde ihnen im Haus meines Vaters Reis und Fleisch nach Belieben angeboten.[1]

Die Lotosteiche und Paläste suggerieren überbordenden Reichtum, die Kleidung Luxus und Komfort, der Schirm Überbehütung, die Tatsache, dass er den Palast während der Regenzeit nicht verließ, Isolation. Es gibt ein Anklingen sexueller Schwelgerei bei den „Musikerinnen", das bei Ashvaghosha[2] zu einem ganzen Kapitel sexueller Versuchung exzessiv ausgearbeitet wurde. Es gibt auch Großzügigkeit oder zumindest Freigiebigkeit bei der Behandlung der Dienerschaft im Vergleich zur gesellschaftlichen Norm der damaligen Zeit.

Auch wir sind Siddhartha Gautama. Wenn wir die volle Bedeutung einer Geschichte erfassen wollen, die aus einem zeitlich und räumlich entfernten Kontext stammt, müssen wir ihre Bedeutung in Bezug auf unsere eigene Erfahrung in jeder Phase untersuchen. Was ist in diesem Zusammenhang unser Palast?

Der augenscheinlichste Aspekt des Palastes ist Reichtum und Luxus, was Buddhisten über Jahrhunderte hinweg mit Maßlosigkeit in Verbindung gebracht haben. Wir könnten diese Maßlosigkeit mit dem konsumorientierten Lebensstil all derer vergleichen, die es in der heutigen Welt zumindest

---

[1] Anguttara Nikaya 3.38. Nyanaponika und Bodhi (1999) S. 53–4.

[2] Ashvaghosha, Buddhacarita 4. Johnston (1972).

bequem oder es besser haben. Wir mögen keine drei Paläste haben, aber wir können uns zerstreuen, indem wir an verschiedene Orte in Urlaub fahren, an denen es neue Vergnügungen gibt. Wir mögen keine Bediensteten haben, aber Maschinen erledigen einen Großteil der Arbeit, die diese in der damaligen Zeit geleistet hätten. Wir mögen keine drei Lotosteiche haben, aber wir haben maßgeblichen Einfluss auf unsere häusliche Umgebung, können sie gestalten, wie wir es wünschen. Wir können diesen Einfluss auf unsere konkrete Umgebung auch zunehmend auf virtuelle Umgebungen ausdehnen, in denen es quasi unbegrenzte Möglichkeiten zur Wunscherfüllung gibt. Wir mögen keine „Musikerinnen“ haben, aber wir haben Musik, Dating-Apps, sinnliche Filme und sogar Pornografie zur Verfügung, wann immer wir wollen.

Gleichwohl ist es nicht die physische Umgebung des Palastes an sich, die dessen umfassende Bedeutung ausmacht. Vielmehr sind es die kulturellen Prägungen und gewohnheitsmäßigen psychischen Zustände, die sie begleiten. Diejenigen, die in einer armen Gesellschaft reich sind, müssen ihren Reichtum in besonderem Maße schützen. Da sich ihr Leben so sehr von anderen in ihrer Umgebung unterscheidet, entwickeln sie auch ideologische Mittel, um diese Werte zu verteidigen. Wie Marx herausstellte, werden die sozialen und wirtschaftlichen Interessen derer, die Reichtum und Ressourcen kontrollieren, oft durch die Kontrolle über Lehren aufrechterhalten, die dem Rest der Gesellschaft durch soziale Konditionierung von Kindesbeinen an eingebläut werden.

Es gibt zwei leicht unterschiedliche Vorgehensweisen, um solch eine herrschende Ideologie aufrechterhalten zu können. Eine Methode besteht darin, seine privilegierte Position mit einer universellen Quelle von absolutem Wert zu legitimieren – Gott hat sie verliehen, sie ist „natürlich“ oder „unumgänglich“. Eine andere besteht darin, seine Position als eine nur für sich und seine Gruppe in einzigartiger Weise gerechtfertigte darzustellen. Das bedeutet, unterschiedliche Werte anzuführen, die unterschiedliche Positionen für verschiedene Gruppen festlegen („es ist unsere gewohnte Praxis, derartige Dinge zu tun, auch wenn die Gewohnheiten anderer sich davon unterscheiden“). Diese beiden Ansätze sind nicht immer völlig voneinander zu trennen, weil natürlich unterschiedliche Werte als Teil eines größeren letztendlichen Werts beansprucht werden können. Wie dem auch sei, die Ideologie verhindert, das unangenehme Fragen, hinsichtlich möglicher Veränderung der Gesellschaftsordnung aufgeworfen werden.

In Siddhartha Gautamas Umfeld scheint es in der Gesellschaft bereits konkurrierende Werte gegeben zu haben. Wir wissen dies schlicht aufgrund der zahlreichen Debatten, die der Buddha später mit Vertretern verschiedener anderer Sichtweisen führte, die alle im Pali-Kanon niedergeschrieben sind. Wo es unterschiedliche Werte gibt, ist es für die herrschenden Klassen schwieriger, einfach zu behaupten, dass ihre Position gottgegeben, natürlich und notwendig sei. Die Alternative besteht jedoch darin, sich überhaupt nicht mit universellen Fragen zu beschäftigen, sondern die eigenen Werte auf einen bestimmten, begrenzten Kontext zu gründen. Je isolierter oder abgeschirmter dieser Kontext ist, desto leichter ist es, diese begrenzten Werte als die einzig denkbaren aufrechtzuerhalten. Die abgeschirmte Lebensweise von Siddhartha im Palast stellt eine Möglichkeit dar, Überzeugungen gegen Kritik zu immunisieren.

Eine moderne Analogie dazu ist vermutlich weniger geographische Isolation, sondern vielmehr der „Echokammer"-Effekt in sozialen Medien. Dieser Effekt entsteht dadurch, dass Menschen in sozialen Medien nur die Inhalte sehen, die für sie ausgewählt wurden – entweder gezielte Werbung oder Freunde, die sie ausgewählt haben, weil sie wie sie sind, oder ihre Interessen teilen. Wenn Menschen nicht mit gegensätzlichen Ansichten in Kontakt kommen und sich mit diesen auseinandersetzen müssen, sehen sie ihre Annahmen als die einzig möglichen und vernünftigen an. Einmal mehr scheint der Palast Kernelemente des modernen Lebens zu repräsentieren: nicht nur konsumorientierte Bequemlichkeit, sondern auch intellektuelle Isolation.

Als Produkt dieser Umstände repräsentiert der Palast auch die Überzeugung, dass es keinen besseren oder universelleren, über den spezifischen Kontext hinausgehenden Wert gibt, an dem man arbeiten kann. Der Palast ist somit ein tief konventioneller Ort, an dem die Werte der königlichen Familie absoluten Vorrang haben. Diese Konventionalität ist möglicherweise sehr stark mit Pflichten verbunden und ritualisiert, wie es bei der britischen Königsfamilie oft dargestellt wird. Dennoch könnte sie auch ein hohes Maß an hedonistischer Genusssucht befördern, wie sie in Ashvaghoshas weiterentwickelter Version von Buddhas Lebensgeschichte dargestellt wird.

Der Glaube, es gebe keine berechtigten Werte, die höher als Konvention sind, ist *Relativismus*, den ich als eine Ansicht verstehe, dass kein bestimmter Wert besser gerechtfertigt ist als irgendein anderer. Man kann sich vorstellen, dass Siddhartha von seinen Eltern, anderen Verwandten oder sogar treuen Dienen gedrängt wird, „ein anständiger Prinz" zu sein. Das würde bedeuten, die Werte seiner Vorväter allein auf Grund seiner Position aufrechtzuerhalten. Sie würden sagen, ein Priester oder religiös Suchender zu sein, mag für andere das Richtige sein, aber nicht für dich. Es gibt kein allgemeineres moralisches Ziel, das alle Menschen einschließen sollte, würden sie unterstellen, es gibt nichts Höheres, das man anstreben kann.

Wiederum ist dieser Relativismus ein Standardmerkmal modernen Lebens. Um Konflikte zu entschärfen, greifen wir nur allzu gerne darauf zurück, wenn wir Menschen mit anderen Wertvorstellungen treffen: „Es ist OK für dich, aber nicht für mich." Hindus können arrangierte Ehen eingehen,

Muslime Halal-Fleisch essen und Vietnamesen Hunde – nicht meine Gepflogenheit, aber jedem das Seine. Solch eine Haltung mag oft nur in angemessener Toleranz gegenüber harmlosen Unterschieden bestehen, aber sie kann auch eine weitere Bewertung oder Beurteilung unterbinden, wenn diese vonnöten sind. Relativismus mag weniger selbstverständlich gegenüber Nazis sein, die Juden massakrieren oder gegenüber Verstümmlern weiblicher Genitalien in vielen Teilen des heutigen Nordafrikas. Wir können es uns nicht leisten, die Möglichkeit, zu urteilen, zu unterbinden.

Wir stellen nun fest, dass der Palast nicht für einen einzelnen Glauben oder eine Glaubensrichtung steht, sondern für eine ganze Reihe voneinander abhängiger. Es gibt Maßlosigkeit, aber diese Maßlosigkeit braucht die Unterstützung einer isolierten Konventionalität. Diese Konventionalität ist auch in der Lage, jeglichen Konflikt mit anderen Werten durch Relativismus abzuwehren.

Vielleicht haben Sie auch bemerkt, dass diese Werte in recht enger Beziehung zu dem stehen, was oft als ihr Gegenteil angesehen wird. Gerade die Tatsache, dass diese Werte und ihre Gegenteile voneinander getrennt werden und nicht hinterfragbar sind, ist das Bedeutsamste an ihnen. Es wäre überhaupt nicht schwer, sich Siddhartha in Folge der Isolation als streng und pflichtbewusst vorzustellen, wie es viele Palastbewohner tatsächlich waren. Die Konventionalität könnte auch genauso gut mit Absolutismus wie mit Relativismus in Verbindung gebracht werden. Die Palastbewohner könnten also davon überzeugt sein, im Besitz universeller Wahrheit (über Gottes Gebote oder die Natur oder was auch immer) zu sein und, dass dies ihnen ihre erhabene gesellschaftliche Stellung verleiht.

Letztlich ist das Bedeutsamste am Palast dessen Verhältnis zur Macht. Die Machthaber werden eine Ideologie aufrechterhalten, mit deren Hilfe sie ihre gesellschaftliche Stellung behaupten können. Macht wird erhalten, indem alternative Ansprüche derer, die sie anfechten könnten, nicht mehr gelten. Wir erhalten Macht über andere oder unterdrückte Teile unserer selbst, indem wir uns weigern, alternative Werte anzuerkennen, die diese Macht angreifen könnten. Der Palast ist an der Macht und er bleibt es, indem er sich isoliert und den Glauben aufrechterhält, das müsse so sein.

1.c. Die Vier Zeichen und sein Fortgehen

Solange wir uns sicher fühlen, gibt es nur wenig Beweggründe, unsere Einstellungen zu ändern. Wir neigen dazu, die Welt im Sinne der willfährigen Weltanschauung zu interpretieren, die diese Sicherheit aufrechterhält. Es braucht schon etwas, das zumindest unbequem und herausfordernd, vielleicht sogar traumatisch ist, um diese Selbstgefälligkeit zu erschüttern und uns zu zwingen, unsere Annahmen zu überdenken. So war es auch bei Siddhartha Gautama. Sein Leben im Palast war solide und sicher, solange es nicht durch von außen einwirkende Bedingungen in Frage gestellt wurde. Aber es wurde in Frage gestellt – in Form der sog. „Drei Erkenntnisse" oder „Vier Zeichen".

Die „Drei Erkenntnisse" werden im Pali-Kanon als Teil der Erzählung über Siddhartha dargelegt. Die „Vier Zeichen" hingegen finden sich nur als Teil der Erzählung über Vipassi, den früheren Buddha eines vergangenen Zeitalters. Die „Drei Erkenntnisse" bestehen nur in neuen Gedanken, die Siddhartha in Form einer Einsicht kommen, dass seine Standpunkte zu Altern, Krankheit und Tod unangemessen sind. Es gibt einige wichtige Gegebenheiten, die sein Leben im Palast ausblendet, und ihm eröffnen sich, möglicherweise im Eiltempo, unterdrückte Erkenntnisse.

> *Inmitten solcher Pracht und eines völlig unbeschwerten Lebens, ihr Mönche, kam mir dieser Gedanke: „Ein unkundiger Weltling, obwohl selbst dem Alter unterworfen, ohne dem Alter entrinnen zu können, fühlt sich abgestoßen, beschämt oder angewidert, wenn er einen alten oder gebrechlichen Menschen sieht, lässt seine eigene Situation dabei außer Acht. Doch auch ich bin dem Altern unterworfen, kann dem Altern nicht entgehen. Wenn ich beim Anblick eines alten und gebrechlichen Menschen abgestoßen, beschämt oder angewidert wäre, wäre dies nicht angemessen für jemanden wie mich." Als ich so dachte, Mönche, schwand all mein Stolz auf meine Jugendlichkeit.*[1]

Genau das gleiche wird dann über die Einstellungen zu Krankheit (beseitigt Siddharthas „Stolz auf seine Gesundheit") und Tod (beseitigt seinen „Stolz auf sein Leben") gesagt. Besonders interessant an dieser Fassung ist, dass sie sich nur auf die Erkenntnis Siddharthas konzentriert, dass er sich nur wegen begrenzter Bewusstheit vom Alter abgestoßen, beschämt und angewidert fühlt. Er hat Jugendlichkeit, neben Gesundheit, Alter und Leben als gegeben angenommen und seine gegenwärtige Annahme, diese seien dauerhaft, verabsolutiert.

Die „Vier Zeichen" ist eine alternative Fassung derselben Erkenntnisse. Sie inszeniert die „Drei Erkenntnisse" so, wie sie Menschen in der Welt

---

[1] *Anguttara Nikaya* 3.38. Nyanaponika und Bodhi (1999) S. 54.

jenseits des Palastes erleben. Sie fügt auch eine vierte Person hinzu – einen *Shramana* oder Hauslosen, religiös Suchenden, der ein neues Modell alternativer Denk- und Lebensweise bietet. Diese Fassung der Geschichte wird im Pali-Kanon über den früheren Buddha Vipassi erzählt[2]. Hier wird die Begegnung des Protagonisten mit Alter, Krankheit und Tod zu einer neuen Erkenntnis, indem sie auf diese Weise nach außen hin in Szene gesetzt wird. Er wird als auf naive Weise damit nicht vertraut dargestellt. Er macht seinen ersten Ausflug mit dem Wagen aus einem Palastmilieu heraus, wo er in völliger Unkenntnis darüber gehalten wurde, dass so etwas wie Altern, Krankheit und Tod überhaupt vorkommt.

Diese Geschichte wird bei Ashvaghosha noch weiter ausgearbeitet. Hier *veranlassen die Götter das Erscheinen* eines alten Mannes, eines kranken Mannes und eines Leichnams, Siddhartha begegnet ihnen nicht wirklich[3]. In Ashvaghoshas Fassung ist alles eine theatralische Inszenierung oder bloße Scheinwelt, um Siddharthas Gedanken zu manipulieren. Während Siddharthas Eltern alles versuchen, um die gefällige Sicherheit im Palast nicht zu erschüttern, arrangieren die Götter, die das Wohl der Welt anstreben, Gegendarstellungen, um ihn daraus aufzurütteln. Seine Eltern sind entschlossen, Siddhartha wegen einer bei seiner Geburt gemachten Prophezeiung abzuschirmen. Diese Prophezeiung besagte, er würde entweder ein großer König werden oder, wenn er das königliche Leben verließe, stattdessen eine große, erleuchtete Persönlichkeit. Ihr Motiv ist offensichtlich, ihn zu einem großen König zu machen, und auf diese Weise die unkonventionelle und störende Gefahr zu bannen, dass ihr Sohn sich auf eine persönliche spirituelle Suche begibt.

Sehr leicht wird man durch diese Ausgestaltung der Geschichte dazu verleitet, Siddharthas Einsichten hier als Teil einer scheinbar vorbestimmten Entwicklung für die ganze Welt zu betrachten. Aber das große Kino betont lediglich die Bedeutung von Siddharthas Einsichten. Man könnte leicht annehmen, dass sie wichtig sind, weil sie die Grundlage einzigartiger Offenbarungsansprüche in der buddhistischen Tradition bilden. Wenn wir uns jedoch auf die eigentlichen Einsichten konzentrieren, gewinnen sie weit mehr Einfachheit und Universalität. Sie sind *wegen* dieser Universalität wichtig. Wenn wir anfangen, sie nur in Hinblick auf die Behauptungen einer Tradition zu betrachten, verlieren sie sogar an Bedeutung. Sie werden dann bloß zu entfernten historischen Ereignissen von anthropologischem Interesse innerhalb spezifischer Kulturen.

---

[2] *Digha Nikaya* 14.2.1–15. Walshe (1995) S. 207–10.

[3] Ashvaghosha, *Buddhacarita* 3. Johnston (1972).

Die buddhistische Tradition neigt zudem dazu, Siddhartha hier als die Wahrheit des „Leidens“ (*Dukkha*) erkennend darzustellen, verkörpert durch Vergänglichkeit (*Annica*). Alter, Krankheit und Tod sind letztlich Veränderungen, die Leiden verursachen, und sie zu verleugnen könnte dazu führen, die Tatsache des Wandels zu ignorieren. Wäre dies tatsächlich alles, hätte die Geschichte immer noch eine universelle Bedeutung. Wahrscheinlich haben wir alle schon einmal den Rausch der Jugend, Gesundheit oder des Lebens empfunden, über den Siddharthas „Erkenntnisse“ ihn hinausführen. Das Versäumnis, das Leid des Wandels zu erkennen, ist jedoch nur eine mögliche Form des umfassenderen Täuschungsmusters, über das Siddhartha hier hinausgeht. Wäre das nicht der Fall, wäre seine Geschichte nicht relevant für diejenigen, die sich konsequent mit Alter, Krankheit und Tod auseinandergesetzt haben, statt ihre Auswirkungen auf uns zu verdrängen. Siddhartha erkennt nicht nur das „Leiden“ – die Bedeutung seiner Erkenntnis hat einen breiteren Geltungsbereich als das. Es ist vielmehr ein Erkennen der Begrenztheit von Verabsolutierung und der Notwendigkeit, eine kritische Haltung einzunehmen, die darüber hinausgeht, unabhängig von der Annahme, die wir verabsolutiert haben. Wir könnten durchaus denken, dass Jugend, Gesundheit oder Leben alles sei. Wir könnten auch denken, dass unsere Nation oder unser geliebter Partner oder katholisches Dogma oder der Sturz des Kapitalismus oder sogar Buddhismus alles sei. Jedes Mal können wir ein böses Erwachen erleben, in dem die Begrenztheit dessen, was wir für das Ganze hielten, plötzlich offenbar wird. Nur wenn wir Siddharthas Drei Erkenntnisse so interpretieren, erhalten wir ein Bild von universeller Relevanz und vollständiger Flexibilität.

Das vierte Zeichen fügt auch ein Element hinzu, das in den Drei Erkenntnissen nicht vorhanden ist – eine Alternative. Nur wenn wir eine Alternative zu den begrenzten zuvor erwogenen Optionen haben, können wir darüber hinausgehen. Wenn wir uns vorstellen, Siddhartha nähme nur die Begrenztheit seiner Annahmen über Jugend, Gesundheit und Leben wahr, ohne eine Alternative Sichtweise zu haben, könnte das Ergebnis lediglich ein Gefühl sein, in der Falle zu sitzen. Negative Gefühle gegenüber unseren Annahmen zu haben, ohne einen Ausweg daraus, könnte quälend sein. In genau diesem Zustand sind wir oft gefangen, wenn wir mit einer Sichtweise unzufrieden sind, die unseren Bedürfnissen nicht mehr gerecht wird. Unsere Erfahrung oder Vorstellungskraft kann dann zu begrenzt sein, um uns über die bloße Verneinung dieser Sichtweise hinauszuführen. Denken Sie an einen religiösen Gläubigen, dessen ganzes Leben auf absoluten Überzeugungen gründete, der dann aber „seinen Glauben verliert“, nicht mehr länger in der Lage ist, diese Überzeugungen aufrechtzuerhalten. Er könnte zu denken anfangen, Gott sei theoretisch unmöglich und absurd. Gleichzeitig aber kann er ohne Gott nur

Nichtigkeit sehen – ein Leben ohne die einzige Art von Bedeutung, die er bisher erfahren konnte. Infolgedessen fühlt er sich vor die Wahl gestellt, entweder an einem Glauben festzuhalten, den er intellektuell betrachtet für bankrott hält, oder ihn für eine Welt der Sinnlosigkeit aufzugeben. Welch grausames Los! Aber eins, das nur durch unsere falsche Beschränkung auf zwei gegensätzliche Möglichkeiten (eine Sichtweise und ihre Verneinung) und das Unvermögen, die Möglichkeit der Existenz dritter Optionen auch nur in Betracht zu ziehen, verursacht ist.

Glücklicherweise hat der Buddha eine dritte Option zwischen einem Weiterleben in den allseitigen Zwängen der Palast-Sichtweise und der potenziellen Nichtigkeit, die jenseits des Palastes liegen könnte. Diese dritte Option wird durch die vierte Sichtweise offengelegt:

> *Als er in den Lustgarten gefahren wurde, sah Prinz Vipassi einen kahlköpfigen Mann, einen, der fortgegangen war, in einer gelben Robe. Und er sagte zum Wagenlenker: „Was ist mit diesem Mann los? Sein Kopf ist nicht wie der anderer Männer und seine Kleidung ist nicht wie die anderer Männer."*
> *„Prinz, man nennt ihn einen, der fortgegangen ist." „Warum nennt man ihn einen, der fortgegangen ist?"*
> *„Prinz, mit einem, der fortgegangen ist, meinen wir einen, der wahrhaft dem Dhamma folgt, wahrhaft Gelassenheit lebt, gute Handlungen ausführt, verdienstvolle Taten vollbringt, harmlos ist und wahrhaft Mitgefühl für lebende Wesen hat.*[4]

Es ist der bloße Unterschied zwischen dem *Shramana* und dem ihm zuvor Bekannten, der das Interesse des Prinzen weckt. Er sieht anders aus und sein andersartiges Aussehen deutet auf einen abweichenden Lebensstil mit abweichenden Annahmen hin. Im alten Indien dürfte dieser Unterschied weit mehr als nur eine andere Berufswahl gewesen sein, vielmehr ist es ein grundlegender Unterschied in Tradition und Kultur. Die Tradition, als hausloser Wanderer fortzugehen, wurde oft mit Urvölkern im alten Indien in Verbindung gebracht – denjenigen, die den dominanten Eindringlingen vorausgingen, von deren Nachkommen Siddhartha Gautama möglicherweise abstammt. Was auch immer die historische Erklärung für kulturelle Unterschiede zwischen Siddharthas Hintergrund und dem des *Shramana* sein mag, was zählt ist die erstaunliche Tiefe der kulturellen Kluft. Heute wäre möglicherweise die naheliegendste Analogie der Spross eines Mitglieds der sozioökonomischen Elite, der aus Oxford oder Harvard „aussteigt" und sich einer Gemeinschaft schäbiger Landstreicher anschließt.

---

[4] *Digha Nikaya* 14.2.14. Walshe (1995) S. 209–10.

Neben der kulturellen Kluft gibt es jedoch auch eine Idealisierung der *Shramanas*. Was immer dieser Mann macht, er macht es „wahrhaft". Er wird nicht als eine Person gesehen, die einen Entwicklungsprozess durchläuft, der *darauf abzielt*, besser und argloser zu sein, sondern einfach als eine absolute Verkörperung von Tugend und Mitgefühl. Die Idealisierung findet sich nicht nur in den Worten des Wagenlenkers, sondern auch in der Eilfertigkeit, mit der Siddhartha hierauf beschließt, denselben alternativen Lebensstil anzunehmen. Obwohl also der *Shramana* eine echte Alternative bietet, ist es eine idealisierte Alternative. Im Fortgang der Geschichte werden wir sehen, welche weiteren Beschränkungen durch diese Idealisierung entstehen und wie Siddhartha sie überwindet.

Während Siddhartha dieses alternative Leben wählt, indem er aus dem Palast in den Wald „fortgeht", entwirft er bereits implizit die Vorstufen zur Auseinandersetzung mit dem Mittleren Weg. Er tut dies, obwohl der Mittlere Weg noch nicht explizit Teil seines Denkens ist. Denn der Mittlere Weg beginnt, wo auch immer wir anfangen, und er ist der hilfreichste Pfad, der vor uns liegt. Es mag unmöglich sein, direkt vom Erkennen der Begrenzungen einer Reihe von Annahmen zu einer ausgewogenen Position zu gelangen, in der wir auch die Begrenzungen des Gegenentwurfs sehen. Wir müssen uns von der ersten Palette absoluter Annahmen befreien, bevor wir die zweite mit gegensätzlichen überhaupt klar genug verstehen können. Um uns auf den Mittleren Weg einzulassen, müssen wir also vermutlich damit beginnen, vom anfänglichen Kontext mit all seinem Ballast absoluter Annahmen „fortzugehen". Dabei ist es schwierig, die Alternative nicht zu idealisieren, weil alle Erwartungen auf ihr lasten.

In Ashvaghoshas erweiterter Fassung des „Fortgehens" wird der Konflikt auf Grund absoluter Annahmen auf beiden Seiten durch einen zusätzlichen moralischen Konflikt betont. Es wird verdeutlicht, dass Siddhartha durch sein „Fortgehen" seine Frau und seinen kleinen Sohn im Stich ließ sowie seine Eltern und zukünftige Pflichten. Siddharthas Wagenlenker, Chanda, erinnert ihn an diese sozialen Verantwortlichkeiten und versucht erfolglos, ihn davon abzuhalten, dem weltlichen Leben zu entsagen.[5] Dies bringt heutige Lesende, die sich voll und ganz mit Siddhartha als Helden identifizieren wollen, oft in moralische Konflikte, da er ein für viele heutige Lesende zentrales moralisches Tabu gebrochen hat. Die alten Inder mögen seine Familie zu verlassen, nachsichtiger beurteilt haben (vorausgesetzt, sie wurden von anderen Verwandten versorgt), vor allem, weil sie „Fortgehen" demgegenüber idealisierten. Für heutige Lesende, die sich schwertun, den universellen, spirituellen Helden zu finden, den sie in solch einer präfeministischen Figur suchen –

---

[5] Ashvaghosha, *Buddhacarita* 6. Johnston (1972).

offensichtlich konsultiert er nicht einmal seine Frau, um ihre Unterstützung und Zustimmung zu erhalten, bevor er sie verlässt - dürfte dies jedoch ein schwacher Trost sein

Es gibt aber eine weitere Lesart des Fortgehens, die diesen Wunsch, Siddhartha zu idealisieren, loslässt. Bei dieser Lesart muss Siddhartha nicht perfekt sein und somit müssen wir seine Fehler nicht wegrationalisieren. Er findet Wege nach vorn, die unweigerlich verworren und unbefriedigend sind, und die Opfer vielerlei Art erfordern. Aber genau in der Verworrenheit dieses Prozesses liegt die Universalität des Mittleren Wegs. Siddhartha stellt in Frage, was er bisher für absolut hielt – die Werte des Palastes. Er hat sein ganzes Leben lang auf diese Werte gesetzt. Um sich von der absoluten Macht dieser Werte zu befreien, muss er das Extrem der Loslösung wählen. Vielleicht können wir uns andere mögliche Wege vorstellen, die er hätte einschlagen können, die kompromissorientierter gewesen wären. Wäre es so schwierig gewesen, vorerst im Palst zu bleiben, während er Alternativen kennenlernt und sogar seine Macht im Palast nutzt, um schrittweise seine Werte zu verändern? Aber wahrscheinlich hätte Siddhartha dies nicht praktisch umsetzen können. Stattdessen würde seine psychische Gewöhnung an die Werte des Palastes ihn weiterhin beherrschen. Nur durch seine Flucht und zunächst, indem er das Extrem gegensätzlicher Werte ausprobiert, kann er verhindern, in die alles verzehrende, absolute Umgebung, die ihn umgibt, hineingezogen zu werden. Um wegzukommen, muss er Opfer bringen, selbst solche, die sich auf andere auswirken, und es kann sich durchaus als Fehler erweisen oder als etwas, das man später bereut. Alles, was wir also tun können, ist zu versuchen, die Gesamtheit der Bedingungen zum Zeitpunkt unseres Urteils zu berücksichtigen. Wenn wir nur einer starren moralischen oder sonstigen Regel folgen, könnten wir wichtige Bedingungen außer Acht lassen.

Ein universeller Wert, den die Vier Zeichen vermitteln, ist Vorläufigkeit. Wenn unsere Urteile nur vorläufig sind, können wir eine kritische Sichtweise auf unsere gewohnheitsmäßigen Annahmen einnehmen (wie durch die Drei Erkenntnisse verdeutlicht). Entscheidend ist jedoch, dass wir auch neue Alternativen erkennen und in Betracht ziehen können (wie durch das Vierte Zeichen verdeutlicht).

Indem Siddhartha über einen verabsolutierenden Kontext hinausgeht, in dem er gezwungen wäre, in der alten Weise zu denken, schließt sein „Fortgehen" auch den ersten Schritt anderer grundlegender Prinzipien ein, die ich (im weiteren Verlauf) als Aspekte des Mittleren Wegs erörtern werde. Dazu gehört Skepsis, mit der wir unseren fehlbaren, menschlichen Status anerkennen und so die Gewissheiten in Frage stellen, die wir nur übernommen haben, weil wir diese Fehlbarkeit in der Vergangenheit ignoriert haben. Dazu gehört auch die Integration, die eigentliche Konfliktbewältigung, indem wir über festgefahrene Positionen hinausgehen, entweder bei uns oder anderen. Fest verwurzelte Spaltungen zu beseitigen ist relativ einfach, wenn wir bereits zivilisierte Bedingungen für Dialog und Reflexion geschaffen haben. Es ist sehr viel schwieriger, wenn wir durch die Macht einer Gruppe gefangen sind, die enormen Druck auf uns ausübt, damit wir weiterhin in einer bestimmten absoluten Weise, in Übereinstimmung mit ihren Werten denken. Der erste Schritt zur Integration muss darin bestehen, uns von den Werten dieser Gruppe so weit zu trennen, dass ein breiteres Bewusstsein entstehen kann. In dieser Phase hat Siddhartha sowohl in Hinblick auf seine Skepsis als auch auf seine Integration noch Wegstrecke vor sich, aber er beginnt, sie implizit zu erkennen und anzuwenden.

Dieser erste Schritt ist wahrscheinlich der schwierigste und riskanteste des Mittleren Wegs. Er macht uns anfällig für Frustration, Ablehnung, Spott, moralische Ächtung oder fast jede Strafe, die uns die Gruppe auferlegen kann. Es ist zugleich der schwierigste Schritt, sich sicher oder gelassen zu fühlen, wenn wir ihn gehen, weil wir immer noch von absolutem Denken herumgeschubst werden. Wir haben vielleicht nur ein schwaches und vorläufiges Bewusstsein unserer umfassenderen Erfahrung.

Es gibt aber immer einige Mutige, die bereit sind, diese ersten Schritte zu gehen. Denken Sie an den Whistleblower, der Korruption in einer großen und mächtigen Organisation aufdeckt. Denken Sie an den Priester, der die Grundannahmen seiner Kirche zu überprüfen beginnt und riskiert, seinen Gläubigenstatus zu verlieren, den er sich während seines ganzen Lebens und seiner Karriere aufgebaut hat. Denken Sie an den Junioroffizier, der beschließt, Befehle zu missachten, auf die Gefahr hin, wegen Hochverrats hingerichtet zu werden. Diese Menschen sind sich weder bewusst, Helden zu sein, noch wissen sie, dass es gut ausgehen wird. Dennoch gehen sie Risiken ein – sie blicken über den eigenen Tellerrand hinaus und wagen es, anders zu denken. Auf diese Weise bleiben sie mit dem Kern moralischer Motivation verbunden, auch wenn sie Regeln missachten. „Fortgehen“ kann für all das stehen, wenn wir unseren Geist für diese Inhalte öffnen, und sie nicht nur für Handlungen des zur Erleuchtung vorbestimmten Buddhas halten. Man sollte das „Fortgehen“ lieber als Fehler betrachten, als es im Nachhinein zu rechtfertigen, denn seine Hauptbedeutung liegt in der Bereitschaft, Fehler zu machen.

1.d. Der Wald: Spirituelle Lehrer

Der „Wald“ repräsentiert die unkultivierten, unzivilisierten Gebiete, die im alten Indien offensichtlich wesentlich ausgedehnter waren als heute. Wenn man sich nun im Wald aufhält, beginnt man, sich jenen Erfahrungsbereichen zu stellen, die zuvor von kultivierten Konventionen und Annahmen verdrängt wurden. Der Wald wird oft mit Angst assoziiert – vor wilden Tieren, Verhungern, Orientierungslosigkeit. Daher ist er auch der beste Ort, um seinen Ängsten zu begegnen sowie zu beginnen, diese zu integrieren[1]. Diejenigen, die „fortgehen“ in die „Hauslosigkeit“, sollten die Möglichkeit schaffen, die üblichen Annahmen der menschlichen Gesellschaft hinter sich zu lassen. Zusammen mit diesen schwinden Sicherheit und Schutz der von der Gesellschaft geschaffenen Umwelt, auch wenn sie de facto nahe genug bei menschlichen Behausungen bleiben müssen, um Nahrung zu erhalten.

Es gibt heutzutage vielfältige Möglichkeiten, wie Menschen in den „Wald“ „fortgehen“, um gleichermaßen Befreiung von sozialen Vorgaben zu erlangen und dadurch ihr Bewusstsein über die Grenzen ihres sozialen Kontexts hinaus zu erweitern. So gibt es Wildnis-Erfahrungen und -Entdeckungsreisen, individuelle und gemeinschaftliche Retreats, Wanderungen und Pilgerreisen – ob lang oder kurz, „religiös“ oder „säkular“. Religiöse Gebäude wie Kirchen, Moscheen und Tempel erinnern in ihrer Konstruktion und Raumnutzung oft an den Wald. Sie bieten Inseln der Besinnung inmitten der obsessiven Atmosphäre moderner Städte. In gewisser Weise können Museen, Kunstgalerien, Gärten und Parks die gleichen Möglichkeiten bieten. Sogar Zuhause kann ein Meditations- oder Gebetsraum, ein Arbeits- oder Schlafzimmer einen Raum schaffen, in dem der Druck sozialer Erwartung und Glaubensvorstellungen vorrübergehend aufgehoben werden kann. Wir können in größerem oder kleinerem Rahmen fortgehen, anfangs vielleicht zur Entspannung. Durch Entspannung wird jedoch die Vorstellungskraft wiederhergestellt und wieder geöffnet und es können alternative Sinngehalte entstehen, so dass wiederum alternative Überzeugungen möglich werden.

Siddhartha Gautama ging jedoch sehr entschlossen und idealistisch in den Wald fort. Anstatt sich vorübergehend dorthin zu begeben, um eine andere Perspektive auf sein übliches Leben zu gewinnen, gab er dieses frühere Leben vollständig auf:

> ... *Obwohl meine Mutter und mein Vater es sich anders wünschten und heftig weinten, rasierte ich mir Haare und Bart ab, zog die gelbe Robe an und ging fort aus dem häuslichen Leben in die Hauslosigkeit.*[2]

---

[1] *Majjhima Nikaya* 4. Ñanamoli und Bodhi (1995) S. 102 ff.

[2] *Majjhima Nikaya* 26.14. Ñanamoli und Bodhi (1995) S. 256.

Dabei übernahm er eine Reihe kultureller Konventionen, die damals im alten Indien üblich waren: die der *Shramanas*. Die *Shramanas* eröffneten der übrigen Gesellschaft einen wertvollen Zugang zur sonst unterdrückten alternativen Perspektive jenseits der Normen, Konventionen und Verantwortlichkeiten des Haushaltslebens. Innerhalb der indischen Kultur stand (und steht) diese umfassende Sicht religiösen Lebens in einem Spannungsfeld zum brahmanischen Modell. Ein Brahmane ist ein Priester, der aus einer gesellschaftlichen Führungsposition heraus rituelle Dienste leistet. Das brahmanische Modell muss sich auf dogmatische Gewissheiten über eine natürliche Ordnung berufen, wobei passende hinduistische Rituale durchgeführt werden. Der *Shramana* ist hingegen in der Position, all diese Gewissheiten in Frage zu stellen. Zur Zeit Buddhas gab es offensichtlich eine große Vielfalt an *Shramana*-Schulen, die sehr unterschiedliche Theorien über religiöses Leben boten[3]. Dennoch ist es der Kontrast zwischen dem Lebensstil des *Shramanas* und des Haushälters an sich, der eine starke Dichotomie geschaffen hat. Diese Dichotomie zeigte sich sowohl im Umfeld des Buddha als auch im Modell religiösen Lebens, dass sich im frühen Buddhismus etablierte[4]. Indem Siddhartha in den Wald fortgeht, überwindet er die gewaltige Kluft zu einem alternativen und sehr viel offeneren religiösen Lebensstil.

In diesem offenen Lebensstil, der nur durch eine individuelle Suche bestimmt war, stand es jedem *Shramana* frei, allein zu meditieren und zu reflektieren oder sich Gruppen anderer *Shramanas* anzuschließen. Unerfahrene *Shramanas* fühlten sich jedoch offensichtlich davon angezogen, die relative Sicherheit eines spirituellen Lehrers zu suchen. Ein Lehrer konnte dem frischgebackenen Aussteiger helfen, sich erfolgreich mit diesen neuen Bedingungen auseinanderzusetzen. Der Unterrichtsrahmen (und die Solidarität mit anderen Schülern) konnte aber auch im Kleinen die gleichen Bedingungen schaffen, die sie gerade in der Mehrheitsgesellschaft aufgegeben hatten, die in allen vergleichbaren menschlichen Lebenswelten anzutreffen sind: feste Führungs- und Gesellschaftsrollen, Annahmen und Konventionen, die von der Gruppe geteilt werden, und Fragen der Abgrenzung, wer in die Gruppe aufgenommen werden sollte. Diejenigen, die ihren ursprünglichen sozialen Kontext auf so entschiedene Weise verlassen, sind anfällig für neue Formen der Ausbeutung durch etwas, was wir heute „religiöse Sekte“ nennen würden. Das liegt daran, dass sie noch keine hinreichend verwurzelten alternativen Wege gefunden haben, um ihre menschlichen Bedürfnisse nach sozialer Unterstützung zu befriedigen.

---

[3] Ling (1973) Kapitel 5.
[4] Ray (1994) S. 15 ff.

Dies ist der Handlungsrahmen, in dem wir die nächste Phase von Siddharthas Geschichte interpretieren müssen. Hier gibt es aufeinanderfolgende Begegnungen mit zwei spirituellen Lehrern, die (in den Pali-Fassungen) Alara Kalama und Udaka Ramaputta heißen. In der Darstellung des Pali-Kanons[5] werden die beiden Begegnungen in exakt den gleichen Worten beschrieben, der einzige Unterschied ist die von den Lehrern vertretene „Basis“: „Nicht-Sein“ bei Alara Kalama und „weder Wahrnehmung noch Nicht-Wahrnehmung“ bei Udaka Ramaputta. In beiden Fällen kommt Siddhartha zum betreffenden Lehrer auf der Suche nach Unterweisung darüber, wie man „das heilige Leben in diesem Dhamma und dieser Disziplin“ führt. Er lernt schnell über die jeweils vermittelten Lehren „aus dem Wissen und der Gewissheit heraus zu sprechen“. Dann erkennt er, dass die Lehrer mehr als das erreicht haben, sie haben „direktes Wissen“ der „Basis“, die sie lehren. Siddhartha erlernt dann auch dieses „direkte Wissen“ auf gleichhohem Niveau wie seine Lehrer. In beiden Fällen erkennt der Lehrer dies an und ehrt daraufhin Siddhartha, indem er anbietet, die Führung seiner Gemeinschaft mit ihm zu teilen. Jedes Mal ist Siddhartha aber mit dem Ergebnis unzufrieden und geht auf der Suche nach weiterführender Weisheit fort.

Die „Basis“, auf die sich jeder Lehrer beruft, muss in Beziehung zum Schema der vier „immateriellen Zustände“ oder „höheren *Jhanas*“ (oder *Dhyanas*, Stufen meditativer Vertiefung) verstanden werden, die in der buddhistischen Lehre zu finden sind. Die vier niederen *Jhanas* bestehen aus Vertiefungsstufen, die durch ausdauernde Meditation unter guten Bedingungen erreicht werden können. Sie weisen bestimmte, definierbare Merkmale auf (Einspitzigkeit, anfängliches und fortgesetztes Denken, Verzückung, Glückseligkeit und Gleichmut), die zunehmend präsent sind. Die höheren *Jhanas* werden dann in der frühen buddhistischen Literatur als höhere und subtilere Errungenschaften dargestellt. Sie können von Mönchen erreicht werden, die auch über das vierte *Jhana* hinaus, weiterhin Fertigkeiten und Anstrengungen auf die Meditation verwenden. Diese höheren *Jhanas* werden als „die Basis, die aus grenzenlosem Raum besteht“, „die Basis, die aus grenzenlosem Bewusstsein besteht“, „die Basis, die aus dem Nicht-Sein besteht“ und „die Basis, die aus weder Wahrnehmung noch Nicht-Wahrnehmung“[6] besteht, beschrieben. Nichtsdestotrotz werden diese höheren *Jhanas* als nicht zum Ziel letztendlichen Erwachens führend wahrgenommen. Ihre traditionelle Bedeutung in der Geschichte von Siddharthas Begegnungen mit seinen Lehrern besteht darin, zu zeigen, dass sie Siddhartha zu äußerst subtilen Ebenen meditativer Verwirklichung führen, aber nicht darüber hinaus. Traditionell war also

[5] *Majjhima Nikaya* 26.15–16. Ñanamoli und Bodhi (1995) S. 257–9. Fast exakt wiederholt in Majjhima Nikaya 36, 85, und 100.

[6] *Vibhanga* 245, *Visuddhimagga* von Buddhaghosa. Ñanamoli (1991) Kapitel 10, S. 320 ff.

die Erklärung für Siddharthas Weiterziehen, dass seine Lehrer nicht weit genug gegangen waren und nicht in der Lage waren, ihm den vollständigen Pfad zu letztendlichem Erwachen zu lehren.

Solche Darstellungen des Pfades beginnen jedoch mit Annahmen über die letztendliche Verwirklichung des Erwachens und leiten daraus umgekehrt ein Verständnis des Pfads ab. Dabei besteht die Gefahr, die Universalität des Mittleren Wegs zu untergraben. Sie verwandeln ihn bestenfalls in eine technische Beschreibung der Errungenschaften, die im begrenzten kulturellen Rahmen buddhistischen Klosterlebens anzustreben sind. Schlimmstenfalls verwandeln sie ihn in ein Dogma, das den Mittleren Weg an sich untergräbt. Ich möchte behaupten, dass aus den Begebenheiten mit Alara Kalama und Udaka Ramaputta eine ganz andere und viel universellere Bedeutung abgeleitet werden kann, und nicht nur, dass Siddhartha sie bloß übertroffen hat, weil sie noch nicht erleuchtet waren. Beim Mittleren Weg geht es nicht darum, was erreicht wird, sondern vielmehr darum, *wie wir es beurteilen.* Die Art und Weise, wie wir über die Schlussfolgerungen urteilen, die wir aus meditativer Erfahrung ziehen können, ist hier weitaus bedeutsamer als die Frage, welche Kategorie von meditativer Erfahrung sie angehören.

Alara Kalama und Udaka Ramaputta hatten beide tiefgreifende Erfahrungen, die, wie man annehmen muss, ihr Leben positiv verändert und sie vielleicht in die Lage versetzt haben, neue Ebenen der Weisheit und des Mitgefühls zu entwickeln. Nichtsdestotrotz besteht das Scheitern beim Urteil in jedem Fall darin, dass *sie zu dem Schluss kamen, dass diese Erfahrungen schon alles waren.* Jede Erfahrung eines endlichen Wesens ist zwangsläufig sowohl hinsichtlich der Informationen, die sie liefert, als auch hinsichtlich des Ausmaßes, in dem sie psychische Zustände angemessen und verlässlich macht, begrenzt. Diese Erfahrungen, *so tiefgründig sie auch sein mögen*, können keine Ausnahme sein. Die buddhistische Tradition neigt zur Schlussfolgerung, die Unterweisungen dieser beiden Lehrer seien nur deshalb unzureichend gewesen, weil sie das wahre und letztendliche Ziel noch nicht erreicht hatten. Eine fundiertere und universellere Schlussfolgerung wäre jedoch, dass sie nur deshalb unzureichend waren, weil sie glaubten, das wahre und letztendliche Ziel schon erreicht zu haben.

Zweifellos muss derselbe Einwand auch gegenüber Siddhartha vorgebracht werden, so nützlich, positiv und ehrfurchtgebietend seine Erfahrungen auch sein mögen. Da er menschlich und begrenzt ist, müssen alle Erfahrungen, die er macht, denselben Kriterien unterworfen werden, die Siddhartha auf Alara Kalama und Udaka Ramaputta angewandt haben soll. Wir müssen die Schlussfolgerung ziehen, dass sie nicht perfekt, absolut oder endgültig sind. Damit schmälern wir weder ihn noch seine Verdienste in irgendeiner Weise, sondern erkennen einfach an, dass es sich um große *menschliche*

Errungenschaften handelt. Um dem Mittleren Weg zu folgen, müssen wir dem Beispiel Siddharthas folgen, statt ihn zu idealisieren.

Als Siddhartha die einzelnen Lehrer verlässt, sagt er:

> *Dieser Dhamma führt nicht zu Ernüchterung, zu Leidenschaftslosigkeit, zu Aufhören, zu Frieden, zu direktem Wissen, zu Erleuchtung, zu Nibbana, sondern nur zu Wiedererscheinen auf der Basis von Nicht-Sein [oder Weder-Wahrnehmung-Noch-Nichtwahrnehmung]. Weil ich mit jenem Dhamma nicht zufrieden war, ließ ich ihn zurück und ging fort.*[7]

Dies wirft eine zentrale konzeptionelle Frage auf, die für das Verständnis des Mittleren Wegs wichtig ist. Stellen wir eine negative Behauptung auf, herrscht eine grundlegende Ambivalenz. Diese Behauptung kann entweder als Bekräftigung eines negativen Gegenteils verstanden werden oder einfach so, dass etwas Positives nicht bejaht wird. Zum Beispiel kann „ich glaube nicht, dass Hunde immer Fleisch essen" entweder bedeuten, dass ich glaube, dass Hunde nicht immer Fleisch essen, oder, dass ich nicht genug Informationen zu diesem Thema habe, um definitiv daraus schließen zu können, dass sie es tun. Im obigen, dem Buddha zugeschriebenen Zitat kann sein Glaube, dass die Lehre (Dhamma oder Dharma) von Alara Kalama und Udaka Ramaputta nicht zu Ernüchterung, etc. führt, einerseits dahingehend interpretiert werden, dass es einen Dhamma gibt, der zu Ernüchterung, etc. führt, diese aber nicht. Andererseits kann es so gelesen werden, dass er einfach nicht abschließend erkennen kann, dass dieser Dhamma nicht zu Ernüchterung, etc. führt, wobei er unsicher bleibt, ob es eine Alternative gibt, die zu Ernüchterung, etc. führt.

Siddhartha ist *auf einer Suche*. Er hat ein Ziel vor Augen, das für ihn von Bedeutung ist. Das setzt aber nicht voraus, dass die Erfüllung seines Strebens darin besteht, dieses Ziel zu erreichen, wie er es sich ursprünglich vorgestellt hat. Es bedeutet auch nicht notwendigerweise, dass ein Scheitern darin, Erleuchtung zu erreichen, ein vollständiges Scheitern in diesem Streben wäre. Gerade in den Erfahrungen mit Alara Kalama und Udaka Ramaputta muss er die Natur dieses Strebens erneut überdenken. Sollte er sich ausgemalt haben, es würde ihn im Wald zu einer vollständigen Antwort führen, die im Palast nicht verfügbar war, wäre er nicht nur einmal, sondern zweimal enttäuscht worden. Dies bedeutet aber nicht, dass er auf seiner Suche nicht weiter vorangekommen ist. Es bedeutet vielmehr, dass er beginnt, sich vom Streben nach absoluten Antworten abzuwenden, und stattdessen versucht, Verblendungen zu überwinden, die er durch Erfahrung erkennen kann. Wie mir hier scheint, beginnt sich die Bedeutung dieses Strebens bereits in eine zu verwandeln, die

---

[7] Die Edle Suche, *Majjhima Nikaya* 26.15–16. Ñanamoli und Bodhi (1995) S. 258–9.

durch den Mittleren Weg bestimmt wird, statt durch das Positiv-Absolute, das durch die Idee des Erwachens repräsentiert wird.

Siddharthas Enttäuschung über religiöse Lehrer spiegelt sich in der Erfahrung jedes anderen Menschen wider, der jemals eine Autoritätsperson idealisiert hat und desillusioniert wurde. Die meisten von uns wählen Stellvertreter, um sich von der Autorität der Eltern zu lösen, aber auch diese werden dann als unzulänglich empfunden. Das kann der Fall sein, wenn wir die Begrenztheit eines Lehrers oder Hochschulprofessors erkennen, den wir in unserer Jugend gekannt oder idealisiert haben. Es kann passieren, sexuellem Missbrauch durch einen Guru zum Opfer zu fallen. Möglicherweise führt die kritische Perspektive, die Geschichtswissenschaft und Philosophie in Bezug auf fundamentalistische Überzeugungen über Jesus oder den Buddha bieten dazu, dass sie nicht mehr als die absolut makellosen Persönlichkeiten erscheinen, als die wir sie idealisiert hatten.

Dennoch bleibt der Archetyp bestehen. Wir müssen nicht aufhören, Erwachen bedeutungsvoll zu finden, oder uns von ihm inspirieren zu lassen oder in die Richtung zu streben, die es repräsentiert, nur weil wir erkennen, dass es uns an Begründungen für den Glauben an dessen Verwirklichung mangelt. Idealisierungen fallen, aber sie müssen keine Ideale mitreißen. In vielerlei Hinsicht werden Ideale stärker, wenn sie nicht mehr projiziert werden, wenn sie aufhören, Perfektion in Personen oder Dingen anzunehmen, die nicht perfekt sind. Dann sind wir besser in der Lage, ihre verworrenen und unvollkommenen Teile zu erkennen, die wir eher durch Erfahrung finden.

1.e. Der Wald: Askese

Die Episode von Siddharthas Verweilen mit den beiden Lehrern schließt die Waldphase noch nicht ab. Siddhartha hat den Mittleren Weg noch nicht explizit entdeckt, auch wenn er sich auf ihn zubewegt. Indem er über die absolute Autorität der beiden Lehrer hinausgegangen ist und seine eigene authentische und autonome Antwort entwickelt hat, ist er in gewisser Hinsicht dem Mittleren Weg nähergekommen. Er muss ihn jedoch noch in Hinblick auf seine Praxis anwenden. In der Phase, in der er seine asketischen Praktiken übt und diese aufgibt, muss Siddhartha nicht nur über die Autorität seiner Lehrer hinausgehen, sondern auch die Tendenz überwinden, den Willen einer inneren Stimme einer anderen aufzuzwingen.

> *So wie ein starker Mann einen schwächeren Mann am Kopf oder an den Schultern packen und ihn niederschlagen, fesseln und zermalmen könnte, so schlug ich auch mit zusammengebissenen Zähnen und gegen den Gaumen gepresster Zunge meinen Geist nieder, fesselte und zermalmte ihn mit dem Geist, und Schweiß rann mir aus den Achselhöhlen. Aber obwohl unermüdliche Energie in mir geweckt wurde und sich eine unaufhörliche Achtsamkeit einstellte, war mein Körper überreizt und unruhig, weil ich vom schmerzhaften Streben erschöpft war.*[1]

Askese beinhaltet üblicherweise einen „Willensakt“: den Versuch, die Überzeugungen eines „höheren“ oder „wahren“ Selbst, das man als richtig beurteilt, einem niederen Selbst aufzuzwingen, das zurückgewiesenen Eigenschaften wie Gier, Hass und Unwissenheit verfallen ist. Dies ist ein Prozess, der auch als *Repression* bezeichnet werden kann, und Konfliktpflege innerhalb der eigenen Psyche bedingt. Repression kann im Sinne von bewussten Wünschen gegenüber unbewussten Wünschen verstanden werden. Alternativ kann sie einfach als ein Aufeinanderprallen zwischen Wünschen verstanden werden, die zu einem Zeitpunkt stärker hervortreten, und solchen, die zu einem anderen stärker aufkommen. Wie der obige Auszug verdeutlicht, ist ein Konflikt zwischen Teilen der Psyche auch ein körperlicher Konflikt, der den Körper über Gebühr belastet. Wenn wir unser Nervensystem dazu anregen, auf eine Gefahr zu reagieren, die uns nicht äußerlich, sondern nur innerlich bedroht, gibt es möglicherweise keine Auszeit vom imaginären Kampf mit den eigenen Schwächen. Es ist kaum verwunderlich, wenn wir diesen Kampf nicht sehr lange durchhalten können.

Der Standpunkt der Askese ist zugleich Ausdruck einer Gewissheit, die wir nicht rechtfertigen können: die Gewissheit, dass das willentliche und

---

[1] *Majjhima Nikaya* 36.20. Ñanamoli und Bodhi (1995) S. 337.

repressive Selbst das rechte und „wahre“ Selbst ist. Angesichts der Veränderlichkeit unserer Erfahrung können wir nie sicher sein, dass wir eine solche Gewissheit nicht bereuen und revidieren werden. Diese ungerechtfertigte Gewissheit wird oft durch voneinander abhängige Annahmen einer ganzen Reihe von rechtfertigenden absoluten Überzeugungen verstärkt. Für moderne Asketen beinhaltet das wahrscheinlich Überzeugungen über den überragenden Wert ihrer Arbeit oder ihrer Pflicht, sie zu verrichten, ungeachtet der Kosten für ihren Geist und Körper. Zu Buddhas Zeiten war es eine Ideologie persönlichen Verdienstes, die aus der Praxis von Entbehrungen erwuchs und zu einer besseren Wiedergeburt in der Zukunft führen sollte. Verabsolutierte Vorstellungen über endlos aufgeschobene Belohnung bilden oft den gemeinsamen Nenner der Askese. Für Asketen ist das Vergnügen in der Zukunft immer wichtiger als Vergnügen im Jetzt, auch wenn die *Vorstellung* von Vergnügen genauso dominant sein mag wie für ausschweifendste Hedonisten.

Siddhartha wird von fünf Gefährten begleitet, die ihn zu immer drastischeren Entbehrungen drängen. Diese Gefährten verkörpern die ihn umgebende asketische Kultur dieser *Shramanas,* ihre Erlösungsideologie[2]. Die Darstellung im Pali-Kanon konzentriert sich indes viel mehr auf seine scheinbar isolierten Versuche, den Willen eines Teils von ihm dem anderen Teil aufzuzwingen.

Zu den im Pali-Kanon beschriebenen asketischen Praktiken von Siddhartha gehören „Meditation des Atemhaltens“ und sich aushungern, die jeweils auf verschiedenen Ebenen erprobt werden. Er hält mit verbissener Beharrlichkeit wieder und wieder seinen Atem an, aber er erlebt dadurch nur ein zunehmendes Maß an Leiden und Stress, von „einem lauten Geräusch des Windes, der aus meinen Ohren austritt“, über „ungestüme Winde, die meinen Bauch aufschlitzen“, bis hin zu „einem heftigen Brennen in meinem Körper“.[3] Was das Sich-Aushungern angeht, so versucht Siddhartha, nachdem er den Versuch, überhaupt nicht zu essen, aufgegeben hat, nur „sehr wenig zu essen, jedes Mal eine Handvoll“, was zu extremer Auszehrung führt, die plastisch beschrieben wird:

> *Weil ich so wenig aß, wurde mein Gesäß wie ein Kamelhuf. Weil ich so wenig aß, standen meine Wirbelfortsätze hervor wie aufgereihte Perlen. Weil ich so wenig aß, ragten meine Rippen heraus, so hager wie die baufälligen Dachsparren einer alten, ungedeckten Scheune. Weil ich so wenig aß, sank der Glanz meiner Augen tief in die Augenhöhlen zurück und sah aus, wie der Glanz des Wasserspiegels, der in einem tiefen Brunnen tief abgesunken ist.*[4]

---

[2] *Majjhima Nikaya* 36.33. Ñanamoli und Bodhi (1995) S. 340.
[3] *Majjhima Nikaya* 36.21–5. Ñanamoli und Bodhi (1995) S. 337–9.
[4] *Majjhima Nikaya* 36.28. Ñanamoli und Bodhi (1995) S. 339.

Der Asket ist gefangen in einem zwanghaften und abstrakten, zielorientierten Glaubenssystem. Doch jedes Mal, wenn er versucht, seinem Körper seinen Willen aufzuzwingen, wird sein widerspenstiges, verkörpertes Wesen durch den damit verbundenen Schmerz erneut unterstrichen. Allerdings ist der Irrglaube eines getrennten, vom Willen getriebenen Selbst so tief verwurzelt, dass der Asket aus dieser Erfahrung nichts lernen wird, sondern lediglich annimmt, er habe sich noch nicht hinreichend angestrengt. Der Irrglaube eines Selbst, das sich vom Körper unabhängig glaubt, oder der völlig fruchtlose Konflikt, der aus diesem Irrglauben entsteht, kann kaum plastischer illustriert werden. Diese Reaktionsweise beinhaltet eine geschlossene Rückkopplungsschleife, in der zwanghaftes Verlangen starren Glauben nährt, der dann ein zwanghaftes Verlangen nährt, dass immer auf denselben Annahmen beruht. Dieser Konflikt entsteht durch die Überdominanz der sprachlichen und zielorientierten Zentren der linken Gehirnhälfte (siehe Kapitel 7.h), die das Individuum in einem vermeintlichen Gefüge hält und es endlos bestätigt.

Es ist nun in zweifacher Hinsicht klar geworden, dass der „Wald“ genau den gleichen verabsolutierenden Verblendungen unterliegt, wie der „Palast“, denn Siddhartha hat diese Verblendungen mitgebracht. Um über die Macht der Anschauungen des Palasts, mit seiner Konventionalität und seinem Hedonismus hinauszugehen, hat er sich die Gegenteile zu eigen gemacht: religiösen Absolutismus und Askese. Nichts davon hat sich als geeignet erwiesen, nicht weil die Überzeugungen und Praktiken im jeweiligen Kontext nicht einigen Bedingungen gerecht werden, sondern weil sie nicht alle Bedingungen in der von ihm gewünschten Weise gerecht werden. Der Palast befasst sich mit den Bedingungen sozialer Organisation. Die Sekten seiner spirituellen Lehrer im Wald befassen sich mit den Bedingungen des Erlernens spiritueller Praktiken. Die Askese im Wald befasst sich mit den Bedingungen zeitweiser Selbstbeherrschung – gegenwärtige Wünsche für den Augenblick unterdrücken zu können, um die Energie auf jeweils eine Handlung zu konzentrieren. Allerdings befasst sich nichts davon mit allen Bedingungen, die mit der Entwicklung des Menschen zusammenhängen, einschließlich der Fähigkeit, Leiden zu vermeiden. Der Mensch hat eine komplexe Vielfalt miteinander verbundener Bedürfnisse und Ziele, die nicht einfach durch ein Patentrezept erfüllt werden können.

Die Art und Weise, wie Siddhartha den Weg aus der geschlossenen asketischen Schleife findet, ist bezeichnend für einige der grundlegendsten dieser Bedingungen:

Ich überlegte: „Ich erinnere mich daran, dass ich, als mein Vater, der Sakyer, arbeitete, während ich im kühlen Schatten eines Rosenapfelbaums saß, ganz abgeschieden von sinnlichen Genüssen, abgeschieden von unheilsamen

Zuständen, in das erste Jhana eintrat und darin verweilte, was von angeregten und anhaltenden Gedanken begleitet war, mit Verzückung und Vergnügen, das aus Abgeschiedenheit erwächst.“ [5]

Die auf Achtsamkeit basierende Meditationserfahrung beruht im Gegensatz zu asketischen Praktiken nicht auf Ablehnung des Körpers, sondern auf mitfühlender Wahrnehmung. Jeder, der je das erste *Jhana* (Versenkungszustand) in der Meditation erlebt hat (was ich von mir glaube), wird sich bewusst sein, dass die grundlegendste Bedingung volle Akzeptanz des Körpers als Teil der eigenen Erfahrung ist. Unsere Körper*erfahrung* als Grundlage aller Bedeutung und Gedanken unterscheidet sich deutlich von Überzeugungen *über* den Körper und seine Veränderlichkeit als Objekt. In der Tat könnte *Jhana* als ein vorübergehend integrierter Zustand des Körpers definiert werden, in dem alle Energien, die wir von irgendeinem Teil unseres Körpers erfahren, vereint werden. Die Vereinigung der Energien erzeugt die im Text erwähnte Verzückung. Barrieren und Konflikte schmelzen vorübergehend dahin, so dass andere widerspenstige Wünsche, die nicht zum vorherrschenden Wunsch passen, nicht mehr als innere Feinde behandelt werden können. In solch einem Zustand der Integration wird es grotesk, zu der Art konflikthafter und selbstzerstörerischer Annahmen zurückzukehren, wie man sie in der Askese findet.

Es gibt auch andere Aspekte der Rosenapfelbaum-Erfahrung, die einen Weg jenseits der geschlossenen Schleife asketischer Annahmen bieten. Die Tatsache, dass sie abgeschieden, weit weg von allen Pflichten und Ablenkungen stattfand, macht sie zu einem potenziellen Kontext, für ein breiteres Bewusstsein, das jenseits der Annahmen des Kontexts entsteht. Dennoch ereignete sich die Episode nicht im Wald, sondern im Palast. Es wird deutlich, dass der Palast nicht mehr ganz so absolut abzulehnen ist, wie zuvor. In gewisser Weise erlaubte Siddharthas Leben dort zeitweise eine Auseinandersetzung mit Bedingungen, mit denen er sich während seines Lebens im Wald nicht auseinandersetzte. Die Rosenapfelbaum-Episode wird so zu einem einenden Moment, jenseits der Annanahmen, die entweder mit dem Palast oder dem Wald verbunden sind. Dort können breitere Erfahrungen gesammelt werden, um neuen Bedingungen gerecht zu werden. Dieses vereinende Moment wird zum Tor der Erkenntnis des Mittleren Wegs.

---

[5] *Majjhima Nikaya* 36.31. Ñanamoli und Bodhi (1995) S. 340.

1.f. Die Entdeckung des Mittleren Wegs

Das konkrete Entdecken des Mittleren Wegs lässt sich möglicherweise nicht einfach auf einen Moment des Erkennens reduzieren. Wenn es einen guten Kandidaten für einen solchen Moment im Pali-Kanon gibt, folgt er unmittelbar auf Siddharthas Erinnerung der *Jhana*-Erfahrung unter dem Rosenapfelbaum. Der Text geht dann weiter:

> *„Könnte das der Pfad zur Erleuchtung sein?“ Dann, im Anschluss an diese Erinnerung, kam die Erkenntnis: „Das ist der Pfad zur Erleuchtung.“*[1]

In Hinblick auf den universellen Wert der Geschichte ist dies der wichtigste Punkt, nicht die Erleuchtung selbst. Sie bietet ein Erkennen der Natur des Pfades und weniger eine Behauptung über das Ziel. Der Pfad ist etwas, das wir alle in jedem Augenblick beurteilen und neu beurteilen müssen, das Ziel lediglich eine abstrakte Vorstellung des Zwecks, ihn zu beschreiten. Entscheidend ist, dass Siddhartha den Pfad erkennt, bevor er behauptet, das Ziel erreicht zu haben. Das macht deutlich, dass der Pfad nur insofern vom Ziel abhängig ist, als das Ziel zu einem Symbol für den Pfad wird. Das Ziel sagt uns nicht, in welcher Richtung der Pfad verlaufen soll. Der Pfad kann auf Grund seines universellen Charakters in der Erfahrung jedes Einzelnen immer nur darin bestehen, die Umstände zu beurteilen, in denen wir uns befinden, wie auch immer sie sind. Dieser Pfad kann auch dann beschritten werden, wenn das betreffende Individuum noch keine abschließenden Vorstellungen des Ziels hat. Alles, was man braucht, sind praktische Vorstellungen über den Weg selbst.

Oberflächlich betrachtet klingt die obige Passage jedoch so, als bestehe der Weg nur in der *Jhana*-Erfahrung. Würde man dies annehmen, wäre es leicht, den Schluss zu ziehen, der Pfad bestehe nur aus Aufstieg durch *Jhanas* bis man das Erwachen als eine Art Super-*Jhana* erlangt. Die Rolle der „höheren *Jhanas*“ in Bezug auf Alara Kalama und Udaka Ramaputta zu Beginn der Geschichte, könnte diese Art der Interpretation ebenfalls gefördert haben. Man könnte sich vorstellen, dass Siddhartha an seinen Lehrern (die *nur* die höheren *Jhanas* erreicht haben) vorbeisauste, um das Rennen zum endgültigen Ziel vor ihnen zu gewinnen. Doch all dies würde dazu führen, bestimmte Elemente der Geschichte zu verabsolutieren, während ihre universellere Bedeutung verloren ginge. Der Pfad ist *jedem* zugänglich und bietet einen Weg vorwärts, wo auch immer man sich befindet. Nicht jeder ist in der Lage, auch nur die niederen *Jhanas* zu erreichen, geschweige denn die höheren zu übertreffen. Wir dürfen die spezifischen Merkmale des Pfads von Siddhartha nicht

---

[1] Majjhima Nikaya 36.31. Ñanamoli und Bodhi (1995) S. 340.

mit dem Pfad an sich verwechseln, den die Geschichte auf breiterer Ebene symbolisiert.
Ich habe bereits erörtert, dass die Art und Weise, in der Siddhartha seine beiden spirituellen Lehrer übertrifft, vielmehr in der Art und Weise begründet liegt, wie sie ihre Errungenschaften verabsolutieren. Sie glauben, diese seien schon alles oder die Gesamtheit des Pfades. Die Erinnerung an die frühere *Jhana*-Erfahrung unter dem Rosenapfelbaum ist folglich in anderer Weise bedeutsam, denn sie verschafft Siddhartha ein breiteres, fundierteres Bewusstsein. Dieses Bewusstsein ermöglicht es ihm, damit aufzuhören, die Annahmen der Askese zu verabsolutieren. Er hat nun erkannt, dass es das Bewusstsein ist, das uns befähigt, über Verabsolutierung hinauszugehen. *Jhana* ist eine Quelle zunehmend integrierten Bewusstseins, aber es ist kein dauerhafter Zustand: Vielmehr wird es in der Meditation erlangt und geht danach verloren, sobald man sich wieder mit anderen Aktivitäten außerhalb der Meditation beschäftigt. *Jhana* ist also ein sehr nützlicher Zustand für Siddhartha, den es zu kultivieren gilt, um Verabsolutierung zu vermeiden – aber es ist nicht der einzig mögliche Weg, Verabsolutierung zu vermeiden. Nicht einmal das Erreichen des allerhöchsten *Jhana*-Zustands garantiert, dass er nie wieder verabsolutieren wird. *Jhana* ist wichtig für seinen individuellen Pfad und es mag für viele andere wichtig sein, aber es ist kein wesenhaftes Kennzeichen des Pfads im Allgemeinen und nicht bestimmend für den Pfad.

Siddharthas Erkennen des Pfads ist zugleich ein Erkennen des *Mittleren Wegs* angesichts der Wesensart der ihm vorangegangenen Geschichte. Der eingeschlagene Pfad besteht nicht in einer Rückkehr zu den Werten des Palasts. Dennoch übernimmt dieser eine Erfahrung, die er im Palastumfeld gemacht hat, als wertvoll, ebenso wie dessen positive Bewertung des Vergnügens. Der Pfad, den er gefunden hat, vermeidet zudem die Verabsolutierung der Werte des Waldes, sowohl die seiner spirituellen Lehrer als auch die der Askese, behält aber dennoch den umfassenderen Wert der spirituellen Suche bei, die der zentrale Wert des Waldes ist. Der Mittlere Weg besteht hier also im Kern darin, Verabsolutierung auf beiden Seiten zu vermeiden. Er sucht einen Pfad, der eine differenzierte Haltung gegenüber dem einnimmt, was bei widerstreitenden Glaubensinhalten hilfreich ist, ohne sie gänzlich zu übernehmen.

Der Gegensatz zwischen dem Palast und dem Wald mag eine symbolische Tragweite haben, die weit über den Kontext des Buddha hinausreicht. Er bietet jedoch keine vollständige Lösung für alle verabsolutierenden Gegensätze, die im menschlichen Leben möglicherweise auftreten, sondern ist vielmehr ein *Beispiel* für einen solchen Gegensatz. Er trägt auch dazu bei, einige Strukturelemente verabsolutierender Gegensätze darzulegen und zu zeigen, wie man sie vermeiden kann. Das Beispiel darf nicht als universelle Aussage über den Mittleren Weg missverstanden werden. Dies wird nicht nur aufgrund der Abhängigkeit vom besonderen Kontext des Buddha deutlich, sondern auch aufgrund der Interpretationsprobleme, die durch den Palast und den Wald aufgeworfen werden. Steht der Palast für soziale Konventionen oder für individualistische Genusssucht? Diese könnten in einem anderen Kontext, in dem Askese zur allgemeinen Pflicht geworden ist, leicht miteinander in Konflikt geraten. Steht der Wald für die Verabsolutierung bestimmter religiöser Erfahrungen oder für die Autorität religiöser Lehrer oder für Askese? Wiederum könnten diese miteinander in Konflikt stehen, z.B. wenn ein einflussreicher religiöser Führer ein wortgläubiger Fundamentalist wäre, der es verböte, Erfahrungen Vertrauen zu schenken. Es ist nicht immer klar, wofür Palast und Wald stehen und auch nicht, dass sie wirklich voneinander abhängig sind. Es wäre sehr einfach, dem Palast religiöse Motive zuzuschreiben oder eine königliche Förderung einzuführen, um den Wald zu korrumpieren.

Was hingegen klar ist, ist, dass in Siddharthas Bewusstsein zum Zeitpunkt, als er seine Urteile fällte, Palast und Wald Werte repräsentierten, die miteinander in Konflikt standen. Er entwickelte ein Modell, sich an den Mittleren Weg anzunähern, das jeder andere Mensch in einer ähnlichen, von absoluten Werten verschlungenen Lage anwenden könnte. Zuerst löste er sich von diesem Kontext, um das Gegenteil offen anzunehmen, aber er blieb sich andererseits auch der Grenzen jenes Gegenteils kritisch bewusst und nutzte dies, um auf eine hilfreichere und adäquatere dritte Option hinzuarbeiten. Um sich der Grenzen des Gegenteils bewusst zu werden, erwies sich zudem eine Rückbesinnung auf die Stärken der ersten Werteordnung als entscheidend.

Solch eine Strategie, die auf diese Weise entwickelt wurde, kann auf alle möglichen, offensichtlich sehr unterschiedlichen Szenarien übertragen werden, über die gesamte Bandbreite menschlicher Erfahrung hinweg. Lassen Sie mich einige Beispiele anführen:

- Ein Alkoholiker kämpft mit einer Sucht, in der der absolute Wert Alkohol den Lebenssinn übernimmt. Er geht fort in ein Reha-Zentrum, wo er „trocken wird“ und eine andere Sichtweise auf die Motive seiner Sucht gewinnt. Das Reha-Zentrum ist für ihn hilfreich, aber es stützt sich auf ein medizinisches Modell. Erst wenn er aufhört, von diesem Modell abhängig zu sein und mehr Eigenverantwortung für seine Genesung übernimmt, beginnt er, auf lange Sicht Wege aus dem Alkoholismus zu finden.
- Ein Mädchen, das in einer konservativen muslimischen Familie aufgewachsen ist, läuft weg und stürzt sich in ein Leben, in dem sie alles durch ihre Erziehung Verbotene genießt: allein leben, trinken, in Nachtclubs gehen, eine Vielzahl sexueller Beziehungen, atheistische Bücher lesen, usw. Nach einigen Jahren ist sie jedoch ausgebrannt und beginnt, die Sicherheit

und Disziplin ihrer Herkunftsfamilie zu vermissen. Dann besucht sie einen Achtsamkeitskurs und fängt an zu meditieren, wobei sie beginnt, dieses Gefühl der Sinnhaftigkeit wiederzuentdecken, obwohl ihre Familie sie verstoßen hat.

- Ein Wissenschaftler hat sein ganzes Leben lang Beweise für eine bestimmte Art von Theorie erforscht, ist auf diesem Gebiet bekannt geworden und hat sie zur Grundlage seiner Karriere und seines Renommees gemacht. Ein jüngerer Kollege erzielt jedoch einen Durchbruch, der eine völlig andere Art von Theorie liefert. Die neue Theorie erklärt die gleichen Phänomene, beseitigt zudem zahlreiche rätselhafte Diskrepanzen und eröffnet eine ganz neue Forschungsrichtung. Ein Großteil der Arbeit des älteren Wissenschaftlers sieht jetzt wie Zeitverschwendung aus. Verbittert klammert er sich an seine alte Theorie und versucht sie zu verteidigen, aber seine Position wird zunehmend unhaltbar. So verkündet er schließlich in einer dramatischen öffentlichen Erklärung, dass sein jüngerer Kollege Recht hat, und dass er die alte Forschungsrichtung aufgeben wird. Beschämt spielt er eine untergeordnete Rolle in einem Forschungsprogramm, dass nun von seinem jüngeren Kollegen geleitet wird. Nach einigen Jahren gelingt es ihm jedoch durch seine weiterhin kritische Sicht auf die neue Forschungsrichtung, einige Schwächen der neuen Theorie zu identifizieren, so dass sie zweckdienlich modifiziert werden kann.

Bei all diesen grundverschiedenen Beispielen handelt es sich um Gegensatzpaare absoluter Überzeugungen. In einigen Fällen können diese Überzeugungen einen bestimmten sozialen Kontext zusammen mit einer Reihe anderer, voneinander abhängiger Überzeugungen vollständig dominieren (z.B. konservativer Islam). In anderen kann es sich nur um eine relativ losgelöste Überzeugung handeln, die in einem Kontext, in dem viele andere Überzeugungen vorläufig sind, eine Blockade schafft (z.B. Festhalten an einer wissenschaftlichen Theorie). Die Überzeugungen können sich auf vermutete Fakten oder Werte oder beides beziehen. Sie können wissenschaftlicher, ethischer oder ästhetischer Natur sein (oder eher eine Kombination aus allen). Die Gruppen, die diese absoluten Überzeugungen bestärken, können groß oder klein, formell oder informell und ihre Überzeugungen stark systematisiert oder völlig inkohärent sein. Die absoluten Überzeugungen können stark von obsessiven Wünschen und Ängsten untermauert werden, die Ursachen in der Vergangenheit haben können (z.B. Alkoholismus). Andererseits können sie relativ abstrakt und kontextabhängig sein (z.B. Festhalten an einer Theorie). Der Ansatz des Mittleren Wegs ermöglicht es, diese aufzulösen, da er sich über die Begrenzungen dieses Gegensatzpaars absoluter Werte hinausbewegt, wobei keine der beiden Annahmen vollständig akzeptiert wird. Auch wenn er als recht grobe Bewegung von einer Position in Richtung der entgegengesetzten beginnen mag, wird er doch zunehmend subtiler und im weiteren Verlauf weniger abhängig von einer Seite.

Der so verstandene Mittlere Weg ist ein *Urteilsprinzip*, keine metaphysische Behauptung oder ein Naturgesetz des Universums. Er zeichnet sich eher durch strukturelle Merkmale unserer Urteilsweise aus, weniger durch bestimmte Urteilsinhalte. Er garantiert keine bestimmten Ergebnisse durch diese Urteilsweise, sondern ermöglicht eine größere Angemessenheit des Urteils selbst. Er bewirkt dies, indem er sicherstellt, dass wir uns von Verabsolutierungen lösen, die leicht dieses Urteil blockieren können und uns in starren Reaktionsmustern gegenüber unserer Umwelt verharren lassen. Dieses Konzept einer größeren Angemessenheit des Urteils durch Vermeiden Verabsolutierungen kann auf viele weitere Arten gerechtfertigt werden, wie wir insbesondere in Abschnitt 7 sehen werden. Mir ist klar, dass dies nicht die herkömmliche buddhistische Darstellung dessen ist, worin der Mittlere Weg besteht. Ich werde in Abschnitt 4 aber Argumente gegen die Begrenztheit dieser traditionellen buddhistischen Darstellungen vorbringen. Vorerst möchte ich mich nur auf eine konstruktive Schilderung des Mittleren Wegs im Zusammenhang mit dem Buddha konzentrieren.

Die Elemente des Mittleren Wegs sind einer genauen Analyse wert, um klarer zu zeigen, wie er wirkt, sowohl im Leben des Buddha als auch in der allgemeinen Praxis. Ich habe fünf Schlüsselelemente des Mittleren Wegs herausgearbeitet, die ich nun auflisten und zur Geschichte des Buddha in Beziehung setzen möchte:

1. **Skepsis** Dies ist die grundsätzliche Anerkennung von Unsicherheit (nicht als eine in jeglicher Hinsicht negative Haltung misszuverstehen – s. Kapitel 4.a) Sie ergibt sich aus unserer endlichen verkörperten Erfahrung. Im frühen Leben des Buddha zeigt sich diese Skepsis in der Art und Weise, wie er weder die Dogmen des Palasts noch die des Waldes annimmt, sondern sie weiterhin als unsicher ansieht.
2. **Vorläufigkeit** Dies ist die Fähigkeit, sich nicht nur der Begrenztheit einer bestimmten Überzeugung kritisch bewusst zu sein, sondern auch Alternativen dazu zur Hand zu haben (was Fantasie erfordert). In Buddhas frühem Leben wird dies insbesondere durch das Vierte Zeichen verkörpert, das eine Alternative zum Palast bot, und die *Jhana*-Erfahrung unter dem Rosenapfelbaum, die eine Alternative zur Askese bot.
3. **Agnostizismus** Dies ist die Fähigkeit, unseren Glauben an eine der einander entgegengesetzten Verabsolutierungen aufzugeben. Wir beteiligen uns nicht an den gegenseitigen Schuldzuweisungen dieser beiden. Wir vermeiden standhaft absolute Überzeugungen, von denen wir wissen, dass sie nur

innere oder äußere Konflikte verursachen werden. Diese Qualität kann sich nur entwickeln, sobald wir über die anfängliche Ablehnung des ersten Extrems hinausgegangen sind. Dann beginnen wir, dessen Verabsolutierungen in gleicher Weise wie die des zweiten Extrems abzuwägen, anstatt eine Verabsolutierung der anderen vorzuziehen. In Buddhas frühem Leben beginnt sich dieser Agnostizismus zu zeigen, als Siddhartha entschieden über die Askese hinausgeht, ohne die Werte des Palasts wieder anzunehmen.

4. **Allmählichkeit** Dies ist die Priorisierung einer graduellen Beurteilung von Qualitäten gegenüber absoluten Beurteilungen, die wahr oder falsch sein müssen. Vielleicht ist ihnen dies bereits in der Vorstellung begegnet, Grauschattierungen im Gegensatz zu „Schwarz-Weiß-Denken", Dualismus oder Dichotomie anzuerkennen. Siddhartha begrüßt allmähliche Entwicklung hinsichtlich der *Jhanas*, als er Alara Kalama und Udaka Ramaputta hinter sich lässt. Was er ablehnt sind ihre verabsolutierenden Interpretationen ihrer Errungenschaften. Implizit sieht er diese Errungenschaften nur als Stationen innerhalb eines Spektrums meditativer Errungenschaften. Als er die Askese aufgibt, beginnt er auch allmählich eine Vorstellung von Genuss zuzulassen. Genuss ist dann nicht mehr etwas, was vollständig vermieden werden muss, sondern vielmehr als eine Erfahrung angesehen werden sollte, die Zustände der Verbundenheit schaffen kann.
5. **Integration** Während die skeptischen und agnostischen Prinzipien des Mittleren Wegs das Vermeiden von Absolutem betont, ist Integration das positive Gegenstück dazu. Sie besteht aus dem Prozess, zuvor gegensätzliche Wünsche, Bedeutungen und Überzeugungen zu vereinen. Integration wird durch das Vermeiden von Absolutem und von dadurch verursachten Konflikten ermöglicht. In Abhängigkeit der gewohnheitsmäßigen psychologischen Zustände des Individuums kann ein bestimmtes Urteil stärker integriert und damit angemessener werden. Diese Zustände werden wiederum durch den Grad der Integration zwischen Individuen im sozialen und politischen Kontext beeinflusst. Siddharthas *Jhana*-Erfahrung gibt ein Beispiel für Integration und zeigt die zentrale Bedeutung der Integration als psychologischen Effekt der Praxis des Mittleren Wegs. Ich werde in Abschnitt 5 ausführlich darauf eingehen, wie die vom Buddha gelehrten Praktiken die Entwicklung der Integration fördern können. Wie wir sehen werden, spiegelt Siddharthas weitere Entwicklung, nachdem er den Mittleren Weg entdeckt hat, weiterhin den Integrationsprozess wider.

Alle fünf dieser Elemente des Mittleren Wegs werden in der Beschreibung seiner Bedeutung und Praxis, die im weiteren Verlauf dieses Buchs zu finden ist, einen zentralen Platz einnehmen. Diese sind weniger durch ihre explizite

Erwähnung in irgendeinem maßgeblichen Text legitimiert, sondern durch ihren praktischen Wert: einen, der von Menschen genutzt werden kann, ohne sich auf metaphysische Annahmen zu berufen. Aber man kann nach Inspirationsquellen für ihre Praxis suchen, vielleicht auch nach anerkannten Informationsquellen, um ihre Glaubwürdigkeit zu steigern. Man kann diese Inspiration oder Glaubwürdigkeit in der buddhistischen Tradition finden und die Erzählung, die ich hier über ihren Platz im Leben des Buddha schildere, kann Ihnen helfen, sie zu erkennen. Ebenso können es die Dinge, die ich im weiteren Verlauf dieses Buchs zu ihrem Platz in den Lehren des Buddha ausführen werde.

Um auf den Pali-Kanon zurückzukommen, es ist auch erwähnenswert, dass Siddharthas Entdeckung des Mittleren Wegs unmittelbar durch eine Handlung von symbolischer und praktischer Bedeutung erlangt wird:

> *Ich überlegte: "Es ist nicht leicht, dieses Glück mit einem so übermäßig ausgezehrten Körper zu erreichen. Angenommen, ich nähme feste Nahrung zu mir... Und ich aß etwas feste Nahrung - gekochten Reis und Brei. Nun warteten zu dieser Zeit fünf Bhikkhus auf mich und dachten: „Wenn unser Einsiedler Gotama einen höheren Zustand erreicht, wird er uns informieren. Aber als ich den gekochten Reis und den Brei aß, waren die fünf Bhikkhus angewidert und verließen mich mit dem Gedanken: „Der Einsiedler Gotama lebt jetzt luxuriös; er hat sein Streben aufgegeben und ist zum Luxus zurückgekehrt“.*[2]

In Ashvaghosas Fassung nimmt diese Nahrung die zierlichere Form von „Milchreis“ an und wird von der Tochter eines Kuhhirten namens Nandabala offeriert.[3] Welche Version man auch immer im Sinn hat, diese Akzeptanz der Nahrung ist bedeutsam als Zeichen der Anerkennung der Bedürfnisse des Körpers. Sie markiert eine Rückkehr zu den Grundbedingungen unserer Erfahrungen, nach einem fruchtlosen Streben nach verabsolutierten Abstraktionen. Erkennt man an, dass die Entdeckung des Mittleren Wegs das bei weitem bedeutendste Ereignis im Leben des Buddha ist, scheint es, als ob dieses Ereignis viel umfassender rituell gefeiert werden sollte, als es der Fall ist. Man könnte sich eine Art buddhistischer Eucharistie vorstellen, bei der kleine Mengen von gekochtem Reis und Brei achtsam verzehrt werden, in Erinnerung an Buddhas bedeutendste und universellste Errungenschaft.

---

[2] *Majjhima Nikaya* 36.33. Ñanamoli and Bodhi (1995) S. 340.

[3] Ashvaghosha, *Buddhacarita* 12.109. Johnston (1972). In der buddhistischen Tradition wird die Frau häufiger Sujata genannt.

1.g. Maras Versuchungen

Die explizite Entdeckung des Mittleren Wegs, so groß seine Bedeutung auch sein mag, ist natürlich nicht das Ende der Geschichte. Die Praxis des Mittleren Wegs bleibt dann eine ständige Herausforderung für den Rest unseres Lebens. In den traditionellen Berichten über das Leben des Buddha wird die Zeitspanne zwischen der Entdeckung des Mittleren Wegs und dem Erreichen des Erwachens normalerweise als relativ kurz dargestellt. In dieser Zeit sitzt Siddhartha unerschütterlich in Meditation, entschlossen, sich nicht zu bewegen, bis er das Erwachen erlangt hat. An diesem Punkt treten jedoch die dunkelsten Kräfte in Erscheinung, um ihn abzulenken, und nur indem er standhaft bleibt, wird er nicht abgelenkt.

Siddharthas Praxis des Mittleren Wegs wird nun durch die Angriffe von *Mara* auf die Probe gestellt. Mara ist das buddhistische Äquivalent zu Satan, der Siddhartha angreift und versucht, um zu verhindern, dass er das Erwachen erlangt. Maras Prüfungen symbolisieren die Prüfungen, denen wir alle ständig ausgesetzt sind, wenn wir versuchen, den Mittleren Weg zu praktizieren, unabhängig davon, welchen Entwicklungsstand wir persönlich erreicht haben mögen. Im Pali-Kanon sind die Berichte über diese Übergriffe in Bezug auf die Chronologie in Buddhas Leben zweideutig: Es ist nicht ganz klar, ob sie vor oder nach dem Erwachen geschehen sein sollen. Die Tatsache, dass dies kaum eine Rolle spielt, sollte uns darauf aufmerksam machen, dass Erwachen die grundlegenden Bedingungen der Praxis des Mittleren Wegs, nämlich die der menschlichen Erfahrung, nicht ändern kann.

Mara versucht zunächst, Siddharthas Vertrauen zu untergraben, indem er ihn warnt, dass er sterben könnte, wenn er sich überanstrengt, solange er sich noch in einem so ausgezehrten Zustand durch seine früheren Entbehrungen befindet.[1] Damit scheint er die für uns alle erfahrbare Neigung zu repräsentieren, die wirkliche Beschäftigung mit dem Pfad aufzuschieben, weil der Zeitpunkt noch nicht optimal ist. Der Mittlere Weg kann jedoch jederzeit praktiziert werden, dort beginnend, wo Sie sich jetzt befinden.

Als dies nicht gelingt, greift Mara Siddhartha mit seiner Armee an, die eine Verkörperung seiner Ängste ist.[2] In einer Fassung greifen sie ihn passenderweise von hinten an,[3] was die Angst symbolisiert, die unerwartet aus dem Unbewussten hervorbrechen kann. Ashvaghosha berichtet ausführlich über diese furchterregenden Angriffe, die er sich als Horden von Unholden mit Tiergesichtern vorstellt, die Siddhartha umringen, während er unter dem

---

[1] *Sutta Nipata* 3.2.426–7. Sadhatissa (1985) S. 48.
[2] *Sutta Nipata* 3.2.442–3. Sadhatissa (1985) S. 49.
[3] *Jataka Nidana* 72. Jayawickrama (1990) S. 95.

Bodhi-Baum sitzt.[4] Diese Unholde schleudern heiße Kohlen auf ihn, aber sie verwandeln sich in rote Lotosblüten.[5] Entscheidend ist, dass Siddhartha diese Angriffe nicht besiegt, indem er zurückschlägt, sondern durch seinen Gleichmut, wodurch er sich nicht vor ihnen fürchtet.

Zu guter Letzt wird beschrieben, wie Mara Siddhartha in Versuchung führt, indem er seine Töchter – Tanha, Arati und Ragha – benutzt, die auf alle möglichen Arten versuchen, Siddhartha mit Wollust zu verführen.[6] Siddharthas potenzielle sexuelle Fantasien erhalten eine externalisierte Form. Selbstverständlich scheitern sie: Sie haben „versucht, einen Berg mit Stängeln von Lotosblumen zu zerschmettern".[7] Siddharthas ausbleibende Reaktion wird darauf zurückgeführt, dass er „seine Begierde abgeschnitten hat".[8] Solche Begriffe vermitteln allerdings nicht unbedingt die ausgewogene (und nicht repressive) Natur des Gleichmuts, der nötig ist, um einer solchen „Versuchung" zu widerstehen.

Mara steht für die verabsolutierenden Kräfte in uns, die uns überwältigen, wenn wir mit Angst oder Verlangen konfrontiert werden. Einerseits lassen sie uns implizit oder explizit glauben, dass unsere projizierten Ängste (im Gegensatz zu den Bedingungen dahinter) uns verletzen können. Andererseits lassen sie uns glauben, dass unsere Projektionsobjekte der Begierde (im Gegensatz zu den Bedingungen dahinter) besessen werden können. Unsere Neigung, über Dinge in entgegengesetzten Absoluten zu denken, wird ständig durch die mächtigen Motive Angst und Begierde verstärkt, die aus der Amygdala und dem Striatum im hinteren Teil unseres Gehirns kommen. Diese Triebkräfte können uns in Extremsituationen davor bewahren, gefressen zu werden oder zu verhungern. Unter stabileren und zivilisierteren Bedingungen ist es jedoch viel wahrscheinlicher, dass sie unnötige Konflikte und Stress verursachen. Werden wir etwa mit dem unerwarteten Brüllen eines Tigers oder bewusst verführerischem Entblößen einer Brust konfrontiert, haben wir Urinstinkte, die gerne die Oberhand gewinnen. Aber es ist das ständige Wiedererinnern solcher Ereignisse, solange sie nicht auftreten, das unsere Fähigkeit stört, angemessen auf die viel häufigeren gewöhnlichen und vieldeutigen Ereignisse menschlichen Lebens zu reagieren: das harmlos herausfordernde Gerede eines Fremden, das harmlose Dröhnen eines Flugzeugs über uns oder der nicht aufreizende Blickkontakt, den ein Mann mit einer Frau auf der Straße bei ihren Alltagsbeschäftigungen aufnehmen mag. Es sind unsere Überreaktionen,

---

[4] Ashvaghosha, *Buddhacarita* 13.27. Johnston (1972).
[5] Ashvaghosha, *Buddhacarita* 13.41
[6] *Samyutta Nikaya* 1.4.505–18. Bodhi (2000) S. 217–20.
[7] *Samyutta Nikaya* 1.4.516. Bodhi (2000) S. 220.
[8] *Samyutta Nikaya* 1.4.514. Bodhi (2000) S. 219.

die den Gleichmut bedrohen, der Teil der Praxis des Mittleren Wegs sein muss.

Daher müssen wir Maras Prüfungen in Hinblick auf die Notwendigkeit interpretieren, Verabsolutierungen auf praktisch und emotional begründete Weise zu vermeiden. Wir werden uns dann über diese extremen, emotionalen Reaktionen nicht aufregen. Gemäß dem Grundsatz des Agnostizismus können wir weder mit Angst noch mit zwanghaftem Verlangen allein durch Unterdrücken wirksam umgehen. Stattdessen müssen wir sie als Teil unserer verkörperten Situation anerkennen, während wir sie aufnehmen und sie in einem weiteren, im Körper verankerten Gewahrsein kontextualisieren. Unterdrücken funktioniert nicht, weil es uns nur in einen vorübergehenden Zustand erzwungener Selbstkontrolle führt, in dem wir weiterhin Energien aufwenden müssen, um die unerwünschten Emotionen in Schach zu halten. Unter diesen Umständen ist es nur eine Frage der Zeit, bis wir die die Energie zum Unterdrücken verlieren, die erforderlich ist, um Mara in Schach zu halten. Wenn er sich also weiter an uns abarbeitet und unsere einzige Antwort Unterdrücken ist, wird er uns schließlich in Begierde oder Hass treiben.

Siddharthas Errungenschaft beruht nicht auf gewaltsamer Unterdrückung, sondern vielmehr auf Integration. Die durch Maras Armee geworfenen heißen Kohlen verwandeln sich in Blütenblätter, die nicht mehr die Wucht haben, neue Konflikte anzuregen, und somit harmlos für Siddhartha sind. Solange er sich auf eine integrative Praxis konzentriert, die sich auf seinen Körper als vereinende Grundlage des Bewusstseins stützt, kann Siddhartha die Reaktionen von Angst und Verlangen vermeiden. Auf diese Weise wird er zu einem starken Symbol der potenziellen Kraft unseres eigenen Gleichmuts. Es ist keineswegs so, dass er sich überhaupt nicht anstrengen braucht, oder, dass er die störenden Emotionen einfach so akzeptieren kann. *Unterdrückung* im Sinne bewusster Entschlossenheit, diese Emotionen nicht zu erwidern oder auf sie zu reagieren und gleichzeitig ihre Gegenwart zu akzeptieren, ist in der Tat notwendig. Andererseits ist es auch nicht einfach eine Frage des Mutes und der Standhaftigkeit im üblichen Sinne, denn er hat es nicht mit einem üblichen Feind zu tun. Sein Erfolg bei der Integration seiner störenden Emotionen hängt davon ab, ob er in der Lage ist, sie als Teil seiner selbst anzunehmen, ohne ihre trennende und störende Form zu akzeptieren. Dies hängt sowohl von seiner Weisheit und seinem Mitgefühl als auch von seinem Mut ab.

1.h. Erwachen: Bedeutung versus Glauben

Das Erwachen oder die Erleuchtung des Buddha ist ein höchst vielschichtiges Ereignis, das sehr unterschiedlichen Interpretationen zugänglich ist und dennoch als grundlegend für die Identität des Buddhismus angesehen wird. Ich vertrete die Ansicht, dass es eine schlichte Frage der Prioritäten ist, wie wir das Erwachen verstehen wollen. Einerseits können wir es auf eine Weise erklären, die mit dem Mittleren Weg, als grundlegendste und universellste Einsicht, die man aus Buddhas Leben und Lehren gewinnen kann, vereinbar ist. Andererseits könnten wir auf Grundlage einer anderen, traditionelleren Interpretation des Erwachens beginnen und diese dann auf den Mittleren Weg anwenden.

Aus den bereits in diesem Buch dargelegten Gründen, ist erstere Schwerpunktsetzung aus rein praktischen Gründen zu bevorzugen. Erwachen sollte in Begriffen interpretiert werden, die mit dem Mittleren Weg vereinbar sind, nicht nur, weil der Mittlere Weg das charakteristische Beurteilungsprinzip ist, das der Buddha anbietet, sondern, weil es für jeden, überall die beste Möglichkeit *schafft*, die Angemessenheit der eigenen Reaktionen auf Erfahrungen zu verbessern. Das Erwachen in einer Weise zu interpretieren, die mit dem Mittleren Weg vereinbar ist, bedeutet, dass das Erwachen nicht als ein absoluter oder diskontinuierlicher Zustand verstanden werden kann, der Zugang zu irgendeiner Form von absoluter Wahrheit gewährt. Es impliziert, dass wir, wenn wir die Leistung des Buddha beachten, der *Methode* des Buddha in seinen Begegnungen mit Alara Kalama und Udaka Ramaputta folgen sollten. Diese Methode besteht darin, von den Methoden und Errungenschaften eines spirituellen Lehrers zu lernen, sie aber nicht notwendigerweise als letztendliche Verwirklichung oder letztes Wort zu nehmen.

Andererseits könnten Sie sich dafür entscheiden, das Erwachen so zu interpretieren, dass die Autorität der Tradition dem praktischen Wert des Mittleren Wegs übergeordnet wird. Wenn Sie dies *nur* um der Tradition willen tun und nicht, weil es irgendwelche praktischen Vorteile in den von der Tradition vertretenen Ansichten gibt, dann machen Sie den Denkfehler, sich ohne Bedeutung auf Tradition zu berufen. Eine bestimmte Herangehensweise ist nicht auf Grund der Anzahl oder der Autorität der Menschen richtig, die sie in der Vergangenheit verfolgt haben, sondern wegen ihrer generellen Eignung für die menschliche Erfahrung. Unser Verständnis dessen, was für die menschliche Erfahrung am geeignetsten ist, muss unseren Grad der Unwissenheit berücksichtigen. Der wirksamste Weg, die gegenwärtige Unwissenheit zu berücksichtigen, besteht jedoch nicht darin, einer traditionellen Quelle absolute Autorität zu verleihen. Diese Quelle haben wir unweigerlich selbst gewählt und interpretiert und sie kann sich später als die falsche erweisen. Ein sinnvoller Weg besteht vielmehr darin, unsere Urteile vorläufig und schrittweise zu fällen, solange wir höhere Integrationsgrade entwickeln.

Eine Entschlossenheit, das Erwachen in einer Weise zu interpretieren, die mit dem Mittleren Weg vereinbar ist, bedeutet jedoch nicht, dass wir uns nicht tief von der Geschichte über das Erwachen des Buddha inspirieren lassen können. Wie bei jeder Geschichte, reicht ihre Bedeutung für uns weiter als die Überzeugungen, die durch sie möglicherweise hervorgerufen werden. Das Erwachen liefert ein bedeutungsvolles Symbol für das Ziel am Ende des Mittleren Wegs und der Buddha selbst kann dieses Symbol ebenfalls darstellen (s. Kapitel 6.e). Die Vorstellung, dass auch wir erwachen könnten, gibt einen Einblick in unser eigenes Integrationspotenzial. Die Schilderungen der Verwirklichungen des Buddha zur Zeit seines Erwachens geben uns auch eine vorläufige Vorstellung davon, welche Art von Einsichten wir durch eine stärkere Integration erlangen könnten.

Die Erkenntnis, dass wir Erwachen *sinnhaft* finden können, ohne *absolute Überzeugungen* darüber zu haben, ist für den Mittleren Weg von zentraler Bedeutung. Das liegt daran, dass die Rolle des Körpers, uns mit Sinn zu versorgen, unser Ausgangspunkt ist, um Verabsolutierung zu vermeiden. Wir haben bereits festgestellt, dass Siddharthas Rückbesinnung auf seine Erfahrung unter dem Rosenapfelbaum ihm eine Alternative zur Askese bot, eben weil *Jhana* eine Erfahrung ist, die im Bewusstsein, den Körper anzunehmen wurzelt. Der Körper ist nicht nur wesentlich, um unser Leben aufrechtzuerhalten, sondern auch damit wir in der Lage sind, Symbole über Assoziationen mit Erfahrungen zu verknüpfen. Die Symbole können sowohl Worte als auch andere Sinneserfahrungen einschließen und die Assoziationen sind auch synaptische Verknüpfungen im Gehirn. Seit den 1980er Jahren wurden verkörperte Darstellungen von Bedeutung entwickelt.[1] In diesen kann die Bedeutung selbst abstraktester Sprache als metaphorische Entwicklung sehr grundlegender Assoziationserfahrungen verstanden werden, die oft im Kindesalter begonnen haben. Zum Beispiel ist die Idee des Mittleren Wegs selbst eine metaphorische, die von unseren Assoziationen zwischen diesem Begriff und unseren Erfahrungen, irgendeine Art Pfad zwischen Zielen auf beiden Seiten entlang zu gehen, abhängt (s. Kapitel 3.b). Bei dieser Art des Nachdenkens über Bedeutung, wie sie in unseren Körpern begründet ist (weiter ausgeführt in Kapitel 3.a und 7.g), haben Bedeutungen Vorrang vor Überzeugungen. Das liegt daran, dass Überzeugungen aus Bedeutungen aufgebaut sind und nicht umgekehrt.

Was bedeutet „Erwachen“ oder „Erleuchtung“ für uns? Es kann eine Extrapolation unserer begrenzten Integrationserfahrungen sein – vielleicht

---

[1] S. Lakoff (1987); Johnson (2007); Lakoff und Johnson (1980); Ellis (2013b).

meditativer, religiöser oder ästhetischer Erfahrungen – bis hin zu ihrer äußersten möglichen Schlussfolgerung. Wir betrachten dies als die tiefe, klare, ekstatische Erfahrung, die wir gemacht haben, aber noch viel intensiver. Da unsere Energien oft miteinander in Konflikt stehen, kann es auch einen Blick auf ein potenziell größeres Selbst ohne diesen Konflikt bedeuten, den wir in uns selbst intuitiv wahrnehmen. Dies könnte wie ein Blitz wirken, der uns einer ganzen Landschaft gewahr werden lässt, an einer Stelle, von der wir vorher dachten, es gäbe nichts, aber nur für einen Augenblick. In unserer Erfahrung kann Erwachen also in engem Zusammenhang mit tatsächlicher oder potenzieller Integration stehen. Es kann die Überwindung von Konflikten in uns selbst sein, die uns besser in die Lage versetzt, all unsere Energien zu bündeln und die Welt um uns herum mit größtmöglicher Weisheit anzupacken. Unser Verständnis von Erwachen kann sich auch hauptsächlich aus Geschichten wie der des Buddha ergeben: aber das ist auch ein Bedeutungsverständnis, das in unserem Körper gründet, da wir eine inspirierte Reaktion auf die Person zeigen, der wir begegnen. Da diese Integration mit einer gewissen Skepsis einhergehen muss, können wir nie davon ausgehen, dass die Integration vollständig ist, weder unsere eigene noch die des Buddha. Dennoch macht der Umstand, dass sie unserer Erfahrung zugänglich ist, sie bedeutungsvoll.

Wenn Erwachen eines dieser Dinge (und vielleicht auch viele andere Dinge) bedeutet, dann besteht es in *Bedeutung*. Das bedeutet nicht nur, dass „Erwachen“ ein Wort ist, das wir in der Kommunikation verwenden können (was auch immer es, wenn überhaupt, anderen mitteilt), sondern auch eines, das eine emotionale Wirkung auf uns hat, das uns bewegt. Diese Wirkung ist unabhängig von irgendwelchen Überzeugungen, die wir darüber haben. Tatsächlich sind die Überzeugungen, denen wir anhaften, wahrscheinlich eine Folgereaktion darauf, dass wir sie mit einem Netz konzeptueller Informationen in Verbindung bringen. Wir können sie verwenden, um vorläufige, nicht-absolute Überzeugungen zu formulieren, die durch Erfahrung einfach überprüft werden können, wie etwa, dass „Buddhisten Erwachen mit dem Buddha assoziieren“. Dennoch verwenden Buddhisten und andere es auch häufig, um absolute Überzeugungen zu formulieren, die sich nicht unbedingt in gleicher Weise mit Erfahrungen in Verbindung bringen lassen, wie etwa „Der Buddha erkannte die höchste Wahrheit“ oder „Der Buddha sah die Dinge, wie sie wirklich sind“ oder „Der Buddha befreite sich aus dem Kreislauf der Wiedergeburten“. Diese Überzeugungen sind kein notwendiger Aspekt, um das Erwachen inspirierend zu finden – sie sind ein Nebengedanke, der von einer Reihe abstrakter Annahmen abhängt, denen wir die unmittelbare Bedeutung von „Erwachen“ zugeordnet haben. Häufig sind sie ein Weg, um in eine Gruppe aufgenommen zu werden, die solche Überzeugungen als Abkürzung zu gesellschaftlicher Akzeptanz nutzt. Sie haben in der Währung dieser Gruppe wesentlich mehr Bedeutung als in der persönlichen Erfahrung spiritueller Praxis.

Absolute Überzeugungen über Erwachen sind eindeutig unvereinbar mit dem Mittleren Weg, wie Siddhartha ihn entdeckt hat. Siddhartha ging gerade wegen der Verabsolutierung von Annahmen in diesem traditionellen Umfeld aus dem Palast fort. Er erkannte, dass dies seine Fähigkeit, auf die Bedingungen um ihn herum einzugehen, stark einschränkte. Aus den gleichen Gründen lehnte Siddhartha die absoluten Annahmen der spirituellen Lehrer und der Askese ab. Werden wir wirklich das frühe Leben des Buddha durcharbeiten, diese Punkte vor dem Erwachen würdigen und sie dann gegen ein Paar Adhoc-Rationalisierungen eintauschen, wenn wir zum Erwachen gelangen? Werden wir das Erwachen wirklich in einer völlig inkonsistenten Weise behandeln, verglichen mit dem Rest der Geschichte?

Mit diesem Gedanken im Hinterkopf wollen wir uns die Passagen im Pali-Kanon ansehen, die Buddhas Erfahrung des Erwachens beschreiben. Lassen Sie uns dies tun, während wir darüber nachdenken, was sie zur *Bedeutung* des Erwachens für uns beitragen könnten, und vielleicht auch, welche *vorläufigen* Überzeugungen sie rechtfertigen könnten.

Die Ausführlichste Beschreibung des Erwachens im Pali-Kanon findet sich in der *Mahasaccaka Sutta*.[2] Sie beginnt mit Buddhas Aufstieg durch die vier niederen *Jhanas*, wobei er auf jeder Stufe hinzufügt: „Aber jenes angenehme Gefühl, das in mir aufstieg, drang nicht in meinen Geist ein und blieb nicht dort".[3] Dies lässt vermuten, dass die zunehmend verfeinerten und angenehmen Erfahrungen nicht verabsolutiert wurden, und der Buddha seine ausgeglichene und forschende Herangehensweise an seine Erfahrungen beibehielt. Seine Verwirklichungen begannen erst dann, als „mein konzentrierter Geist auf solche Weise geläutert, klar, makellos, von Unvollkommenheit befreit, formbar, geschmeidig, beständig und zur Unerschütterlichkeit gelangt war"[4]: eindeutig ein hochgradig integrierter Zustand.

Die Verwirklichungen des Buddha werden dann in Form der „drei Schauungen" erläutert, die jeweils einer von drei Nachtwachen zugeordnet sind. Diese bestehen aus „Wissen von der Erinnerung an frühere Leben", „Wissen vom Sterben und Wiedererscheinen der Wesen" und „Wissen von der Auslöschung der Befleckungen".

„Frühere Leben" werden natürlich normalerweise kosmologisch interpretiert: als Buddhas Erinnerung an alle früheren biologischen Leben in einer Folge von Wiedergeburten. Doch genau wie das Leben des Buddha als

[2] *Majjhima Nikaya* 36.34–44. Ñanamoli und Bodhi (1995) S. 340–2.
[3] *Majjhima Nikaya* 36.34-7
[4] *Majjhima Nikaya* 36.38

solches nicht historisch sein muss, um wertvoll für die Entwicklung von Einsicht zu sein, ist es auch ohne Belang, wann diese früheren Leben stattgefunden haben. Es ist auch unerheblich, ob es sich um biologische Wiedergeburten oder psychische Erfahrungen zyklischer Prozesse innerhalb eines Lebens handelt. Wichtig ist, dass der Buddha aus seinen früheren Erfahrungen gelernt hat. *Jhana* kann einen durchaus unerwartet mit Erfahrungen aus der Vergangenheit in Kontakt bringen, vielleicht, weil über bisher nicht genutzte synaptische Verbindungen ein neuer Zugang für Energie entsteht. Der Buddha konnte seine vergangenen Erfahrungen Revue passierten lassen und das bot ihm eine großartige Reflexionsquelle (wie ein Wissenschaftler es ausdrücken könnte, eine große Datenmenge). Über diese Informationen nachzudenken half ihm zu erkennen, in welcher Weise das Verharren in begrenzten Anschauungen ihn in einem Kontext sich verändernder Bedingungen einschränkte oder schädigte. Es zeigte auch, wie er in der Lage gewesen war, auf dem Pfad einen Schritt voranzugehen, indem er die Verabsolutierung von Annahmen in diesen vergangenen Situationen vermieden hatte und in der Lage war, seine Reaktion in die Rahmenbedingungen zu integrieren. Über unsere früheren Erfahrungen nachzudenken kann uns in ähnlicher Weise dabei helfen, den Mittleren Weg zu verstehen.

Natürlich hatte er nicht nur die Erfahrungen aus seinem eigenen früheren Leben, sondern auch die aus denen anderer. Es ist nicht notwendig, Siddhartha Allwissenheit zuzuschreiben, die es ihm ermöglichen würde, „das Sterben und Wiedererscheinen aller Wesen" zu sehen, um die Bedeutung der zweiten Nachtwache für uns zu erkennen. Alles, was der Buddha tun musste, war zu erkennen, wie die ihm bereits bekannten Personen, in größerem oder kleinerem Umfang, auf dem Pfad vorangekommen zu sein schienen. Wenn sie sich voran bewegten, erkannte er, dass dies auf die Überwindung von Verabsolutierung und das sich Beschäftigen mit Rahmenbedingungen zurückzuführen war. Der Mittlere Weg gab ihm einen neuen Schlüssel zur Geschichte, versetzte ihn (und uns) in die Lage, über eine Beziehung zur Geschichte in Form von leidenschaftslos zusammengetragenen oder ideologisch angeeigneten Fakten hinauszugehen. Stattdessen war er in der Lage, vergangene Ereignisse als reichhaltige Datenquelle über die Art von Zuständen und Überzeugungen zu erkennen, die dazu beitragen, den Bedingungen gerecht zu werden und solche, die dies nicht tun.[5] Wenn wir zudem unseren Unsicherheitsgrad in Bezug auf vergangene Ereignisse anerkennen, können wir daraus niemals die Art von Gewissheit über ein Karma-Gesetz herleiten, die die bisherige buddhistische Tradition zu besitzen vorgegeben hat. Wir können aber die

[5] Ellis (2013a) Abschnitt 7 enthält einige begrenzte Versuche, Information über die Vergangenheit so zu interpretieren, mit Beispielen aus meinem eigenen Leben, denen von Sangharakshita und Margaret Thatcher sowie weitreichenderen Geschichten des Osmanischen Reichs und Nordirlands.

Leben aller Wesen nutzen, um sowohl ein sich entwickelndes Verständnis der besten Wege wie Menschen im Allgemeinen mit Bedingungen umgehen können zu prägen und auch zu bestärken.

Die „Befleckungen“ (*Asavas*), auf die im Zusammenhang mit Buddhas drittem „Wissen“ in der dritten Nachtwache Bezug genommen wird, sind Genusssucht, Gier nach Existenz und Ansichten.[6] Diese stehen in engem Zusammenhang mit den bereits besprochenen Merkmalen des Mittleren Wegs. „Begierde“ (*Kamsava*) als eine Befleckung kann leicht als die Verabsolutierung des Begehrens (einschließlich Hass und Angst, die umgekehrtes Begehren sind) verstanden werden. Die Begierde nach uns selbst oder nach anderen Menschen oder Dingen, „zu existieren“ oder „nicht zu existieren“ (*Bhavasava*) kann als die grundlegendste Form von Verabsolutierung angesehen werden. „Ansichten“ (*Ditthasava*) können leicht als verabsolutierte Überzeugungen interpretiert werden.

Die eigentliche Idee des „Wissens“ kann vorläufig oder absolut formuliert werden. Ist „Wissen“ eine Darstellung dessen, wie die Dinge wirklich sind (in diesem Fall wäre es absolut), oder ist es lediglich eine vorläufige Darstellung? Eine vorläufige Darstellung unterliegt anerkanntermaßen begrenzenden Annahmen, Modellen und Metaphern, die zu einer bestimmten Zeit und an einem bestimmten Ort entwickelt wurden, wobei allerdings Universalität angestrebt wird, soweit sie nachvollziehbar ist. Im allgemeinen Sprachgebraucht wird „Wissen“ manchmal als vorläufig verstanden, häufiger jedoch als absolut angenommen. In seiner gebräuchlichsten philosophischen Definition als „gerechtfertigte wahre Überzeugung“ bekräftigt es die allgemeine Annahme, dass „Wissen“ als wahr bestätigt. In Hinblick auf unser Verständnis des Mittleren Wegs ist es jedoch von entscheidender Wichtigkeit, eine Unterscheidung zu treffen, damit allgemeine, aber vorläufige Ansprüche nicht zu absoluten abgleiten. Sie haben dies zu oft getan, auch in der buddhistischen Tradition. In meiner Entwicklung der Philosophie des Mittleren Wegs habe ich es aus diesem Grund vermieden, den Begriff „Wissen“ in der Bedeutung von vorläufiger Überzeugung zu verwenden.[7] Ich würde behaupten, dass die Einsichten des Buddha beim Erwachen am besten als gerechtfertigte allgemeine Überzeugungen beschrieben werden können. Alles, darüber hinaus noch Stärkere, beginnt die Einsichten an sich zu untergraben.

Die entscheidende Einsicht des Buddha beim Erwachen ist also die der Bedingungen und der Notwendigkeit, ihnen entgegenzutreten. Dies spiegelt sich auch in der alternativen Darstellung von Buddhas Erwachen wider, die sich auf seine Erkenntnis der zwölf *Nidanas* oder Glieder des abhängigen

---

6 *Majjhima Nikaya* 9.70. Ñanamoli und Bodhi S. 144.

7 Für weitere Details siehe Ellis (2012) Abschnitte 1 und 5.

Entstehens konzentriert.[8] Auf die Interpretation der buddhistischen Lehren zum abhängigen Entstehen werde ich in Kapitel 6.a näher eingehen. Für den Moment ist es jedoch am wichtigsten, die Beziehung zwischen dem Mittleren Weg und den *Bedingungen gerecht zu werden* zu verstehen, ohne einen absoluten Glauben an die Bedingtheit als kosmisches Gesetz.

Wir setzen uns am wirksamsten mit den Bedingungen auseinander, indem wir Verabsolutierungen vermeiden, einschließlich – als wichtiges Beispiel – des Selbst (Thema einer dritten kanonischen Darstellung des Erwachens[9]). Wir werden *allgemein* bessere Ergebnisse erzielen, indem wir uns mit diesen Bedingungen auseinandersetzen, als wenn wir in Illusionen verharren. Wir kreieren Illusionen, indem wir einen bestimmten, begrenzten Zustand verabsolutieren und davon ausgehen, dass sei schon alles. Eine *pauschale* Behauptung über die menschliche Situation kann jedoch immer als vorläufig interpretiert werden. Wir erkennen an, dass dies bisher der Fall zu sein scheint, aber, dass wir nicht über alle möglichen Informationen über alle menschlichen Lebenslagen verfügen und daher keine Gewissheit darüber haben.

Auf der anderen Seite wird Bedingtheit oft absolut interpretiert, was zu Konflikten mit der eigentlichen Handlungsweise auf dem Pfad führt, auf den uns die Doktrin drängt. Absolute Interpretationen der Bedingtheit sind meist deduktiv. Sie beginnen mit einer allgemeinen Behauptung darüber, wie Bedingtheit funktioniert, wobei sie diese auf Grund der Autorität buddhistischer Tradition akzeptieren, aber unsere Rolle bei der Interpretation der Tradition ignorieren. Daraus leiten sie dann andere allgemeine Behauptungen darüber ab, was wir glauben oder wie wir handeln sollten. Der Glaube an ein Karma-Gesetz, das sicherstellt, dass Menschen immer von guten Taten profitieren oder für schlechte leiden werden, ist ein Beispiel für solch eine absolute Ableitung aus einem Verständnis von Bedingtheit. Die Wiedergeburt ist wiederum eine weitere Ableitung aus dem Karma, die erforderlich ist, um karmische Wirkungen konsistent zu halten, wenn sie nicht innerhalb eines Lebens eingetreten sind.

Angenommen, Sie übernehmen die allgemeine Behauptung, dass sich mit den Bedingungen auseinanderzusetzen zu besseren Ergebnissen führt, als es nicht zu tun. Angenommen, Sie *folgern* dann daraus, dass es ein Karma-Gesetz gibt, demzufolge alle schlechten Handlungen (einschließlich geistiger Handlungen), die ich jetzt ausführe, in Zukunft zwangsläufig negativ auf mich zurückfallen werden. Dies ist eine absolute Schlussfolgerung, die deutlich über die Grenzen gerechtfertigten Glaubens eines verkörperten Menschen hinausgeht. Wir können nicht jeden Fall hinreichend verstehen, insbesondere

---

[8] *Samyutta Nikaya* 12.10. Bodhi (2000) S. 537 ff.
[9] *Samyutta Nikaya* 22.27. Bodhi (2000) S. 873–4.

nicht die Fälle, die weit von unserem eigenen Kontext entfernt sind, um irgendeine derartige Schlussfolgerung ziehen zu können. Noch wichtiger, bei jeder Gelegenheit, bei der ich versuchen könnte, solch ein absolutes Karma-Gesetz auf einen spezifischen Fall anzuwenden, wird es zu Unklarheiten bei der Interpretation kommen. Diese Unklarheiten machen es in der Praxis als Handlungsleitfaden nutzlos. Bedeutet das Karma-Gesetz, dass ich freundlich handeln, die Wahrheit sagen, nicht töten oder lügen sollte? Ja, aber nur, wenn ich weitere Annahmen über die Auswirkungen dieser Art von Handlungen treffe, die nicht allein durch das Karma-Gesetz ersichtlich sind.

Dennoch kann alternativ dieselbe allgemeine These über Bedingungen als eine sinnvolle Behauptung angesehen werden, die ich für den Augenblick akzeptiere, wobei ich für alternative Möglichkeiten offen bin. Wenn ich beispielsweise jemanden belüge, dürfte sich *wahrscheinlich* ein Unverständnis von Bedingungen, die ich selbst sehr wohl verstehe, verbreiten und in diesem Prozess zu Konflikten mit der Person, die ich belogen habe, führen. Es mag Ausnahmefälle geben, in denen Lügen die Bedingungen tatsächlich besser berücksichtigt. Ich muss die spezifischen Bedingungen jeweils sorgfältig interpretieren, um dies beurteilen zu können. Wenn ich jedoch grundsätzlich *davon ausgehe*, dass Lügen, vorläufig betrachtet, negative Auswirkungen hat, dann ist dies eine potenziell nützliche Anwendung allgemeiner Anerkennung von Bedingtheit.

Die Interpretation buddhistischer Lehren über Karma und Wiedergeburt sowie Bedingtheit auf eine mit dem Mittleren Weg vereinbare Weise wird in Abschnitt 6 ausführlicher erörtert. Zum jetzigen Zeitpunkt gibt es indes zwei wichtige Punkte. Erstens sollte Erwachen in Begriffen, die mit dem Mittleren Weg vereinbar sind, interpretiert werden. Zweitens erfordert eine solche Interpretation, dass Bedingtheit und Karma eine allgemeine Erwartung bieten, die unsere Erwartungen eher zu einem Provisorium macht, statt zu einem kosmischen Gesetz. Es ist eine Sache, immer die Möglichkeit in Betracht zu ziehen, dass unsere guten Taten belohnt werden und unsere schlechten Taten bestraft werden könnten. Dies gibt uns die Chance, durch umfassenderes Bewusstsein von destruktiven Handlungen Abstand zu nehmen. Es ist aber eine ganz andere Sache, grundsätzlich diesen Anspruch bei unserer Interpretation von Anhaltspunkten aufzuerlegen, was unser Gewahrsein einengt. Das „Wissen" des Buddha (d.h. gerechtfertigte, allgemeine Annahmen), dass das Beseitigen von Befleckungen erforderlich ist, um auf dem Pfad voranzukommen, ist mit einem klaren Vertrauen in den Mittleren Weg gleichzusetzen. Das „Wissen" über Karma und Wiedergeburt, das oft damit verbunden wird, muss jedoch als eine kulturell bedingte und nicht notwendige Folgerung aus einer als absolut interpretierten Bedingtheit verstanden werden.

Wenn wir nach Buddhas Erwachen weitergehen in die Zeit seines Wirkens, wird eines unserer Hauptanliegen nicht nur darin liegen, was der Buddha gelehrt hat, sondern auch, wie er seine Lehren umgesetzt hat. Das wird uns auch einen Hinweis auf ihre praktische Bedeutung für ihn geben. Ist der Mittlere Weg die offensichtliche Grundlage für die Urteile Buddhas? Oder vermittelt uns sein Wirken stattdessen ein Bild von jemandem, der dazu neigt, andere durch Rückgriff auf absolute Lehren als Machtinstrument zu kontrollieren? Ich werde darlegen, dass eine nicht-absolute Interpretation des Erwachens nicht nur ein praktisch nützlicher Ansatz für uns ist, sondern viel mehr im Einklang mit den späteren Handlungen des Buddha steht.

2. Der Mittlere Weg im Wirken des Buddha

2.a. Die Entscheidung zu lehren

Erwachen bedeutete nicht das Ende von Buddhas Problemen, sondern nur die Einleitung der nächsten Phase, in der er mehr denn je den Mittleren Weg praktizieren musste. Im Pali-Kanon wird der Buddha beschrieben, wie er sich mit der gleichen Art von Zweifeln konfrontiert sieht, als er glaubt, einen Durchbruch erzielt zu haben, wie es bei uns allen der Fall wäre. Sollte er versuchen, mit einer bestehenden Gruppe gemeinsam zu wirken oder den viel schwierigeren Weg gehen, seine eigene zu gründen? Kann er wirklich die Einsicht vermitteln, die er gefunden zu haben glaubt? Wie viel Ablehnung kann er verkraften, bevor er an seiner eigenen Sichtweise zweifelt? Diese Zweifel verlagern den Schwerpunkt der Geschichte von einem bisher sehr individuellen Kampf hin zu einem, sozialer Beziehungen. Selbst wenn es sich als wahr erweisen sollte, dass Siddhartha mit seinem Erwachen einen Zustand vollständiger Integration erreicht hat, wäre dieser weiterhin noch nicht im Einklang mit der fehlenden Integration aller anderen. Kann er selbst wirklich integriert sein, wenn er vom Integrationsgrad seiner Umgebung abgekoppelt ist? Das sollte zu einem Dauerthema in der Geschichte des Buddhismus werden und wesentlich zur Zersplitterung in Theravada- und Mahayana-Interpretationen des Buddhismus beitragen.

In einer Episode kurz nach dem Erwachen wird der Buddha beschrieben, wie er über die Notwendigkeit von Vorbildern für seine weitere Entwicklung nachdenkt:

> *Während der Erhabene allein in Abgeschiedenheit weilte, entstand in seinem Geist der Gedanke: „Man ergeht sich in Leiden, wenn man ohne Ehrfurcht und Ehrerbietung ist. Welchen Asketen oder Brahmanen könnte ich nun ehren und achten und mich auf ihn stützend leben?"*
> *Dann kam dem Erhabenen in den Sinn: „Ich würde um der Erfüllung dessen willen, was noch nicht erfüllt ist an Anhäufung von Tugend einen anderen Asketen oder Brahmanen ehren, achten und mich auf ihn stützend leben. Doch in dieser Welt... sehe ich keinen anderen Asketen oder Brahmanen, der vollkommener an Tugend ist als ich, den ich ehren, achten und auf den mich stützend, ich leben könnte."*[1]

Diese Reflexion wird dann in Bezug auf Konzentration, Weisheit, Befreiung und Wissen sowie Schauung von der Befreiung als Ausdruck von Tugend

[1] *Samyutta Nikaya* 6.2.561. Bodhi (2000) S. 234.

wiederholt. Hier scheint der Buddha klar die Notwendigkeit anzuerkennen, uns als soziale Wesen von den Modellen, die andere vorleben, beeinflussen zu lassen, um spirituellen Fortschritt erzielen zu können. Wenn wir dies in einer wohlwollenden Geisteshaltung der Vorläufigkeit interpretieren, sollten wir die Aussage des Buddha, er sehe keinen anderen Menschen, der vollkommener ist als er selbst, nicht als Einbildung oder Sich-Aufplustern auffassen. Vielmehr sollten wir sie als eine angemessen zutreffende Zusammenfassung seiner Erfahrung betrachten, die falsche Bescheidenheit vermeidet. Er leugnet nicht die Möglichkeit größerer Vorbilder, aber er sieht keine. Wie soll er also sein menschliches Bedürfnis nach Vorbildern mit seiner Wahrnehmung, das würdige Vorbilder fehlen, in Einklang bringen?

Dies ist eine Lage, in der sich viele Menschen heute befinden, ob dies nun auf den Irrglauben zurückzuführen ist, es gäbe keine würdigeren Vorbilder als sie selbst, oder nicht. Wenn wir keine bedeutenderen Vorbilder wahrnehmen oder anerkennen, können wir ihnen nicht vertrauen. Wir können aus einer Vielzahl von Gründen daran scheitern, würdige Vorbilder wahrzunehmen. Möglicherweise gibt es keine in Reichweite. Möglicherweise haben wir einen unangebrachten Relativismus, der uns daran hindert anzuerkennen, dass irgendein anderer moralisch oder spirituell nachahmenswert ist. Oder wir haben möglicherweise auf Grund ihrer Fehler begründete Zweifel an der Zuverlässigkeit jeglichen möglichen Vorbilds. Die Entwicklung des investigativen Journalismus und der einfache Informationsaustausch in der heutigen Zeit bringen es mit sich, dass die Fehler jeglichen möglichen Vorbilds vermutlich mühelos aufgedeckt werden. Es gibt nur wenige Gurus ohne den ein oder anderen Sexskandal. Somit sind also mehr von uns in Buddhas Lage als es auf den ersten Blick erscheinen mag.

Buddhas Antwort auf seine eigene Frage (später bekräftigt durch die Symbolfigur Brahma Sahampati, den wir als weitere Stimme in Buddhas Geist verstehen können) lautet:

> *„Lasst mich also genau diesen Dhamma, zu dem ich vollständig erwacht bin, ehren, achten und in Abhängig von ihm leben.“*[2]

Das Wort *Dhamma* wirft jedoch eine Reihe von Problemen auf, obwohl es allgemein üblich ist, dass sich Buddhisten auf die Lehren ihrer Tradition beziehen. Es kann sowohl, wie die Dinge sind, als auch die Lehre über sie bezeichnen. Daher kann seine Verwendung ohne weitere Bedeutungsanalyse Buddhisten auf Schritt und Tritt dazu ermutigen, den buddhistischen Weg zu verabsolutieren, indem sie ihn als vollständige Darstellung der Wirklichkeit betrachtet (dieser Punkt wird in Kapitel 6.f. ausführlicher erörtert). In diesem

---

[2] Ebenda.

Zusammenhang können wir ihn jedoch so interpretieren, dass er Buddhas Methode – den Mittleren Weg – bezeichnet. Der Buddha erkennt die Art und Weise, in der dieser Mittlere Weg aufgrund seiner Universalität eigenständig und jenseits seiner selbst existiert. Er erkennt auch an, dass er in Ermangelung menschlicher Vorbilder seine Inspiration im eigentlichen Prozess finden muss, diesem Mittleren Weg zu folgen. Der Buddha verfügt nicht über die letztendliche Wahrheit, sonst würde er nicht mehr lernen und dem Mittleren Weg folgen. Er kann sich allerdings auch nicht der Autorität eines anderen unterordnen, was bedeuten würde, diese Autorität zu verabsolutieren und den Mittleren Weg zu verlassen. Hier haben wir also eine weitere Reflexion über die Herangehensweise, die ihn dazu gebracht hat, von Alara Kalama und Udaka Ramaputta wegzugehen. Wir finden darin auch ein anschauliches Beispiel für den Mittleren Weg, bei dem sowohl die Verabsolutierung seiner eigenen Überzeugungen als auch der Autorität eines anderen vermieden wird.

Diese Episode zeichnet nach, wie der Buddha das Selbstvertrauen entwickelte, um eigenständig zu lehren, statt sich einer etablierten spirituellen Gruppe irgendeiner Art anzuschließen. Wenn die kulturellen Veränderungen, die in der modernen Gesellschaft vor sich gehen, Anzeichen für irgendetwas sind, dann für eine Ausgewogenheit, in der viele Menschen ihm heutzutage folgen. Es gibt einen Trend dazu, dass immer weniger Menschen etablierten Religionen oder politischen Parteien angehören. Es gibt allerdings auch immer mehr Menschen, die ihre eigenen Blogs schreiben oder Videos auf YouTube einstellen, um ihre Ideen und Standpunkte zu propagieren. Es gibt, so scheint es, eine wachsende Zahl von Anführern, aber immer weniger Anhänger. Nicht alle diese Führungspersönlichkeiten werden ausgewogene Gründe dafür haben, eine intellektuelle Führungsrolle anzustreben, und nicht alle von ihnen sind es wert, dass man ihnen zuhört. Wir sollten jedoch den Umstand begrüßen, dass immer mehr Menschen so handeln, wie es der Buddha hier getan hat. Sie denken autonom und nutzen kreative Möglichkeiten, sich auszudrücken als aktive Form von Entwicklung.

Wie viele andere, die sich um eine kreative Führungsrolle bemühen, stößt allerdings auch der Buddha auf Bedenken hinsichtlich der Schwierigkeit, seine Botschaft zu vermitteln. Diese Bedenken werden durch die Komplexität dessen, was er zu vermitteln hat – den Mittleren Weg – noch vergrößert.

Ich überlegte: „Dieser Dhamma, den ich verwirklicht habe, ist tiefgründig, schwer zu erkennen und schwer zu verstehen, friedvoll und erhaben, durch bloßes Nachdenken nicht zu erlangen, subtil, von den Weisen zu erfahren. Aber diese Generation ergötzt sich an Bindung [oder Anhaftung], hat Freude an der Bindung, genießt die Bindung. Es ist schwer für so eine Generation, diese Wahrheit zu erkennen, nämlich die zugrundeliegende Bedingtheit, das abhängig Entstehen... Wenn ich den Dhamma lehren würde, würden andere mich nicht verstehen, und das wäre ermüdend und beschwerlich für mich"... Indem ich dies erwog, neigte mein Geist eher zur Untätigkeit als zum Lehren des Dhamma.[3]

Aber wieder einmal erhebt sich seine Stimme des Einspruchs in Form von Brahma Sahampati, der ihn anfleht, den Dhamma zu lehren. Der Buddha denkt noch einmal darüber nach.

Als ich die Welt mit dem Auge eines Buddha betrachtete, sah ich Wesen mit wenig Staub auf den Augen und mit viel Staub auf den Augen, mit scharfen geistigen Fähigkeiten und mit dumpfen geistigen Fähigkeiten, mit guten Eigenschaften und mit schlechten Eigenschaften, leicht zu unterrichten und schwer zu unterrichten, und einige, die weilten, indem sie Furcht und Schuld in der anderen Welt sahen.[4]

Dies ist eine hervorragende Demonstration sowohl der Vorläufigkeit als auch der allmählichen Entwicklung. Zunächst einmal hat der Buddha die Angelegenheit nur aus dem Blickwinkel von Verabsolutierungen betrachtet. Er begriff die Menschen als eine einheitliche Masse, die fest in Verabsolutierungen verwurzelt ist, so dass er beim Versuch, den Mittleren Weg zu vermitteln, nicht verstanden würde. Er hat lediglich zwei Möglichkeiten in Betracht gezogen: eine sehr beschwerliche Zeit zu durchleben, in der er versucht, die Unempfänglichen zu unterrichten, oder überhaupt nicht zu lehren. Dieser Dualismus von Verabsolutierungen ist ein weiterer Hinweis darauf, falls man ihn benötigt, dass der Buddha nicht allwissend ist und nicht immer und unter allen Umständen augenblicklich die richtige Antwort „weiß". Vielmehr besteht sein entscheidender Beitrag in der Richtung, die er einschlägt, eine, die es ihm ermöglicht, seine vorherigen Irrtümer im Licht umfassenderen Bewusstseins zu überdenken und zu korrigieren. Die Stimme von Brahma Sahampati bietet dieses weitergehende Gewahrwerden. Die Vorläufigkeit beim Buddha besteht sowohl darin, dass ihm diese Stimme zur Verfügung steht (vielleicht unterstützt durch seine bisherige Praxis), als auch darin, dass er sie nicht ablehnt. Stattdessen erkennt er ihre umfassendere Angemessenheit dank des Gewahrswerdens, mit dem er in der Lage ist, die Alternativen abzuwägen. Der Buddha räumt hier ausdrücklich seinen Irrtum im Lichte weitergehenden Gewahrswerdens ein:

Durch die Vorstellung, es wäre beschwerlich, oh Brahma,
Sprach ich nicht den Dhamma, der feinsinnig und erhaben ist.[5]

---

[3] *Majjhima Nikaya* 26.19. Ñanamoli und Bodhi (1995) S. 260.
[4] *Majjhima Nikaya* 26.20. Ñanamoli und Bodhi (1995) S. 262.
[5] Ebenda.

Auch dieses Urteil ist *inkrementell.* Während er anfangs die Menschen, die er möglicherweise unterrichten könnte, als eine einzige Masse mit einheitlichen Eigenschaften betrachtete, betrachtet er sie beim erneuten Nachdenken differenzierter als Menschen mit unterschiedlichen Eigenschaften, entlang mehrerer Achsen von Spektren:

Der Menge an Staub, die sie auf ihren Augen haben (d.h. in welchem Umfang die Lebensbedingungen bei ihnen verabsolutierende Verblendungen bewirkt haben), wie intelligent sie sind, wie moralisch sie sind und wie empfänglich sie sind. Dieser schrittweise Entwicklungsprozess ermöglicht ihm einen Zugang zu Mitgefühl, zu dem er zuvor keinen Zugang hatte. Er beginnt, sich seine potenziellen Zuhörer als individuelle Persönlichkeiten vorzustellen und sie nicht einfach als eine abstrakte, unempfängliche Masse zu betrachten.

Die neu gewonnene Zuversicht und Entschlossenheit des Buddha, den Mittleren Weg zu vermitteln, wird sofort auf die Probe gestellt. Zunächst denkt er darüber nach, dass seine beiden früheren Lehrer, Alara Kalama und Udaka Ramaputta, nun tot sind und macht sich stattdessen auf die Suche nach seinen früheren fünf Gefährten aus der Zeit der Askese.[6] Unterwegs begegnet er einem *Shramana* namens Upaka, der das selbstbewusste Auftreten des Buddha zu bewundern scheint und ihn nach seinen religiösen Zugehörigkeiten fragt. Doch der Buddha legt sich gleich mächtig ins Zeug:

> *„Ich bin derjenige, der alles transzendiert hat, ein Wissender von allem...*
> *Ich habe keinen Lehrer und einer wie ich*
> *Existiert nirgendwo auf der ganzen Welt...*
> *Ich allein bin ein Vollkommen Erleuchteter.*

Die Reaktion, die dies hervorruft, ist reichlich komisch. Wie reagieren wir höflich auf jemanden, der sich derart verblendet zeigt?

> *Nach diesen Worten sagte der Ajivaka Upaka: „Möge es so sein, mein Freund." Kopfschüttelnd nahm er einen Seitenweg und ging davon.*[7]

Man kann diese Episode auf die Unerfahrenheit des Buddha zurückführen, angemessen zu Menschen zu sprechen. Allerdings ist die Art und Weise, wie er hier von sich spricht, nicht außergewöhnlich im Pali-Kanon, und erst recht nicht außergewöhnlich in Bezug auf die Art und Weise, wie die buddhistische Tradition von ihm spricht. Was hier wiederum vermittelt wird, sind die Gefahren, das Erwachen zu verabsolutieren, und es wird nahegelegt, dass der Buddha selbst möglicherweise in diese Falle getappt ist. Er scheint sich verabsolutiert zu haben, indem er das, was wahrscheinlich eine hochgradig

---

[6] *Majjhima Nikaya* 26.22–4. Ñanamoli und Bodhi (1995) S. 262–3.
[7] *Majjhima Nikaya* 26.25, Ñanamoli und Bodhi (1995) S. 263–4.

integrierte und transformative Erfahrung war, im Sinne einer absoluten Offenbarung interpretiert hat. Hätte der Buddha mit Upaka über seine *Methode* und nicht über seinen mutmaßlichen Status gesprochen, wäre er sicherlich wesentlich überzeugender gewesen? Es wäre auch zielgerechter und damit hilfreicher für Upaka in dessen eigenen Streben gewesen.

Welchen Integrationsgrad der Buddha als Individuum auch immer erreicht haben mag, aus seinem späteren Verhalten ist klar ersichtlich, dass es sich um eine wichtige Errungenschaft handelte. Möglicherweise stand sie verschiedenen Teilen von ihm in verschiedenen Kontexten auch nicht ausgewogen zur Verfügung. Seine Entscheidung zu lehren und seine ersten Versuche, dies zu tun, verdeutlichen die wechselseitige Abhängigkeit zwischen der Art oder dem Grad an Integration, den er erreicht hat, und dem der ihn umgebenden Gesellschaft. Er konnte nicht einfach weiterhin einsame Glückseligkeit genießen, ohne mit der Gesellschaft zu interagieren. Sobald er jedoch begann, andere zu unterrichten, wurde die umfassendere Integration sowohl anderer Individuen als auch der Gesellschaft als Ganzes implizit Teil seines Ziels. So wurde gesellschaftliche Integration zu einer weiteren Implikation des Mittleren Wegs. Gesellschaftliche und politische Konflikte finden ihre Gegenstücke innerhalb des Individuums und individuelle Konflikte können auch stark in gesellschaftlichen Konflikten zum Ausdruck kommen. Buddhas Mittlerer Weg wurde unweigerlich zu einer Möglichkeit, sich mit einem ganz neuen und breiteren Spektrum an Bedingungen auseinanderzusetzen.

2.b. Die erste Lehrrede und die Vier Aufgaben

Der erste schriftlich niedergelegte Beleg dafür, dass der Buddha tatsächlich lehrte, ist die Begegnung mit seinen fünf einstigen Gefährten in Sarnath bei Benares und sein Vortrag, der oft als „Erste Lehrrede" bezeichnet wird. Bei dieser Gelegenheit wird eine Vorlage für Buddhas späteres niedergeschriebenes Lehren geschaffen, indem die zentralen Formulierungen festgelegt werden. Wir müssen jedoch bedenken, dass sie die Art und Weise zeigt, in der er dieser Zuhörerschaft an diesem Ort und zu dieser Zeit den Mittleren Weg vermittelt. Das ist nicht unbedingt die Art und Weise, in der er Menschen zu anderen Zeiten und Orten vermittelt werden sollte. Wir sehen Buddhas Unerfahrenheit als Lehrer, aber wir sehen auch, wie wichtig es ist, das Vertrauen und die Zuversicht der Menschen zu gewinnen und auf eine Weise zu lehren, die sie verstehen können. Auf diese Weise ist es möglich, ihnen dabei zu helfen, sich mit jedweden Bedingungen auseinanderzusetzen, die sie angehen müssen, um zu einer ausgewogenen Praxis zu gelangen.

Als der Buddha zum ersten Mal auftaucht, betrachten ihn die fünf Asketen als einen Luxus-Rückfälligen. Als er sich nähert, verständigen sie sich untereinander drauf, ihm „weder zu huldigen noch sich für ihn zu erheben oder seine Schale entgegenzunehmen oder seine äußere Robe"[1] – mit anderen Worten, ihm nicht die Höflichkeit und den Respekt zu erweisen, die er möglicherweise erwartet hat, sondern ihm lediglich einen Sitzplatz anzubieten. Als er sich jedoch „diesen Bhikkhus näherte, sahen sie sich außerstande, ihren Pakt einzuhalten"[2] und erwiesen ihm genau die Höflichkeiten, die sie ihm vereinbarungsgemäß nicht entgegenbringen wollten. Wir sollen dies offensichtlich der Wirkmächtigkeit der Präsenz des Buddha zuschreiben. Traditionell würde man dies den transformierenden Wirkungen des Erwachens zuschreiben. Allerdings musste er keinen abgehobenen Zustand erreicht haben, damit die Wirkungen seiner Praxis sogar bereits, bevor er sprach aus seinen Körperbewegungen und seinem Auftreten klar ersichtlich waren. Andere dürften dies dann ohne weiteres intuitiv erkennen und darauf reagieren.

Nichtsdestotrotz sprechen die Asketen den Buddha als „Freund" an. Der Buddha lehnt dies ab und beansprucht, dass „ein Vollendeter, ein vollständig Erleuchteter" wesentlich respektvoller angesprochen werden sollte. Selbst wenn man die weit ausgeprägtere Förmlichkeit im Umfeld des Buddha gegenüber der im heutigen Westen üblichen berücksichtigt, scheint dieses Insistieren ein Anzeichen für die Unerfahrenheit des Buddha als Lehrer zu sein. Warum sollte er so großen Wert darauf legen, wie er angesprochen wird?

---

1 *Majjhima Nikaya* 26.26. Ñanamoli und Bodhi (1995) S. 264.

2 Ebenda.

Beabsichtigt er wirklich, so viel Nachdruck auf seinen eigenen Status zu legen, möglicherweise auf Kosten einer möglichen Förderung des Verständnisses für den Weg bei seiner Zuhörerschaft? Es gibt Einwände der Asketen, die nicht verstehen, warum sie ihn so respektvoll behandeln sollten. Er bereinigt diese Angelegenheit letztendlich lediglich, indem er sagt: „Bhikkhus, habt ihr mich jemals auf solche Weise sprechen gehört?“[3] Dies würde ihre Aufmerksamkeit auf ihre früheren persönlichen Erfahrungen mit ihm richten und nicht auf Verabsolutierungen seines Status. Auf diese Weise gelingt es ihm, die negativen Auswirkungen seiner früheren Fehler zu überwinden, indem er schlichtweg eine Atmosphäre des Vertrauens schafft.

Als der Buddha seine erste Lehrrede hält, ist es allerdings bemerkenswert, dass er als allererstes über den Mittleren Weg spricht. Tatsächlich beschreibt er den Mittleren Weg sogar als das, zu dem er erwacht ist:

> *„Bhikkhus, diesen beiden Extremen sollte niemand folgen, der sich in die Hauslosigkeit begeben hat. Welchen beiden? Dem Streben nach sinnlichem Glück in sinnlichen Vergnügungen, welches niedrig, ordinär, der Weg der Weltlinge, unedel, unheilsam ist; und dem Streben nach Selbstkasteiung, welches schmerzhaft, unedel, unheilsam ist. Indem er sich keinem dieser Extreme zugewandt hat, ist der Tathagata [Buddha] zum mittleren Weg erwacht, der sehend und wissend macht, der zu Frieden, unmittelbarem Wissen, zur Erleuchtung, zum Nibbana führt.“*[4]

Indem er auf diese Weise in dieser Ausgangssituation lehrt, begründet er die buddhistische Tradition (auf die ich in Abschnitt 4 näher eingehen werde), indem er lediglich den Mittleren Weg anhand konkreter Beispiele verabsolutierender Extreme darlegt, die es zu vermeiden gilt. In diesen Begriffen zu sprechen, statt vom Vermeiden von Verabsolutierung im Allgemeinen, verschleiert unglücklicherweise (durch Selektivität) die möglichen Konflikte zwischen dem Mittleren Weg und den Verabsolutierungen, die sich innerhalb der buddhistischen Tradition entwickelt haben. In dieser Situation, in der er sich ausdrücklich an „einen, der in die Hauslosigkeit gegangen ist“ wendet, ist es sicherlich verständlich, warum der Buddha dies getan hat. Er wandte sich an eine Gruppe von Menschen, die zuvor von Selbstkasteiung besessen war. Seine oberste Priorität bestand darin, sie in die Lage zu versetzen, über diese spezielle Verabsolutierung hinauszugehen, und weniger darin, sie mit dem umfassenderen Problem von Verabsolutierung im Allgemeinen zu konfrontieren.

Der Buddha fährt dann fort:

---

[3] *Majjhima Nikaya* 26.28. Ñanamoli und Bodhi (1995) S. 265.
[4] *Samyutta Nikaya* 56.11.421. Bodhi (2000) S. 1844.

„Und was, Bhikkhus, ist dieser mittlere Weg, zu dem der Tathagata erwacht ist, der sehend macht, der wissend macht, der zu Frieden führt, zu unmittelbarem Wissen, zu Erleuchtung, zu Nibbana? Es ist dieser Edle Achtfache Pfad; das heißt, rechte Ansicht, rechte Absicht, rechte Rede, rechtes Handeln, rechter Lebenserwerb, rechte Anstrengung, rechte Achtsamkeit, rechte Konzentration"[5]

Den Edlen Achtfachen Pfads mit dem Mittleren Weg zu identifizieren, scheint hier oft dazu geführt zu haben, dass Buddhisten davon ausgehen, letzterer könne in den Begriffen des ersteren verstanden werden. Der Achtfache Pfad ist jedoch eher eine Beschreibung dessen, wie man dem Mittleren Weg folgen kann und kein Ersatz für das Verständnis des Mittleren Wegs an sich.

Der Achtfache Pfad bietet eine Analyse der verschiedenen Arten integrativer Praktiken, die helfen können, Verabsolutierung zu vermeiden. Seine acht Glieder lassen sich grob in drei Praxisfelder gruppieren, die als Drei Übungsgebiete angesehen werden: Weisheit (rechte Ansicht und Absicht), Ethik (rechte Rede, rechtes Handeln, rechter Lebenserwerb) und Meditation (rechte Anstrengung, Achtsamkeit und Konzentration). Weisheit ermöglicht es, Verabsolutierung zu vermeiden, indem man sich seiner Annahmen und ihrer Grenzen bewusst wird: das Praktizieren von Skepsis und Agnostizismus gegenüber positiven und negativen Absolutismen. Ethik ermöglicht das Vermeiden von Urteilen über Handlungen, die verabsolutierte Überzeugungen voraussetzen (und damit auch dazu neigen, sie zu verstärken). „Meditation" (in einem weitgefassten Sinn des Begriffs) ermöglicht das Vermeiden von Verabsolutierungen, indem sie unseren Geist für Alternativen öffnet und dadurch Vorläufigkeit zulässt. Noch erfreulicher ist jedoch, dass all diese Praktiken auch integrativ sind. Sie unterstützen im Allgemeinen ein angemessenes Bewusstsein der Welt, individuelles Glück und gesellschaftliche Harmonie, indem sie Konflikte und Projektionen überwindbar machen.

Der Achtfache Pfad ist nicht der einzig mögliche Weg, um den Pfad zu konkretisieren, aber er ist ein äußerst nützlicher und an sich schon eine ausführlichere Erörterung wert. Ich werde den gesamten Abschnitt 5 der Erläuterung des Achtfachen Pfads in Hinblick auf den Mittleren Weg widmen. Nachdem Buddha den Achtfachen Pfad dargelegt hat, wendet sich seine Erste Lehrrede der Erläuterung der Vier Edlen Wahrheiten zu. Wiederum ermuntert uns die Art und Weise, wie diese nach dem Pfad eingebracht werden, dazu, ihr Erkennen als Teil des Pfads zu sehen und sie auf eine Weise zu interpretieren, die mit dem Mittleren Weg vereinbar ist.

---

[5] Ebenda.

In der traditionellen Übersetzung, die Bhikkhu Bodhi verwendet, sind die Vier Edlen Wahrheiten Leiden, der Ursprung des Leidens, die Beendigung des Leidens und der Weg, der zur Beendigung des Leidens führt.[6] Angesichts dessen, wie unzulänglich „Leiden" als Übersetzung von „*Dukkha*" ist, bin ich jedoch überrascht darüber, wie häufig buddhistische Übersetzer und Lehrer weiterhin diesen Begriff verwenden. *Dukkha* bezieht sich nicht nur auf Leiden im herkömmlichen Sinne, sondern auch auf die Art und Weise, wie unsere Wünsche und Erwartungen im Großen und Ganzen unerfüllt bleiben. Alternative Übersetzungen sind Unzulänglichkeit, Frustration oder (mein Vorschlag hier) Unangemessenheit. Dennoch werde ich der Versuchung widerstehen, an der Übersetzung von Bodhi herumzubasteln, die dessen ungeachtet viel dazu beiträgt, die Vielschichtigkeit dessen, was gemeint ist, zu veranschaulichen:

> *„Dies nun, Bhikkhus, ist die edle Wahrheit vom Leiden: Geburt ist Leiden, Altern ist Leiden, Krankheit ist Leiden, Tod ist Leiden; Vereintsein mit Unangenehmem ist Leiden; Getrenntsein von Angenehmem ist Leiden; nicht zu bekommen, was man will, ist Leiden; kurz gesagt, die fünf Aggregate, an denen man anhaftet, sind Leiden."*[7]

Wenn wir dies mit Blick auf den Mittleren Weg lesen, dann wird deutlich, dass wir auf die *allgemeinen Auswirkungen der Verabsolutierung* hingewiesen werden. Es gibt viel „Leiden" in der menschlichen Erfahrung, an dem keine Praxis etwas ändern kann (darunter Altern, Krankheit und Tod). Es gibt jedoch auch eine Menge unangemessener Beurteilungen die unsere Erfahrung, nicht zu bekommen, was wir wollen, schlimmer werden lässt, als sie eigentlich sein müsste. Der Buddha bedient sich einer speziellen Analyse der Faktoren, die uns dazu verleiten, Überzeugungen über das Selbst (die fünf Aggregate) zu verabsolutieren, um diesen Umstand zu verdeutlichen: Wir haben diese Erfahrungen der Unzulänglichkeit, weil sich unsere Beurteilungen ständig verändern und ein nicht integrierter Zustand die Ziele eines anderen untergräbt. Wenn wir dies in Einklang mit dem Mittleren Weg interpretieren, dann ist es kein kosmisches Gesetz, das erkannt worden ist. Es ist nicht einmal eine „Wahrheit". Es ist jedoch eine eindringliche Bekräftigung dessen, dass wir uns den sich ständig verändernden Bedingungen für unsere Annahmen über „Realität" und „Wert" stellen müssen.

Die zweite Wahrheit betrifft den Ursprung des Leidens:

---

[6] Ebenda.
[7] Ebenda.

Es ist diese Begierde, die zu neuer Existenz führt, begleitet von Vergnügen und Lust, auf der Suche nach Vergnügen im Hier und Dort; das bedeutet, Durst nach Sinnesfreuden, Durst nach Existenz, Durst nach Vernichtung."[8]

Durst (*Tanha*) ist ein anderer Begriff für Verabsolutierung, sollte aber nicht mit dem Begehren in seiner Gesamtheit gleichgesetzt werden (s. Kapitel 6.c.). Wir haben bereits gesehen, wie der Buddha Begierden begegnete, die „nicht in meinen Geist eindrangen und blieben". Es geht also um die Art von Begierden, die mit Verabsolutierung verbunden sind, solche, die obsessiv (Lust) und nicht integriert („hier und dort nach Vergnügen suchend") sind. Bei diesen nicht integrierten Obsessionen kann es sich um Sinnesfreuden handeln (beispielsweise abhängig machende). Es kann auch um Lebensumstände gehen, in denen wir uns in der Zukunft wiederfinden möchten (enge Zielsetzungen). Oder es kann sich um Dinge handeln, die wir zerstören möchten, unabhängig davon, ob sie in uns selbst liegen oder außerhalb.
Verabsolutierung ist hierbei ein entscheidendes Konzept, das uns in die Lage versetzt, ohne weiteres unterscheiden zu können, was Begierden nützlich oder hinderlich macht. Ohne sie kommt es wahrscheinlich zu einem von zwei Missverständnissen. Das eine ist, dass der Buddhismus alles Begehren missbilligt, was es schwierig macht, zu verstehen, wie er mit dem Leben und seinen Genüssen vereinbar ist. Das andere ist der Versuch, zwischen Begierden zu unterscheiden, die dem Erwachen zuträglich sind, und solchen, die nur zur Fortsetzung hinderlicher Kreisläufe fixer Ideen führen. Uns zu sagen, dass eine Kategorie zum Erwachen führt und eine andere nicht, hilft uns nicht, aus Erfahrung zu erkennen, welche hilfreich sind und welche nicht – ein Punkt, den ich in Kapitel 6.c. noch einmal aufgreifen werde. Es handelt sich auch nicht nur um bestimmte Formen des Begehrens, die problematisch sind: Es gibt einen umfassenderen Kontext umgebender Überzeugungen.

Wir können *generell* geltend machen, dass Begierden zu verabsolutieren *häufig* zu Unzulänglichkeit oder Frustration führt, aber inwieweit und auf welche Weise dies im Einzelfall geschieht, kann nur durch Erfahrung genauer beurteilt werden. Wenn wir aus einem absoluten Karma-Gesetz *ableiten*, dass dies in einem bestimmten Fall geschehen muss, werden wir wahrscheinlich die Komplexität der Bedingungen, die dabei eine Rolle spielen, falsch einschätzen. Auch werden wir unseren eigenen Grad der Unwissenheit darüber nicht hinreichend berücksichtigen. Wenn ich z.B. besitzergreifende Gefühle gegenüber meiner Partnerin hege, nur weil sie fröhlich mit einem anderen Mann spricht, wird wahrscheinlich die gewohnheitsmäßige Eifersucht, die dadurch befördert wird, nur dazu führen, dass sich mein eigenes Bewusstsein verengt und mich unglücklich macht (und auch andere, wenn ich solche

[8] Ebenda.

Gedanken äußere oder entsprechend handele). Aber es besteht immer Ungewissheit über jegliche derartige Wirkung, nicht nur darüber, worin sie besteht und wann sie eintritt, sondern auch darüber, ob sie überhaupt eintritt.

Die dritte edle Wahrheit besteht in der Beendigung des Leidens:

> „*Es ist das rückstandslose Erlöschen und die Beendigung eben dieses Begehrens, das Aufgeben und Loslassen dessen, die Freiheit davon, die Unabhängigkeit davon.*“[9]

Diese Beendigung wird gemeinhin mit Erwachen identifiziert, aber der Buddha nimmt diese Zuordnung hier nicht vor. Tatsächlich muss die Beendigung des Begehrens überhaupt nicht absolut gesehen werden. Ein bestimmtes Begehren hört auf, wenn wir es integrieren und es steht nicht mehr mit seinem Gegenpart in Konflikt, weder in uns noch außerhalb von uns. Dies ist keine schonungslose Vernichtung dieses Begehrens, sondern nur ein Wassertropfen, der in einen größeren Strom eintritt. Das „Erlöschen“ ist folglich ein angemessen gradueller Begriff, den wir entsprechend verwenden sollten. Unsere Obsession loszulassen ist kein Verdrängen, sondern ein Einordnen dieser Obsession in einen umfassenderen Kontext, der uns von der Ausschließlichkeit ihrer Zwänge befreit. Die Beendigung geschieht somit jedes Mal, wenn wir den Mittleren Weg praktizieren, um ein absolutes Urteil zu vermeiden und gegensätzliche Überzeugungen zu integrieren.

Die vierte edle Wahrheit, die Beendigung des Leidens, wird wiederum mit dem Achtfachen Pfad gleichgesetzt, wodurch sich der Kreis schließt. Dies erinnert uns auch daran, dass der Weg, um das Erlöschen der Verabsolutierung in jedem Augenblick zu bewirken, darin besteht, den Mittleren Weg zu praktizieren. Allzu oft werden die Vier Edlen Wahrheiten als Schlussfolgerungen aus einer ursprünglichen kosmischen Wahrheit dargestellt, aber die Erste Lehrrede des Buddha stellt sie überhaupt nicht auf diese Weise dar. Wir werden erst im Anschluss an den Mittleren Weg in die Vier Edlen Wahrheiten eingeführt, und zwar in einer Weise, die auf ihre wechselseitige Abhängigkeit hinweist.

Die restlichen Teile von Buddhas Erster Lehrrede sind im Text des Pali-Kanons ausgesprochen repetitiv, aber sie haben Buddhas Ausführungen über die Wirkungen der Vier Edlen Wahrheiten auf ihn zum Gegenstand. Er sagt, er habe sie nicht nur formuliert, sondern „vollständig verstanden in Bezug auf Dinge, die zuvor nie gehört wurden“[10] – was auf eine Flexibilität und Universalität seines Verständnisses hindeutet, die es ihm erlaubt, sie auf jede neue Situation anzuwenden. Dann verbindet er jede der Vier Edlen Wahrheiten mit

---

[9] Ebenda.
[10] Samyutta Nikaya 56.11.422, Bodhi (2000) S. 1844–5.

der Art und Weise, wie wir auf sie reagieren sollten: Leiden ist zu *erkennen*, der Ursprung des Leidens ist *aufzugeben*, die Beendigung des Leidens ist zu *verwirklichen* und der Pfad, der zur Beendigung des Leidens führt, ist zu *entwickeln*.[11] Stephen Batchelor betont diese vier Tätigkeiten als Grundlage für die Einsicht, die hinter den Vier Edlen Wahrheiten, wie sie überliefert wurden, steht. Aus diesem Grund stellt er sie als die *Vier Aufgaben* und nicht als vier Wahrheiten dar.[12] Unabhängig davon, ob man Batchelors Behauptungen zur Geschichte, dass die vier Aufgaben den vier Wahrheiten vorausgingen und somit für den „ursprünglichen" Buddha charakteristisch waren, akzeptiert, bietet seine Interpretation einen weitaus *hilfreicheren* Ansatz, um diesen Text zu interpretieren.

Es ist sein „Wissen und sein Sehen dieser Vier Edlen Wahrheiten, wie sie wirklich sind", sagt der Buddha, die ihn nun dazu veranlassen, „zu beanspruchen, zur unübertroffenen, vollkommenen Erleuchtung in dieser Welt erwacht zu sein".[13]

Es ist unmöglich, die Widersprüche in dieser letzten Äußerung zu vermeiden. Der Buddha mag seinen eigenen Status aus Unerfahrenheit übertrieben darstellen, wie er es bei Upaka getan hat. Vielleicht hat er diese Methode gewählt, weil er dachte, es wäre notwendig, um seine Hörer zu überzeugen. Vielleicht ist die wahrscheinlichste Erklärung ganz einfach, dass er widersprüchliche Überzeugungen in Hinblick auf die Einsichten, die er hatte, in sich trug. Diese Inkonsistenz sollte uns nicht allzu sehr von den Einsichten an sich ablenken, denn der Buddha *muss* nicht perfekt sein. Der Mittlere Weg ist immer eine verworrene Praxis, die von fehlbaren Menschen geübt wird. Die Darlegung des Mittleren Wegs und seiner Implikationen, die der Buddha bereits vor diesem Punkt gegeben hat, ist bereits weltbewegend genug, um das „Rad des Dhamma" gründlich in Bewegung zu setzen.

---

[11] Ebenda.

[12] Batchelor (2015) S. 120 ff.

[13] *Samyutta Nikaya* 56.11.423, Bodhi (2000) S. 1845–6.

2.c. Buddhas didaktischer Ansatz

An dieser Stelle muss ich mich vom sequenziellen Erzählansatz verabschieden, den ich bislang verfolgt habe, und in Hinblick auf die Aspekte des Lebens des Buddha, die ich kritisch beleuchte, selektiver vorgehen. Dem Pali-Kanon zufolge erstreckte sich das Wirken der Buddha über einen langen Zeitraum, währenddessen er etwa 50 Jahre lang im Nordosten Indiens umherwanderte. Allerdings ist in dieser Zeit nicht so sehr das, was ihm in erzählerischer Hinsicht widerfuhr von größter Bedeutung, vielmehr sind es seine Lehren. Der größte Teil dieses Buchs, von Abschnitt 3 bis 6, wird sich mit der Erörterung dieser Lehren in Bezug auf den Mittleren Weg befassen. In den nächsten Kapiteln möchte ich jedoch einige Beispiele (aus den vielen in Frage kommenden) herausgreifen, die die Art und Weise widerspiegeln, wie der Buddha den Mittleren Weg in seinem Verhalten und durch sein Wirken praktizierte. Diese Beispiele werden sich mit der Art und Weise befassen, wie er lehrte, wie er sich gegenüber seinen Anhängern und örtlichen politischen Führern verhielt, wie er auf Konflikte reagierte und auch, wie er mit dem Tod umging.

Zunächst möchte ich mit der Lehre des Buddha beginnen und herausstellen, wie der Mittlere Weg die gesamte Art und Weise prägt, in der der Buddha versucht, seine Einsichten anderen zu vermitteln. Wenn sie der universellen Ausformung des Pfads folgen sollen, den er beschritten hat, dann müssen seine Hörer in der Lage sein, ihre eigenen Paläste und Wälder zu identifizieren. Die Lehre muss einen ganz praktischen Ansatz verfolgen, der lediglich als Anregung oder Inspiration für den Entwicklungsprozess dient. Wenn sie dies bewirken soll, dann muss sie ihre Hörer dabei unterstützen, Verabsolutierungen zu vermeiden und sich auf integrativere Zustände zuzubewegen, die Konflikte überwinden. Die *Sutten* (*Sutren* oder Diskurse) des Pali-Kanons liefern ein Beispiel nach dem anderen dafür, wie der Buddha dieser Methode folgt. Indem er andere dazu anregte, dem Mittleren Weg zu folgen, half er auch seiner Gemeinschaft generell integrierter zu werden, indem die psychischen Konfliktursachen angegangen werden.

Die ganz praktischen Ziele der Lehre des Buddha werden durch den Vergleich, den er zwischen der Lehre und der Behandlung eines kranken Patienten zieht, verdeutlicht. Einige Patienten, sagt der Buddha, werden unabhängig von der Behandlung von ihrer Krankheit genesen, während andere unabhängig von der Behandlung nicht genesen werden: Aber diejenigen sollten vorrangig behandelt werden, bei denen Behandlung einen Unterschied machen wird, die ohne diese nicht genesen werden. In ähnlicher Weise sollten wir bei der Lehre die Aufmerksamkeit hauptsächlich auf diejenigen richten, für die sie einen Unterschied machen wird – was aber nicht bedeutet, dass sie anderen vorenthalten werden sollte.[1] Diese betont praktische Ausrichtung macht die Entschlossenheit des Buddha deutlich, sich mit den Bedingungen auseinanderzusetzen und nicht seine Botschaft einfach nur als Selbstzweck in die Welt zu tragen. Zu diesen Bedingungen gehören sowohl die begrenzte Energie und Aufmerksamkeitsspanne des Lehrers, der nicht allen helfen kann, als auch die begrenzten Möglichkeiten der unterschiedlichen Hörer. Daraus folgt somit auch, dass die Ethik des Lehrens im Pfad selbst zu finden ist – nämlich in der bestmöglichen Urteilsfindung unter gegebenen Umständen. Es gibt kein übergreifendes dogmatisches Prinzip, das die Prioritäten des Lehrers vorgibt, abgesehen von dem, was eine bessere Urteilsfindung ermöglicht.

Auch die Sprache der Unterweisungen des Buddha hob ihn von seinen Zeitgenossen ab, weil sie auf die Bedürfnisse seiner Zuhörer und nicht auf die Erfüllung dogmatischer Tradition ausgerichtet war. Er verwendete die Umgangssprache seiner Umgebung, die man als „Magadhi" bezeichnen könnte, was uns aber nur wenig sagt, weil es nur eine Bezeichnung für die Sprache der Gegend ist, in der der Buddha lebte. Weil diese Sprache durch Übertragung der mündlichen Lehren, die schließlich niedergeschrieben wurden, erhalten blieb, ist sie heute als Pali bekannt. „Pali" soll ursprünglich „eine Reihe von Buchstaben" bedeutet haben und es wurde erst, nachdem es geschrieben wurde, zur toten Schriftsprache, die es heute ist. Allerdings war angesichts der Dominanz der priesterlichen Hochsprache Sanskrit in allen religiösen Zusammenhängen zu Zeiten Buddhas, Buddhas Verwendung der Sprache, die von seinen Hörern tatsächlich tagtäglich gesprochen wurde, von Bedeutung. „Sanskrit" bedeutet „vollständig" oder „perfekt" und diese Vollkommenheit wurde gemeinhin der Sprache nebst der Macht derer, die sie verwendeten, zugeschrieben – im Gegensatz zur Unvollkommenheit der Volkssprache. Es liegt auf der Hand, dass die Alltagssprache selbst für diejenigen, die Sanskrit verstehen konnten, eine weitaus direktere Bedeutung hätte und daher viel wirkmächtiger in der Praxis wäre. Sie wäre auch für alle leichter zugänglich. Auch die Art und Weise, in der der Buddha alle gesellschaftlichen Schichten und beide Geschlechter unterrichtete, unterstreicht diesen Punkt.

Ein weiterer Aspekt des Lehrkonzepts des Buddha, der seine Praxistauglichkeit unter Beweis stellt, ist die sehr häufige Verwendung von Parabeln oder Metaphern. Dies dürfte von Anfang an dem didaktischen Ansatz des Buddha zuzuschreiben sein. Einige der bekanntesten dieser Parabeln, wie z.B. das Floß und der Pfeil, sind sehr hilfreich für das Verständnis des Mittleren Wegs und werden in Abschnitt 3 eingehender besprochen. Viele der anderen Parabeln, die in den *Sutten* verwendet werden, sind in ihren Implikationen

---

[1] *Anguttara Nikaya* 3.22. Nyanaponika and Bodhi (1999) S. 46–7.

weniger tiefgreifend, bieten aber dennoch eine starke Quelle an *Bedeutung* für die Lesenden oder Hörenden.

Parabeln und Metaphern können abstrakte Lehren mit Leben erfüllen, weil sie über die rechte Gehirnhälfte direkt mit der Körperwahrnehmung verbunden sind. Wie Iain McGilchrist es ausdrückt: „Metaphorisches Denken ist grundlegend für unser Verständnis der Welt, weil es der *einzige* Weg ist, auf dem das Verstehen über das Zeichensystem hinaus zum wirklichen Leben vordringen kann."[2] Wiederum zeigt also Buddhas Verwendung von Parabeln seinen Wunsch, die Menschen wirkungsvoll zur Praxis zu bewegen und zu inspirieren. Der Einfallsreichtum des Buddha, so viele Parabeln hervorbringen zu können, ist auch ein Hinweis auf die Entwicklung seiner Vorstellungskraft, die ein Aspekt seiner Integration ist. Ich habe an anderer Stelle über die Beziehung der Vorstellungskraft zur verkörperten Bedeutung geschrieben und über die Art und Weise, in der Bedeutung ebenso wie Begierde und Überzeugung integriert werden kann.[3]

Die grundlegendsten Punkte, in denen die Lehrmethoden des Buddha den Mittleren Weg widerspiegeln, sind jedoch seine Einstellung zu Autorität, seine Fähigkeit, dialektisch oder sokratisch Fragen zu stellen und (gelegentlich) seine Begabung, einfach nur Raum zu geben, was wir heute als entdeckendes oder schülerzentriertes Lernen bezeichnen würden. Wir können in unserem Bemühen um den Mittleren Weg nur dann von anderen unterstützt werden, wenn wir zunächst erkennen, dass wir unser eigenes Urteilsvermögen einsetzen müssen. Es ist uns also erlaubt, unsere eigenen Fehler zu machen. Es gibt keinen stärkeren Nachweis für die Universalität des Mittleren Wegs als diesen. Ein Chemielehrer kann Versuchsbedingungen für eine Schülerin schaffen, damit sie selbst die Universalität einiger allgemeiner Gegebenheiten über die Reaktion zwischen zwei Substanzen (z.B. Kalzium und Waser) herausfinden kann. In ähnlicher Weise war der Buddha in der Lage, die Menschen dabei zu unterstützen, die Universalität des Mittleren Wegs zu entdecken, indem er es ihnen ermöglichte, ihn selbst zu entdecken und nicht nur darüber erzählt zu bekommen.

Menschen können etwas nur dann selbst entdecken, wenn sie tatsächlich die Freiheit haben, ihre eigenen Urteile zu fällen. Das *Kalama Sutta* ist zu Recht als der Text bekannt, in dem der Buddha nicht nur explizit seine didaktischen Grundsätze darlegt, sondern auch die Erkenntnistheorie des Pfads als eine des autonomen Beurteilens. Die Kalamer von Kesaputta sind eine Gruppe von Dorfbewohnern, die verwirrt zum Buddha kommen, um ihn zu

[2] McGilchrist (2010) S. 115.
[3] Ellis (2013b).

fragen, wie sie die widerstreitenden Behauptungen konkurrierender religiöser Lehrer beurteilen sollen:

„Es gibt, Herr, einige Asketen und Brahmanen, die nach Kesaputta kommen. Sie erklären und erläutern ihre eigenen Lehren, schmähen, entkräften, verunglimpfen und verleumden jedoch die Lehren anderer. Doch dann kommen einige andere Asketen und Brahmanen nach Kesaputta, und auch sie... [tun das gleiche]. Für uns, Herr, besteht Ratlosigkeit und Zweifel darüber, wer von diesen guten Asketen die Wahrheit und wer die Unwahrheit spricht."

„Es steht euch, oh Kalmer, gut an, im Zweifel zu sein... Kommt, Kalmer. Geht nicht nach mündlicher Überlieferung, nach Lehrmeinung, nach Hörensagen, nach einer Schriftensammlung, nach logischem Denken, nach schlussfolgerndem Denken, nach Nachdenken über Gründe, nach der Akzeptanz einer Ansicht, nachdem ihr sie abgewogen habt, nach der scheinbaren Kompetenz eines Vortragenden oder, weil ihr denkt: „Der Asket ist unser Lehrer." Aber wenn ihr selbst erkennt: „Diese Dinge sind unheilsam, diese Dinge sind verwerflich; diese Dinge werden von den Weisen getadelt; diese Dinge bewirken, wenn sie ausgeführt und praktiziert werden, Schaden und Leiden", dann solltet ihr sie aufgeben... Aber, wenn ihr selbst erkennt: „Diese Dinge sind heilsam, diese Dinge sind untadelig; diese Dinge werden von den Weisen geschätzt; diese Dinge bewirken, wenn sie ausgeführt und praktiziert werden, Wohlergehen und Glück", dann solltet ihr sie euch zu eigen machen."[4]

Die Position der Kalamer ist heute noch bedeutsamer, da die globale Kommunikation uns Zugang zu einer enormen Bandbreite von Stimmen und Meinungen verschaffen kann. Aber die Antwort des Buddha darauf ist bemerkenswert passend für Bedürfnisse eines jeden Zeitalters. Sie spiegelt Skepsis und Agnostizismus als Bestandteile des Mittleren Wegs wider. Sie ist skeptisch, weil sie sich weigert, irgendwelche autoritativen Ansprüche auf „Wissen" zu akzeptieren. Sie lehnt eine ganze Reihe typischer Dinge ab, auf die sich religiöse Lehrer und andere üblicherweise berufen, um behaupten zu können, sie wären im Besitz einer absoluten Wahrheit oder, um eine absolute Unwahrheit von sich zu weisen. Einige davon gehören zum Rüstzeug religiöser Traditionen, wie z.B. die Berufung auf Tradition an sich oder die Heiligkeit eines kanonischen Texts. Einige sind eher typisch für Philosophen, die möglicherweise argumentieren, eine Behauptung müsse wahr sein, weil sie begründet oder „rational" ist. Aber Argumentation ist lediglich die Methode, die wir anwenden, um unsere vorherigen Annahmen mit weiteren Schlussfolgerungen zu verknüpfen, was bedeutet, dass die Schlussfolgerungen keine höhere Wahrheitsgewähr bieten als die Ausgangsannahmen. Die letzten beiden

---

[4] *Kalama Sutta, Anguttara Nikaya* 3.65. Nyanaponika und Bodhi (1999) S. 65–6.

Elemente der Aufzählung berufen sich auf den Status der Sprecherin oder die Verbundenheit der Hörer mit ihr, aber wiederum sind diese kein Garant für die Wahrheit des Gesagten. Wenn konkurrierende Lehrer widerstreitende Rückgriffe dieser Art wählen, um ihre Überlegenheit zu behaupten, dann benötigen die Kalamer Agnostizismus. Sie werden dann nicht zum Schluss kommen, dass einige Recht haben und andere Unrecht, oder, dass alle Recht haben, oder, dass alle Unrecht haben, sondern sie werden alles offen, für weitere Untersuchung zugänglich halten.

Buddhas Aufzählung von Objekten, auf die absoluter Rückgriff genommen wird, sollte uns an diejenigen erinnern, die er selbst sowohl im Palast als auch im Wald als solche ansah und überwunden hat. Die Werte des Palastes mögen sich auf absolute Autorität auf Grund von (genetischer) Abstammung oder (politischem) Sachverstand eines Redners oder Loyalität berufen. Allerdings sind es genau diese absoluten Ansprüche, die die Probleme schufen, deretwegen Siddhartha fort ging. Die Werte des Waldes könnten innerhalb bestimmter Gruppen durch Rückgriff auf nahezu jeglichen dieser Punkte befördert werden, aber vielleicht insbesondere durch Kompetenzansprüche (bei meditativen Errungenschaften), Abstammung oder Schriften. Wie wir gesehen haben, lernte der Buddha von diesen beiden Bereichen, aber gleichzeitig kam er nicht zu dem Schluss, dass sie völlig richtig seien. Ebenso gibt es keinen Grund, warum die Kalamer nicht viel von den konkurrierenden religiösen Lehrern lernen können – allein die Schlussfolgerung, dass sie völlig richtig liegen, ist gefährlich.

Der Rat an die Kalamer, „es selbst zu erkennen", spiegelt auch Buddhas eigene Erfahrung bei der Entdeckung des Mittleren Wegs wider. Er konnte dies nur tun, indem er das, was er gelernt hatte, mit kritischem Bewusstsein betrachtete. Damit konnte er die Verabsolutierungen verwerfen und so statt absolutem Wissen, *Vertrauen* in das bestmögliche Urteilsvermögen unter den gegebenen Umständen erlangen. Es ist sehr wahrscheinlich, dass „die Weisen" einen Beitrag dazu leisten, wenngleich wir uns im Vorfeld ein Urteil darüber bilden müssen, wer weise ist, ehe wir sie konsultieren können. Die Weisen können jedoch nicht das letzte Wort haben, weil sie nicht absolut gesetzt werden können. Ihr Pfad, in ihrem Körper und ihrer Situation kann anders aussehen als der Ihre, selbst wenn Sie beide dem gleichen Mittleren Weg folgen. Urteile werden letztlich von Geschöpfen mit „wissenden" Körpern gefällt, in dem Sinne, dass sie einen Zustand des Vertrauens erreichen, der unter den gegebenen Umständen angemessen ist. Es handelt sich nicht um eine Reihe verbaler Formulierungen, die Sie von anderen übernehmen können, indem Sie sie wiederholen. Sogar die Formulierungen bedeuten etwas anderes, wenn Sie sie aussprechen, als wenn diese sie aussprechen. Wie könnten Sie also einfach die Autorität dessen akzeptieren, was sie sagen, selbst wenn sie es Wort für Wort wiederholen würden? Es ist Heuchelei und Einbildung auch nur zu glauben, Sie könnten das tun.

Die Erkenntnistheorie des Buddha ist also eine des selbständigen Urteils, aber nicht im Sinne eines eigenständigen, „rationalen" Selbst, das in der Lage ist, alles herauszufinden. Vielmehr liegt sie in der Einsicht, dass in der Praxis unsere beste Chance, angemessen auf die Umstände zu reagieren, darin besteht, so viel reflektierendes Bewusstsein wie möglich zuzulassen und so viele Perspektiven wie möglich zu integrieren. Die Worte eines Lehrers, aus welchem Grund auch immer, in ihrer Rohform zu akzeptieren, ist ein Kurzschluss dieses notwendigen Prozesses. Das hindert uns jedoch nicht daran, den Worten eines Lehrers im Verhältnis zu ihrer *Glaubwürdigkeit schrittweise* mehr Aufmerksamkeit zu schenken. Jeder der Faktoren in der Aufzählung des Buddha könnte uns eine Begründung dafür liefern, dem Lehrer Zeit und Aufmerksamkeit zu schenken und über das, was er sagt, nachzudenken, ohne uns die Rechtfertigung zu liefern, es notwendigerweise zu akzeptieren.

Die Erkenntnistheorie des Buddha ist untrennbar mit seiner didaktischen Methode verbunden. Er unterbreitet den Kalamern nicht nur Vorschläge, wie sie mit widersprüchlichen Informationsquellen umgehen sollen, sondern schlägt auch vor, wie er selbst interpretiert werden sollte. Seine persönliche Autorität, seine Argumentation, sein Charisma und die Loyalität ihm oder der buddhistischen Tradition gegenüber, könnten allesamt Gründe dafür liefern, ihm Aufmerksamkeit zu schenken. Die Worte des Buddha als vollkommene Offenbarung der Wahrheit zu betrachten, würde jedoch in völligem Widerspruch zur Botschaft des *Kalama Sutta* stehen. Seine Worte bieten uns einen Rahmen, um den Mittleren Weg selbst erarbeiten zu können.

Wie vorherzusehen war, ist das *Kalama Sutta* angesichts des Ausmaßes, in dem es offenkundig den Anspruch auf absolute Autorität im Buddhismus in Frage stellt, auf verteidigende Interpretationen von Traditionalisten gestoßen. Bhikkhu Bodhi, zum Beispiel, wendet sich gegen die Art und Weise, wie

> *Auf der Grundlage einer einzelnen Passage, die aus dem Zusammenhang gerissen zitiert wurde, der Buddha zu einem pragmatischen Empiriker gemacht wird, der jegliche Doktrin und Glauben ablehnt und dessen Dhamma einfach der Bausatz eines Freidenkers zur Wahrheit ist, der jeden dazu einlädt, zu akzeptieren und zu verwerfen, was immer er will.*[5]

Dies ist ziemlich typisch für die Art und Weise, in der Traditionalisten, die die Lehre des Buddha nicht im Sinne des Mittleren Wegs interpretieren, dazu neigen, diese Lehren in eine Zwangsjacke zu stecken. Sie tun dies, indem sie sie in die Begrifflichkeiten einer polarisierten Debatte zwischen zwei Arten

[5] Bodhi (1998).

von Verabsolutierungen pressen: in diesem Fall traditionelle Buddhisten gegen karikierte „säkulare" Überzeugungen. Aber absolute Autorität ist nicht die einzige Alternative zu „Ablehnung" von „Doktrin und Glauben". Auch sind die berechtigten Überzeugungen, die durch selbständiges Urteilen ermöglicht werden, nicht derart willkürlich, wie Bodhi anzunehmen scheint.

Bodhi behauptet darüber hinaus, dass die Herangehensweise des Buddha in diesem Fall eine durch die Umstände bestimmte Ausnahme sei. Er behauptet, dass die Kalamer Menschen mit „verfeinertem moralischen Empfindungsvermögen" gewesen sein müssen, damit dieser Ratschlag nicht „gefährlich" werden kann. Es ist schön und gut, dass die allmähliche Entwicklung eines eigenständigen Urteilsvermögens die Entwicklung eines entsprechenden Reifegrades voraussetzt, was aber nicht bedeutet, dass es bei denjenigen in früheren Stadien überhaupt nicht vorhanden wäre. Bodhi behauptet im Übrigen auch, weil die Kalamer

> *den Buddha noch nicht in Bezug auf seine einzigartige Mission als den Verkündiger der befreienden Wahrheit akzeptiert hatten, wäre es ihm nicht möglich gewesen, ihnen den Dhamma zu erklären, der für seine eigene Befreiungslehre so einzigartig ist: solche Lehren wie die Vier Edlen Wahrheiten, die drei Daseinsmerkmale und die Methoden der Kontemplation, die darauf basieren. Diese Lehren sind speziell für diejenigen bestimmt, die den Buddha als ihren Führer zur Befreiung anerkannt haben...*[6]

Dies ist ein anschauliches Beispiel dafür, wie eine Botschaft, die mit dem Mittleren Weg als universeller Erkenntnis vereinbar ist, von der buddhistischen Tradition vereinnahmt und zu einer besonderen Offenbarung umgeformt wurde. Ist diese besondere Offenbarung erst einmal anerkannt, besteht offenbar der einzige Weg, den die Tradition zur Weiterentwicklung anbietet, darin, deren eigene Unterweisungen auf der Grundlage von Autorität zu befolgen. Auf diese Weise hört man mit der Art von eigenständiger Untersuchung auf, die der Buddha empfiehlt. Im Hinblick auf den weiteren Mittleren Weg wäre dies jedoch eine rückschrittliche Handlungsweise. Die buddhistische Tradition wird dann schlicht zu einer weiteren Station im Wald, anstatt spirituellen Fortschritt weiter zu fördern. Wenn die buddhistische Tradition lediglich eine andere Form der Verabsolutierung anbietet, wurde der Mittlere Weg hintertrieben und die Botschaft des Buddha verliert ihre Universalität.

Je früher die Lernphase ist, in der wir uns befinden, desto vorläufiger müssen die Strukturen sein, die der Lehrende bereitstellt. Es gibt jedoch kein Stadium, in dem das Lernen aufhört, eigenständig zu sein, oder in dem es aufhört, die Entwicklung eines kritischen Gewahrseins zu beinhalten. Kritisches

---

[6] Ebenda.

Gewahrsein macht die verabsolutierenden Formen vorheriger Entwicklungsstadien zu vorläufigen, was uns Veränderung ermöglicht.[7] Die Botschaft des *Kalama Sutta* ist nicht unvereinbar mit der Verwendung vorläufiger Strukturen aller Art, einschließlich eines Vertrauens in die Glaubwürdigkeit des Buddha. Das kann eine der Etappen sein, durch die wir allmählich zu einem besseren Verständnis des Mittleren Wegs kommen. Dennoch muss die Botschaft des Buddha im *Kalama Sutta* im Einklang mit dem Mittleren Weg im Allgemeinen interpretiert werden, wobei eine Verabsolutierung jeglicher Informationsquelle in allen Phasen ganz klar vermieden werden muss. Im weiteren Verlauf dieses Buchs lege ich Anhaltspunkte dafür vor, dass dies keineswegs „aus dem Zusammenhang gerissen" wurde. Wenn überhaupt, dann sind es die Traditionalisten, die darauf bestehen, alles im Pali-Kanon im Sinne absoluter Glaubensvorstellungen zu interpretieren, die das Ganze „aus dem Zusammenhang reißen". Sie tun dies, indem sie die Botschaft des Buddha außerhalb des Zusammenhangs umfassenderer Anforderungen zur universellen menschlichen Entwicklung interpretieren. Sie vernachlässigen zudem die Anwendung des Mittleren Wegs im Pali-Kanon, wie sie in diesem Buch erläutert wird.

Buddhas Fähigkeit, seinen didaktischen Ansatz an die Bedürfnisse des Einzelnen hinsichtlich eines erfahrungsbasierten Lernens anzupassen, zeigt sich immer und immer wieder in den *Sutten*. Ein *Sutta* beinhaltet typischerweise eine Begegnung und eine Diskussion mit jemanden – sei es ein Fragesteller oder ein Kritiker. Eines der denkwürdigsten Beispiele dafür ist seine Begegnung mit Kisagotami, die ich selbst zum Ausgangspunkt eines belletristischen Werks mit dem Titel *Theme and Variations* [Leitmotiv und Variationen] weiterentwickelt habe.[8] Diese Erzählung hat eigentlich ihren Ursprung in einem Kommentar zum Kanon.[9] Eine Frau, die ihr totes Kind trägt, kommt zum Buddha und bittet ihn, es wieder zum Leben zu erwecken. Der Buddha sieht davon ab, sie mit der Unwiderruflichkeit des Todes auf abstrakte Weise zu konfrontieren, als er erkennt, dass sie nicht bereit ist, dies zu akzeptieren. Stattdessen fordert es sie auf, ein Senfkorn aus einem Haus zu besorgen, in dem es noch keinen Todesfall gegeben hat. Natürlich kann sie keines finden und wird durch ihr eigenes Tun dazu veranlasst, den Tod zu akzeptieren.

In der Kisagotami-Episode wird der Mittlere Weg durch das Verwerfen zweier gegensätzlicher Absolute beschritten: Auf der einen Seite, Kisagotami lediglich mit ihrem Irrglauben zu konfrontieren und sich auf „Fakten" zu berufen, bzw. auf der anderen Seite bei diesem Irrglauben auf eine Weise

[7] Dieser Punkt wird in Hinblick auf die psychologischen Modelle von Piaget und von Objektbeziehungen bei Kegan entwickelt (1982).
[8] Ellis (2011b).
[9] *Therigatha* 10:1. Olendzki (2013).

mitzuspielen, die sie daran hindert, sich ihm zu stellen. Wann immer wir dem Irrglauben anderer begegnen, stehen wir vermutlich vor einem ähnlichen Dilemma. Die Fähigkeit, ihren Irrglauben zu überwinden, hängt von den psychischen Bedingungen ihrer Reife, ihrer Ausbildung und Vorerfahrungen ab, nicht nur vom Vertrauen in eine abstrakte Aussage, die diesem Irrglauben widerspricht. Unter diesen Umständen ist dem Ziel der „Wahrheit" nicht durch den Glauben an die „Wahrheit" gedient. Vielmehr ist ihr besser gedient, indem man einem Pfad folgt, auf dem die Bedingungen, die zum Entstehen dieses Irrglaubens geführt haben, wie auch der „Wahrheit", praktisch erkannt und integriert werden. Kisagotami war nicht für die „Wahrheit" bereit, weil unsere Körper eine Rückkehr zur relativen Sicherheit verkörperter Erfahrung einfordern, um sich an die neuen Bedingungen anzupassen. Diesem Bedürfnis nach Verkörperung ist während einer Übergangsphase oft besser gedient, indem wir selbst eine Aufgabe bewältigen, bei der wir unsere gesamte Energie in Aktivität stecken und nicht einfach nur eine abstrakte Behauptung anerkennen. In ähnlicher Weise wurde Siddharthas Erkenntnis des Mittleren Wegs nicht einfach durch die Akzeptanz der These, dass „eine den Bedürfnissen des Körpers gerechte, ausbalancierte Gesundheit für eine erfolgreiche Praxis erforderlich ist", sondern vielmehr, indem er dies in der Erfahrung des Körpers selbst *empfunden* hat.

Was der Buddha den Kalamern in der Theorie darlegte, wird dann in der Geschichte von Kisagotami in die Praxis umgesetzt. Sie musste die Vergänglichkeit selbst „erfahren" und zwar in dem Sinne, dass sie die Vergänglichkeit in ihrer Erfahrung als vollkommen bedeutungsvoll empfand. In der Praxis privilegiert der Buddha hierbei nicht seine eigene Perspektive gegenüber der, anderer Lehrer, vielmehr ermöglicht er dem Lernenden, selbst zu entdecken, welche Perspektive die Bedingungen am besten berücksichtigt.

2.d. Buddhas Lehrreden

Um den didaktischen Ansatz des Buddha vollständig zu verstehen, sollten wir nicht nur die Punkte des vorherigen Kapitels berücksichtigen, sondern auch die Wesensart der Debatten in den *Sutten* des Pali-Kanons betrachten. Dort können wir sehen, wie der Buddha auf die große Vielfalt der Menschen reagiert, die sich ihm mit Ehrfurcht oder Feindseligkeit nähern und ihre Probleme in hilfreiche Lösungen kanalisiert. In jedem Fall können wir in der beschriebenen Problemstellung eine verabsolutierte Annahme ausmachen und der Buddha reagiert auf diese Annahme, indem er den Betreffenden in Richtung des Mittleren Wegs führt.

Die grundlegende Technik ist die gleiche, die auch Sokrates in den platonischen Dialogen verwendete, die im antiken Athen in der entsprechenden Epoche abgefasst wurden. In den *Sutten* wie in Platons Dialogen tendiert der Lehrer nicht dazu, sich einer falschen Sichtweise anzunähern, indem er ihr widerspricht und lediglich für eine Alternative plädiert. Dies führt nur dazu, dass der Gesprächspartner nach Möglichkeiten zur Verteidigung seiner Position sucht, sich mit ihr identifiziert und sich dadurch noch stärker in ihr festbeißt. Stattdessen stellt der Lehrer eine Reihe von Fragen, die dem Gesprächspartner lediglich Zustimmung oder Ablehnung abverlangen. Diese führen den Gesprächspartner nach und nach von einer erfahrungsmäßigen Position, die er als offensichtlich zutreffend empfand, zu einer Position, die im Widerspruch zur absoluten Position, die er ursprünglich eingenommen hatte, steht, aber weitaus hilfreicher ist. Eine andere, neuzeitlichere Variante dieser Fragetechnik wird in der kognitiven Verhaltenstherapie eingesetzt.

Wie bei einem Soldaten, der dafür ausgebildet ist, scharfe Bomben zu entschärfen, müssen Verabsolutierungen sorgfältig entschärft werden, bevor sie abgefeuert werden, und man erreicht dies durch schrittweise Feinjustierung, die abrupte Bewegungen vermeidet. Auf diese Weise fühlt sich der Gesprächspartner weiterhin sicher. Der präfrontale Cortex bietet weiterhin eine umfassendere Perspektive, um neue Herausforderungen beherrschbar erscheinen zu lassen, bevor die Amygdala im hinteren Teil des Gehirns uns zu einer Reaktion veranlasst. Um eine Verabsolutierung zu entschärfen, müssen wir sie in einem breiteren Kontext sehen, der uns mehr synaptische Verknüpfungen zur Verfügung stellt. Dies kann durch Praktiken geschehen, die den geistigen Zustand entspannen und weiten, wie etwa Meditation, oder durch solche, die die Vorstellungskraft anregen. Für jemanden, der seine Motivation, sich mit spiritueller Praxis zu beschäftigen, verloren hat oder sich vielleicht von vornherein nicht ernsthaft damit beschäftigt hat, sind es indes die Überzeugungen, die untersucht werden müssen. Wenn wir jemanden davon überzeugen können, dass seine derzeitigen Überzeugungen tatsächlich sogar hilfreichere Überzeugungen einschließen, als ihm gegenwärtig bewusst ist, kann er möglicherweise eine bessere Verknüpfung zu den besser integrierten Beweggründen herstellen, die mit diesen Überzeugungen verbunden sind.

Betrachten wir als Beispiel zunächst das *Sutta*, dass sich einer Lehrrede gegenüber Tissa im *Samyutta Nikaya* widmet.[1] Dieses beginnt damit, dass Tissa, einer der Anhänger des Buddha, sich über etwas beklagt, das wie eine Art Depression anmutet:

> *„Mein Körper wirkt wie unter Drogen, ich bin orientierungslos geworden, die Lehren sind mir nicht mehr klar. Trägheit und Erstarrung bedrängen ständig meinen Geist. Ich führe das heilige Leben in Unzufriedenheit und ich hege Zweifel an den Lehren.“*

Der Buddha ruft dann Tissa zu sich und stellt ihm eine Reihe von Fragen.

> *„Was denkst du, Tissa, wenn man nicht frei von Gier nach Körperlichkeit ist, nicht frei von Begehren, Zuneigung, Durst, Leidenschaft und Verlangen danach, entstehen dann mit der Veränderung und dem Wandel dieser Körperlichkeit im Innern Kummer, Schmerz, Verdruss und Verzweiflung?“*

Mit anderen Worten: Solange wir von Obsessionen beherrscht werden, denken Sie nicht auch, dass wir Gefahr laufen, depressiv zu werden? Meinen Sie nicht auch, dass es in Anbetracht der Lehren, die Sie bereits verstanden und übernommen haben, von Zeit zu Zeit zu erwarten ist, sich so zu fühlen?

Tissa stimmt dem zu, wie auch einer ganzen Liste anderer Ausformungen von „Begierden“, die wir aufrechterhalten. Dann wird er zum Gegenteil befragt, nämlich, ob wir eine derartige Depression zu erwarten haben, wenn wir frei von diesen Obsessionen sind. Tissa „verneint“ dies, ebenso eine ganze Liste solcher „Begierden“. Der Buddha bringt ihm einfach die Theorie in Erinnerung, aber auch, dass die Theorie nicht bloß eine Abstraktion ist, sondern sich auf das anwenden lässt, was er erlebt.

Der Buddha fragt ihn:

> *„Was denkst du, Tissa, ist Körperlichkeit beständig oder unbeständig?“ – „Unbeständig, ehrwürdiger Herr.“... „Daher... Als er das erkennt... Versteht er: „es gibt nichts weiter für diesen Gemütszustand.“*

Tissa weiß, dass es seine obsessiven Geisteszustände sind, die zu seiner Depression führen, aber er ist im Augenblick nicht in der Lage, diese tatsächlich zu erkennen. Er fühlt sich von diesen Geisteszuständen zu sehr überwältigt. Er verabsolutiert diesen Geisteszustand, weil er glaubt, dies sei alles, und, es gäbe keine Alternative. Die Rückbesinnung auf die Unbeständigkeit, nicht als

---

[1] *Samyutta Nikaya* 22:84. Bodhi (2000) S. 929–31.

kosmische Wahrheit, sondern als allgemeine Feststellung verstanden, veranlasst ihn zu erkennen, dass sich der Geisteszustand verändert, was Tissa mit hinreichend Weitblick ausstattet, um einen Ausweg zu sehen.

Der Buddha präsentiert dann eine umfangreiche Parabel eines Mannes, der einem anderen eine Wegbeschreibung gibt, indem er auf die an verschiedenen Stellen einzuschlagenden nützlichen Richtungsänderungen hinweist. Dann vergleicht er diesen Pfad mit einem spirituellen Pfad. Er schließt: „Freue dich, Tissa! Freue dich, Tissa! Ich bin hier, um zu ermahnen, ich bin hier, um zu unterstützen, ich bin hier, um zu unterweisen!“ Der Buddha erkennt, dass es zum Teil einfach Freundschaft und Unterstützung ist, was Tissa braucht, um ihm dabei zu helfen, einen Weg über die Verabsolutierungen hinaus zu finden, in denen er durch seinen emotionalen Zustand gefangen ist. Eine andere Person, die ihm diese Dinge sagt, übt größeren Einfluss auf ihn aus, als sie nur abstrakt zu durchdenken. Uns werden keine übertriebenen Hinweise auf Tissas Reaktion gegeben, es wir nur gesagt: „Begeistert freute sich der Ehrwürdige Tissa über die Worte des Erhabenen.“ Es gibt keine Wunderheilungen, aber er hat zumindest vorerst wieder Auftrieb erhalten.

Als Kontrastprogramm sehen wir uns das *Sonadanda Sutta* aus dem *Digha Nikaya* an.[2] Hier wird der Buddha nicht dargestellt, wie er einen depressiven Freund unterstützt, sondern wie er mit den Dogmen der religiösen Elite seiner Zeit umgeht. Sonadanda ist ein Brahmane, also ein Erbpriester mit einer privilegierten sozialen Stellung an der Spitze der Kastenhierarchie. Für ihn wäre ein Gespräch mit dem Buddha ungefähr so, als würde ein Bischof mit einem Druiden sprechen oder ein leitender Oberarzt in einem Krankenhaus mit einem esoterischen alternativen Heiler. Gleichwohl hat Sonadanda ein Gespür dafür, dass er etwas vom Buddha lernen kann, auch wenn er gleichzeitig besorgt ist, dadurch seinen sozialen Status zu gefährden. Die Spannung zwischen diesen beiden Impulsen Sonandas, erzeugt in diesem *Sutta* eine Quelle der Komik.

Zu Beginn sieht Sonadanda, der sich auf seiner Veranda ausruht, andere Brahmanen, die den Buddha sehen wollen, und beschließt, um sich nicht ausstechen zu lassen, ebenfalls hinzugehen. Andere Brahmanen raten ihm daraufhin, sich nicht zu erniedrigen, indem er zum Buddha geht, sondern den Buddha zu sich zu rufen, um ihn zu sehen. Sonadanda reagiert jedoch, indem er ihnen alles, was er über die Qualitäten des Buddha gehört hat, erzählt und ihn als eines Besuchs würdig preist. Bereits in diesem Stadium bekommt man einen Eindruck von der Unsicherheit, die in einer Zeit des Paradigmenwechsels entsteht. In mancher Hinsicht bleiben die Dogmen der brahmanischen Überlegenheit unhinterfragt, aber in anderer Hinsicht vermittelt die Erfahrung

---

[2] *Digha Nikaya* 4. Walshe (1995) S. 125–32.

den Menschen die spirituellen Errungenschaften der *Shramanas*. Ihre Erfahrung steht daher in Konflikt mit ihrem gewohnten Denken und ihren eigenen Interessen. Sonadanda ist vermutlich ein Pionier – ein relativ aufgeschlossener Brahmane, der gewillt ist, auf positive Berichte über diesen großartigen *Shramana*-Führer einzugehen.

Als sich Sonadanda allerdings tatsächlich auf den Weg macht, um den Buddha zu sehen, und selbst während er ihm begegnet, ist er Ängsten unterworfen. Der Text veranschaulicht die geschlossene Rückkopplungsschleife seiner Gedanken sehr gut:

> *Aber als Sonadanda das Dickicht des Dschungels durchquert hatte, dachte er: „Wenn ich dem Asketen Gotama eine Frage stelle, wird er vielleicht zu mir sagen: „Dies, Brahmane, ist keine passende Frage, es ist ganz und gar keine passende Frage" und dann könnten die Leute mich verachten und sagen: „Sonadanda ist ein Narr, er hat keinen Verstand, er kann dem Asketen Gotama keine vernünftige Frage stellen." Und wenn man von diesen Leuten verachtet wird, würde sein Ruf leiden und dann würde sein Einkommen darunter leiden, denn unser Einkommen hängt davon ab, dass wir uns einen Ruf aufbauen..."*

Sonadanda ist weiterhin gefangen in den „was wäre wenns" seiner Angst, bis er schließlich bei sich denkt: „Wenn mir der Asket Gotama doch nur eine Frage aus meinem Fachgebiet der Drei Veden stellen würde! Dann könnte ich ihm eine Antwort geben, die ihn zufriedenstellen würde!" Der Buddha „liest seine Gedanken" und fragt dann Sonadanda:

> *„An wie vielen Eigenschaften erkennen die Brahmanen einen Brahmanen? Wie würde man wahrheitsgetreu und ohne in Falschheit zu verfallen erklären: „Ich bin ein Brahmane"?"*

Dies wird natürlich häufig als Hinweis auf die Fähigkeit des Buddha, Gedanken zu lesen und/oder sein Mitgefühl dargestellt. Es bedurfte jedoch nur gewöhnlicher, einfühlsamer Beobachtung, um zu bemerken, dass Sonadanda Ängste hatte. Die Fähigkeit des Buddha liegt in der Art und Weise, wie er auf diese Beobachtung reagiert. Sonadandas Angst ist ein Hinweis auf seine fortwährende Verbundenheit mit den brahmanischen Dogmen, die eng mit seinem Status in der Gemeinschaft zusammenhängen. Wenn der Buddha also diese Dogmen in Frage stellen oder gar Sonanda eine Frage stellen würde, die die übergeordnete Bedeutung alternativer Denkweisen zur Voraussetzung machte, bestünde die ernsthafte Gefahr, dass Sonadanda nur mit Abwehrhaltung reagieren würde. Die absoluten Gegensätze würden dann fortbestehen und aus dem Gespräch würden sich keine Fortschritte ergeben. Der Buddha stellte stattdessen eine Frage, die in den Kontext von Sonadandas eigener Denk- und Sprechweise eingebettet war. Dies war ein Musterbeispiel für die

Praxis des Mittleren Wegs. Er drängte ihm weder seine eigenen Vorstellungen auf noch unterwarf er sich vollständig denen des Brahmanismus, befasste sich aber nichtsdestoweniger mit den Bedingungen eines Umfelds, in dem der Brahmanismus nach wie vor sehr einflussreich war.

Zugleich liefert der Buddha einen weiteren Beleg für die Universalität und Flexibilität des Mittleren Wegs. Genauso wie der Mittlere Weg heute in den Begrifflichkeiten verschiedener Traditionen ausgedrückt werden kann – z.B. buddhistischen, christlichen und wissenschaftlichen – so konnte er auch zu Zeiten des Buddha ausgedrückt werden. Der Mittlere Weg beginnt, wo auch immer man anfängt, und wenn man ein Brahmane ist, dann folgt man vielleicht einem brahmanischen Mittleren Weg. Aus der Tatsache, dass der Buddha in der Lage war, auf diese Weise zu sprechen, folgt auch, dass er den Mittleren Weg nicht nur in einer Gruppe von Begrifflichkeiten gedacht hat. Er hatte das Geschick synthetisch zu denken entwickelt, das notwendig ist, um die Konzepte einer Tradition mit denen einer anderen in Beziehung zu bringen. Wenn er im heutigen Westen leben würde, könnte man sich den Buddha leicht vorstellen, wie er einen christlichen Mittleren Weg, einen muslimischen Mittleren Weg, einen wissenschaftlichen Mittleren Weg, einen esoterischen Mittleren Weg, usw. für jede Tradition lehrte.

Sonadanda antwortet auf die Frage des Buddha und nennt fünf Eigenschaften eines Brahmanen: Geburt in der Brahmanenkaste, Gelehrsamkeit, gutes Aussehen, Tugend und Weisheit. In einer Weise, die stark an Sokrates erinnert, fragt der Buddha dann seinen Gesprächspartner, welche dieser Eigenschaften wesentlich sind und welche für einen „wahren Brahmanen“ entbehrlich sind. Sonadanda ist bereit, als erstes gutes Aussehen als nicht wesentlich hinter sich zu lassen, dann Gelehrsamkeit, dann Geburt. Sonadanda stößt bei den anderen Brahmanen auf Widerstand, als er andeutet, dass Geburt nicht wesentlich sei. Er sagt ihnen jedoch, dass er diese Dinge „nicht verwirft“, was vermutlich bedeutet, dass er sie immer noch für wichtig halten konnte, ohne sie für unentbehrlich zu halten. Als er jedoch mit der der Wesentlichkeit von Tugend und Weisheit fortfährt, vertritt er die Meinung, dass beide wesentlich sind, weil sie voneinander abhängen. Als er jedoch darum gebeten wird zu erklären, was Moral und Weisheit bedeuten, ist er ratlos und übergibt an den Buddha. Der Buddha definiert sie bezeichnenderweise als in ethische Praxis, Kontrolle der Sinneseinflüsse, Jhanas, Einsichten und das Aufhören der Befleckungen eingebettet.

Die bemerkenswerte Leistung des Buddha besteht hier darin, Sonadanda dabei zu unterstützen, seine verabsolutierende Annahme, dass Geburt ein wesentlicher Bestandteil des Brahmanenstatus sei, loszulassen. Dies ist erstaunlich, weil Geburt das Fundament brahmanischen Anspruchs auf gesellschaftliche und religiöse Macht an der Spitze des Kastensystems bildet. Es ist kaum verwunderlich, dass Sonadandas Gefährten dem widersprachen, denn es überschreitet den Rubikon von einer absoluten Position zu einer, die bereit ist, auf der Grundlage von Erfahrung Prioritäten zu setzen. Solange Brahmanen auf der Grundlage von Geburt gerechtfertigte Macht für sich beanspruchen (was ein absoluter Anspruch ist, der sich nicht abstufen lässt), verabsolutieren sie. Sie müssen jedoch nicht zur entgegengesetzten Position, Geburt gar nicht zu würdigen, wechseln, um damit zu beginnen, sich auf den Mittleren Weg zuzubewegen. Sie müssen lediglich erkennen, dass Geburt nicht *grundlegend* ist. Dies öffnet *Shramanas* wie dem Buddha oder auch jedem anderen die Pforten, um ein „wahrer Brahmane“ zu werden. In Buddhas Adaptierung der brahmanischen Sprache ist ein „wahrer Brahmane“ einfach ein guter Mensch, wobei das „wahr“ lediglich ein Merkmal ist, das ihn von einem gewöhnlichen Brahmanen trennt. Die Grundlage des Guten wird auf diese Weise als eine Kombination von Eigenschaften wahrgenommen.

Dies ist nicht bloß ein „geschicktes Mittel“ im Sinne einer positiv motivierten Manipulation, um jemandem, der der „falschen“ Tradition angehört, dazu zu bringen, im Sinne der „richtigen“ Tradition zu denken. Stattdessen sollten wir es tiefgreifender betrachten, als ein Zeichen dafür, dass der Mittlere Weg traditionsunabhängig ist, auch wenn unterschiedliche Traditionen ihn in unterschiedlichem Ausmaß berücksichtigen. Es ist nicht per se weniger zutreffend, von einer stärker integrierten Person als einem „wahren Brahmanen“ (oder auch einem „wahren Christen“ oder einem „wahren Utilitaristen“) zu sprechen als von einem „wahren Buddhisten“. Zugegeben, der „wahre“ Teil kann leicht im Sinne einer Essentialisierung missverstanden werden, die der Buddha meiner Meinung nach zu vermeiden suchte, aber im Kontext des *Sonadanda Sutta* hinterfragt er den Essentialismus. Er hilft uns auch, den Pluralismus ethischer Pfade zu erkennen, die von unterschiedlichen Positionen ausgehen. Als Beispiel dafür, wie man diejenigen unterweisen kann, deren Denken in einem anderen Rahmen als dem der eigenen Tradition eingebettet ist, ist es schwer zu übertreffen.

Da ich den Lehrreden nur begrenzt Platz einräumen kann, müssen diese Beispiele stellvertretend für die breite Palette weiterer Beispiele im Pali-Kanon stehen. Die überwiegende Mehrheit von ihnen zeigt eine ähnliche Verwendung des Mittleren Wegs in der Lehre, wobei entweder vermieden wird, die absoluten Überzeugungen der Gesprächspartner anzunehmen oder ihnen einfach zu widersprechen. Auf diese Weise kann der Buddha den Gesprächspartnern auf geschickte Weise dabei behilflich sein, sich auf den Mittleren Weg einzulassen. Die schiere Anzahl solcher Lehrreden ist ein deutlicher Beleg für die grundlegende Motivation des Buddha, nicht auf etwas Absolutes in Form von „Erleuchtung“ hinzuarbeiten, sondern auf einen integrativen Lernprozess, der Absolutes vermeidet.

2.d. Buddhas Politik

Die politische Anwendung der Lehren Buddhas schafft eines der stärksten Argumente für ihre Interpretation im Sinne des Mittleren Wegs und nicht im Sinne eines absoluten Erwachens. Der Hauptgrund dafür ist der Kontrast zwischen der *Allmählichkeit*, die ein Merkmal des Mittleren Wegs ist, und der *Diskontinuität*, die durch die Verabsolutierung der Erfahrung des Buddha entsteht. In der Politik geht es um den Umgang mit Macht, einschließlich der Androhung von Gewalt zum Wohle der Gesellschaft. Absolutes Erwachen bedeutet jedoch die Priorisierung eines spezifischen einzelnen Zustands, über den traditionell gesagt wird, dass er mit Gewalt oder auch nur mit Familienleben gänzlich unvereinbar sei, ganz zu schweigen von politischer Macht. Dies hat zum althergebrachten Stereotyp des Buddhismus als einer „außerweltlichen“ Religion geführt. Dieser Buddhismus ist unterteilt in reine Mönche, die Nirvana (*Nibbana*) anstreben, und Laien – diejenigen, die sich ihre Hände mit politischen Anliegen (sowie mit Töten, Sex und Arbeit) beschmutzen müssen, um die Gesellschaft am Laufen zu halten. Eine derartige Diskontinuität wäre jedoch mit dem Mittleren Weg als einem universellen Pfad für alle Lebenslagen unvereinbar. Wir finden sie auch nicht in den Geschichten wieder, die wir in Hinblick auf Buddhas Haltung zur Politik haben.

Die politische Position des Buddha war, wie Stephen Batchelor es ausdrückt, „ein feiner Balanceakt“ und seine Fähigkeit, diesen Balanceakt zu vollbringen, „seinen politischen Instinkten und sozialen Fähigkeiten wie seiner „Erleuchtung“ geschuldet.[1] Der Buddha hatte engen Kontakt zu drei Staaten: Magadha (regiert von König Bimbisara bis kurz vor Buddhas Lebensende, als Ajatasattu die Macht an sich riss), Kosala (regiert von König Pasenadi) und die Vajji-Konföderation (die eine republikanisch-oligarchische Regierungsform hatte). All diese Staaten werden als empfänglich für die Buddha-Lehre geschildert, so dass er dort einen hohen Status erlangte. Sie rivalisierten jedoch weiterhin miteinander, was am Ende in einen Krieg ausartete, als Ajatasattu die beiden anderen Staaten eroberte. Der Buddha unterhielt Freundschaft mit beiden Königen und mit dem Vajji-Adel, ohne in ihren Konflikten Stellung zu beziehen.

Am engsten scheint der Buddha jedoch mit König Pasenadi von Kosala verbunden gewesen zu sein. Dies spiegelt sich in der Tatsache wider, dass ein ganzes *Samyutta* (Sammlung gruppierter Lehrreden), das *Kosalasamyutta*, den Gesprächen des Buddha mit Pasenadi gewidmet ist. In einem davon setzt der Buddha (wie in allen seiner anderen Beurteilungen) einen klaren Schwerpunkt auf die *erfahrungsmäßige* Grundlage seiner politischen Beurteilungen,

[1] Batchelor (2015) S. 109.

und zwar in einer Diskussion darüber, wann man Menschen vertrauen kann. Diese Diskussion weist in vielerlei Hinsicht Parallelen zum *Kalama Sutta* auf, angefangen damit, dass der Buddha Pasenadis Annahmen darüber in Frage stellt, wer als „Arahant oder… in den Pfad der Arahantschaft Eingetretener" angesehen werden kann (d.h. Erwachen).

„Großer König, ein Laie zu sein, der sich an sinnlichen Genüssen erfreut, in einem von Kindern übersäten Haus wohnt…, es ist schwierig für Euch, das zu erkennen: „Diese sind Arahants und diese sind in den Pfad der Arahantschaft eingetreten." Nur indem man mit jemandem zusammenlebt, großer König, kann seine Tugendhaftigkeit erkannt werden und dies nach langer Zeit, nicht nach kurzer Zeit; von einem aufmerksamen Menschen, nicht von einem unaufmerksamen; von einem Weisen, nicht von einem Stumpfsinnigen. Nur im Umgang mit jemandem, großer König, kann Rechtschaffenheit erkannt werden und dies nach langer Zeit… In Widrigkeiten, großer König, erkennt man die Standhaftigkeit eines Menschen und dies nach langer Zeit… Im Gespräch mit jemandem, großer König, erkennt man seine Weisheit und dies nach langer Zeit…"[2]

Die Kernfrage jeder politischen Diskussion ist die nach der Macht: Unter welchen Umständen ist es zulässig, sie auszuüben? Wir können diese Frage abstrakt stellen, aber die Ergebnisse, die dabei erzielt werden, dürften der Komplexität einer konkreten Situation nicht gerecht werden. Wenn wir sie in die unmittelbare Komplexität einer konkreten Situation einbetten, dann wird sie in erster Linie zu einer Frage, wem man vertrauen kann – wie es auch bei den Kalamern der Fall war. Dies ist genauso eine Frage für einen König, der zu entscheiden hat, an wen er Macht delegieren soll, wie für einen Bürger, der zu entscheiden hat, ob er einer bereits eingesetzten politischen Macht gehorchen oder ihr Widerstand leisten soll. Der Buddha legt hier den Schwerpunkt auf ein *integriertes* Urteilsvermögen, indem er über die Zeit, die Aufmerksamkeit und die Weisheit spricht, die nötig sind, um die Vertrauenswürdigkeit einer Person zu beurteilen. Wir müssen selbst dem Pfad folgen, um unsere Urteilsfähigkeit darüber zu verbessern, wer sonst noch dem Pfad folgt. Vielleicht können wir dann erkennen, wer in der Politik wie auch in jedem anderen Umfeld möglichst angemessene Urteile fällen kann.

Pasenadi bringt Buddhas Erklärung schlagartig durcheinander, indem er die brutalen Realitäten politischer Macht offenbart und aufzeigt, wie weit sie von dieser integrierten Beurteilungsgrundlage entfernt sind:

„Dies, ehrwürdiger Herr, sind meine Spione, Undercover-Agenten, die zurückkehren, nachdem sie das Land ausspioniert haben. Zuerst sammeln sie Informationen und danach bringe ich sie dazu, diese preiszugeben. Nun,

[2] *Samyutta Nikaya* 3.11.178–80. Bodhi (2000) S. 173–4. Ausführlicher auch im *Anguttara Nikaya* 2.187.

ehrwürdiger Herr, wenn sie den Staub und Schmutz abgewaschen haben und frisch gebadet und gepflegt sind, Haare und Bärte gestutzt wurden und sie in weiße Gewänder gekleidet sind, werden sie sich mit den fünf Gruppen sinnlichen Genusses versorgt und ausgestattet vergnügen.“[3]

Es ist anzunehmen, dass sich Pasenadi auf Anhänger des Buddha bezieht, die anwesend sind, als Entsagende in Erscheinung treten, in Wirklichkeit aber (vermutlich) im Begriff sind, sich vom König als Belohnung für ihre Informationen verwöhnen zu lassen. Dies ist gleichzeitig eine Infragestellung der Lehre des Buddha, denn es scheint so zu sein, dass er den Stand der Dinge nicht erkannt hat, aber auch eine Bestätigung der Lehre. Der Buddha hat keine Behauptungen darüber aufgestellt, wie lange er selbst mit einer Person leben, mit ihr umgehen und mit ihr Widrigkeiten und Diskussionen teilen muss, um sie hinreichend zu kennen, und seine Begrenztheit wird hier deutlich gemacht.

Stephen Batchelor kommentiert diese Begebenheit:

Der König versucht, Gotama hinters Licht zu führen, um ihn zu testen. Er gibt zu, dass all diese Männer in der Tat seine als Wanderer und Asketen verkleideten Spione sind. Gotama bleibt gelassen. Er kritisiert den König nicht für den Versuch, ihn oder andere in die Irre zu führen, indem er die Spione als Wanderer verkleidet... Dieser Austausch zeigt Gotamas Geschick, mit einem wankelmütigen und mächtigen Charakter umzugehen.[4]

Der Buddha ist eindeutig politischen Bedingungen unterworfen, und das nicht nur außerhalb, sondern auch innerhalb der von ihm gegründeten spirituellen Gemeinschaft. Er hat diese Bedingungen nicht unter Kontrolle, sondern muss vielmehr selbst mit üblen Überraschungen klarkommen. Die Praxis des Mittleren Wegs wird in ständiger Wechselwirkung mit diesen Bedingungen ausgeübt und beinhaltet immer die am besten integrierte Beurteilung, die ihm zur Verfügung steht. Das bedeutet, die Verabsolutierung jeglichen Glaubens zu vermeiden, sei es ein Glaube an die Vertrauenswürdigkeit einer Person, an eine politische Zugehörigkeit oder an eine Ideologie. Aber diese Praxis macht ihn nicht allwissend.

Ein weiteres Beispiel für das Vordringen politischer Bedingungen in die Gemeinschaft des Buddha zeigt sich, als der kriegerische König Ajatasattu, der vorhat, die Vajji anzugreifen, seinen Minister schickt, um den Buddha um Rat zu bitten.[5] Bezeichnenderweise gibt der Buddha keinen konkreten Rat, die Vajji anzugreifen oder es zu unterlassen. Vielmehr fragt er seinen Begleiter Ananda, ob er Kenntnis davon habe, ob die Vajji den Rat befolgten, den

---

[3] *Samyutta Nikaya* 3.11.180. Bodhi (2000) S. 174.
[4] Batchelor (2015) S. 96.
[5] *Digha Nikaya* 16.1.6. Walshe (1995) S. 231 ff.

er ihnen zuvor gegeben habe, den „sieben Grundsätzen zur Verhinderung des Niedergangs“ zu folgen. Solange die Vajji diesen Grundsätzen folgten, so sagt der Buddha dem Minister, würde er erwarten, dass sie prosperieren und nicht untergehen. Der Minister interpretiert dies so, dass die Vajji nicht direkt angegriffen werden sollten, sondern „nur durch Mittel der Propaganda“ – obwohl diese Interpretation eindeutig von ihm stammt, möglicherweise auf Grund seines Wunsches entstand, dem König eine klare Antwort überbringen zu können.

Die sieben Grundsätze zur Verhinderung des Niedergangs lauten wie folgt:

1. Durchführung regelmäßiger und häufiger Versammlungen
2. Sich in Harmonie zusammenfinden, sich in Harmonie trennen und seine Geschäfte in Harmonie führen
3. Nicht erlauben, was nicht bereits erlaubt wurde, nicht abschaffen, was erlaubt wurde, sondern demgemäß vorgehen, was durch ihre alte Tradition erlaubt ist
4. Die Älteren unter ihnen würdigen, respektieren, ehren und grüßen und sie als zuhörenswert erachten
5. Nicht gewaltsam Frauen und Töchter anderer entführen
6. Die Vajji-Schreine im In- und Ausland würdigen, respektieren, ehren und grüßen, die gebührliche Unterstützung nicht entziehen, die zuvor gewährt und gegeben wurde
7. Angemessene Vorkehrungen für die Sicherheit der *Arahants* treffen[6]

Der ununterbrochene Zusammenhang zwischen diesen Grundlagen für die Führung des politischen Lebens und denen für die geistige Gemeinschaft wird sodann betont. Der Buddha soll die Mönche zusammengerufen und ihnen vergleichbare „sieben Grundsätze“ gegeben haben, um ihre Gemeinschaft aufrechtzuerhalten. Die ersten vier sind identisch mit denen, die den Vajji gegeben wurden; aber der fünfte, sechste und siebte Grundsatz wird jeweils ersetzt durch nicht den Begierden verfallen, sich Waldunterkünften verschreiben und die persönliche Achtsamkeit aufrechterhalten.[7]

Angesichts der Universalität von Buddhas Botschaft dürfen wir uns, wie üblich, nicht in den Bestandteilen seiner Lehren und Haltungen verfangen, die lediglich die Umstände widerspiegeln. Stattdessen sollten wir versuchen, aus ihnen die allgemeineren Ansätze herauszuarbeiten, die den Mittleren Weg widerspiegeln – in diesem Fall in Bezug auf politisches Verhalten. In den ersten beiden Grundsätzen liegt ein deutlicher Schwerpunkt auf Kommunikation, die es ermöglicht, Konflikte zu diskutieren und zu bewältigen. Die

[6] *Digha Nikaya* 16.1.4. Walshe (1995) S. 231 ff.
[7] *Digha Nikaya* 16.1.4. Walshe (1995) S. 231 ff.

Bedingungen zur Kommunikation werden aufrechterhalten, wenn die Menschen die Voraussetzungen dafür schaffen (regelmäßige und häufige Versammlungen) und wenn sie der harmonischen Konfliktlösung besondere Aufmerksamkeit schenken und nicht zulassen, dass Obsessionen und Ängste diese Kommunikation stören. Im dritten Grundsatz scheint es eine klare Empfehlung zur Aufrechterhaltung einer politischen Verfassung zu geben: d.h. eine einvernehmliche Arbeitsweise im Staat, die Verantwortung zuweist und es ermöglicht, Entscheidungen harmonisch zu treffen. Im vierten Grundsatz geht der Buddha möglicherweise davon aus, dass die Älteren, die mehr Erfahrung gesammelt haben, mit höherer Wahrscheinlichkeit Weisheit besitzen. Sie haben nicht unbedingt Recht, aber sie sind es wert, dass man ihnen zuhört.

Der fünfte, sechste und siebte Grundsatz befasst sich offenkundig mit kontextspezifischeren Problemen. Die Fassung für die klösterliche Gemeinschaft weist dennoch einige Gemeinsamkeiten mit der für die Vajji auf. Sowohl politische Körperschaften als auch Einzelpersonen werden durch die Begrenzung obsessiver Begierden, die Wertschätzung kultureller Ressourcen als Bedeutungsquellen und die Förderung integrierterer Geisteszustände (oder zumindest derer, die sie lehren und veranschaulichen können) gestützt. Die gewaltsame Entführung von Frauen ist nur ein Beispiel für die Folgen von Obsession und die Erhaltung von Schreinen nur ein Beispiel für eine Quelle wichtiger kultureller Bedeutung.

Diese Grundsätze deuten stark darauf hin, dass der politische Rat des Buddha lediglich eine Erweiterung der Praxis des Mittleren Wegs und der integrativen Praxis war, die er für Einzelpersonen empfahl. Die Gewährleistung eines Umfelds, in dem Einzelpersonen praktizieren konnten, war offenkundig Teil seines Anliegens, aber dies ist nicht völlig vom politischen Kontext als Praxisfeld zu unterscheiden. So wie Konflikte im Inneren eines Einzelnen durch integrative Praxis aufgearbeitet werden können, ist dies auch zwischen Individuen möglich. Soziale Konflikte sind letztendlich im Geist aller Individuen verankert, die daran beteiligt sind, und persönliche Konflikte können stark darin zum Ausdruck kommen, wie Menschen sie in die breitere Umgebung projizieren. Warum wollte Ajatasattu die Vajji angreifen? Die Gründe dafür sind nicht nur „politisch“, sondern dürften in der psychischen Verfassung Ajatasattus und den Konflikten, die sich daraus ergeben, zu suchen sein.

Dass der Buddha es vermeidet, parteiische Ratschläge zu geben, sagt uns auch etwas über eine entscheidende Art von Vorsicht, die wir bei der Beurteilung politischer Angelegenheiten walten lassen sollten. Wenn wir zu voreilig urteilen und uns in politische Konflikte zwischen Gruppen einmischen, werden wir sehr wahrscheinlich beginnen, uns mit einer bestimmten Gruppe zu identifizieren und ihre verzerrte Sichtweise übernehmen, statt das breitere

Bewusstsein aufrechtzuerhalten, das zur Lösung politischer Konflikte erforderlich ist.

Der Buddha wurde oft so dargestellt als habe er sich entweder völlig aus der Politik herausgehalten oder sie nur als Mittel zum Zweck betrachtet, um die Unterstützung der klösterlichen Gemeinschaft zu gewährleisten. Als sich der Buddha jedoch weigerte, sich in die Politik hineinziehen zu lassen, war sein wahrscheinlichstes Motiv nicht „Entrücktheit“, sondern eher der Wunsch, Polarisierung und Konflikte zu vermeiden. An den Stellen, an denen er durch sein Eingreifen etwas bewirken konnte, gibt es Anzeichen dafür, dass er es auch tat. Der Kommentarliteratur zufolge griff er beispielsweise ein, um zu verhindern, dass durch einen Streit zwischen seinen Verwandten, den Sakiyern und den Koliyern, über Wasserrechte Gewalt ausbrach.[8] In diesem Fall war er weder unpolitisch noch lediglich an seiner Gemeinschaft interessiert – vielmehr wollte der den Mittleren Weg in der Politik wie auch überall sonst praktizieren, anwenden und verbreiten.

Es gibt wenig Anzeichen dafür, dass der Buddha irgendeiner bestimmten politischen Ideologie zugeneigt war – allerdings lebte er in einer Zeit, die lange vor der expliziten Formulierung solcher Ideologien lag. Ich denke jedoch, dass wir darauf vertrauen können, dass er sich nicht einfach mit (beispielsweise) Sozialismus, Liberalismus oder Konservatismus als Antwort auf alles identifiziert hätte, da der Mittlere Weg verhindern würde, dass man politische Ideologien verabsolutiert, genau wie er dies bei religiösen Ideologien verhindern würde. Betrachtet man jedoch die den Ideologien zugrunde liegenden Werte genauer, so lassen sich Hinweise darauf finden, dass der Buddha eine ganze Reihe davon respektiert hat. Wiederum ist dies genau das, was wir erwarten würden, um Verabsolutierung im politischen Bereich zu vermeiden. Jeder Wert, der den Bedingungen gerecht wird, kann geschätzt und respektiert werden, aber er kann niemals als die endgültige Lösung oder als Selbstzweck anerkannt werden. Gerade in der Spannung zwischen unterschiedlichen Werten können wir die geeignetsten Wege nach vorn finden.

Der Sozialpsychologe Jonathan Haidt hat eine sehr hilfreiche Analyse sechs politischer Grundwerte (oder „moralischer Grundlagen der Politik“) vorgelegt, die auf der Erforschung gemeinsamer Faktoren beruht, die sich in einer Vielzahl politischer Überzeugungen innerhalb vielfältiger Kontexte finden.[9] Dabei handelt es sich um:

1. Sorgfalt, Schaden vermeiden
2. Fairness, Betrügen vermeiden
3. Freiheit, Unterdrückung vermeiden

[8] *Dhammapada* Kommentar 18. Burlingame und Khantipalo (2006).
[9] Haidt (2012) Kapitel 7 and 8.

4. Loyalität, Verrat vermeiden
5. Autorität, Umsturz vermeiden
6. Unverletzlichkeit, Entwürdigung vermeiden

Haidt stellte fest, dass jene am konservativen Ende des Spektrums dazu tendierten, in gewissem Maße auf all diese Werte zurückzugreifen. Die Sozialisten (oder „Liberalen" im amerikanischen Sinn) hingegen, betonten weit mehr die ersten beiden Werte und lehnten oftmals die letzten drei ab. Es kann allerdings auch argumentiert werden, dass wir alle, alle diese Werte brauchen, um einer Vielzahl von Bedingungen gerecht werden zu können. Die Verabsolutierung eines oder einiger Werte auf Kosten aller anderen schränkt die Möglichkeiten politischen Urteilsvermögens ein, um den Bedingungen gerecht zu werden.[10] Der Mittlere Weg verlangt uns somit ab, all diese Arten von Werten als hilfreich für das menschliche Leben anzuerkennen und zu akzeptieren, aber keinen von ihnen zu verabsolutieren. Es scheint viele Hinweise darauf zu geben, dass der Buddha tatsächlich den Mittleren Weg in dem Sinne beschritten hat, dass er den Nutzen all dieser Werte anerkannte und Verabsolutierungen vermied.

Dass der Buddha sich auf persönlicher Ebene um andere *sorgte*, geht klar aus vielen Beispielen hervor, insbesondere aus einer Begebenheit, als er einigen seiner Anhänger dafür Vorwürfe macht, dass sie sich nicht um ein Mitglied der Gemeinschaft gekümmert haben, das an Ruhr litt.[11] In diesem Fall wurde offenbar eine Art Gegenleistung erwartet, woraufhin der Mönch von seinen Mitbrüdern vernachlässigt wurde, weil er nicht in der Lage war, im Gegenzug irgendetwas für irgendjemand anderen zu tun. Der Buddha stellte jedoch diese Form der Verabsolutierung von Fairness in Frage, die jemanden ohne Fürsorge zurückließ, wenn er in schlimmer Not war. Dass der Buddha sich auch für Fürsorge als politisches Prinzip einsetzte, kann im *Kutadanta Sutta* nachvollzogen werden, in dem der Buddha eine Reihe von „wahren Opfern" propagiert, die die formalistischen und oft gewalttätigen Opfer des Brahmanismus ersetzen sollten. Das erste beinhaltet ein augenscheinliches Auflodern keynesianischer Wohlfahrtsökonomie:

> *„Denjenigen im Königreich, die im Anbau von Feldfrüchten und in der Viehzucht tätig sind, möge Eure Majestät Getreide und Futter zuteilen; denjenigen, die im Handel tätig sind, möge Eure Majestät Kapital geben; denjenigen, die im Staatsdienst stehen, möge Eure Majestät Löhne für einen angemessenen Lebensunterhalt zukommen lassen. Dann werden diese Leute, die auf ihre eigenen Beschäftigungen konzentriert sind, dem Königreich nicht schaden. Die*

10 Ich erläutere dieses Argument ausführlicher in Ellis (2015a) Kapitel 4.h.
11 *Kucchivikara-Vatthu, Mahavagga* 8.26.1–8. Thanissaro (1997a).

Einnahmen Eurer Majestät werden groß sein, das Land wird ruhig sein und nicht von Dieben heimgesucht werden und das Volk wird mit Freude im Herzen mit seinen Kindern spielen und in offenen Häusern wohnen.“[12]

Es wäre ein Fehler, allein daraus den Schluss zu ziehen, dass der Buddha ein ideologischer Sozialist war – das wäre nicht nur anachronistisch, sondern ignoriert auch die Art und Weise, in der er auch Werte unterstützt, die häufiger mit Konservatismus in Verbindung gebracht werden. Was dies zeigt ist, dass er Wege unterstützt, um Bedingungen gerecht zu werden, die von Sozialisten genutzt werden, auch wenn diese im jeweiligen Kontext ungewöhnlich sind.

Dass der Buddha Fairness in mehreren möglichen Bedeutungen des Begriffs unterstützt, ist ebenfalls offensichtlich. Er unterstützt die Pflicht der Könige, Gerechtigkeit zu üben, was deutlich wird, als er Saccaka in seiner Lehrrede zustimmt, dass Könige genauso wie Republiken „in ihrem eigenen Reich die Macht ausüben sollten, diejenigen hinzurichten, die hingerichtet werden sollten, diejenigen zu bestrafen, die bestraft werden sollten, und diejenigen zu verbannen, die verbannt werden sollten“.[13] Dass Könige oder andere politische Herrscher im Gegenzug nicht betrügen dürfen, zeigt die Grundidee eines Gesellschaftsvertrags im *Aggañña Sutta*. Hier wird die Institution der Staatsmacht so dargestellt, dass diese in einem Kontext *gegenseitiger* Dienstpflichten zwischen Herrscher und Beherrschtem entsteht.[14] Fairness im Sinne sozialer Gerechtigkeit wird ebenfalls, zumindest auf einem grundlegenden Niveau, im *Cakkavatti-Sihandada Sutta* propagiert, wo die negativen Auswirkungen „Bedürftigen keine materiellen Güter zu gewähren“ als Diebstahl, Mord und sexuelles Fehlverhalten dargestellt werden.[15] Auch hier wäre es nicht gerechtfertigt, dies so zu interpretieren, als zeige dies, dass der Buddha glaubte, alle Verbrechen seien allein durch Armut verursacht, da dies die Verabsolutierung einer erklärenden Bedingung beinhalten würde. Es wäre jedoch angemessen, daraus den Schluss zu ziehen, dass er die Wichtigkeit erkannte, grobe Ungleichheit in der Gesellschaft zugunsten eines Gefüges interagierender politischer Umstände, zu vermeiden.

Der Wert der Freiheit im Umfeld des Buddha wird überwiegend im Sinne von Fortgehen verstanden, also der Methode, durch die der Buddha selbst die Freiheit von den Zwängen des Palastlebens erlangte. Erwachen wird ebenfalls oft im Sinne von Befreiung beschrieben. Der Wert der Freiheit findet auch sozio-politischen Ausdruck in der Ablehnung des repressiven Kastensystems durch den Buddha, das den Einzelnen daran hinderte, irgendeine Erfüllung

---

[12] *Digha Nikaya* 5.11. Walshe (1995) S. 135–6.
[13] *Majjhima Nikaya* 35.12. Ñanamoli und Bodhi (1995) S. 325.
[14] *Digha Nikaya* 27.20–1. Walshe (1995) S. 413.
[15] *Digha Nikaya* 26.10–18. Walshe (1995) S. 398–401.

jenseits der Begrenzungen der Klasse zu suchen, in die er hineingeboren wurde. Im *Theragatha* besingt ein Ausgestoßener die Art und Weise, in der die Lehre des Buddha es ihm ermöglichte, über die Schande seines Werdegangs hinauszugehen.[16] Von einem, der fortgegangen ist, wird gesagt, dass er in einen kastenlosen oder klassenlosen Zustand eingetreten ist.[17]

Der Wert der Loyalität für den Buddha zeigt sich besonders im Wert, den er Freundschaft beimisst. Als Ananda vorbringt, dass Freundschaft die Hälfte des heiligen Lebens ausmache, will der Buddha dies noch stärker herausstellen:

> *„Nicht doch, Ananda! ... Darin besteht das ganze heilige Leben, Ananda, gute Freundschaft, gute Gemeinschaft, gute Kameradschaft. Wenn ein Bhikkhu einen guten Freund hat... ist zu erwarten, dass er den Edlen Achtfachen Pfad entwickelt und kultiviert.“*[18]

Freundschaft ist etwas Besonderes. Wir widmen unsere Aufmerksamkeit einigen wenigen ausgewählten Personen, mit denen wir eher in Verbindung treten als mit anderen und denen gegenüber wir loyal sind. Dadurch befassen wir uns mit den Bedingungen unserer verkörperten Grenzen. Wir können nicht in eine Position gelangen, in der wir alle Menschen gleichermaßen lieben, und wenn wir uns zu sehr darauf fixieren, dann verabsolutieren wir dies bloß als moralischen „Imperativ“, der keinen wirklichen moralischen Effekt hat. Was wir jedoch realistischerweise tun können, ist unsere Identifikation mit einigen wenigen Vertrauenspersonen aufrechtzuerhalten und sie von dort aus allmählich auszuweiten. Unsere Loyalität gegenüber Freunden kann auch darin bestehen, sie zu warnen und in Frage zu stellen, wie wir deutlich in Buddhas Diskussion über Sprachethik sehen können.[19] Dies hat offensichtliche politische Implikationen in Hinblick darauf, unsere Beziehungen zu denjenigen zu unterhalten, die Machtpositionen innehaben, wie es der Buddha mit Bimbisara, Pasenadi und Ajatasattu tat. Der Buddha hat sich nicht geweigert, sie zu beraten, so sehr er auch gelegentlich ihre Politik missbilligt haben mag, aber er war bereit, sie in Frage zu stellen, wenn er dies tat. Loyalität ist somit nie absolut, aber dennoch ein vom Buddha als wichtig anerkannter Wert.

Wir haben bereits die Bereitschaft des Buddha, Autorität auszuüben, in seiner ersten Ansprache an die fünf Asketen gesehen (Kapitel 2.b.). Dort scheint er eher allzu bereit zu sein, seinen Autoritätsanspruch absolut werden zu lassen, aber Autorität kann auch in der nicht-absoluten Form wachsender

---

16 *Theragatha* 12.2. Thanissaro (1994).

17 *Anguttara Nikaya* 10.48. Nyanaponika und Bodhi (1999) S. 249.

18 *Kosalasamyutta. Samyutta Nikaya* 3.18. Bodhi (2000) S. 180.

19 An Prinz Abhaya, *Majjhima Nikaya* 58.8. Ñanamoli und Bodhi (1995) S. 500.

Glaubwürdigkeit gebraucht werden. Als verkörperte Wesen müssen wir entscheiden, wie wir unsere begrenzte Energie und Aufmerksamkeit einsetzen, können also nicht allem das gleiche Gewicht beimessen. Hinweise auf Glaubwürdigkeit wie Reputation und Expertise helfen uns zu entscheiden, wie wir diese Energie und Aufmerksamkeit am sinnvollsten einsetzen können. Es scheint kaum ein Zweifel daran zu bestehen, dass der Buddha in seinem Umfeld einen herausragenden Ruf entwickelt hat, den er offensichtlich auch intensiv genutzt hat. Nichts davon rechtfertigt allerdings, dass wir seine Autorität als absolut verstehen.

Wir hatten auch bereits Beispiele für Buddhas Achtung der Heiligkeit der Grundsätze, die er den Vajji gegeben hat, zu denen Respekt vor Schreinen und Schutz der *Arahants* oder *Arahats* gehören. Es ist leicht, ein Gefühl der Heiligkeit zu verabsolutieren, indem man die Reinheit heiliger Menschen, Orte oder Rituale verteidigt, überempfindlich auf Beleidigungen oder Schändungen reagiert und sogar Kriege deswegen führt. Solange sie jedoch nicht in einer Weise dominant ist, die andere Werte ausschließt, hat Heiligkeit einen wichtigen Platz im Ökosystem unserer Werte, weil sie es erlaubt, Quellen hilfreicher Werte zu pflegen und im Gedächtnis zu behalten.

Wir können somit sehen, dass der Buddha ein Modell für inspirierende politische Werte bietet, das auch heute angewandt werden kann. Es ist ein Modell, das Erfahrungslernen an die erste Stelle setzt und dogmatische Ideologien aller Art vermeidet. Er erkannte den Wert einer Regierung und eines Staates mit gemischter Werteökonomie an, die unter verschiedenen Umständen auf unterschiedliche Bedingungen eingehen kann. Politik war für ihn nicht bloß ein Mittel zu einem individualistischen, nirvanischen Zweck, sondern vielmehr eine schrittweise Erweiterung individueller Praxis, um breiteren Feldern von Bedingungen gerecht werden zu können.

2.f. Buddhas Tod

Über das Wirken des Buddha und die Formen, in denen der Mittlere Weg damals praktiziert und angewandt wurde, ließe sich noch viel mehr sagen. Ich könnte beispielsweise die Beziehung des Buddha zu engen Freunden und Anhängern wie Ananda untersuchen, die Art und Weise, wie er auf diejenigen reagierte, die seine Lehre missverstanden und kritisiert haben, wie Sunakkhata, und die Art und Weise, wie er selbst mit Morddrohungen seitens seines Cousins Devadatta umging. Es wird immer Gestaltungsraum für eine detailliertere Betrachtung von Buddhas Leben geben (und ich empfehle wärmstens Batchelors Werk für derartige weitere Betrachtung[1]), aber der begrenzte Raum gestattet es mir nicht, dieser hier allzu viel mehr Aufmerksamkeit zu schenken. Ich muss hinreichend Raum lassen, um die Lehren des Buddha und die weitergefassten Gesichtspunkte zum Verständnis des Mittleren Wegs zu erörtern, die den übrigen Teil des Buchs ausmachen. Bevor ich jedoch das Leben des Buddha als Themenbereich verlasse, möchte ich etwas darüber sagen, wie er es verlassen hat.

Für die Tradition, die sich eine absolute Interpretation von Buddhas Erwachen zu eigen gemacht hatte, dürfte es wahrscheinlich immer ein Problem gegeben haben, seinen Tod zu erklären. Wenn der Buddha lediglich eine Herangehensweise an Gegebenheiten gefunden hat, die uns befähigt, bestmöglich auf sie zu reagieren, dann ist der Tod eindeutig nur eine weitere dieser Gegebenheiten, auf die wir uns einstellen müssen. Für diejenigen, die glauben, dass der Buddha diese Gegebenheiten auf irgendeine Weise *überwunden* hat, sollte der Buddha jedoch den Tod an sich überwunden haben. In Hinblick auf den dogmatischen Rahen von Karma und Wiedergeburt, der in der buddhistischen Tradition üblicherweise zugrunde gelegt wird, geht man davon aus, dass der Buddha eine besondere Art des Todes erlangt hat, die als *Parinirvana* (*Parinibbana*) bezeichnet wird. Dabei handelt es sich um einen Tod, bei dem, anders als bei den meisten anderen Todesarten, Begierde und Verblendung nicht mehr vorhanden waren und somit auch keine Wiedergeburt mehr nachfolgen würde. Von einem Absoluten (*Nibbana*) soll der Buddha zu einem anderen (*Parinibbana*) voranschreiten. Weil man glaubt, das Leben selbst sei ein Produkt negativer karmischer Wirkungen, erklärt die Tradition sodann Buddhas Leben zwischen *Nibbana* und *Parinibbana* als Ergebnis des Restkarmas aus der Zeit vor seinem Erwachen, das aufgearbeitet wird. Aus einer verkörperten Perspektive klingt *Parinibbana* für uns wie die Auslöschung all dessen, was wir schätzen und was vom Leben abhängig ist. Beim Versuch, die Verabsolutierung zu verteidigen, lässt die Tradition es geheimnisumwoben, ob der

---

[1] Batchelor (2015).

Buddha danach noch „existiert" oder „nicht existiert"[2], so dass wir *Parinibbana* als positiv begreifen können, indem wir ihm den Bonus des paradoxen Zweifels zugestehen.

Das Mysterium des *Parinibbana* sollte jedoch niemanden überraschen, der versucht, in seinen Beurteilungen dem Mittleren Weg zu folgen. Es ist einfach das Mysterium des Todes an sich, abzüglich der durch den Glauben an Wiedergeburt auferlegten verabsolutierenden Konstrukte. In der Praxis ist *Parinibbana*, in dem Karma erlischt und wir nicht wissen, ob das Selbst erlischt, nicht zu unterscheiden von Agnostizismus sowohl in Hinblick auf Karma als auch auf das Selbst. Die Situation des Buddha, der gemäß dem Mittleren Weg lebte, als er sich dem Tod näherte, ist somit der unseren bemerkenswert ähnlich, wenn wir versuchen, dem Mittleren Weg in einem Kontext zu folgen, in dem Glauben an ein Leben nach dem Tod nicht mehr länger vorausgesetzt wird. Wir wissen nicht, was nach dem Tod kommt, aber der Mittlere Weg ermutigt uns dazu, absolute Überzeugungen darüber in Frage zu stellen. Dazu gehören nicht nur Überzeugungen über das Fortbestehen des Selbst in einer Wiedergeburt nach dem Tod, sondern auch die Zurückweisung dieser Überzeugungen als notwendigerweise falsch, zusammen mit allen anderen Überzeugungen über unser Selbst, die sich mit dieser Wolke der Ungewissheit nicht vollständig abfinden können.

Die Erzählung über Buddhas *Parinibbana* wie sie im *Mahaparinibbana Sutta* zu finden ist, ist jedoch in Hinblick auf die Inspiration, die sie uns für die Praxis des Mittleren Wegs im Angesicht des Todes geben kann, inkonsistent. Das liegt an der fortwährenden Spannung zwischen der verabsolutierten Interpretation der Stellung des Buddha und dem menschlichen Abbild eines Mannes, der dem Tod ins Auge sieht. Es gibt wundersame Elemente, wie die Bäume zu beiden Enden von Buddhas Sterbebett, die vorzeitig erblühen, und seinen von einem Erdbeben begleiteten Tod, welche wir als poetische Ausschmückungen hinnehmen können sollten. Es gibt jedoch auch eine irritierende Episode, in der der Buddha seinen Begleiter Ananda dafür tadelt, dass er den Hinweis, den er ihm gegeben hat, dass er die Fähigkeit gehabt hätte, hundert Jahre zu leben, wenn er wollte, nicht aufgegriffen hat und den Buddha damals nicht angefleht hat, hundert Jahre zu leben.[3] Dies klingt wie der Ausdruck einer frühbuddhistischen Schwierigkeit, sich mit der Vorstellung abzufinden, dass der verabsolutierte Buddha sterben musste, was dazu führt, dass Ananda als Sündenbock herhalten musste.

Aus der Geschichte geht jedoch hervor, dass der Buddha selbst keine besonderen Schwierigkeiten hatte, mit dem Tod zurechtzukommen. Die

---

[2] *Majjhima Nikaya* 63.2. Ñanamoli und Bodhi (1995) S. 533.
[3] The Buddha's Last Days, *Digha Nikaya* 16.3.40. Walshe (1995) S. 251.

besondere Art der Praxis des Mittleren Wegs, mit der viele von uns in Hinblick auf den Tod konfrontiert sein mögen, schien somit auf ihn nicht zuzutreffen. Diese Praxis besteht darin, einen Weg zwischen der Leugnung unseres Todes einerseits (zu glauben, dass wir ewig leben werden) und einem lediglich abstrakten Annehmen des Todes andererseits, zu finden. Im letzteren Fall können wir sagen, dass wir „Unbeständigkeit" durchaus akzeptiert haben, aber weiterhin in Widerstreit mit unserer unterdrückten Abwehr dagegen liegen. Im *Mahaparinibbana Sutta* scheint Gleichmut den Umgang des Buddha mit dem Tod durchgängig zu prägen. Die Art und Weise, wie er darüber spricht, hat etwas Humorvolles: „Genau wie ein alter Karren zum Weiterfahren gebracht wird, indem man ihn mit Riemen zusammenhält, so wird auch der Körper des Tathagata am Laufen gehalten, indem man ihn zusammenschnürt."[4] Der Gleichmut des Buddha in Hinblick auf den Tod bedeutet jedoch nicht, dass er nicht auf Konflikte in Hinblick auf ihn stößt. Gerade die Dramatisierung dieser Konflikte bietet einen der interessantesten Aspekte des *Mahaparinibbana Sutta*.

Es scheint zwei derartige Konflikte zu geben. Der erste betrifft die Wahl des Todeszeitpunkts Buddhas. Wir können davon ausgehen, dass der Buddha einen gewissen Grad an Kontrolle darüber hat, wann er stirbt – aber das scheint auch in vielen anderen Fällen so zu sein. Es gibt somit zwei mögliche Verabsolutierungen, die ihn davon ablenken könnten, den richtigen Todeszeitpunkt zu finden, der den Gegebenheiten am besten gerecht wird. Einerseits gibt es eine übertriebene Hingabe an den Tod als etwas Gutes, die ihn dazu bringen könnte, zu früh zu gehen. Andererseits gibt es eine Tendenz, den Tod zu lange hinauszuschieben, wenn man ihn als Übel versteht. Damit verbunden ist der zweite Konflikt, der sein Vermächtnis von Lehre und Gemeinschaft betrifft. Einerseits kann er versuchen, Kontrolle über dieses Vermächtnis auszuüben und darauf bestehen, dass es unabhängig von ihm besteht, so dass er vollkommen entbehrlich ist. Andererseits kann er anerkennen, dass er nicht steuern kann, inwieweit andere seine Lehren auf ihn projizieren, und somit auch nicht die Art und Weise, in der sein Tod die Lehren traumatisch zerrütten könnte.

Der erste dieser Konflikte wird durch das Erscheinen von Mara an verschiedenen Stellen des *Suttas* dramatisiert, der den Buddha zu einem vorschnellen Dahinscheiden zu verleiten versucht. Gemäß den Ausführungen des Buddha erschien Mara derartig zum ersten Mal kurz nach seinem Erwachen:

> *„Ananda, einmal weilte ich in Uruvela, am Ufer des Flusses Neranjara, unter dem Banyan-Baum des Ziegenhirten, als ich gerade die höchste Erleuchtung erlangt hatte. Und Mara, der Böse, kam zu mir, stellte sich neben mich und*

---

[4] *Digha Nikaya* 16.2.25. Walshe (1995) S. 245.

sagte: „Möge der Erhabene jetzt letztendliches Nibbana erreichen, möge der Wohltäter jetzt letztendliches Nibbana erreichen. Jetzt ist der Zeitpunkt für das letztendliche Nibbana des Erhabenen.“ “[5]

Mara wird sowohl mit dem Tod als auch mit absolutem Denken assoziiert, aber in diesem Fall kommt beides zusammen. Der Tod stellt für den Buddha keine Bedrohung mehr dar, er bietet stattdessen eine allzu elegante Lösung, all die vertrackten Unannehmlichkeiten zu vermeiden, die damit verbunden sind, nicht empfängliche Menschen unterrichten zu müssen. Doch der Buddha antwortet:

Böser, ich werde kein letztendliches Nibbana nehmen, bis ich Mönche und Anhänger habe, die vollendet, geschult, qualifiziert, gelehrt, Kenner des Dhamma sind.... Ich werde kein endgültiges Nibbana nehmen, bis dieses heilige Leben erfolgreich verankert worden ist und gedeiht, allgemein verbreitet, weit und breit bekannt ist, unter der Menschheit überall wohl kundgetan wird.[6]

Diese Antwort enthält auch eine potenzielle Verabsolutierung, die eher wie eine Geisel des Schicksals erscheint. Wie etabliert müssen die Mönche und Anhänger sein? Wie bekannt muss das heilige Leben sein? Mit fortschreitendem Alter des Buddha wiederholen sich jedoch Maras Besuche, wobei sie nun auf das entgegengesetzte Extrem drängen: „All dies ist geschehen“[7], behauptet Mara in Hinblick auf die Bedingungen des Buddha, den Tod zuzulassen. Der Buddha wird in diesem Punkt seine absoluten Erwartungen zurückschrauben und ein abgestuftes Vorgehen wählen müssen. Der Buddha gibt dieser Stimme der Verabsolutierung nicht nach, aber er erkennt an, dass diese Stimme die Aufmerksamkeit auf einen Umstand lenkt, den er berücksichtigen muss. Sein Tod kann nicht endlos hinausgezögert werden, um seine Lehre und seine Gemeinschaft perfekt zu etablieren. „Du brauchst dich nicht sorgen, Böser. Das Ableben des Tathagata wird nicht lange hinausgezögert werden“,[8] antwortet er nun Mara.

Der zweite, das Vermächtnis des Buddha betreffende Konflikt, kommt in seinen Ermahnungen gegenüber seinen Anhängern zum Ausdruck, den Mittleren Weg unabhängig von ihm zu gestalten.

„Seid euch selbst Inseln, seid euch selbst Zuflucht, mit niemandem sonst als eure Zuflucht, mit dem Dhamma als Insel, mit dem Dhamma als eure Zuflucht, mit keiner anderen Zuflucht. Und wie kann ein Mönch sich selbst eine Insel sein... ohne andere Zuflucht? Und wie weilt ein Mönch... ohne andere Zuflucht?

---

[5] *Digha Nikaya* 16.3.34. Walshe (1995) S. 250.
[6] *Digha Nikaya* 16.3.35. Walshe (1995) S. 250–1.
[7] *Digha Nikaya* 16.3.8. Walshe (1995) S. 247.
[8] *Digha Nikaya* 16.3.9. Walshe (1995) S. 247.

Da, Ananda, weilt ein Mönch, indem er den Körper als Körper betrachtet, ernsthaft, klar bewusst, achtsam und nachdem er alles Verlangen und allen Kummer um die Welt abgelegt hat…“[9]

Dies findet sich direkt nach der Erklärung des Buddha gegenüber Ananda, dass das Alter ihn einholt. Es ist also eine direkte Reaktion auf die sich unmittelbar daraus ergebende Implikation, dass er nicht länger da sein wird, um seine Anhänger zu führen. Es ist aber auch eine der klarsten Aussagen über die vorrangige und unabhängige Bedeutung eines auf verkörperter Erfahrung beruhenden Mittleren Wegs. Seine Schüler, die von ihm abhängig geworden sind, stehen kurz davor, ins kalte Wasser geworfen zu werden, nunmehr „ihre eigene Zuflucht“ zu sein, ob sie wollen oder nicht. Das bedeutet natürlich nicht, dass die Anhänger des Buddha anderen nicht vertrauen oder sich nicht auf sie verlassen könnten, aber es bedeutet, dass sie autonom *urteilen* müssen. Wir haben diese Autonomie bereits im *Kalama Sutta* und in den Worten Buddhas an Pasenadi über die Grundlagen, anderen zu vertrauen, gesehen.

Die Tatsache, dass der Buddha einen Weg dargelegt hat, dem seine Schüler nach dem Tod folgen sollten, bedeutet jedoch nicht, dass sie in der Lage sein werden, seine Worte zu beherzigen und diesem Weg zu folgen. Für viele Menschen kann es sehr schwierig sein, die Identifikation mit einer Person auf einen Weg zu übertragen. Diese Darlegung des Mittleren Wegs könnte dann selbst zu einer Verabsolutierung werden, und zwar in Hinblick auf die konkreten Bedingungen für viele Anhänger des Buddha. Die entgegengesetzte Verabsolutierung wäre, dass der Buddha zu dem Schluss kommen könnte, gar keinen Einfluss auf sein Vermächtnis zu haben, oder dass es gar nichts gibt, was er tun kann, um zu verhindern, dass sein Tod für viele Menschen zu einem plötzlichen Verlust des Pfades wird. Zwischen den Extremen, auf seiner letztendlichen Wichtigkeit oder Unwichtigkeit zu beharren, beschreitet der Buddha schlicht den Pfad des Machbaren innerhalb des begrenzten Spektrums möglicher Handlungsoptionen, die sein körperlicher Zustand erlaubt, während er dem Tod entgegengeht.

Einerseits macht der Buddha deutlich, dass er nicht erwartet, die Dinge nach seinem Tod kontrollieren zu können.

„Wenn es jemanden gibt, der denkt: „Ich sollte die Verantwortung für den Orden übernehmen“ oder „Der Orden sollte sich auf mich berufen“, lasst ihn ruhig seine Aussage über den Orden machen, doch der Tathagata denkt nicht in solchen Begriffen.“[10]

---

9 *Digha Nikaya* 16.2.26. Walshe (1995) S. 245.
10 *Digha Nikaya* 16.5.10. Walshe (1995) S. 264.

Er sagt seinen Schülern, sie sollen sich keine Gedanken über die Beerdigungsvorbereitungen machen, scheint sich aber auch damit abzufinden, dass die Laien eine aufwändige Beerdigung und Stupas zur Aufbewahrung seiner sterblichen Überreste wünschen werden.[11] Andererseits behält er aber bis zum Ende die Rolle des Lehrers bei, tröstet und lobt Ananda, wenn er betrübt ist.[12] Er unterweist einen Wanderer namens Subhadda selbst noch, als er auf dem Sterbebett liegt. Er wendet sich auch vor dem Tod an die Mönche, um ihnen eine letzte Chance zu geben, Zweifel oder Unsicherheiten anzusprechen.[13]

Die letzten Worte des Buddha befassen sich damit, sich den Lebensumständen und der Bedeutung des Pfads zu stellen: „Alles Bedingte ist von Natur aus vergänglich – strebt unermüdlich weiter."[14] Sobald er jedoch stirbt, treten unter seinen Anhängern verabsolutierende Extreme zutage, wobei einige Anhänger, „die ihre Leidenschaften noch nicht überwunden hatten", weinten und sich die Haare rauften, während „jene Mönche, die frei von Begierde waren, achtsam und mit klarem Geist ausharrten".[15] Wenn wir der Verabsolutierung, dass letztere völlig frei von Begierde waren, keinen Glauben schenken wollen, erscheint es weitaus wahrscheinlicher, dass sie zumindest einen Teil ihrer Trauer verdrängten. Sobald der großartige Praktizierende dahinscheidet, sind wir mit dem unmittelbaren Scheitern der Praxis des Mittleren Wegs konfrontiert. Dies führt zu einer sozialen Spaltung zwischen den strengen, nicht trauernden Anhängern und den scheinbar sentimentalen, von Trauer erfüllten Anhängern.

Die Ironie der Spaltung setzt sich fort als die Laien beginnen, über die Überreste des Buddha zu streiten, wobei die Mallas ihre Eigentumsansprüche gegenüber denen anderer behaupteten. Doch glücklicherweise setzte sich eine abschließende Anwendung des Mittleren Wegs durch, als der Brahmane Dona aufsteht und sagt:

Duldsamkeit ist die Lehre des Buddha.
Es ist nicht richtig, dass Streit entbrennt
Über das Aufteilen der besten Überreste der Menschheit.
Lasst uns alle in Harmonie und Frieden vereint sein,
In Freundschaft, indem wir acht Teile gleichmäßig verteilen...[16]

[11] *Digha Nikaya* 16.5.10. Walshe (1995) S. 264.
[12] *Digha Nikaya* 16.5.13 ff. Walshe (1995) S. 265.
[13] *Digha Nikaya* 16.6.5. Walshe (1995) S. 270.
[14] *Digha Nikaya* 16.6.7. Walshe (1995) S. 270.
[15] *Digha Nikaya* 16.6.10. Walshe (1995) S. 272.
[16] *Digha Nikaya* 16.6.25 Walshe (1995) S. 276.

3. Die Metaphorik Buddhas

3.a. Jenseits von Allegorie

In diesem Abschnitt des Buchs werde ich einige der Schlüsselanalogien des Pali-Kanons interpretieren, die Einblicke in das Wesen des Mittleren Wegs bieten. Diese Analogien besitzen zweifelsohne eine weitreichende Allgemeingültigkeit, denn sie lassen sich ohne weiteres über den spezifischen Kontext von Buddhas Leben und Lehre hinaus anwenden. Sie haben alle eine *metaphorische* Grundstruktur. Beispielsweise wird in der ersten Analogie, die ich erörtern werde, das Floß, mit dem ein Fluss überquert wird, für gewöhnlich als *Symbol* oder *Verkörperung* der Lehren des Buddha verstanden. Diese Analogie soll uns somit lediglich eine zusätzliche Perspektive eröffnen, bei der es in Wirklichkeit eher „um“ die Lehren geht und weniger um ein Floß. Aber dies ist eine vereinfachende und irreführende Art, über eine so reichhaltige Analogie zu sinnieren. Das Floß bezieht sich, wie alle anderen mächtigen Metaphern, viel universeller auf die menschliche Erfahrung und hat eine große Bandbreite möglicher Verbindungen mit unserer Alltagserfahrung. Um zu erklären, auf welche Weise einige Analogien des Buddha den Mittleren Weg so kraftvoll vermitteln, muss ich daher mit einigen Ausführungen zu Metaphern im Allgemeinen beginnen.

Die übliche, herkömmliche Darstellung von Metaphern neigt dazu, davon auszugehen, dass unsere gängige Sprache „wörtlich“ zu verstehen ist, indem sie Sachverhalte direkt beschreibt. Eine Metapher soll andererseits eine separate und lediglich unterstützende Art der Ergänzung zu einer wörtlichen Darstellung bieten. In philosophischer und sprachlicher Hinsicht spiegelt sich dieser Ansatz im *Repräsentationalismus* wider, der nach wie vor die am häufigsten unterstellte Bedeutungsbeschreibung ist. Im Repräsentationalismus gewinnen Wörter ihre Bedeutung aus einer Beziehung zu einer tatsächlichen oder hypothetischen Realität irgendeiner Art. Es wird behauptet, dass ich Sprache nur deshalb verstehe, weil sie Vorschläge oder Behauptungen formuliert, die wahr oder falsch sein könnten, und weil ich die Umstände verstehe, unter denen sie wahr oder falsch sein könnten. Als wichtigste Aufgabe von Sprache wird die *kognitive* Bedeutung der Sprache angesehen, die eine in Worten ausgedrückte Erkenntnismöglichkeit bietet. Die anderen Aspekte, die Sprache für und „bedeutungsvoll“ machen, werden als „emotional“ und damit als entbehrlich abgespalten. Metaphern werden in diesem Modell gewöhnlich als solch eine entbehrliche, sprachliche Nebensache angesehen und als vollständig abtrennbar von der Bedeutung, die wir aus den Abbildern der Welt gewinnen.

Der Mittlere Weg stellt dieses Modell auf eine ganz grundlegende Weise in Frage, mit der Konsequenz, dass die Metapher nicht mehr so feinsäuberlich von der wörtlichen Sprache getrennt werden kann. Der Standpunkt des Palastes oder des Waldes geht davon aus, dass die in diesem Kontext vertretenen Überzeugungen endgültig und gesichert sind. Die Annahme, jemands Überzeugungen könnten endgültig und gesichert sein, erfordert jedoch weitere Annahmen über die Bedeutung von Sprache. Denn diese Endgültigkeit und Gewissheit ist nur dann möglich, wenn die Worte, die verwendet werden, um Überzeugungen von Menschen zum Ausdruck zu bringen, der Wirklichkeit entsprechen, die Überzeugungen des Palastes und des Waldes in gewisser Hinsicht, gewissen Bedingungen gerecht werden. Doch allein durch die Erkenntnis, dass sie nicht endgültig sind, stellte der Buddha auch die Beziehung zwischen der Sprache, die zu ihrer Darstellung verwendet wird, und der Wirklichkeit, die sie darstellen sollen, in Frage.

Als der Buddha schließlich den Mittleren Weg erkannte, geschah dies, wie bereits erwähnt, indem er sich an eine *verkörperte* Erfahrung unter dem Rosenapfelbaum erinnerte. Dabei erkannte er, dass das bloße zwanghafte Streben nach Abbildern in seinem Geist, die für wahr befunden wurden, kein angemessener Weg war, um Fortschritte dabei zu erzielen, den Bedingungen gerecht zu werden. Indem er erkannte, dass seine verkörperte Erfahrung einen Weg nach vorn bot, erkannte er nicht nur die Notwendigkeit von Nahrung, um den Körper zu erhalten. Er erkannte auch nicht bloß die Notwendigkeit von Körperbewusstsein, um *Jhana* zu erreichen. Er erkannte auch implizit die Abhängigkeit der Bedeutung von seinem Körper. Der Buddha lebte freilich lange vor jeglicher expliziten Theorie verkörperter Bedeutung. Die Tatsache, dass er Körperbewusstsein als Möglichkeit zur Integration widerstreitender Überzeugungen erkannte, muss jedoch gleichzeitig bedeuten, dass implizit auch die bedeutungsvollen Materialien, aus denen wir diese Überzeugungen formen, verkörpert sind. Diese bedeutungsvollen Materialien sind unser Sinn für die Bedeutung von Sprache und anderen Symbolen – ein Sinn, der geteilt werden muss, damit Überzeugungen geteilt werden können. Die Art und Weise, in der er in seiner Lehrtätigkeit Analogien verwendet hat, liefert einen weiteren Hinweis, der damit übereinstimmt.

Die Theorie verkörperter Bedeutung[1] (bereits in Kapitel 1.h. erwähnt) liefert uns eine explizite Darstellung der Beziehung zwischen verkörperter Wahrnehmung und Metapher, was uns helfen kann, diese Verbindung besser zu verstehen. Die Bedeutung wird in diesem Zusammenhang von frühester Kindheit an durch unsere neuronale Verknüpfung von körperlichen Erfahrungen mit Symbolen oder Wörtern jedweder Art entwickelt.

---

[1] siehe Lakoff (1987); Johnson (2007); Lakoff and Johnson (1980); Ellis (2013b).

Zunächst einmal nehmen diese Verknüpfungen die Form *grundlegender Kategorien* oder *Schemata* an. Grundkategorien sind Wörter für Formen konkreter Objekte, die wir zu dem Zeitpunkt, an dem wir sie kennenlernen, auf möglichst nützliche Weise kategorisieren: Wörter wie Baum, Haus oder Katze. In den meisten Fällen haben wir eine ganze Reihe von aktiven, verkörperten Assoziationen mit diesen Dingen, die uns helfen, unseren Sinn für ihre Bedeutung zu entwickeln. So ist „Katze" für ein Kleinkind kein wissenschaftlich definierter Fleischfresser, sondern eine vielfältige Erfahrung, ein Tier zu streicheln, mit ihm zu spielen oder es zu ärgern.

Schemata funktionieren ähnlich, stellen aber grundlegende Formen von Bezügen zur Verfügung, durch die wir Wörter verstehen können. Wie Mark Johnson erklärt:

> *Damit wir sinnvolle, zusammenhängende Erfahrungen machen können, die wir nachvollziehen und über die wir nachdenken können, muss es Muster und Ordnung in unseren Handlungen, Wahrnehmungen und Vorstellungen geben. Ein Schema ist ein wiederkehrendes Muster, eine wiederkehrende Form und Regelmäßigkeit in oder aus diesen fortlaufenden, ordnenden Prozessen. Diese Muster zeigen sich als bedeutungsvolle Strukturen für uns, vor allem auf der Ebene unserer körperlichen Bewegung im Raum, unserer Handhabung von Objekten und unserer Wahrnehmungsinteraktionen.*[2]

Beispielsweise kann das *Container*schema dabei helfen, die Bedeutung von Wörtern wie Feld, Korb oder Kiste zu verstehen, wobei die vielleicht grundlegendste Erfahrung, die von Dingen innerhalb oder außerhalb unseres Körpers ist.

Wenn wir dann erwachsen werden und komplexere und abstraktere Dinge um uns herum verstehen können müssen, bedienen wir uns *metaphorischer Erweiterung* dieser grundlegenden Kategorien und Schemata. Dadurch können wir verstehen, was es bedeutet, ein Lebewesen „Katze" zu nennen, oder was es für eine Akademikerin bedeutet, über ihr „Fach" zu sprechen. Wir tun dies, indem wir die Bedeutung der Grundkategorie „Katze" oder des Containerschemas, mit dem wir begonnen haben, um diese Vorstellungen erweitern. Indem wir diese metaphorischen Erweiterungen vornehmen, befassen wir uns nicht mit einer besonderen neuen Art von Bedeutung, sondern erweitern lediglich die verkörperte Bedeutung auf immer komplexere Weise. Obwohl die synaptischen Bahnen in unserem Gehirn und Nervensystem, die diese Bedeutungen prägen, immer komplexer werden, sind sie immer noch vom selben Beziehungsprozess zur grundlegenden verkörperten Erfahrung abhängig.

---

[2] Johnson (1987) S. 29.

Die Abhängigkeit der abstrakteren Bedeutung von metaphorischer Erweiterung lässt sich leicht an der Verwendung von Metaphern beim Lehren und Lernen ablesen. Wenn wir uns über die Bedeutung eines Wortes oder eines komplexeren Sprachbausteins im Unklaren sind, haben wir keine hinreichend starke Fährte gelegt, um sie mit den grundlegenderen frühen Erfahrungen in Beziehung zu setzen, die uns einen aktiven Eindruck davon vermitteln könnten, so dass wir auf einfachere oder grundlegendere metaphorische Erweiterungen zurückgreifen. Der Lehrer zeigt (oder der Schüler sucht) eine Analogie auf, um uns dabei zu unterstützen, etwas zu begreifen.

Iain McGilchrists Arbeit über die Lateralisation des Gehirns kann einen weiteren Einblick in das Gleichnis in Hinblick auf die Art und Weise geben, wie es von den beiden Hälften unseres Gehirns verarbeitet wird.[3] Die rechte Gehirnhälfte ist diejenige, die für neue Informationen aus anderweitigen Quellen offen ist. Sie ist daher auch die Quelle unseres metaphorischen Verständnisvermögens und ermöglicht es uns, verschiedene Formen von Erfahrungen miteinander zu verbinden. Wenn diese Verknüpfung von den Sprachzentren der linken Gehirnhälfte verarbeitet wird, werden sie allerdings bloß ein weiterer Teil unseres in sich geschlossenen Zeichensystems, das Beziehungen untereinander herstellt, nicht jedoch zu neuen Reizen von außen. Wir verlieren dann unser Gefühl dafür, dass diese Verknüpfung eigentlich metaphorisch ist – sie wird stumpf oder „wörtlich". Dadurch erkennen wir beispielweise nicht mehr, dass Eisbonbon etwas mit Eis zu tun hat. Oder wir verwenden Phrasen wie „Löwenanteil", ohne uns einen männlichen Löwen vorzustellen, der sich an einem toten Zebra satt frisst. Dennoch ist die Bedeutung dieser Phrasen immer noch von ihrer unbewussten Assoziation abhängig, die ursprünglich in der rechten Gehirnhälfte entstand.

All dies impliziert, dass Bildsprache nicht außergewöhnlich ist. Fast jede Sprache basiert auf Bildern, weil die Bedeutung jeder Sprache von einem Prozess abhängt, der Bedeutungen entweder auf grundlegende Konzepte und Schemata oder auf andere Bilder zurückführt. Was wir unter „wörtlicher Sprache" verstehen ist einfach eine komplexe Sprache, die sich eines konsistenten kognitiven Modells bedient, das es uns ermöglicht, unsere Überzeugungen auszudrücken. Es sind jedoch unsere Überzeugungen über Sprache und nicht ihre Bedeutung, die sie „wörtlich" machen, und unsere Überzeugungen bleiben von metaphorischen Bedeutungen abhängig. Sprache ist nur deshalb „wörtlich", weil wir ihre metaphorischen Ursprünge *vergessen* haben. Im Zusammenhang mit der Buddha-Lehre kann es somit keine wörtliche Lehre geben, die die Wirklichkeit beschreibt. Lehren wie die der Vier Edlen

[3] McGilchrist (2010) S. 115–18.

Wahrheiten, über Karma, Wiedergeburt und Bedingtheit hängen stark von Bildsprache ab, auch wenn sie zu Überzeugungen geworden sind.

Zusätzlich zu diesen Lehren führt der Buddha jedoch eine Vielzahl von Analogien und Parabeln an, die sich überall im *Sutta Pitaka* des Pali-Kanons finden. Wenn wir diese in Hinblick auf die verkörperte Bedeutung des Mittleren Wegs interpretieren, dann sind diese Analogien *für unsere Erfahrung* eigentlich *grundlegender* als die formalen Lehren, die sie Illustrieren sollen. Im Gegensatz zu den formalen Lehren, scheinen die Analogien auf wesentlich geeignetere Weise den Mittleren Weg zu vermitteln, da sie sich viel schwerer verabsolutieren lassen. Verabsolutierte Lehren zeigen sich als endgültige Antworten, indem sie ein bestimmtes Gleichnis als Grundlage für eine Wahrheit oder einen Irrtum verfestigen. Eine Analogie zeigt uns hingegen unmittelbar eine neue Art des Denkens über etwas, das unterschiedliche konkrete Situationen miteinander in Beziehung setzt. Diese Verknüpfung von konkreten Erfahrungen kann vielfältigeren Bedingungen gerecht werden, indem sie uns mit neuen Ressourcen für unser Denken ausstattet.

Die traditionelle Art, die Metaphern Buddhas zu interpretieren, unterwirft sie jedoch einer verabsolutierenden Doktrin, in der sie zu *Allegorien* umgeformt werden. Eine Allegorie ist die Interpretation einer Metapher im Sinne einer starren Bedeutung, die zeigt, wofür sie „wirklich" steht: Eine Begebenheit mit einem Schlüssel. Bekannte Beispiele für Allegorien in der westlichen Literaturtradition sind *Äsops Fabeln* und *Die Pilgerreise*. In *Äsops Fabeln* lässt sich die Geschichte vom Fuchs und vom Storch auf eine klar artikulierte Moral gegenseitiger Rücksichtnahme auf die Bedürfnisse anderer reduzieren. In *Die Pilgerreise* steht der „Riese Verzweiflung" nur für eine *Vorstellung* von Verzweiflung. Die Allegorie hat ihren Platz in der Erklärung von abstraktem Stoff, aber es ist unwahrscheinlich, dass sie unsere Vorstellungskräfte anregt, so dass wir selbst neue Verbindungen zwischen Situationen herstellen und so unsere Reaktion auf sie verändern. Allzu oft lässt die Allegorie einfach ein potenziell bedrohliches Bild oberflächlich sicher erscheinen, indem sie es in konzeptionelle Äquivalenz überführt.

Die überwiegende Mehrheit der Metaphern des Buddha im Pali-Kanon werden als Allegorien dargestellt, entweder im Text an sich oder in der gängigen Interpretation des Texts. Beispielsweise wird die Geschichte eines Mannes erzählt, der in Angst und Schrecken flieht und von vier Vipern, fünf mörderischen Feinden und einem sechsfachen Mörder verfolgt wird. Er sucht in einem leeren Dorf Zuflucht, nur um zu erfahren, dass „das Dorf angreifende Banditen" im Begriff sind, darüber herzufallen. Dann erreicht er einen Fluss und glaubt, das andere Ufer sei sicher, aber zuerst muss er ein Floß bauen, um diesen Fluss zu überqueren. Am Ende dieser Geschichte wird uns genau erklärt, wofür jede dieser Gestalten steht: Die Vipern sind die vier großen

Elemente, die fünf mörderischen Feinde sind die fünf Aggregate, der sechsfache Mörder steht für Lust und Begierde, das leere Dorf für die sechs inneren Sinnesgrundlagen und die Banditen sind die angenehmen und unangenehmen Phänomene, die uns mittels dieser Sinne angreifen. Das andere Flussufer ist folglich Nirvana und das Floß ist der Edle Achtfache Pfad.[4] Man kann sehen, wie im alten Indien eine solche Allegorisierung den Menschen helfen sollte, sich an diese Formeln im Verhältnis zueinander zu erinnern, aber helfen sie uns heute dabei, den Mittleren Weg aus der Erfahrung heraus zu verstehen und zu praktizieren? Wenn wir durch das bloße Aufsaugen einer solchen Reihe von Entsprechungen denken, dass wir Fortschritte machen, dann könnte durchaus das Gegenteil zutreffend sein. Wenn es uns gelingt, die Gleichnisse auf bekannte Dogmen zu reduzieren, kann dies unsere Gewissheit vergrößern, endgültige Antworten gefunden zu haben, und eben nicht unsere Fähigkeit, zu untersuchen.

Dass diese sehr eingeschränkte Herangehensweise an die Metaphern des Buddha auch heute noch maßgebend ist, lässt sich anhand von Hellmuth Heckers Buch über die Gleichnisse und Parabeln des Buddha illustrieren.[5] Das Buch veranschaulicht eine Reihe von Parabeln aus dem Pali-Kanon, allerdings ausschließlich in Form von Zusammenfassungen, gefolgt von allegorischen Erläuterungen. Dieser begrenzte Ansatz führt uns zum förmlichen Lehrgebäude und lässt uns dann einfach dort im Regen stehen. Dies verstärkt den Eindruck, dass diese Lehren endgültige Antworten bieten, die uns in unserem Leben immer direkt helfen werden, wobei die Parabeln lediglich ein Nebenprodukt solcher Antworten sind. Tatsächlich verwenden wir die wirksamste und unmittelbarste Mordwaffe, um die Parabel zu vernichten. Die Möglichkeit, dass diese Parabeln eine Bedeutung haben könnten, die *über* ihre förmlichen Entsprechungen in der Buddhistischen Doktrin *hinausgeht*, wird einfach nicht in Betracht gezogen.

In diesem Abschnitt des Buchs konzentriere ich mich auf Parabeln, die über die Verabsolutierungen der buddhistischen Lehre hinaus eine universelle Anwendungsmöglichkeit bieten. D.h., dass sie zu Ihnen sprechen und für Ihren Weg von Bedeutung sein sollten, unabhängig davon, ob Sie Buddhist sind oder nicht. Bei diesen Parabeln geht es somit um den Mittleren Weg, nicht nur um Buddhismus und ich werde sie in diesen Begriffen interpretieren. Die Tatsache, dass sie vom Mittleren Weg handeln, macht sie auch eher symbolisch als allegorisch und bietet eine reiche Vielfalt an assoziativen Verknüpfungen mit verschiedenen Situationen in unserer Erfahrung.

---

[4] *Samyutta Nikaya* 35.238. Bodhi (2000) S. 1237–9.
[5] Hecker (2009).

3.b. Der Mittlere Weg als Metapher

Bevor ich mich mit bestimmten vom Buddha verwendeten Metaphern befasse, ist es wichtig, dem Mittleren Weg selbst im selben Licht etwas Aufmerksamkeit zu schenken. Unter allen Metaphern im Pali-Kanon muss der Mittlere Weg selbst als die umfassendste und markanteste angesehen werden. Ich habe gehört, wie er als „nur eine Metapher" abgetan wurde – doch was für eine Metapher! Er verbindet zwei entscheidende Schemata, die für unsere frühe verkörperte Erfahrung grundlegend sind – Pfad und Gleichgewicht. Der Pfad wird von Lakoff und Johnson durch das „Quelle-Pfad-Ziel"-Schema charakterisiert.[1] Zu unserer grundlegenden verkörperten Erfahrung aus frühester Kindheit gehört, sich von einem Ort (Quelle), entlang eines Wegs (Pfad) zu einem anderen Ort zu bewegen, den wir mit Erreichen (Ziel) assoziieren. Ausgewogenheit entsteht aus unserer Grunderfahrung von Balance, wobei die Gefahr besteht, entweder zur einen oder anderen Seite zu fallen.

Metaphorisch setzt der Mittlere Weg jedoch unsere Bewegung durch die Zeit in eine Bewegung durch den Raum um. Dies ist ein sehr gebräuchliches Bild, das grafisch als Zeitlinie oder als Entscheidungsbaum visualisiert werden kann. Genau wie wir, wenn wir einem Weg folgen, viele kleine Richtungsanpassungen vornehmen müssen, um uns weiter auf unser Ziel zuzubewegen, so müssen wir, wenn wir dem Mittleren Weg folgen, immer wieder neu beurteilen, welche Richtung wir einschlagen. Das Gleichgewichtsschema bezieht sich hier nicht auf die Gefahr, zu stürzen oder gegen ein Hindernis zu prallen, sondern auf die Gefahr zu verabsolutieren. Die verkörperte Erfahrung passt hier sehr gut zum Bild, denn Gleichgewicht ist in hohem Maße eine Erfahrung, bei der man Energie sammelt, die bereit steht, um sie für Anpassungen zu nutzen. Wir wissen nicht im Voraus, welche Form die Anpassung annehmen wird. Dies ist der verkörperten Erfahrung, Verabsolutierungen zu erkennen und zu vermeiden, sehr ähnlich.

Geht man davon aus, eine bestimmte Metapher sei eine Beschreibung endgültiger Realität, kann sie allmählich zu einer Verabsolutierung werden, und der Mittlere Weg selbst bildet dabei keine Ausnahme. Verabsolutieren wir das Leitbild des Pfads, gelangen wir vielleicht zur Überzeugung, die besten Wege zum Verständnis unserer menschlichen Angelegenheiten seien immer linear und zielorientiert. Offenheit für ein Verständnis systematischer Beziehungen, die nicht mit unseren Zielen zusammenhängen, kann aber oft wichtig sein. Das Erkennen dieser Gefahr erfordert bloß eine Erweiterung der Art und Weise, wie wir die Metapher verwenden. Wir werden vermutlich nie aufhören, Ziele zu haben, weil wir Organismen mit Interessen sind, und unsere linke

[1] Lakoff and Johnson (1980).

Gehirnhälfte in der Lage ist, diese Interessen sprachlich zu vermitteln. Das Beste, was wir tun können, ist, hin und wieder die Begrenztheit dieser Ziele zu erkennen, indem wir sie in einen größeren Zusammenhang stellen. Das Quelle-Pfad-Ziel-Schema erfordert nicht, dass das Ziel jemals eine bestimmte, feste Form annimmt, sondern nur, dass wir geneigt sind, uns „vorwärts" zu bewegen, und zwar möglicherweise mit einer veränderten Wahrnehmung dessen, warum wir dies tun und somit auch, „wohin" wir gehen.

Möglicherweise könnten wir auch das Gleichgewichtselement des Bildes verabsolutieren, indem wir annehmen, eine bestimmte Beurteilung allein sei durch die Erfahrung von Gleichgewicht gerechtfertigt. Dies würde uns dazu verleiten, uns trügerisch zur Mäßigung zu rufen. Nur weil eine Beurteilung ein ausgleichendes oder kompromissbildendes Element beinhaltet, bedeutet dies nicht unbedingt, dass sie zutreffend ist. Das salomonische Urteil, ein Baby in zwei Hälften zu teilen, um einen Streit zwischen zwei angeblichen Müttern beizulegen, ist ein klassisches Beispiel dafür. Der Wert des Mittleren Wegs findet sich nur, indem man die jeweils maßgeblichen Verabsolutierungen erkennt, in die wir in einem bestimmten Fall geraten könnten, und dies hängt ganz von den Überzeugungen und damit verbundenen Wünschen ab, mit denen wir diesem begegnen. Wiederum gilt somit, dass Probleme, die durch Verabsolutierung des Gleichnisses geschaffen werden, durch ein umfassenderes Verständnis gelöst werden können.

Es mag einige Situationen geben, in denen der Mittlere Weg auf den ersten Blick nicht den am besten geeigneten Rahmen für eine Beurteilung zu bieten scheint. Das mag daran liegen, dass die Person, die die Beurteilung vornimmt, noch nicht in der Lage ist, ihn anzuwenden, oder weil Verabsolutierung in einer verzweifelten Lage erforderlich scheint, um übergeordnete Ziele wie das Überleben zu sichern. Aber auch diese können im weiteren Sinne als mit dem Mittleren Weg vereinbar verstanden werden. Auch wenn wir den Mittleren Weg in dieser Situation vielleicht nicht in unser Denken einbeziehen, können wir, sobald wir die Fähigkeit und das Bewusstsein haben, darüber zu reflektieren, immer noch zum Schluss kommen, dass den Bedingungen durch dieses Vorgehen am angemessensten begegnet wurde. Diesen Weg nicht einzuschlagen, hätte möglicherweise andere Arten verlockender Verabsolutierung widergespiegelt. Der wichtige Punkt ist einfach, dass ein Bewusstsein, das Verabsolutierungen vermeidet, uns, sobald es angewendet werden kann, immer noch besser hilft als die unbewusste Abhängigkeit von Verabsolutierungen.

Wie wir im weiteren Verlauf dieses Kapitels sehen werden, lässt sich der Mittlere Weg als Metapher zu einer Vielzahl von ergänzenden, vom Buddha dargelegten Metaphern entwickeln. Jede dieser Metaphern sagt uns wiederum ein wenig mehr darüber, was der Mittlere Weg bedeutet und wie er durch Erfahrung begründet werden kann.

3.c. Vorläufigkeit: Das Floß und die Lautensaiten

Wie in Kapitel 1.f erörtert, ist die Vorläufigkeit eines der Elemente, anhand derer man den Mittleren Weg analysieren kann. Sie ist eine Eigenschaft, die die entscheidende Fähigkeit, die Grenzen einer gegenwärtigen Überzeugung zu erkennen, mit der kreativen Fähigkeit verbindet, sich alternativer Möglichkeiten bewusst zu werden. Alternativen ermöglichen es uns, wie genetische Anpassungen oder verschiedene Werkzeuge in einem Werkzeugkasten, neuen und unerwarteten Bedingungen durch geeignete Anpassung gerecht zu werden. Ich werde hier zwei herausragende Parabeln des Buddha untersuchen, deren Hauptaugenmerk auf der Vorläufigkeit liegt.

Die Parabel vom Floß[1] verwendet der Buddha in einer Lehrrede an einige seiner Anhänger, um „euch zu zeigen, wie der Dhamma einem Floß ähnelt, welches der Überfahrt dient, nicht dem Festhalten".

„Angenommen, ein Mann sähe während einer Reise eine große Wasserfläche, deren nahes Ufer gefährlich und furchterregend und deren entferntes Ufer sicher und ohne furchterregende Dinge war, aber es gab keine Fähre oder Brücke, die zum fernen Ufer führte... Und dann sammelte der Mann Gras, Zweige, Äste und Blätter und band sie zu einem Floß zusammen. Getragen vom Floß und sich mit Händen und Füßen abmühend, gelangte er sicher ans andere Ufer. Dann... dachte er möglicherweise: „Dieses Floß war mir sehr nützlich... Angenommen, ich würde es auf den Kopf hieven oder auf die Schulter laden und dann gehen, wohin ich will."
... Würde dieser Mann auf diese Weise tun, was man mit jenem Floß tun sollte?"

„Nein, ehrwürdiger Herr."

„Auf welche Weise würde dieser Mann tun, was man mit diesem Floß tun sollte?... Sobald dieser Mann übergesetzt hatte und am anderen Ufer angelangt war, dachte er möglicherweise: „... Angenommen, ich würde es an Land ziehen oder auf dem Wasser treiben lassen und dann gehen, wohin ich will." ... Auf diese Weise würde dieser Mann das tun, was man mit dem Floß tun sollte."

Die traditionelle buddhistische Interpretation dieser Parabel behandelt „Dhamma" als „buddhistische Lehre" und zeigt die praktische Begründung dieser Lehre. Er wird lediglich als Mittel zum „Übersetzen" gesehen – d.h. zum Erreichen des Erwachens. Eine derartige Interpretation stützt sich jedoch auf ein diskontinuierliches Verständnis von „Erwachen": Ist es so eindeutig, *wann* wir „die andere Seite" erreicht haben? Sie unterschätzt auch die breite Anwendbarkeit dieser Parabel, die eine universelle Aussage über die Notwendigkeit von Vorläufigkeit in unseren Überzeugungen macht. Wenn eine

---

[1] *Majjhima Nikaya* 22:13–14. Ñanamoli und Bodhi (1995) S. 228–9.

Überzeugung – irgendeine Überzeugung – ihren Zweck unter den besonderen Bedingungen, unter denen sie vertreten wurde, erfüllt hat, ist es an der Zeit, sie loszulassen, bevor sie unter den neuen Bedingungen zu einer Belastung für uns wird. Dass dies neben anderen Überzeugungen auch auf die buddhistischen Lehren zutrifft, ist jedoch ein Indikator für ihren nicht absoluten Charakter und zeigt auch, dass diese Parabel eine dem Mittleren Weg zugehörige Lehre ist.

Der Wert jeder Analogie besteht darin, dass sie uns zwingt, verschiedene Situation zu vergleichen, von denen wir sonst möglicherweise annehmen würden, sie seien völlig unterschiedlich. Es ist offensichtlich, wie nützlich das Floß zum Überqueren des Flusses ist, und es besteht nur sehr begrenzter Zweifel daran, dass es nach vollendeter Überquerung eine nutzlose Belastung darstellen würde. Wir könnten es mitnehmen, für den Fall, dass es einen weiteren Fluss gibt – aber für wie lange? Bei Überzeugungen, an denen wir stärker anhaften, mag es allerdings weniger offensichtlich sein: beispielsweise eine religiöse Lehre, der wir unser ganzes Leben lang angehört haben, ein zugrunde gehendes Projekt oder eine erlöschende Beziehung, eine falsch eingeschätzte Investition oder Sprachmuster und Umgangsformen, die in einem fremden Land unnötige Unannehmlichkeiten verursachen. In all diese Dinge verstricken wir uns, weil wir explizite oder implizite Überzeugungen über ihren Wert oder Nutzen haben, aber dieser Wert ist auch Unsicherheiten und Veränderungen unterworfen.

Möglicherweise tragen wir das Floß weiter, weil wir uns seiner fehlenden Eignung für die neue Situation nicht wirklich bewusst sind, aber vielleicht auch, weil wir uns keine Alternativen vorstellen können. Wenn wir am entfernten Ufer ankommen, müssen wir in der Lage sein, uns vorzustellen, wie wir ohne das Floß zurechtkommen. Vielleicht gibt es tatsächlich andere Ausrüstungsgegenstände, die stattdessen weit wertvoller wären: eine Machete für den Dschungel, den wir durchqueren werden, oder eine Tasche mit Nahrungsmittelvorräten. Aber um diese Dinge mitnehmen zu können, müssen wir das Floß zurücklassen. Die Angst, die wir möglicherweise beim Zurücklassen des Floßes empfinden, muss gelöst und überwunden werden. In ähnlicher Weise müssen wir, um in anderen Bereichen unseres Lebens Neuland betreten zu können, vielleicht Dinge behutsam beiseitelegen, die wir bis dahin stets als unverzichtbar angesehen haben: Ansehen, Beziehungen, Besitz, Loyalitäten.

Die Vorläufigkeit der Floßparabel beruht auf Skepsis (wie in Kapitel 1.f vorgestellt), denn wir hätten nicht die kritische Perspektive, um die Kontingenz des Floßes zu erkennen, wenn wir es als notwendig oder absolut betrachten würden. Da wir im Voraus nicht wissen, auf welche Überzeugungen wir diese kritische Perspektive anwenden müssen, ist es in der Praxis wichtig, ein allgemeines Bewusstsein für die Ungewissheit, für die Möglichkeit des

„unbekannten Unbekannten" aufrechtzuerhalten. Wir benötigen dies in Hinblick auf *alle* unsere Überzeugungen, wie grundlegend oder verankert sie auch zu sein scheinen, und ob sie positiv oder negativ sind. Wenn wir am entfernten Ufer ankommen, benötigen wir schlicht das Bewusstsein, um uns zu fragen, ob wir das Floß noch brauchen werden (was auf ein Bewusstsein seiner Kontingenz hinweist), statt davon auszugehen, dass wir es entweder brauchen werden oder nicht. Möglicherweise müssen wir uns diese Frage unter anderen Umständen immer wieder stellen. Derselbe Punkt wird durch eine weitere Analogie im Pali-Kanon verdeutlicht, die den Fortschritt auf dem Pfad als eine Abfolge einer Wagenstaffel beschreibt, wobei jeder Wagen nur benötigt wird, um den Abfahrtspunkt des nächsten zu erreichen.[2]

In Hinblick auf unsere kognitiven Prozesse erfordert Vorläufigkeit eine offene Rückkopplungsschleife und keine geschlossene. In einer geschlossenen Rückkopplungsschleife (auch als Bestätigungsverzerrung bekannt) interpretieren wir unsere Erfahrung weiterhin als Bestätigung einer Überzeugung, die dann die Grundlage für die Interpretation unserer Erfahrung bildet. Wenn es bei unserer Überzeugung um den Wert des Floßes für uns geht, dann wird diese Überzeugung durch unsere Erfahrung während der gesamten Flussüberquerung weiter verstärkt. Auf der anderen Seite angelangt, könnten wir uns jedoch so sehr an diese geschlossene Schleife gewöhnt haben, dass wir weiterhin unsere Umwelt nach dem Wert des Floßes beurteilen. Die unbewusste kognitive Dissonanz, die dadurch entsteht, könnten wir dann durch Rationalisierung ausgleichen: „Nun, man kann nie wissen, da könnte ja ein anderer Fluss sein, auch wenn er nicht auf der Karte verzeichnet ist" oder „ich muss dieses Floß mitnehmen, weil es von Kriminellen missbraucht werden könnte". Wir könnten uns auf vage Möglichkeiten versteifen und diese ausweiten, was stets unsere eigenen Ängste widerspiegelt und keine hinreichend bewusste Reaktion auf die Bedingungen ist. In einer offenen Rückkopplungsschleife lassen wir jedoch zu, dass neue Informationen über unsere Sinne unser Denken beeinflussen und verändern, um uns an die neue Situation anzupassen. Unsere Erfahrung bestimmt weiterhin unsere Überzeugungen, aber unsere Überzeugungen bestimmen nicht vollständig unsere Erfahrung.

Diese Fähigkeit, sich an Bedingungen anzupassen, mag jedem, der sich mit Evolution beschäftigt hat, vertraut anmuten. Natürlich finden evolutionäre Anpassungen über einen längeren Zeitraum statt und hängen in erster Linie von genetischen und weniger von kognitiven oder verhaltensbezogenen Veränderungen ab. Nichtsdestotrotz ist ein Organismus, der in seinen alten Gewohnheiten verharrt und nicht hinreichend offen ist, um neue zu entwickeln (aus welchen Gründen auch immer), derjenige, der wahrscheinlich aussterben

---

[2] *Majjhima Nikaya* 24.14–15. Ñanamoli und Bodhi (1995) S. 243–4.

wird, genauso wie der Mann, der das Floß trägt, sich möglicherweise im Dschungel verausgabt und stirbt, bevor er seine Reise vollendet hat. Die Bezugnahme auf die Evolution bedeutet auch nicht, dass unsere Vorläufigkeit nur durch Überleben oder Fortpflanzung wertvoll wird. Vorläufige Handlungsoptionen zu haben, könnte dazu beitragen, eines der vielen Ziele zu erreichen, darunter auch die Erfüllung unserer Bedürfnisse auf verschiedenen Ebenen. Beispielsweise kann es erforderlich sein, dass wir den Fluss für gesellschaftliche Erfüllung, intellektuelle Erfüllung oder aus dem Wunsch nach integrativer Entwicklung überqueren.

Eine weitere Schlüsselanalogie des Buddha, die sich mit Vorläufigkeit befasst (wenn auch aus einem etwas anderen Blickwinkel), ist die der Lautensaiten. Diese ergibt sich in einem Gespräch zwischen dem Buddha und einem Anhänger namens Sona[3], einem Einzelgänger, der durch sein Unvermögen, Fortschritte in integrativer Praxis zu erzielen, frustriert ist. Sona, der allein ist, fängt an, darüber nachzudenken, das Leben eines *Shramana* aufzugeben und stattdessen in das Haushälterleben zurückzukehren. Dem Text zufolge teleportiert der Buddha sich dann jedoch auf magische Weise zu seinem Standort, um es ihm auszureden.

„Sona, hast du nicht gerade darüber nachgedacht, die Ausbildung aufzugeben und ins Laienleben zurückzukehren?“

„Ja, Herr.“

„Sag mir, Sona, als du früher Zuhause gelebt hast, warst du da nicht geübt im Lautenspiel?“ - „Ja, Herr.“

„Und, Sona, wenn die Saiten deiner Laute zu straff gespannt waren, war deine Laute gut gestimmt und leicht zu spielen?“ – „Nein, Herr.“

„Und wenn die Saiten deiner Laute zu locker waren, war deine Laute gut gestimmt und leicht zu spielen?“ – „Nein, Herr.“

„Aber, Sona, wenn die Saiten deiner Laute weder zu straff noch zu locker waren, sondern auf eine ebenmäßige Tonhöhe eingestellt waren, war deine Laute dann gut gestimmt und leicht zu spielen?“ – Ja, Herr.“

In ähnlicher Weise, Sona, führt Energie, wenn sie zu kraftvoll eingesetzt wird, zu Rastlosigkeit und wenn sie zu lax eingesetzt wird, zu Laschheit. Deshalb, Sona, halte deine Energie im Gleichgewicht, dringe zu einem Gleichgewicht spiritueller Fähigkeiten vor und strebe dort nach deinem Ziel.“

---

[3] *Anguttara Nikaya* 6.55. Nyanaponika und Bodhi (1999) S. 168.

Dem Text zufolge verschwand der Buddha dann und teleportierte sich an seinen früheren Ort zurück und Sona, der seinen Rat in die Tat umsetzte, erlangte rasch das Erwachen.

Die universelle Bedeutung dieser Parabel ist jedoch auch hier nicht zwingender als beim Floßgleichnis mit dem Erreichen des Erwachens gemäß dem diskontinuierlichen traditionellen Modell verbunden. Wie beim Floßgleichnis ist tatsächlich ein Ziel vor Augen, aber die Analogie eignet sich gleichermaßen, unabhängig von der Art dieses Ziels und unter welchen Umständen sie sich zuträgt. Diesmal geht es bei der Analogie allerdings weniger augenscheinlich um Überzeugungen und ganz direkt um die eigene Erfahrung von Anstrengung. Es geht um die Art und Weise, in der wir unsere Energie bündeln, um das Erreichen unserer Ziele zu bewirken. Überzeugungen sind jedoch immer noch implizit vorhanden, denn sie werden bei allen Ansätzen, die wir in unserem Bemühen verfolgen, zugrunde gelegt.

Eine zu straffe Saite, die der Buddha mit zu kraftvoll eingesetzter Energie assoziiert, wird oft als „willentliche Anstrengung“ beschrieben. Bei einer willentlichen Anstrengung führt eine Verabsolutierung des Ziels dazu, dass wir uns zu ausschließlich darauf konzentrieren und die Rahmenbedingungen vernachlässigen. Die körperliche Spannung, die direkt mit einer straff gespannten Saite korrespondiert, kann mit einer geschlossenen Rückkopplungsschleife und einem engen Blickfeld assoziiert werden. Diese sind typisch für eine Person, die stark von Ängsten oder zwanghaften Begierden bestimmt wird, welche von der Amygdala oder dem Striatum im hinteren Teil des Gehirns ausgehen. Die Stresshormone können sich ausbreiten und unser Körper spannt sich im Modus „Kampf oder Flucht“ an, selbst wenn dieser Zustand in Wirklichkeit unsere Fähigkeit, die von uns gesteckten Ziele zu erreichen, beeinträchtigt. Wir könnten durch solche Anspannung in vielen der komplexen und herausfordernden Aufgaben, mit denen wir möglicherweise in menschlicher Gesellschaft konfrontiert sind, erheblich behindert werden – wenn wir mit einem Musikinstrument ein Konzert geben, ein Bewerbungsgespräch absolvieren, meditieren, uns öffnen und unsere Gefühle im Gespräch mit einem Freund zum Ausdruck bringen. Angst oder Zwanghaftigkeit behindern ein weiteres Bewusstsein, die subtile, simultane Verbindung zwischen vielen Teilen des Gehirns und des Nervensystems, die für eine optimale Leistung vonnöten ist. Dies ist ebenso sehr Ausdruck unserer absoluten (wenn auch oft unbewussten) Überzeugungen über die jeweilige Situation wie über unseren emotionalen Zustand.

Eine zu lockere Saite ist andererseits gleichbedeutend mit einem Versäumnis, die Energie dann zu bündeln, wenn sie gebraucht wird. Dies passiert leicht als Reaktion auf einen Spannungszustand, wenn wir nicht mehr in der Lage sind, diesen aufrecht zu erhalten und ermüden. Es ist auch das Ergebnis einer verabsolutierenden Überzeugung – nämlich der negativen Überzeugung, nur eine absolute Anstrengung sei zum Erreichen unserer Ziele ausreichend. Da wir uns außerstande fühlen, eine solche absolute Anstrengung zu bewältigen, fühlen wir uns als Versager. So verlieren wir das Vertrauen in unsere Fähigkeit, unsere Ziele zu erreichen, und erzeugen die vom Buddha erwähnte „Mattigkeit" – oder zeitgemäßer ausgedrückt, ein gewisses Maß an Depression.

Diese Verabsolutierung unserer Ziele hindert uns auch daran, schrittweise zu denken. Es ist durchaus möglich, dass wir von einem solchen Zustand aus nicht sofort zu einer höheren Anstrengungsebene übergehen können, aber wir können sie durch schrittweises Bemühen aufbauen. Wenn wir jedoch davon überzeugt sind, dass wir nicht erfolgreich sein werden, bevor wir überhaupt begonnen haben, dann werden wir diesen Prozess nicht einmal in Gang setzen.

Diese Analogie befasst sich aufgrund ihrer Thematik der ständigen Anpassung eingehend mit Vorläufigkeit. Wir werden möglicherweise feststellen, dass wir für kurze Zeit auf eine gleichmäßige Tonhöhe eingestellt sind, aber die Saite unserer Bemühungen wird immer wieder zu straff oder zu locker. Es besteht also ein ständiger Bedarf an Wiederanpassung. So wie der Mann, der im Gleichnis vom Floß auf die andere Seite des Flusses gelangt ist, sich darauf einstellen musste, nun auf der anderen Seite des Flusses zu sein, muss der Musiker mit der verstimmten Saite erkennen, dass sich die Bedingungen geändert haben. Jeder kann daraufhin seine Überzeugungen darüber ändern, wie er auf die gegenwärtigen Umstände reagieren soll.

Zusätzlich zur Vorläufigkeit steht die Analogie der Lautensaiten in enger Beziehung zum Integrationsprozess. Integration besteht in der Anerkennung von Konflikten (ob intern oder extern), gefolgt von einer Harmonisierung, die nicht nur der einen Seite die Überzeugungen der anderen aufzwingt, sondern beide zulässt. Musikalische Harmonisierung bietet eine eindrucksvolle Parallele zu diesem Prozess. Wenn die Saite zu straff oder zu locker ist, ist sie nicht per se schlecht, sondern vielmehr nicht im Einklang mit den anderen Saiten. Wenn diese gespannte oder lockere Saite in einem anderen Umfeld zu finden wäre, vielleicht bei Verwendung einer anderen Tonleiter oder musikalischen Tradition, wäre sie möglicherweise nicht verstimmt, obgleich sie genau denselben Ton hervorbringt. Die Problematik, dass die Saite verstimmt ist, spielt jedoch im Kontext durchaus eine Rolle. Dasselbe gilt für eine Begierde, die wir (mit begleitenden Überzeugungen) haben, die nicht mit dem übrigen Kontext harmoniert. Das Problem ist dabei nicht, dass Begierde per se schlecht ist, sondern dass die Überzeugungen, durch die die Begierde Erfüllung sucht, nicht mit unseren anderen Überzeugungen harmonieren. Beispielsweise kann man über eine Raucherin sagen, die aus einer ganzen Reihe von Gründen entschlossen ist, das Rauchen aufzugeben, und dies zwei Monate lang geschafft hat, aber eines Tages rückfällig wird und eine Zigarette raucht, dass sie eine disharmonische Begierde hat: Sie muss die Saite ein wenig spannen oder lockern. Integration ähnelt insofern der Harmonie, als sie es verschiedenen Teilen von uns (oder verschiedenen Teilen einer größeren Gruppe) ermöglicht, auf ein gemeinsames Bezugsystem hinzuarbeiten, das wir dauerhaft und nachhaltig wertschätzen können.

Aus diesen beiden Beispielen sollten Sie ersehen können, dass eine entsprechend reichhaltige Metapher des Mittleren Wegs durchaus eine Fülle von damit verbundenen Beispielen berühren kann. Auf diese Weise kann es für uns in einer Vielzahl von Situationen von beträchtlichem praktischem Nutzen sein, wenn wir uns der Metapher bewusst bleiben und sie immer wieder anwenden können. Diese Universalität lässt sich auf die lebendige Verbindung der Metapher mit den verkörperten Schemata zurückführen, auf denen sie aufgebaut ist. Ich habe im vorigen Kapitel erwähnt, dass die Mittlere-Weg-Metaphorik auf Grundmustern von Quelle-Pfad-Ziel und Ausgewogenheit aufgebaut ist. Diese verkörperten Schemata beinhalten beide Vorläufigkeit, die als ein notwendiger Aspekt der verkörperten Lebenssituation angelegt ist. Wenn wir einem Pfad folgen, müssen wir sowohl die Art und Weise, auf die wir glauben, das Ziel am besten erreichen zu können, als auch möglicherweise unsere Sichtweise des Ziels an sich immer wieder anpassen. Ausgewogenheit ist ebenso eine unmittelbare Erfahrung ständiger Anpassung, um zu verhindern, dass wir in der einen oder anderen Richtung aus dem Gleichgewicht geraten. Die Floß- und Lautensaiten-Parabeln wenden beide diese verkörperten Schemata auf unterschiedliche Weise an und verdeutlichen dadurch auf unterschiedliche Weise die Vorläufigkeit des Mittleren Wegs. Beim Floß liegt der Schwerpunkt mehr auf der flexiblen Anpassungsfähigkeit, die wir benötigen, wenn wir einem Pfad folgen, während bei den Lautensaiten der Schwerpunkt mehr auf dem Gleichgewichtsprozess liegt. Über beide zu reflektieren, kann uns dabei helfen, zu beginnen, allmählich die praktische Universalität des Mittleren Wegs zu erkennen.

3.d. Verabsolutierung: Die Pfeile

Die andere Seite des Mittleren Wegs sind die Dinge, die er vermeidet, die Übel der der Verabsolutierung. Zur Zeit Buddhas ist es kaum verwunderlich, dass die Menschen in der damaligen Gesellschaft Böses und Leiden mit einer üblichen Waffe in Verbindung brachten – einer Waffe, die unerwartet, tödlich und aus der Entfernung zuschlagen konnte: dem Pfeil. Der Buddha verwendete zwei besonders wichtige Gleichnisse, die auf Pfeilen basieren: der vergifte Pfeil und der zweite Pfeil. Beide haben viel zu erzählen über unsere unmittelbare Erfahrung von Verabsolutierung und die Umstände, unter denen ihr Auftreten zu erwarten ist. Beide veranschaulichen zudem eine allgemeine (aber kontingente) Verbindung zwischen Verabsolutierung und Leiden (was wir im weitesten Sinne als „böse" ansehen mögen).

Das Gleichnis vom vergifteten Pfeil findet sich in der Kürzeren Lehrrede an Malunkyaputta.[1] Malunkyaputta ist ein Anhänger des Buddha, der offensichtlich von metaphysischen Fragen besessen ist und sich in der Meditation beim darüber Nachdenken ablenken lässt. Er droht damit, dass er das heilige Leben aufgeben wird, wenn der Buddha nicht die metaphysischen Fragen beantwortet, deren Beantwortung er abgelehnt hat: nämlich ob die Welt ewig oder unendlich ist oder nicht, ob die Seele das gleiche wie der Körper ist oder nicht und ob der Buddha nach dem Tod weiter existiert oder nicht. Diese repräsentative Auswahl metaphysischer Überzeugungen ist die wohlbekannte Grundlage für das „Schweigen" des Buddha und eine wichtige Quelle für den Mittleren Weg im Buddhismus: Ich werde dies in Kapitel 4.c. weiter erörtern. Jedoch ist es die Reaktion des Buddha auf Malunkyaputtas Versessenheit auf Antworten auf diese Fragen, auf die ich mich hier konzentrieren werde.

Angenommen, Malunkyaputta, ein Mann wäre von einem Pfeil, der dick mit Gift bestrichen war, verwundet worden, und seine Freunde und Gefährten, seine Angehörigen und Verwandten brächten einen Chirurgen herbei, um ihn zu behandeln. Der Mann würde sagen: „Ich werde nicht zulassen, dass der Chirurg diesen Pfeil herauszieht, bis ich den Namen und den Clan des Mannes kenne, der mich verwundet hat; ... bis ich weiß, ob der Mann, der mich verwundet hat, groß oder klein oder mittelgroß war; ... bis ich weiß, ob der Mann, der mich verwundet hat, von schwarzer, brauner oder gelber Hautfarbe war; ... bis ich weiß, ob der Mann, der mich verwundet hat, in diesem oder jenem Dorf, dieser oder jener Klein- oder Großstadt lebt; ... bis ich weiß, ob der Bogen, der mich verwundet hat, ein Langbogen oder eine Armbrust war; ... bis ich weiß, ob die Bogensehne, die mich verwundet hat, aus Fasern oder Schilf oder Sehne oder Hanf oder Rinde war; ... bis ich weiß, ob der Pfeilschaft, der mich verwundet

[1] *Majjhima Nikaya* 63. Ñanamoli und Bodhi (1995) S. 533–6.

hat, wild gewachsen oder angebaut war; ... bis ich weiß, mit welchen Federn der Pfeilschaft, der mich verwundet hat, ausgestattet war - ob mit denen eines Geiers oder einer Krähe oder eines Habichts oder eines Pfaus oder eines Storchs; ... bis ich weiß, mit was für einer Sehne der Schaft, der mich verwundet hat, zusammengebunden war - ob mit der Sehne eines Ochsen oder eines Büffels oder eines Löwen oder eines Affen; ... bis ich weiß, welche Pfeilspitze es war, die mich verwundet hat - ob sie hufförmig oder gebogen oder mit Widerhaken oder kalbszahnartig oder oleanderartig war.

All dies würde dem Mann dennoch nicht bekannt sein und in der Zwischenzeit würde er sterben. Ebenso, Malunkyaputta, wenn irgendjemand sagen sollte: „Ich werde das heilige Leben unter dem Erhabenen nicht eher führen, als der Erhabene mir verkündet „Die Welt ist ewig... [und all die anderen aufgeführten metaphysischen Fragestellungen]“ “ ... das würde dennoch vom Tathagata unverkündet bleiben, und in der Zwischenzeit würde diese Person sterben."[2]

Diese Analogie bringt die schiere Absurdität absoluter Überzeugungen vortrefflich zum Vorschein. Obwohl sie denjenigen, die sich mit ihnen befassen, enorm wichtig erscheinen, würden die Antworten, sollten sie jemals gegeben werden, keinerlei praktischen Unterschied für ein unmittelbares Problem machen, dass sich aus unserer Erfahrung ergibt. Unsere Beschäftigung mit dieser Art von Fragen findet im abstrakten Raum statt, nicht in der Auseinandersetzung mit irgendeiner realen Erfahrung. Sie nährt sich selbst, breitet sich aus und ist maßlos. Obwohl es verlockend ist, die Liste der Dinge, die der Mann wissen wollte, abzukürzen, ist es in der Tat hilfreich, sie vollständig wiederzugeben, wie ich es vorstehend getan habe, so dass man den vollen Geschmack der Maßlosigkeit und des Wildwuchses, der damit einhergeht, wahrnimmt. Das erinnert an den Langweiler in einer Unterhaltung, der immer mehr sich wiederholende Details zu einem einzigen Thema ausbreitet, das seine Zuhörer in keiner Weise interessiert, weil er mehr an seiner eigenen geschlossenen Rückkopplungsschleife interessiert ist als an der Berücksichtigung der Reaktionen der anderen.

Die besondere Form, die die Verabsolutierung hier annimmt, ist die der Ursachenforschung. Obwohl ein gewisser Grad an Verständnis der Ursachen von großem praktischem Nutzen sein kann (z.B. in der Medizin), ist jegliche Untersuchung über die Ursachen eines bestimmten Ereignisses potenziell unerschöpflich und zudem endlos anfechtbar. Da sich komplexe Kausalbeziehungen endlos in die Vergangenheit verästeln, kann man sie theoretisch in endlos vielen Einzelheiten untersuchen. Darüber hinaus wird kein Detaillierungsgrad bei der Untersuchung jemals die grundlegende Unsicherheit beseitigen, die mit unserer Ableitung von Kausaltheorien aus Beobachtungen

---

[2] *Majjhima Nikaya* 63.5–6. Ñanamoli und Bodhi (1995) S. 534–5.

einhergeht. Ursachenforschung als Selbstzweck zu betrachten, ist ein Fallstrick für die Wissenschaften. Es gibt immer Raum für eine Bandbreite an möglichen ursächlichen Erklärungen für ein bestimmtes Ereignis, und die Menschen scheinen oft von hochgradig spekulativen Kausaltheorien (wie z.B. Freuds Theorien über die Auswirkungen frühkindlicher Sexualität) geradezu verzaubert worden zu sein, wenn diese mit genügend Autorität vorgetragen wurden.

Die Besessenheit des Mannes in der Analogie könnte auch als eine Informationsverzerrung beschrieben werden: die Annahme, dass mehr Informationen uns immer helfen werden, ein sachlicheres Urteil zu fällen. Dies ignoriert die Grenzen unserer Fähigkeit, als verkörperte Geschöpfe Daten sinnvoll zu nutzen, um Schlussfolgerungen zu ziehen. Ab einem bestimmten Punkt wird eine übermäßige Datenmenge einfach zu noch mehr „Rauschen", das unsere Fähigkeit behindert, diese Daten zu nutzen. Nassim Nicholas Teleb schreibt eindrücklich über diesen Punkt:

> *Je häufiger Sie sich Daten ansehen, desto mehr Rauschen enthalten Sie mit überproportional hoher Wahrscheinlichkeit (und nicht den wertvollen Teil, der als Signal bezeichnet wird); daher das ungünstige Signal-Rausch-Verhältnis. Nehmen wir an, Sie sehen sich Informationen auf Jahresebene an, z.B. Aktienkurse oder die Düngemittelverkäufe in der Fabrik Ihres Schwiegervaters oder die Inflationszahlen in Wladiwostok. Nehmen wir weiter an, dass für das, was Sie beobachten, das Verhältnis von Signal zu Rauschen etwa eins zu eins ist (halb Rauschen, halb Signal) – das bedeutet, dass etwa die Hälfte der Veränderungen echte Verbesserungen oder Verschlechterungen sind, die andere Hälfte beruht auf Zufallseffekten. Dieses Verhältnis ergibt sich aus den jährlichen Beobachtungen. Betrachtet man jedoch auf täglicher Ebene dieselben Daten, so würde sich die Zusammensetzung zu 95 Prozent Rauschen, 5 Prozent Signal verändern. Wenn Sie die Daten auf stündlicher Ebene beobachten, wie es in Nachrichten und Marktpreisschwankungen vertiefte Menschen tun, ergibt sich ein Verhältnis von 99.5% Rauschen zu 0,5% Signal.*[3]

Mit anderen Worten ausgedrückt, je genauer man sich die Informationen über einen bestimmten Punkt optimaler Ausgewogenheit hinaus ansieht, der unsere Grenzen bei ihrer Nutzung berücksichtigt, desto weniger profitiert man letztendlich von diesen Informationen. Informationen sind, wie Taleb es ausdrückte, „in großen Mengen toxisch". Der Mann, der von einem Pfeil getroffen wird, ist aufgrund seiner absoluten Fixierung besessen davon, Informationen über den Pfeil zu sammeln.

Die speziellen, verabsolutierenden Verzerrungen, die in der Analogie dargestellt werden, stehen jedoch, wie oftmals in den Lehren des Buddha,

---

[3] Taleb (2012) S. 126.

metonymisch für jegliche Art von Spekulation, die über Erfahrung hinausgeht – nämlich Metaphysik oder Verabsolutierung. Die *metonymische* Beziehung lässt einen Teil für das Ganze stehen und ist typisch für die Darlegung des Mittleren Wegs durch den Buddha im Allgemeinen. Er hebt den Aspekt einer allgemeineren und universelleren Einsicht hervor, der für seine Zuhörer in diesem Zusammenhang am relevantesten erscheint, anstatt alles vollumfänglich zu vermitteln zu versuchen. Ganz allgemein kann eine derartige Spekulation dadurch erkannt werden, dass sie immer absolut ist (niemals inkrementell), dass sie sich auf eine unfehlbare Informationsquelle stützt, dass sie von einer repräsentativen Bedeutungsgrundlage ausgeht und, dass sie entgegengesetzte Glaubenssätze bildet, die einander dualistisch gegenüberstehen. In Abschnitt 4 werde ich ausführlicher erörtern, wie diese Elemente als Aspekte der zentralen Einsicht des Buddha bezüglich der durch den Mittleren Weg vermiedenen Extreme erkannt werden können.

Malunkyaputtas konkrete Anliegen sind allgemeiner als die des von einem Pfeil getroffenen Mannes, denn er verlangt, über die Ewigkeit und Unendlichkeit der Welt, das Leib-Seele-Problem und das Fortbestehen des Buddha nach dem Tod Auskunft zu erhalten. Für manche Menschen sind dies auch heute noch metaphysische Anliegen. Diejenigen, die nach eindeutigen Antworten darüber suchen, ob die Welt (d.h. das Universum) ewig oder unendlich ist, können sich religiöser Wortgläubigkeit über Schöpfungsmythen oder der Wissenschaft zuwenden, um solche Antworten aufzutun. In beiden Fällen werden die uns zur Verfügung stehenden Informationen jedoch niemals ausreichen, um Antworten zu liefern. Es mag relativ überzeugende Beweise für die Urknalltheorie geben, aber Kosmologen werden wohl ebenso zugeben, dass uns dies nichts darüber sagt, was vor dem Urknall geschehen sein könnte oder auch nicht (so viele Spekulationen es auch immer geben mag). Es sind nicht Nachforschungen zu so weit entfernten Bereichen der kosmischen Geschichte, die notwendigerweise fruchtlos sind, es ist vielmehr die Annahme, dass sie uns jemals endgültige Antworten auf metaphysische Fragen geben könnten. Diese Annahme ist eine Form von Verabsolutierung und die Analogie des Buddha gibt ein weiteres Beispiel für Verabsolutierung, das wir mit ihr vergleichen können. Die Ähnlichkeiten zwischen den beiden zeigen trotz der Unterschiede, dass die Punkte, die wir daraus ableiten müssen, allgemein psychologische zur fruchtlosen Natur der Verabsolutierung sind und keine konkreten Probleme, die konkrete Fragestellungen beinhalten.

Die Malunkyaputtas und Leute, die heute von Pfeilen getroffen werden, sind also kein besonderer Menschenschlag und beschränken sich nicht auf die augenscheinlichsten Vertreter wie religiöse Fundamentalisten. Sie stehen für die Verabsolutierungen, die wir alle, zu jedem Zeitpunkt möglicherweise vornehmen. Ein weiteres Beispiel könnte ein Börsenmakler sein, der von seinen eigenen Fähigkeiten allzu überzeugt ist, und eine zufällige Marktschwankung als signifikant interpretiert, wodurch er eine unangemessene Investitionsentscheidung trifft. Es könnte sich auch um eine Wählerin handeln, die durch verdeckten, impliziten Rassismus eines Kandidaten verleitet wurde, für eine Politik zu stimmen, von der sie vage vermutet, dass sie eine Lösung für ihre finanziellen Probleme bietet, indem sie Einwanderer des Landes verweist. Dazu könnte auch eine Mutter gehören, die starre Überzeugungen über bedingungslose Fürsorge für ihr Kind hat, diese aber in einer Weise interpretiert, die seinem Verhalten keine Grenzen setzt, was dann zu anhaltenden Schwierigkeiten führt, wenn es zur Schule geht. Keiner von uns ist frei von solchen Verabsolutierungen. Wenn wir also den Mann mit dem vergifteten Pfeil belächeln, müssen wir auch zulassen, uns selbst zu belächeln.

Erfreulicher ist jedoch, dass es auch einen Ausweg aus diesen Verhältnissen gibt, nämlich das (metaphorische) Herausreißen des Pfeils. Mir ist gesagt worden, dass dies nicht immer das Beste sei, was man mit einem Pfeil tun sollte, so dass eine so geradlinige Vorgehensweise für die komplexere Überlegung stehen soll, das Geeignetste zur rechten Zeit zu tun. Vielleicht müssen wir ein wenig mehr über den Pfeil herausfinden, bevor wir ihn herausziehen – aber nicht zu viel. Es wird einen Punkt des Abwägens geben, an dem die geeignetste Maßnahme gefunden werden kann – aber das Ermitteln dieses Punkts des Abwägens wird erschwert, wenn wir in Verabsolutierung stecken bleiben. Das Ermitteln dieses Punkts des Abwägens ist ein Aspekt der Vorläufigkeit, mit dessen Hilfe wir weiterhin die beste Lösung innerhalb eines praktikablen Handlungsrahmens suchen. Dazu gehört auch, Verabsolutierungen, die uns behindern könnten, entschieden abzulehnen, was ebenfalls ein Aspekt von Agnostizismus ist.

Die andere Analogie, auf die ich hier eingehen möchte, beschäftigt sich ebenfalls mit dem Schmerz oder Leiden und seinem Verhältnis zur Verabsolutierung. Dies ist die Analogie, die manchmal als „der zweite Pfeil“ bekannt ist, wobei Bhikkhu Bodhi den Begriff „Speer“ anstelle von Pfeil verwendet. Die Lehrrede, in der dies vorkommt, beginnt damit, dass der Buddha fragt, welchen Unterschied die integrative Praxis tatsächlich machen kann. Schließlich wird man, ganz egal wie viel man praktiziert hat, immer noch sowohl schmerzhaften als auch angenehmen und neutralen Gefühlen ausgesetzt sein.[4]

Der Buddha beantwortet dann seine eigene Frage folgendermaßen:

„Bhikkhus, wenn der nicht unterwiesene Weltling von einem schmerzhaften Gefühl getroffen wird, grämt er sich, trauert und klagt; er weint, schlägt sich an die Brust und ist verzweifelt. Er empfindet zwei Gefühle – ein körperliches und ein gemüthaftes. Angenommen, man würde einen Mann mit einem Speer treffen

[4] *Samyutta Nikaya* 36.6. Bodhi (2000) S. 1263.

und dann würde man ihn unmittelbar danach mit einem zweiten Speer treffen, so dass der Mann ein Gefühl empfinden würde, das durch zwei Pfeile verursacht wird. So... empfindet er auch zwei Gefühle – ein körperliches und ein gemüthaftes.

Da er vom gleichen schmerzhaften Gefühl getroffen wird, verspürt er ihm gegenüber Abneigung... Wenn er ein angenehmes Gefühl verspürt, empfindet er Anhaftung daran. Wenn er ein schmerzhaftes Gefühl verspürt, empfindet er Anhaftung...

... Angenommen, man würde den Mann mit einem Speer treffen, aber man würde ihn nicht unmittelbar danach mit einem zweiten Pfeil treffen, so dass der Mann ein Gefühl empfinden würde, das nur durch einen Pfeil verursacht wird. So verhält es sich auch, wenn der unterwiesene edle Schüler von einem schmerzhaften Gefühl getroffen wird, er grämt sich nicht, trauert nicht und klagt nicht... Er empfindet ein Gefühl – ein körperliches und kein gemüthaftes."[5]

In vielerlei Hinsicht ist dies eine weitere Variation des Vorbilds des vergifteten Pfeils. Wiederum haben wir eine Grunderfahrung von Schmerz und wiederum wird dieser Schmerz unnötigerweise durch Verabsolutierung verschlimmert. Dieses Beispiel konzentriert sich jedoch nicht so sehr auf bereits entwickelte konzeptuelle Überzeugungen, sondern auf unsere unmittelbaren Annahmen, die direkt mit unseren körperlichen Reaktionen verknüpft sind. Wenn wir Schmerz empfinden, kann sich unser zusätzlicher Schmerz und der Wunsch, ihn verschwinden zu lassen, unmittelbar und unwillkürlich anfühlen, aber er ist ebenso sehr ein Ergebnis von Verabsolutierung wie unsere intellektuellen Obsessionen.

Die Verabsolutierung beinhaltet die Aufrechterhaltung einer geschlossenen Rückkopplungsschleife, in der Obsession oder Angst stark ausgeprägte, zielgeleitete Denkweisen hervorbringen, die auf einem starren Gefüge von Annahmen beruhen. Aber dieses starre Gefüge von Annahmen verwehrt uns ein Bewusstsein für den breiteren Kontext, den wir möglicherweise gerade brauchen, um mit dem Problem umzugehen. Das gilt genauso für den islamistischen Terroristen, der wie besessen glaubt, dass ihn der Märtyrertod im Kampf gegen die Ungläubigen direkt ins Paradies führt, wie für einen von einer Krankheit oder Verletzung gequälten und rastlosen Menschen, der unter Schmerzen leidet. Ersterer ist außerstande die besser geeigneten, alternativen Wege zu sehen, um seiner Angst und Unisicherheit zu begegnen und jenen Frieden zu finden, den er in Allah sucht, indem er seine Feinde als menschliche Wesen behandelt und sich ihnen gegenüber aufgeschlossen zeigt. Ebenso wenig kann letzterer erkennen, dass er, indem er den Konflikt mit dem

[5] Ebenda. S. 1264.

Schmerz entschärft und ihn als Teil verkörperter Zustände akzeptiert, diesen Schmerz tatsächlich erheblich verringern könnte.

Erst die Einbeziehung des Schmerzes in einen Kontext kann uns davon abhalten anzunehmen, dass der Schmerz schon wirklich alles ist. Dies ist die Grundlage achtsamkeitsbasierter Ansätze zur Schmerzbewältigung, die insbesondere von Jon Kabat-Zinn und seinen Anhängern in den letzten Jahrzehnten entwickelt wurden.[6] Solche Anwendungsbereiche der Achtsamkeitsmeditation greifen direkt auf das zweite Pfeilgleichnis zurück, indem sie verkörperte Entspannungsprozesse und die Entwicklung von Gewahrsein nutzen, um den ersten Pfeil wieder im Kontext zu verorten. Möglicherweise wird nicht hinreichend gewürdigt, dass der Ansatz von Kabat-Zinn eine direkte Anwendung des Mittleren Wegs ist. Es gibt zwei Varianten, den ersten Pfeil zu verabsolutieren, wodurch der zweite hervorgebracht wird. Die erste besteht darin, den zweiten als unvermeidliche Folge des ersten zu akzeptieren. Es gibt jedoch auch eine zweite und gegenläufige Form der Verabsolutierung, die den ersten Pfeil mit der Begründung verleugnet, dass der zweite eliminiert werden könne. Der Mittlere Weg besteht immer darin, die unangenehme Erfahrung in einen breiteren Kontext zu stellen, was sogar einschließt, unsere diesbezüglichen Ängste zu akzeptieren, anstatt sie zu verleugnen.

Die Ideologien, die sich im Zusammenhang mit Schmerz herausgebildet haben, können dieses zweite Extrem weiter beleuchten. Mary Baker Eddy, die Gründerin von Christian Science, vertrat den Glauben, dass wir alle Teil des einen göttlichen Geistes sind. So glaubte sie, dass der Körper und sein Schmerz trügerisch sind und durch ein Verständnis des göttlichen Geists ausgelöscht werden können.[7] Statt den Unterschied zwischen den zwei Pfeilen zu erkennen, akzeptierte Eddy also den zweiten und nahm an, dass er sich nicht vom ersten unterscheidet. Auch der Buddhismus ist nicht vor solch idealistischen Interpretationen gefeit, die aus dem Glauben folgen, dass Schmerz gemeinsam mit den anderen verkörperten Grundbedingungen unseres Lebens das Ergebnis von Karma ist. Gemäß dieser Denkweise können die Erleuchteten, die den karmischen Prozess beendet haben, schließlich sowohl den ersten als auch den zweiten Pfeil stoppen, sobald sie *Parinibbana* erreichen. Solche Interpretationen sind offensichtlich nicht mit dem Mittleren Weg vereinbar, wie er im zweiten Pfeilgleichnis erscheint. Vielmehr lenken sie uns von der Auseinandersetzung mit Bedingungen ab, indem sie den Glauben verabsolutieren, dass Schmerz durch den Geist beseitigt werden kann. Auf diese Weise verleugnen sie auch unsere grundlegende verkörperte Erfahrung.

---

[6] Kabat-Zinn (2013).

[7] Eddy (1906).

Die weit reichende Erkenntnis des Buddha in dieser Parabel erstreckt sich sowohl auf Vergnügen als auch auf Schmerz. Wenn wir obsessiv an einem angenehmen Reiz anhaften, findet sich auch darin ein zweiter Pfeil, allerdings handelt es sich um einen schmerzhaften Pfeil, der Angst vor dem Verlust des Vergnügens auslöst. Die Anhaftung, die den zweiten Pfeil erzeugt, ist wiederum Verabsolutierung. Statt das Vergnügen in seinem Kontext als das zu schätzen, was es ist, glauben wir implizit, dass es uns endgültige oder absolute Befriedigung verschaffen sollte und/oder unbegrenzte Zeit andauern wird. Im Ergebnis führt dies zu Frustration, sobald es uns nicht gelingt, diese absolute Befriedigung aus dem Vergnügen zu ziehen. Beispielsweise verliert dann eine sexuelle Beziehung ihren Reiz, sobald wir erkennen, dass es sich um eine komplexe Beziehung mit vielen Kompromissen handelt. Oder die Abhängigkeit von Drogen oder Alkohol wird weiter verstärkt, da wir einen Fluchtweg aus unserem Gefühl der Frustration und Leere in einem weiteren Schuss suchen.

Die Parabel vom zweiten Pfeil steht im Zentrum einer Interpretation des Mittleren Wegs der Vier Edlen Wahrheiten, auf die ich in Kapitel 6.b. zurückkommen werde. Wir können sie jedoch auch als metaphorischen Ausdruck des Mittleren Wegs an sich ansehen. Zuerst machen wir eine Erfahrung, dann verabsolutieren wir sie – der Mittlere Weg besteht also darin, diese erste Erfahrung einfach als solche zu akzeptieren und dort im Bewusstsein unserer Verantwortung für eine nachfolgende Interpretation innezuhalten. Buddhas Lehrrede an Bahiya fasst den Punkt gut zusammen:

„Im Gesehenen wird nur das Gesehene sein; im Gehörten wird nur das Gehörte sein; im Empfundenen wird nur das Empfundene sein; im Wahrgenommenen wird nur das Wahrgenommene sein... Wenn du, Bahiya, nicht „dabei" bist, dann wirst du, Bahiya nicht „darin" sein; wenn du, Bahiya, nicht „darin" bist, dann wirst du, Bahiya, weder hier noch jenseits davon noch zwischen den beiden sein. Genau das ist das Ende des Leidens."[8]

---

[8] *Udana* 1.10. Ireland (1990) S. 20.

3.e. Allmählichkeit: Der Ozean

Allmählichkeit ist ein Prinzip des Mittleren Wegs, weil es eine grundlegende verkörperte Erfahrung ist. Sie ist weniger ein verkörpertes Schema, vielmehr ist sie ein Merkmal aller verkörperter Erfahrungen und auch aller organischen Prozesse. Ein Organismus kann nicht augenblicklich von einem Zustand in einen merklich andersartigen Zustand übergehen, sondern muss sich durch allmähliche Anpassung so verändern, dass er in der Lage ist, während dieses Anpassungsprozesses weiterhin zweckmäßig zu funktionieren. Ebenso kann eine Veränderung unserer Erfahrung, die durch die Ausbildung neuer oder verstärkter synaptischer Verbindungen gekennzeichnet ist, nicht augenblicklich erfolgen. Einige Veränderungen gehen selbstverständlich schneller vonstatten als andere, aber die schnellsten Veränderungen sind in der Regel auch am wenigsten nachhaltig. Wenn eine unfitte Person ohne jegliches Training einen Marathon läuft, kann es durchaus passieren, dass sie zusammenbricht und in der Folge sogar stirbt. Wenn eine millenaristische Sekte das Datum erreicht, an dem sie eine dramatische, übernatürliche Intervention erwartet, und diese ausbleibt, wird die daraus resultierende kognitive Dissonanz mit hoher Wahrscheinlichkeit zu Verleugnung und Rationalisierung führen.[1] Ein unmittelbarer (im Gegensatz zu einem lediglich schnellen) Wechsel zu einem völlig anderen Glauben erweist sich als unmöglich. Als Organismen existieren wir auf graduelle Weise und jeder Fortschritt, den wir machen, ist gleichermaßen unvermeidlich graduell. Wenn gegenteilige Behauptungen aufgestellt werden, haben wir Anlass für den dringenden Verdacht auf Verblendung.

Allmählichkeit erhält ihre einprägsamste Schilderung in den Lehren des Buddha in einem Vergleich, der zu einer ganzen Reihe von metaphorischen Vergleichen zwischen integrativer Entwicklung und dem Ozean gehört:

> *Bhikkhus, so wie der große Ozean allmählich abfällt, sich abschrägt und neigt und nicht schlagartig abfällt, genauso gibt es auch in diesem Dhamma und in dieser Praxis ein allmähliches Einüben, einen allmählichen Ausbildungsverlauf, eine allmähliche Weiterentwicklung und es gibt kein plötzliches Vordringen zu endgültigem Wissen.*[2]

Die Ozean-Metapher ist in vielerlei Hinsicht eine reichhaltige Metapher. Sie impliziert fließende Prozesse, die mit Flexibilität und Vorläufigkeit assoziiert werden können. Klarheit und Trübung im Wasser können mit Geisteszuständen assoziiert werden. Die Weite des Ozeans kann ferner eine Offenheit des

[1] Wie in Festinger et al. (1956) gezeigt wurde.
[2] *Udana* 5.5. Ireland (1990) S. 76.

Bewusstseins symbolisieren – und zwar so sehr, dass *jhana*artige Zustände auch als „ozeanische Erfahrungen" beschrieben werden. Dennoch konzentriert sich diese spezielle Metapher mehr auf den Ozeanrand und damit auf unsere Erfahrung, einen individuellen Pfad in den Ozean zu beschreiten. Gewiss wird es am Ozean steile Klippen geben, aber es ist unwahrscheinlich, dass sie uns einen Zugang zum Ozean ermöglichen. Wir werden lieber nach einem sanften Sandstrand Ausschau halten, an dem wir uns allmählich an die neuen Bedingungen anpassen können, wenn wir ins Wasser gehen.

Die inkrementelle Natur „dieses Dhamma und dieser Praxis" (d.h. der integrativen Praxis) wird auch im Gespräch zwischen Buddha und einem Brahmanen namens Ganaka Moggalana betont. Dort vergleicht der Buddha „allmähliche Ausbildung, allmähliche Übung und allmählichen Fortschritt" mit dem Bau eines Palastes, der Ausbildung eines Bogenschützen, der Ausbildung eines Buchhalters und der Ausbildung eines Pferdes.[3] Ein traditioneller Vers, der in der theravadabuddhistischen Andacht verwendet wird, der *Ti Ratana Vandana*, beschreibt den Dhamma ebenfalls als *„ehipassiko opanayiko paccatam veditabbo"* – „komm und sieh", allmählich und individuell zu verstehen. All dies betont den graduellen Charakter des Pfades und seine Beziehung zur Erfahrung.

Der Grund für diese Notwendigkeit, die Allmählichkeit zu betonen, liegt in ihrem Gegensatz zur Diskontinuität, die mit Verabsolutierung verbunden ist. Diskontinuität ist deshalb ein Zeichen von Verabsolutierung, weil es, wenn wir einer Situation ein begriffliches Verständnis aufzwingen, eine Kluft zwischen dieser begrifflichen Darstellung und den Bedingungen, die wir erleben, geben wird. Wir können beispielsweise die Kategorie verabsolutieren, in die wir etwas oder jemanden einordnen („er ist ein Ausländer") oder die Eigenschaften, die wir ihnen zuschreiben („sie ist dumm") oder Abgrenzungen, ob wörtlich oder begrifflich („das ist meine Angelegenheit, nicht ihre"). Diskontinuität ist mit einer ganzen Reihe von Verzerrungen verbunden,[4] da wir Gewissheit auf mehrdeutige Informationen projizieren.

Wenn wir nur vorläufig denken, kann diese Kluft zunehmend verkleinert werden, weil wir in der Lage sind, unsere konzeptionelle Betrachtungsweise immer wieder an neue Erfahrungen anzupassen. Wenn wir aber absolut denken, muss unsere anfängliche Betrachtungsweise der Situation die endgültige sein. Alle Alternativen werden daher, wenn sie nicht in diese absolute Betrachtungsweise eingepasst werden können, automatisch abgelehnt, da sie als ablehnende Kritik betrachtet werden, die die absolute Betrachtungsweise bedroht. Man akzeptiert also entweder eine diskontinuierliche, absolute

---

[3] *Majjhima Nikaya* 107.2 ff. Ñanamoli und Bodhi (1995) S. 874.

[4] Siehe Ellis (2015a) Teil 3.

Überzeugung oder man lehnt sie ab, weil Allmählichkeit damit unvereinbar ist. Dies hat auch zur Folge, dass die absolute Überzeugung brüchig wird: Sie erscheint robust, bis sie völlig zerstört wird. Das klassische Beispiel für eine solche absolute, diskontinuierliche Überzeugung und ihren Verlust ist einschneidende religiöse Konversion. An einem gewissen Punkt ändern sich die Bedingungen in einer Weise, die einen alten, absoluten Glauben unhaltbar machen, dann aber wird der inkrementelle Charakter des Wandels nicht eingesehen. Stattdessen wird der dem vorherigen Glauben entgegengesetzte Glaube voller Begeisterung angenommen. So geschah es, als Paulus, der ehemalige Christenverfolger, vom Pferd fiel, vorübergehend erblindete und eine vollständige und schlagartige Kehrtwendung in seiner Haltung zum Christentum vollzog.[5]

Natürlich haben die Menschen Erfahrungen mit relativ schnellen Veränderungen gemacht, die zu einem Wendepunkt führen, an dem sich ihre Ansichten ändern müssen. Bedingungen, die schnelle Reaktionen erfordern, beinhalten auch eine unvermeidliche Diskontinuität. Es ist daher hilfreich, drei Arten von Diskontinuität zu unterscheiden:

1. Diskontinuität von Bedingungen
2. Praktische Diskontinuität in vorläufigen Urteilen
3. Verabsolutierende Diskontinuität

Diskontinuität von Bedingungen ist eine Diskontinuität, die in unserer Erfahrung aufzutreten scheint. Wenn wir jedoch genauer hinschauen, stellen wir immer wieder fest, dass es tatsächlich Kontinuität in diesen Bedingungen gibt, die aber relativ schnell vonstattengeht. Zum Beispiel sind Geburt und Tod gleichermaßen ziemlich schnell ablaufende und entscheidende Prozesse, aber nichtsdestotrotz inkrementelle Prozesse. Auch wenn wir möglicherweise aus rechtlichen Gründen einen bestimmten Todeszeitpunkt festlegen müssen, ist der Tod ein Prozess. Er ist sogar einer, mit dem wir in gewisser Weise während unserer gesamten Lebenszeit beschäftigt sind.

Praktische Diskontinuität spiegelt die Art und Weise wider, in der wir die Welt in gewisser Weise annehmen müssen, um angemessen handeln zu können. Um zu beurteilen, ob ich ein Lebensmittel essen soll, muss ich entscheiden, ob es genießbar oder ungenießbar ist. Um zu entscheiden, ob ich mich auf eine Stelle bewerbe, muss ich entscheiden, ob ich die Anforderungen so weit erfülle, dass sich der Aufwand für das Verfassen einer Bewerbung lohnt oder nicht. Diese Diskontinuitäten sind notwendige Gründe zum Handeln, aber wir können uns bewusst bleiben, dass wir sie einer allmählichen Erfahrung überstülpen. Möglicherweise begann das Lebensmittel etwas heikel zu

[5] Apostelgeschichte 9.

werden und vielleicht ist die Stelle doch ein zu großer Wurf – aber ich hätte unter nur geringfügig abweichenden Bedingungen durchaus vernünftigerweise die gegenteilige Entscheidung treffen können. Solche Urteile können vorläufig bleiben, weil wir später immer noch überprüfen können, ob diese Einschätzungen im Lichte späterer Erfahrungen richtig waren, auch wenn es dann zu spät ist, um unsere Handlungsweise zu ändern.

Es ist eine verabsolutierende Diskontinuität, die es zu vermeiden gilt. Hier fällen wir ein Urteil über eine Situation im bedingungslosen Glauben, dass es sich um das richtige Urteil handelt und nicht lediglich um das Beste, was wir anhand unserer Erkenntnisse unter den gegebenen Umständen tun können. Wir sind folglich nicht in der Lage, dieses Urteil zu revidieren, ohne eine eingefahrene Abwehrhaltung zu überwinden und möglicherweise dabei auch Scham und Erniedrigung zu empfinden. So sind die Dinge eben, denken wir. Aber indem wir so denken, schränken wir unsere Anpassungsfähigkeit an neue Bedingungen ein.

Dass absolute Überzeugungen über Erleuchtung oder Erwachen diese Diskontinuität aufweisen, sollte klar sein. Die Erfahrung des Buddha mag eine scheinbare Diskontinuität der Bedingungen erkennen lassen, aber wie alle derartigen Beispiele kann sie bei näherer Betrachtung als eine allmähliche betrachtet werden. Wir können dramatische Durchbrüche erleben, so wie es der Buddha erlebt haben mag. Es ist jedoch das Überstülpen eines absoluten *Nibbana*-Begriffs über diese Erfahrung, was die Diskontinuität herbeiführt, die mit den Vorstellungen des Beendens von Karma und Befleckungen verbunden ist. Interessanterweise scheint der oben zitierte Text der *Udana* zu bestätigen, dass es einen Widerspruch zwischen der „allmählichen Ausbildung" und Erleuchtung gibt, da er festhält, dass „es kein plötzliches Vordringen zu endgültigem Wissen gibt".

Ins Meer zu waten kann schon ziemlich kalt und beängstigend sein. Sich von einer Klippe zu stürzen ist ebenfalls möglich, wenn auch gefährlich. Keine dieser Handlungen führt jedoch zu einer plötzlichen Verwandlung in einen Fisch. Allmählichkeit ist das Los menschlicher Erfahrung. Lasst uns also konsequent dabei bleiben.

3.f. Agnostizismus: Der Elefant und die Schlange

Wir können uns vornehmen, Urteile auf vorläufiger Basis zu fällen, dabei allmähliche Entwicklung anzuerkennen und Verabsolutierungen zu vermeiden. Nichtsdestotrotz ist es alles andere als einfach, diesen Kurs beizubehalten. Beispielsweise fängt jemand online an, mit Ihnen zu streiten und trifft dabei eine Menge absoluter Annahmen, verbunden mit falschen Annahmen über Sie und Ihre Motive. Sie wollen diese unbedingt zurechtrücken, an erster Stelle hinsichtlich Ihrer eigenen Vorläufigkeit und als nächstes dahingehend, dass seine absolute Annahmen unhaltbar sind. Aber die Person sieht Sie als einen Gegner an und will gewinnen. Ehe Sie sich versehen, verlieren Sie jenes zusätzliche Bewusstsein, das Sie zur Aufrechterhaltung von Vorläufigkeit benötigen würden. Ohne dieses Bewusstsein für Alternativen wird Ihre Position bald genauso absolut, wie seine und Sie wollen auch unbedingt gewinnen.

Wir haben in einer derartigen Situation nur dann eine Chance zu vermeiden, dass wir in absolutes Denken hineingesogen werden, wenn wir uns der *gegensätzlichen*, dualistischen Dynamik bewusst sind, die Menschen in Gang gesetzt haben. Eine dualistische Dynamik rahmt die gesamte Diskussion einer bestimmten Fragestellung nur in Bezug auf eine Position und deren Gegenposition ein. Um anders denken zu können, muss man in der Lage sein zu erkennen, was jeweils hilfreich ist und was nicht. Sie dürfen auch nicht von der Zustimmung der Gruppen auf den jeweiligen Seiten abhängig sein. Sie müssen zudem wild entschlossen sein, sich nicht in das dualistische System hineinziehen zu lassen und ausgewogen zu bleiben. So praktiziert man Agnostizismus. Wir haben bereits gesehen, wie der Buddha dies im Gespräch mit Malunkyaputta praktiziert hat, währenddessen er metaphysische Überzeugungen *auf beiden Seiten* entschieden vermeidet.

Zwei der Parabeln des Buddha können uns meines Erachtens weiterhelfen, die Natur des Agnostizismus zu verstehen. Die erste, nämlich „Die Blinden und der Elefant“, konzentriert sich darauf, die Grenzen unserer Sichtweise zu erkennen und ermutigt zu Ausgewogenheit. Die zweite, die Schlangenparabel, konzentriert sich mehr auf die negativen Folgen, wenn man eine Sichtweise absolut vertritt.

Die Parabel von den Blinden und dem Elefanten gehört zu den bekanntesten Parabeln des Buddha. Sie mag durchaus bereits vor dem Buddha überliefert worden sein und findet sich auch in vielen anderen Traditionen nach ihm. Ihre Popularität zeugt von der Kraft und Universalität der Metapher.

Die Handlung der Erzählung im *Udana*[1] beginnt damit, dass verschiedene Brahmanen und *Shramanas* miteinander über die Richtigkeit oder

[1] *Udana* 6.4. Ireland (1990) S. 91 ff.

Unrichtigkeit der gleichen Auflistung metaphysischer Überzeugungen streiten, die in der Malunkyaputta-Erzählung enthalten ist. Sie streiten darüber, ob die Welt ewig oder unendlich, die Seele vom Körper getrennt ist und ob der Buddha nach dem Tod weiterexistiert. Die Erzählung beschreibt dann den Konflikt, der durch diese metaphysischen Überzeugungen entsteht:

> *... Und sie lebten zerstritten, streitlustig und sich zankend, verwundeten sich gegenseitig mit verbalen Pfeilen und sagten „der Dhamma ist so, der Dhamma ist nicht so! So ist der Dhamma nicht, der Dhamma ist so!“*

Einige Anhänger des Buddha gehen daraufhin zu ihm und fragen ihn nach diesen streitsüchtigen Sektierern. Der Buddha sagt: „Sie wissen nicht, was nützlich ist. Sie wissen nicht, was schädlich ist.“ Dann erzählt er die Geschichte eines gewissen Königs, der befahl, alle Menschen in seinem Land, die von Geburt an blind waren, zu versammeln. Dann präsentierte er diesen blinden Menschen einen Elefanten. Jedem Blinden wurde ein anderer Teil des Elefanten dargeboten: der Kopf, das Ohr, ein Stoßzahn, der Rüssel, usw. Dann fragte der König die Blinden, wie ein Elefant aussehe.

> *Die Blinden, denen der Kopf des Elefanten dargeboten worden war, antworteten: „Ein Elefant, Eure Majestät, ist wie ein Wasserkrug.“ Die Blinden, denen das Ohr des Elefanten dargeboten worden war, antworteten: „Ein Elefant, Eure Majestät, ist wie eine Korbschale.“*

In ähnlicher Weise wurde ein Stoßzahn für eine Pflugschar gehalten, ein Rüssel für eine Pflugdeichsel, der Körper des Elefanten für eine Vorratskammer, sein Fuß für einen Pfosten, sein Hinterteil für einen Mörser, sein Schwanz für einen Stößel, das Schwanzbüschel für einen Besen. Die Blinden begannen dann zu streiten und zu kämpfen und sagten: „Ein Elefant ist so, ein Elefant ist nicht so! Der Buddha vergleicht die *Shramanas* verschiedener Sekten, die über den Dhamma streiten mit diesen blinden Menschen, die darüber streiten, wie ein Elefant aussieht.

Die universelle verkörperte Erfahrung, die hier angesprochen wird, ist die der Beschränktheit der Sinne, wobei diese mit der Beschränktheit des Glaubens verglichen wird. Die Begrenztheit von Alternativen aufgrund begrenzter Wahrnehmungsfähigkeit wird mit der Begrenztheit von Alternativen aufgrund von begrenzenden Annahmen verglichen. In gewisser Weise leistet ein derartiger Vergleich blinden Menschen einen Bärendienst und diejenigen, die ihn aus diesem Grund beanstanden, sind nicht bloß auf dogmatische Weise politisch korrekt – denn blinde Menschen kompensieren üblicherweise ihr Defizit bei einem Sinn dadurch, dass sie den anderen mehr Aufmerksamkeit schenken und auf diese Weise bei der Interpretation der Informationen, die sie erhalten, eher *aufgeschlossener* als weniger offen werden. Es ist auch unwahrscheinlich, dass sich die meisten Blinden so sehr darauf verlassen würden, nur einen Teil des Elefanten zu ertasten, ohne ihr Gehör, ihren Geruchssinn, ihre Intuition und das Berühren anderer Teile des Elefanten zu nutzen, um die Beeinträchtigung ihrer Sinnesfunktion auszugleichen. Die Blinden in der Erzählung sind sich ihrer Beeinträchtigungen weit weniger bewusst, als es bei den meisten blinden Menschen tatsächlich der Fall sein dürfte.

Um die Wirkmächtigkeit der Metapher positiver zu betrachten, sollten wir uns nicht nur auf die Tatsache konzentrieren, dass die Menschen blind waren, sondern auch auf ihre unzureichende Reaktion auf diese Beeinträchtigung, die dieser nicht Rechnung trägt. Die Blindheit ist zweifellos ein Mittel, um uns die Begrenztheit unserer Sinneswahrnehmung in einer weiter gefassten Perspektive aufzuzeigen. Diese Begrenztheit ist schlicht Teil unser Verleiblichung, genau wie die blinden Menschen in der Erzählung von Geburt an blind sind. Wenn wir auf diese Begrenztheit mit der gleichen Art von Verblendung reagieren, wie eben diese blinden Menschen, werden wir genauso skurril unzulänglich erscheinen. Und das, obwohl wir echte Sinneserfahrungen eines echten Gegenstands gesammelt haben. Es ist die Verabsolutierung, der diese blinden Menschen unterworfen sind, nicht ihre Behinderung, die sie in die Irre führt.

Die blinden Menschen könnten Wissenschaftler sein, die das Universum erforschen und daraus absolute Schlussfolgerungen ziehen – beispielsweise, dass alle Ereignisse im Universum vorherbestimmt sind. Wie viel vom Universum haben die Wissenschaftler untersucht? Nun, zweifelsohne weit weniger als die blinden Menschen anteilmäßig vom Elefanten untersucht haben. Oder die blinden Menschen könnten Meditierende sein, die eine intensive, integrative Erfahrung machen, aber davon ausgehen, dass sie vollständige Integration erreicht haben: Der „Elefant“ ist hier die Gesamtheit ihrer Erfahrung über ihr ganzes Leben hinweg. Wie viel davon haben sie integriert?

Werner Heisenberg drehte das Gleichnis in einem vielsagenden Witz um:

> *Sechs blinde Elefanten diskutierten darüber, was Menschen sind. Nachdem sie sich gestritten hatten, beschlossen sie, einen zu finden und es durch direkte Erfahrung zu ergründen. Der erste blinde Elefant betastete den Menschen und erklärte: „Menschen sind flach.“ Nachdem die anderen blinden Elefanten den Mann betastet hatten, stimmten sie zu.*[2]

Heisenbergs Aussage ist natürlich, dass wir, wenn wir eine Sache aus unserer Perspektive beschreiben, nicht nur auf den Grenzen dieser Sichtweise aufbauen, sondern dass wir sie auch verändern, indem wir sie in der Weise wahrnehmen, wie wir es tun. Das Faszinierende an dieser Geschichte ist jedoch

[2] Heisenberg (1958).

auch die Art und Weise, wie diese aktive Perspektivenbildung eher zu Einvernehmen als zu weiteren Meinungsverschiedenheiten führt. Die Elefanten sind sich einig, weil sie auf die gleiche Weise auf das Objekt ihrer Beobachtung einwirken, was wiederum auf eine Universalität bestimmter Funktionen und Bedürfnisse (bei Elefanten) zurückzuführen ist. Sich auf Zuspruch zu berufen bietet keine Gewissheit: Die Tatsache, dass die gesamte Gesellschaft sich über etwas einig ist, bedeutet nicht, dass es wahr sein muss. Widersprüche zwischen verschiedenen Interpretationen können jedoch durch eine Ähnlichkeit in funktionalen Merkmalen überwunden werden. Wenn wir alle dieser Aufgabe in ausreichendem Maße gerecht werden und offen sind, unsere Sichtweise zu revidieren, können wir Harmonie erreichen, genau wie es Menschen können, wenn sie den Mittleren Weg beschreiten.

Buddhas Metapher der blinden Menschen und des Elefanten hat auch eine durchaus positive Implikation, nämlich dass diejenigen, die absolute Überzeugungen durch unvollständige Erfahrungen zu rechtfertigen suchen, gleichwohl berechtigterweise einen Sinn in ihrer Erfahrung suchen. Alle Gegenstände, von denen die Blinden dachten, dass sie dem Elefanten ähnelten (Wasserkrug, Korbschale, Pflugschar, usw.), wären in der überwiegend landwirtschaftlich geprägten Gesellschaft jener Zeit vertraute Gegenstände gewesen. Daher ist es für jeden der Blinden zumindest ein Ausgangspunkt, dem Elefanten eine *Deutung* zuzuschreiben, die einem dieser vertrauten Gegenstände entspricht. Wie sie können wir mit der Deutung beginnen, die uns aus unserer eigenen Erfahrung heraus in den Sinn kommt (wir brauchen etwas, mit dem wir arbeiten können), solange wir nicht voreilig zu dem Schluss kommen, dass diese Deutung für uns eine Überzeugung darüber rechtfertigen kann, wie der Elefant letztendlich ist. Diese Deutung kann erweitert werden und darauf aufbauende vorläufige Überzeugungen können in Betracht gezogen werden, es ist aber der Sprung zu einer absoluten Überzeugung, der nicht gerechtfertigt ist.

Im Zusammenhang mit Gott, der Erleuchtung oder irgendeinem anderen endgültigen oder vollkommenen Konzept können wir eine Deutung dafür haben, die anerkanntermaßen von unserer eigenen Erfahrung abhängig ist. Agnostizismus ist jedoch die angemessenste Antwort auf *Behauptungen* darüber (die immer nur absolute Behauptungen sein können). Zum Beispiel können Menschen in unterschiedlichen Kulturen das haben, was Buddhisten als *Jhana*-Erfahrung beschreiben würden – Energie, positive Emotionen und Einsichten, die in einer Gipfelerfahrung verschmelzen. Sie mögen es dann auf verschiedene Weise als eine Erfahrung Gottes, als eine Erfahrung von Verbundenheit mit der Natur oder als eine Erregung des Temporallappens beschreiben. Diese Erfahrung auf diese unterschiedlichen Arten zu etikettieren, ist an sich weder richtig noch falsch – es ist lediglich ein Ausgangspunkt, um eine neue Erfahrung mit unserem bestehenden Verständnisgefüge in Beziehung zu setzen. Allerdings kann man dann damit weitermachen, die Überzeugungen, die man möglicherweise über die Erfahrung hat, und ihre Implikationen auf unterschiedliche Weise zu untersuchen. Entweder auf offene und vorläufige Weise oder auf eine Weise, die davon ausgeht, dass ein Etikett innerhalb der metaphorischen Grundlage und kognitiver Modelle, die vorausgesetzt werden, endgültig ist. Wie tiefgreifend diese Erfahrung auch sein mag, es trifft derselbe Punkt zu – dass die absoluten Überzeugungen, die wir möglicherweise darüber entwickeln, die Bedeutung der Erfahrung an sich hintertreiben. Die blinden Menschen sind nicht im Unrecht wegen ihrer begrenzten Beschreibungen, aber sie sie im Unrecht, weil sie sich darüber streiten.

Die andere wichtige Metapher im Pali-Kanon im Hinblick auf den Agnostizismus ist die Parabel von der Schlage, welche im selben Sutta zu finden ist wie die vom Floß.

> *Angenommen, ein Mann... wanderte auf der Suche nach einer Schlange umher, sah eine große Schlange und ergriff ihre Windungen oder ihren Schwanz. Sie würde sich nach ihm umdrehen und ihm in die Hand, in den Arm oder in eines seiner Glieder beißen und er würde dadurch zu Tode oder todbringendem Leiden kommen. Warum ist das so? Weil er die Schlange falsch angefasst hat. Genauso lernen auch hier einige fehlgeleitete Männer den Dhamma... aber nachdem sie den Dhamma gelernt haben, untersuchen sie die Bedeutung dieser Lehren nicht mit Weisheit... Sie erlangen keine reflektierende Einsicht in diese Lehren. Stattdessen lernen sie den Dhamma nur, um andere zu kritisieren und in Debatten zu gewinnen und sie erfahren nicht das Gute um dessentwillen sie den Dhamma gelernt haben. Wenn diese Lehren von ihnen falsch erfasst werden, gereichen sie ihnen über lange Zeit zu Schaden und Leiden.*[3]

Diesem „falschen Fassen der Schlange“ wird dann ein „richtiges Fassen der Schlange“ am Hals unter Zuhilfenahme eines gegabelten Stocks gegenübergestellt. In ähnlicher Weise wird von einem „richtigen Erfassen des Dhamma“ gesagt, es führe zu „ihrem Wohlergehen und Glück über lange Zeit“, weil seine Bedeutung mit Weisheit untersucht und eine reflektierende Einsicht erreicht wird.[4]

Ebenso wie bei vielen anderen Parabeln hat der traditionelle buddhistische Autoritarismus den „Dhamma“ als die zur Erleuchtung führenden und einzig von der Tradition kontrollierten Lehren interpretiert. Dadurch ist ein „falsches Erfassen“ des Dhamma zu einem jenen Autoritäten zuwiderlaufenden geworden. Wenn jedoch „Dhamma“ hilfreicher und konsistenter als der Mittlere Weg interpretiert wird, kann ein falsches Erfassen als ein solches angesehen

---

[3] *Majjhima Nikaya* 22.10. Ñanamoli und Bodhi (1995) S. 227.
[4] *Majjhima Nikaya* 22.11.

werden, das in Verabsolutierung abdriftet. Dies wird durch Buddhas Darstellung der Natur dieses „falschen Erfassens“ an dieser Stelle noch verstärkt. Es wird darüber gesagt, dass es unreflektiert ist (also keine Alternativen in Betracht zieht), nur übernommen wird, um zu „gewinnen“ (was auf enge, zweckgerichtete Motive hindeutet) und es ihm an Integration in Hinblick auf den Zweck mangelt, für den er ursprünglich erlernt wurde. Der Mittlere Weg kann zurückbeißen, wenn er falsch erfasst wird, weil er als weitere Verabsolutierung aufgefasst wird. Er lässt uns auf diese Weise in geschlossenen Rückkopplungsschleifen zurück, die es nicht schaffen, den Bedingungen gerecht zu werden, die uns dazu veranlasst haben, uns für ihn zu interessieren.

Die Möglichkeiten, wie der Mittlere Weg metaphysisch interpretiert werden kann, sind zahlreich und dabei ist der Pali-Kanon uns wenig hilfreich. Obwohl es im *Brahmajala-Sutta*[5] eine detaillierte Analyse falscher Ansichten gibt, sind diese allesamt überaus charakteristisch für Buddhas Zeit und Kontext. Sie umfassen zahlreiche Variationen der von *Shramanas* diskutierten Ansichten über das Selbst und seine Existenz nach dem Tod. In meiner eigenen Erfahrung habe ich erlebt, wie sich jede bedeutende metaphysische Sichtweise den Mittleren Weg zu eigen gemacht hat, vom thomistischen Katholizismus bis hin zum naturalistischen Atheismus. Appropriation ist ein subtiler Prozess und das einzige Gegenmittel ist ein ausreichend kritisches Bewusstsein. Wenn man damit beginnt, sich lediglich in positiver Weise auf eine bestimmte Tradition oder einen bestimmten Standpunkt einzulassen, sich dann aber irgendwie mit Absoluten einverstanden erklärt, dann ist man über jenen Punkt hinausgegangen, an dem eine entschiedene Zurückweisung erforderlich ist, um irgendwie weiter voranzukommen.

Als ein Beispiel, das stellvertretend für viele andere steht, wollen wir die Appropriation des Mittleren Wegs durch den naturalistischen Atheismus betrachten. Viele naturalistische Atheisten werden, wenn sie die Idee des Mittleren Wegs nicht gänzlich ablehnen, davon ausgehen, dass der naturalistische Atheismus bereits alles bietet, was man im Mittleren Weg suchen könnte. Sie werden vermutlich argumentieren, dass wissenschaftliche Bewertungen auf vorläufigem Heranziehen von Beweisen beruhen und, dass wissenschaftliche Beweise den Glauben an Gott oder andere übernatürliche Wesen nicht stützen können. Einige mögen einräumen, dass die Nichtexistenz Gottes „strenggenommen“ nicht bewiesen werden kann, aber sie bestreiten, dass es einen praktischen Unterschied zwischen nicht an Gott glauben und dem Glauben in die Nicht-Existenz Gottes gibt. Die Verwendung von Begriffen wie „negativer Atheismus“, um die Abgrenzung zwischen Atheismus und Agnostizismus zu verwässern, erweitert diese Vereinnahmung des Einwands noch durch die

---

[5] *Digha Nikaya* 1. Walshe (1995) S. 67 ff.

Kontrolle des Vokabulars. Durch diese ganze Denkweise wird der Diskussion eine dualistische Struktur aufgezwungen (Theist vs. Atheist, Naturalist vs. Supernaturalist) statt einer dialektischen, die versucht, von der entgegengesetzten Position zu lernen. An verschiedenen Punkten entlang des Wegs ist es wahrscheinlich, dass der Mittlere Weg sich von einem pragmatischen Prozess der Bewegung und der Ausgewogenheit in eine starre Position verkehrt. Die „Vorläufigkeit" der wissenschaftlichen Methode kann zu einem bloßen Vorwand für die Akzeptanz wissenschaftlicher Erkenntnisse praktischer Anwendung werden. Die praktischen Beschränkungen und möglichen gesellschaftlichen Verzerrungen formaler, organisierter Wissenschaft könnten darüber möglicherweise in Vergessenheit geraten. Die Möglichkeit, dass das „Natürliche" ebenso, wie das „Übernatürliche" zu einer Verabsolutierung werden könnte, wird vielleicht ebenfalls außer Acht gelassen. Auch der praktische Unterschied in der Grundeinstellung zwischen jemandem, der den Bedeutungsgehalt eines Gottes, an den er möglicherweise nicht glaubt, akzeptiert und erforscht und jemanden, der den Bedeutungsgehalt mit dem Glauben beiseite fegt. Es besteht die Möglichkeit, dass sich in einigen Fällen die durch diese Vereinnahmungen verwässerten Unterscheidungsmerkmale als nicht praktisch signifikant herausstellen, aber es besteht auch eine hohe Wahrscheinlichkeit, dass sie sich in vielen Fällen, die wir nicht vorhergesehen haben, tatsächlich als relevant erweisen.

Das falsche Ende der Schlangen zu fassen, bedeutet daher oft formales Anhaften an dualistischen oder gegensätzlichen Strukturen. Diese werden implizit aufrechterhalten, wenn Menschen glauben, sie hätten sich den Mittleren Weg oder dessen Äquivalent „zu eigen gemacht". Sie glauben vielleicht, dass sie den Bedingungen gerecht werden, einen „objektiven Standpunkt gefunden haben, eine sichere Informationsquelle oder eine transzendente Intuition haben. Der Mittlere Weg wird dann einfach zu einem Konzept, das diesen grundlegenden Standpunkt weiterentwickelt oder erweitert, statt ihn in Frage zu stellen. Bei diesem Prozess schnellen just die Quellen der Verblendung, die sie zu vermeiden suchten, zurück und beißen sie, wobei sie ihnen abermals das Gift der Verabsolutierung in die Adern spritzen.

Es gibt keine völlig sicheren Wege, dem Schlangenbiss zu entgehen. Selbst dem geübten Schlangenfänger kann es manchmal misslingen, den gegabelten Stock zu Boden zu drücken, um zu versuchen, den Kopf der Schlange zu fassen. Die Schlange kann sich loswinden und eine vertraute Form von Angst oder Obsession kann sich breitmachen, bestenfalls in einer geringfügig neuen Form. Die Schlange falsch zu fassen ist somit nicht auf die Unwissenden und Unerfahrenen beschränkt, sondern wird nur zunehmend unwahrscheinlicher bei allen, die versuchen, die Prinzipien des Mittleren Wegs anzuwenden. Skepsis ist vielleicht das wichtigste dieser Prinzipien, das man sich ins Gedächtnis rufen sollte, damit man die grundlegende Unsicherheit nicht vergisst, die selbst den vertrautesten Überzeugungen anhaftet. Aber ein gewisses Maß an persönlicher Integration wird auch erforderlich sein, um uns die Zuversicht zu geben, den beiden einander gegenüberstehenden Kräften die Stirn zu bieten, falls nötig. Es bedarf auch einer Portion agnostischen Mutes, um in der Mitte zu bleiben, wenn es hart auf hart kommt.

Die Schlange ist ein tief verwurzeltes Symbol von erheblicher Ambivalenz. Unsere verkörperte Beziehung zu Schlangen ist von Kindesbeinen an vermutlich instinktive Angst: aus gutem Grund, wenn man bedenkt, wie tödlich einige Schlangenarten sein können. Die Mehrheit der Schlangen ist jedoch nicht so tödlich, so wie auch die Mehrheit der Verabsolutierungen nur leicht schädlich ist. In der späteren buddhistischen Tradition sind die Nagas (Schlangen), die in den Tiefen wohnen, ein Symbol der Weisheit und für Jung war die Schlange oft eine Verkörperung seiner Seele, d.h. seiner unbewussten Einsichten. Dies kann die Art und Weise widerspiegeln, in der die Überwindung unserer Angst uns mit den Einsichten verbinden kann, die uns eine breitere Erfahrung bietet, oder die Art und Weise, in der Schlangen unsere Erwartungen verwirren können. Um die Schlange richtig zu fassen, müssen wir diese Ambivalenz akzeptieren und uns gleichzeitig die Skepsis bewahren, die diese Angst begleitet, aber nicht mehr von ihr beherrscht wird. Mit hinreichendem Bewusstsein kann der gegabelte Stock mit Geschick eingesetzt werden.

3.g. Integration: Das nasse Stück Holz

Die Aspekte des Mittleren Wegs, die ich hier bisher erörtert habe, legen alle den Schwerpunkt auf unser Urteilsvermögen zu einem bestimmten Zeitpunkt. Aber natürlich können wir nicht davon ausgehen, dass wir die Fähigkeit besitzen, einfach zu wählen, wie wir urteilen, unabhängig von den Bedingungen, die uns in die eine oder andere Richtung gelenkt haben. Beispielsweise können Menschen mit eingeschränktem Selbstwertgefühl aufgrund einer von Gewalt und Entbehrungen geprägten Kindheit darunter leiden, dass ihr Urteilsvermögen immer wieder von Ängsten überwältigt wird. Ermahnungen zu Vorläufigkeit und Agnostizismus mögen tatsächlich nicht viel bewirken, bis diese Grundangst gelindert worden ist. Selbst diejenigen unter uns, die einen günstigeren Werdegang haben, mögen Schwierigkeiten damit haben, den Gleichmut aufrechtzuerhalten, den wir brauchen, um an entscheidenden Punkten des Urteilens stets klar zu sein. Es ist eine längerfristige Aufgabe, an uns selbst und unseren gewohnheitsmäßigen Zuständen zu arbeiten, um die Voraussetzungen für ein besseres Urteilsvermögen zu schaffen. Dies ist die Praxis, die durch die Lehren des Buddha über den Achtfachen Pfad herausgestellt wird, was ich in Abschnitt 5 erörtern werde.

Wenn wir jedoch fragen, was dieser Achtfache Pfad zu erreichen sucht, und wenn wir diese Frage mit den kontinuierlichen Begriffen des Mittleren Wegs und nicht mit den diskontinuierlichen Begriffen der Erleuchtung beantworten sollen, muss die Antwort Integration lauten. Integration ist die wirksame und langfristige Lösung von Konflikten zwischen verschiedenen Wünschen und Überzeugungen. Konflikte werden nicht dadurch gelöst, dass einer über den anderen siegt, sondern indem jeder die Bedingungen berücksichtigt, denen der andere gerecht wird, und indem Überzeugungen modifiziert oder neu ausgerichtet werden, um sie an diese Bedingungen anzupassen. Nehmen wir zum Beispiel an, Sie haben bereits ein Eis gegessen und ein Teil von Ihnen möchte ein weiteres. Der Teil von Ihnen, der anerkennt, dass dies in Wirklichkeit nicht dem längerfristigen Charakter Ihres verkörperten Wunsches und dessen Erfüllung entspricht, ist der Teil, der den Bedingungen besser gerecht wird. Statt dieses Verlangen zu unterdrücken, wird der Wert der angemesseneren Überzeugung klar, wenn Sie es im Lichte von Alternativen einem hinreichend ausgeprägten Bewusstsein zugänglich machen. Die Energie, die in die weniger geeignete Überzeugung einfloss, kann dann durch eine Neuausrichtung der Annahmen in die besser geeignete überführt werden. Auf diese Weise kann die Praxis das Urteilsvermögen verändern.

Das beste Sinnbild für Integration, das mir begegnet ist, stammt nicht vom Buddha, sondern von einem Plakat, das von Friedensaktivisten der Quäker verwendet wird: die zwei Maultiere. Zwei Maultiere werden hier aneinandergebunden dargestellt, beginnen aber zunächst, sich gegeneinander zu stemmen, um unterschiedliche Heuhaufen zu erreichen. Beide können nicht bekommen, was sie wollen, weil sie in Opposition stehen. Nach einer Weile sind sie allerdings darüber frustriert und machen eine Denkpause. An diesem Punkt erwächst bei den Maultieren ein wenig mehr Problembewusstsein und sie beginnen, einen Heuhaufen gemeinsam zu fressen, gefolgt vom anderen. Hier verkörpern die zwei Maultiere unsere widerstreitenden Wünsche mit den damit verbundenen Überzeugungen und den Weg, wie Überzeugungen durch einen Bewusstseins- und Reflexionsprozess angemessener gestaltet werden können.

Im Pali-Kanon gibt es jedoch eine Metapher für Integration, die sich auf gänzlich andere Aspekte der Integration konzentriert als bei den zwei Maultieren – das feuchte Stück Holz. Dieses Beispiel mag wohl leicht zu übersehen sein, weil es auf den ersten Blick möglicherweise eher unattraktiv wirkt. Seine mangelnde unmittelbare Anziehungskraft ist jedoch vielleicht Teil seines Wertes, da der Integrationsprozess durchaus auch ein Überdenken dessen beinhalten kann, was auf den ersten Blick nicht sehr ansprechend erscheint, worin sich aber durchaus ein Wert finden lässt. Diese Parabel (oder diese Metapher) taucht an zwei verschiedenen Stellen im *Majjhima Nikaya* mit unterschiedlichen Interpretationen auf. In beiden Fällen wird einem nassen Stück Holz, das sich nicht entzünden lässt, ein trockenes Stück Holz gegenübergestellt, bei dem dies möglich ist. In der einen Variante wird das Feuer jedoch positiv mit spirituellem Fortschritt assoziiert, während in der anderen Variante das Feuer negativ mit Begierde assoziiert wird. Die Nässe des Holzstücks verändert also in beiderlei Fällen völlig seine Bedeutung, von einem Schutz vor Verabsolutierung zu einem Hemmschuh für das Bewusstsein.

Die positivere Verwendung des nassen Holzstücks findet sich in einem *Sutta*, in dem es um Achtsamkeit auf den Körper geht:

> *Stellt euch vor, da wäre ein trockenes, saftloses Holz und ein Mann käme mit einem Reibholz und denke: „Ich werde ein Feuer anzünden, ich werde Wärme erzeugen." Was denkt ihr, Bhikkhus? Könnte der Mann ein Feuer anzünden und Wärme erzeugen, indem er das trockene, saftlose Stück Holz mit einem Reibholz reibt?" – „Ja, ehrwürdiger Herr. – „Ebenso, Bhikkhus, findet Mara, wenn jemand keine Achtsamkeit auf den Körper entwickelt und kultiviert hat, in ihm eine Gelegenheit und eine Unterstützung."*[1]

> *Stellt euch vor, da wäre ein nasses, saftiges Stück Holz und ein Mann käme mit einem Reibholz und denke: „Ich werde ein Feuer anzünden und Wärme erzeugen." Was denkt ihr, Bhikkhus? Könnte der Mann ein Feuer anzünden und Wärme erzeugen, indem er ein Reibholz nimmt und es gegen das nasse, saftige*

[1] *Majjhima Nikaya* 119.24. Ñanamoli and Bodhi (1995) p. 955.

Stück Holz reibt?" – „Nein, ehrwürdiger Herr." – „Ebenso, Bhikkhus, kann Mara, wenn jemand Achtsamkeit auf den Körper entwickelt und kultiviert hat, in ihm keine Gelegenheit oder Unterstützung finden."[2]

Das Stück Holz kann jeweils mit unserem Körper assoziiert werden und die Nässe des Holzes mit unserer Integration. Der Körper ist (oder scheint) fest und was fest ist, wird mit Rigidität assoziiert, aber Wasser wird mit Fluidität und Flexibilität assoziiert. Indem wir also den Feststoff mit Flüssigkeit durchtränken, machen wir ihn flexibel und erleichtern sowohl die Verbindung als auch die Umformung. Ohne diese Flexibilität, die durch Gewahrsein geschaffen wird, ist das Holz jedoch gefährdet, durch Feuer zu verbrennen. Feuer ist hier Mara, die obsessiven Wünsche und Ängste, die uns oft aus dem Striatum und der Amygdala im hinteren Teil des Gehirns angreifen. Je umfassender wir einen integrierten, achtsamen Zustand erreichen können, der auf der Wahrnehmung des Körpers beruht, desto schwieriger ist es für diese obsessiven Zustände, Einfluss auf uns auszuüben. Unser breiteres Bewusstsein wird sie in einer erweiterten Perspektive sehen (wobei wir erkennen, dass sie nicht alles sind) und vermeiden, dass die Flammen der Verabsolutierung sich ausbreiten.

In der alternativen, umgedrehten Fassung dieses Gleichnisses ist der Vergleich in eine Darstellung von Buddhas frühem Leben eingegliedert, kurz bevor er mit der asketischen Praxis beginnt.[3] Das trockene Stück Holz kann mit spirituellem Bewusstsein entzündet werden, aber dieser Punkt wird von Botschaften über die Bedeutungslosigkeit der Askese und über den vermittelnden Wert des Rückzugs für die Praxis begleitet. Hier hat das Holzstück drei Zustände: im Wasser liegend, nass, aber auf trockenem Land und trocken auf trockenem Land. Das im Wasser liegende Holz soll „jene Einsiedler und Brahmanen" symbolisieren, „die noch nicht körperlich und geistig von den sinnlichen Freuden zurückgezogen leben". Das auf dem Land liegende, aber noch nasse Holz symbolisiert diejenigen, die entsagt haben, deren Begierde aber „noch nicht vollständig aufgegeben wurde" – mit anderen Worten, sie sind immer noch von den Objekten ihrer Begierde und Angst besessen, auch wenn sie nicht in unmittelbarem Kontakt mit ihnen stehen. Das trockene Holz, das weit vom Wasser entfernt liegt, symbolisiert jedoch diejenigen, dic sich sowohl von den Quellen der Begierde zurückgezogen haben als auch die Begierde an sich überwunden haben.

Diese Fassung des Gleichnisses betont somit den Stellenwert des Rückzugs als notwendiges, aber nicht hinreichendes Element der integrativen Praxis. Wenn Sie Konflikte schlichten wollen, müssen Sie sich aus den

---

[2] *Majjhima Nikaya* 119.27.

[3] *Majjhima Nikaya* 36.17-19. Ñanamoli und Bodhi (1995) S. 335–7.

Situationen entfernen, in denen diese Konflikte so drängend sind, dass Sie ständig in geschlossenen Rückkopplungsschleifen gefangen sind, die den Konflikt aufrechterhalten. Stattdessen müssen Sie sich in ein Umfeld versetzen, in dem mehr Gewahrsein entwickelt werden kann. Eine Art „Raum", der durch zumindest vorübergehenden Rückzug für Meditation, Reflexion oder Retreat geschaffen wird, wird dafür notwendig sein, aber es bedeutet nicht zwangsläufig eine lebenslange Laufbahn als *Shramana*. Wie wir alle feststellen werden, wenn wir einen solchen Raum zur Praxis betreten, ist es keine Garantie für Fortschritt, sondern bietet lediglich eine der notwendigen Voraussetzungen dafür. Es ist durchaus möglich, in idyllischer Umgebung in Meditation zu sitzen, während der Geist immer noch im Hamsterrad der Ängste kreist.

Gleichzeitig weist sie auf die Bedeutungslosigkeit der Askese sowohl für diejenigen hin, die zurückgezogen leben, aber immer noch der Begierde unterworfen sind, als auch für diejenigen, die zurückgezogen leben und das Verlangen überwunden haben. „Selbst wenn diese guten Einsiedler und Brahmanen aufgrund der Anstrengung schmerzhafte, quälende, durchdringende Gefühle empfinden", wird uns gesagt, dass es keinen Unterschied macht, ob sie in der Lage sind, mit ihrer Begierde umzugehen. Dies hängt mit der Erwartung zusammen, dass Integration durch willentliche Anstrengung und Unterdrückung herbeigeführt werde und es bei der „Praxis" um Willensstärke gehe. Dass dies ein Irrweg ist, wird umso deutlicher, wenn wir diese Parabeln in Hinblick auf Integration interpretieren. Das liegt daran, dass das, was wir zu tun versuchen, dann nicht als „hämmernde" Begierde dargestellt wird, sondern vielmehr als Versöhnung widerstreitender Wünsche, von denen keiner intrinsisch schlecht ist, nur ihr Widerstreiten ist es.

Trotz dieser Nuancierungen ist das umgedrehte Gleichnis meines Erachtens jedoch weit weniger wirkungsvoll. Es verliert die Verbindung zwischen dem Körper und dem Stück Holz, die ein Schema bietet, auf dem aufbauend sich die erste Fassung mit unserer Erfahrung verknüpfen kann. Wir wollen nicht, dass unser Körper verbrannt wird, sondern dass er erhalten bleibt. Die Durchdringung des Körpers mit Wasser als Symbol für Flexibilität und Veränderung kann mit vielen anderen symbolischen Verwendungsweisen von Wasser in Verbindung gebracht werden, einschließlich der Taufe in der christlichen Tradition. Die Versinnbildlichung des Feuers als Besessenheit wird bekanntermaßen auch in Buddhas „Feuerpredigt"[4], die T.S. Elliot in seinem Gedicht „Das wüste Land" wiederaufgreift. Feuer kann für uns sowohl zerstörerisch als auch hilfreich sein, aber seine potenzielle Zerstörungskraft liegt vermutlich tiefer in unserer unbewussten Erfahrung. Es schafft auch eine

[4] *Samyutta Nikaya* 35.28. Bodhi (2000) S. 1143.

grundlegende Assoziation mit unkontrollierter und sich schnell ausbreitender Zerstörungskraft von Verabsolutierung.

Das Konzept der Integration ist flexibler, geschmeidiger und universeller als das des Erwachens, aus vielen guten Gründen. Sie verläuft schrittweise (wenn auch mehr oder weniger rasch), da es sich um einen allmählichen Fortschritt handelt, „ohne plötzliches Vordringen zu endgültigem Wissen", wie wir im Zusammenhang mit dem Ozean-Gleichnis in einem vorangegangenen Kapitel gesehen haben. Wir sollten Integration nicht in Hinblick auf irgendeinen Zustand „vollständiger Integration" verstehen, unabhängig davon, ob ein solcher Zustand existiert oder nicht, sondern nur als einen Prozess. Sie kann uns ohne weiteres dabei helfen, den Wert einer Reihe von Praktiken zu verstehen, die sowohl unmittelbar erfahrungsbezogen sind (wie etwa Meditation) als auch mehr begrifflich geprägt sind (wie etwa kritisches Denken). Sie ist jedoch nicht auf die individuelle Ebene beschränkt, sondern macht ebenso viel Sinn auf einer gesellschaftspolitischen Ebene. Dort können wir Konflikte zwischen den Wünschen und Überzeugungen verschiedener Menschen sehen, die durch den gleichen Prozess der Bewusstwerdung und Neuausrichtung (der oft in Meditationstechniken eingebaut ist) integriert werden.

Das Konzept der Integration kann uns auch dabei helfen, die Widersprüchlichkeiten und Uneinheitlichkeiten zu verstehen, die wir bei den angeblich Erleuchteten, einschließlich dem Buddha, vorfinden. Denn der Buddha ist nicht nur nicht allwissend, sondern scheint auch nicht immer die am besten geeigneten Antworten, völlig frei von Verabsolutierung zu haben. Nachdem er einer Gruppe von Mönchen Belehrungen über die Verderbtheit des Körpers gegeben hat, dann zum Retreat weggegangen ist, kommt er zurück, um festzustellen, dass dreißig von ihnen Suizid begangen haben, weil sie „abgestoßen, gedemütigt und angewidert von diesem Körper" waren.[5] Hätte jetzt nur ein Mönch Suizid begangen, könnten wir dies vielleicht auf ein schlichtes Nichtvorhandensein von Allwissenheit zurückführen, aber dreißig sehen schon eher nach Leichtfertigkeit aus! Als Devadatta versucht, ihm die Führung der Gemeinschaft wegzunehmen, beschimpft er ihn ferner als „Speichellecker".[6] Dies sind alles die Arten von Fehlern, auch wenn sie sehr schwerwiegend sind, von denen wir erwarten würden, dass sie von fehlbaren Menschen gemacht werden, aber nicht von einer vollständig integrierten Person, geschweige denn von einer „erleuchteten".

Das Konzept der Integration ist jedoch offen für eine uneinheitliche Form. Es gibt keinen Grund, warum wir es nicht so verstehen können, dass es für eine Person unter bestimmten Umständen stärker gilt als unter anderen, in

---

[5] *Samyutta Nikaya* 54.9. Bodhi (2000) S. 1773.
[6] *Cullavagga* 7. Horner (1952).

Bezug auf bestimmte Arten von Reizen eher als auf andere. Eine Person kann stark integriert sein, wenn es um Argumentation geht, aber hoffnungslos blind in ihrem Gefühlsleben oder umgekehrt. Die kognitive Verzerrung der Bereichsabhängigkeit zeigt auch, dass Menschen in einem Bereich hoch entwickelte Fähigkeiten erlangen können, in einem anderen Bereich jedoch völlig darin versagen, diese anzuwenden: Einige Eheberater sind nicht in der Lage, ihre eigene Beziehung aufrechtzuerhalten und einige Entscheidungstheoretiker treffen fürchterliche persönliche Entscheidungen.[7] Der Buddha mag also in mancherlei Hinsicht sehr viel stärker integriert gewesen sein als in anderer: aber diese Erkenntnis entspricht dem Konzept der Integration in einer Weise, die nicht mit einer diskontinuierlichen Erleuchtung vereinbar ist.

Betrachten wir den Pali-Kanon genauer, finden wir nicht den Buddha, der unvermittelt vom Feuer der Erleuchtung verzehrt wird, sondern vielmehr einen Buddha, der ein Mensch mit einem menschlichen Körper ist, der allmählich von Integration durchdrungen wird, so wie ein Baumstamm im Wasser durchtränkt wird. Buddhisten haben immer darauf bestanden, dass auch wir wie der Buddha sein können. Um dies jedoch zu einer echten Möglichkeit zu entwickeln, benötigen wir ein deutlich menschengerechteres Abbild dessen, was er erreicht hat, und dessen, was wir durch Praxis erreichen können.

---

[7] Ellis (2015a) Kap. 4.3.i.

4. Problemfelder in der buddhistischen Interpretation des Mittleren Wegs

4.a. Die Verkennung der Skepsis

Ich kann es nun nicht weiter aufschieben, mich mit der Art und Weise zu befassen, in der die buddhistische Tradition den Mittleren Weg interpretiert hat, und eine Art Aufstellung sowohl ihrer Stärken als auch ihrer Begrenztheiten anzubieten. Dieser Abschnitt des Buchs wird daher stärker als die vorherigen auf konzeptionelle Kritik ausgerichtet sein. Die Beurteilungsgrundlage wird jedoch dieselbe bleiben: eine durch und durch praktische, die mit Fragen dazu beginnt, wie verkörperte menschliche Wesen in ihrem Leben bessere Urteile fällen können.

Ich werde mich zu gegebener Zeit mit den Begriffen des Mittleren Wegs befassen, die Buddhisten möglicherweise besser vertraut sind: die Positionen des „Eternalismus" und des „Nihilismus", die Lehren über die Leerheit und die buddhistische Bevorzugung des „Eternalismus" gegenüber dem „Nihilismus". Es wird viel zu hinterfragen geben, sowohl was die Annahmen angeht, mit denen diese Lehren oft von der buddhistischen Tradition ausgestaltet worden sind, als auch was die Vorstellung angeht, dass sie heute in dieser Form praktisch und hilfreich seien. Dennoch, um die Grundlage meiner Kritik an der Art und Weise, wie der Buddhismus oft den Mittleren Weg behandelt hat, zu verstehen, ist es notwendig, mit einigen grundlegenden philosophischen Fragestellungen zu beginnen.

Bei diesen Fragestellungen geht es erstens darum, wie wir die Implikationen der Skepsis verstehen, und zweitens darum, wie wir seit jeher von ontologischen Denkweisen (d.h. Denkweisen, die sich damit beschäftigen, wie die Dinge *sind*) besessen sind. Ich möchte behaupten, dass es grundlegende Fehler in der Herangehensweise gibt, die das herkömmliche Verständnis des Mittleren Wegs in beiden Punkten verzerrt haben. Dabei handelt es sich nicht um „Ost"- versus „West"-Fragestellungen, sondern vielmehr um nicht zu rechtfertigende Annahmen, die, soweit ich feststellen kann, sowohl im asiatischen als auch im westlichen Umfeld weit verbreitet sind. Ob der Buddha selbst in irgendeiner Weise diesen unterworfen war, lässt sich aufgrund der Vieldeutigkeit der Aufzeichnungen praktisch unmöglich mit irgendeinem Grad an Begründbarkeit ermitteln.

Wir müssen bei der Skepsis beginnen, die ich bereits als eines der fünf Prinzipien des Mittleren Wegs identifiziert habe. Die Praxis des Mittleren Wegs beinhaltet das Vermeiden von Verabsolutierungen auf beiden Seiten, denn die skeptische Anerkennung von Unsicherheit ist mit solchen Verabsolutierungen unvereinbar. Doch zweifellos wird dies für viele Buddhisten, die wie die meisten Menschen im Westen dazu neigen, Skepsis als ein „Extrem" zu betrachten, Anlass zu Überraschungen und Kontroversen gegeben haben. Für die meisten Menschen ist Skepsis ein obskures Streben, das nur etwas für weltabgeschiedene Philosophen ist, die ohne praktische Ziele oder Bedenken sind, die darüber hinausgehen würden, durch abstrakte Kontroversen bei akademischen Fachkollegen Eindruck zu machen. Dieser Auffassung von Skepsis wurde von westlichen Philosophen Vorschub geleistet. Descartes versuchte vergeblich, den Skeptizismus durch Gewissheit niederzuringen. Hume meinte, dass ein Skeptiker seine Skepsis nicht wirklich ausleben könne. Wittgenstein war davon besessen, den Skeptizismus zu bezwingen, indem er zeigte, dass er sich einer abnormen Form der Sprache bediente.[1]

Der Ruf der Skepsis ist unter vielen Buddhisten durch die negative Darstellung von „Skeptikern" oder „sich wie ein Aal Windenden", die zur Zeit des Buddha Anhänger von Sanjaya Bellatthaputta waren, nicht gerade besser geworden. Von König Ajatasattu wird gesagt, er habe eine Reihe von *Shramana*-Führern besucht, um sie zu den Vorteilen des spirituellen Lebens zu befragen, sei aber von Sanjaya am wenigsten beeindruckt gewesen:

> *„Sanjaya Bellatthaputta antwortete auf die Frage nach den Früchten des hauslosen Lebens ausweichend. So als ob er nach einer Mango gefragt, einen Brotfruchtbaum beschreiben würde... Und er dachte: „Unter all diesen Asketen und Brahmanen ist Sanjaya Bellatthaputta der dümmste und verwirrteste."*"[2]

Vielleicht sollten wir hierin eine mögliche Manifestation der verbreiteten ideologischen Tendenz feststellen, die Lehrmeinungen, die der eigenen Ideologie am nächsten stehen, als die größte Bedrohung zu behandeln. Wie hier ist die energischste Ablehnung somit dem Anführer vorbehalten, der Antworten gibt, die denen des Buddha am ähnlichsten sind. Sanjayas Antworten auf die von Ajatasattu gestellten metaphysischen Fragen, sind weitgehend deckungsgleich mit den bereits erörterten Antworten, die der Buddha Malunkyaputta gegeben hat.[3] Beide weigern sich, diese Fragen zu beantworten. Was Sanjaya anbelangt, so wird aus irgendeinem Grund angenommen, sein Motiv dafür sei mangelnde Praxistauglichkeit oder Unentschlossenheit von einer Art, die dem Buddha nicht zugeschrieben wird. Dies ähnelt der Annahme, die David Hume zweitausend Jahre später über Skeptizismus getroffen hat. Er kam zu dem Schluss, dass skeptische Argumente in der Praxis „kalt, angestrengt und lächerlich" seien.[4]

---

1 Siehe Ellis (2012) Kap. 1.b für eine detailliertere Darstellung, warum diese westlich geprägten philosophischen Einwände gegen den Skeptizismus nicht greifen.
2 *Digha Nikaya* 2.33. Walshe (1995) S. 97.
3 *Majjhima Nikaya* 63. Ñanamoli und Bodhi (1995) S. 533 ff.
4 Hume (1978) S. 269.

Skepsis wird meist als wenig praktikabel erachtet, weil sie Argumente anführt, die auf die Unsicherheit jeder möglichen Behauptung aufmerksam machen. Wenn wir jedoch mit einem Bekenntnis zu unserer verkörperten Erfahrung beginnen, sollte diese Unsicherheit keineswegs überraschend sein. Es dürfte für Skeptiker kaum notwendig sein, darauf hinzuweisen, dass wir nicht mit Sicherheit wissen können, dass wir nicht zu jedem Zeitpunkt einen Fehler in unserer Beurteilung machen. Es sollte auch keine Neuigkeit sein, dass wir möglicherweise gerade jetzt träumen oder in einer Illusion leben. Es sollte in der Tat offensichtlich sein, dass unsere Sinne uns keine Informationen geben können, die nicht bereits durch unsere Position, unsere Sinnesfähigkeiten, konzeptionellen Begrenztheiten, Annahmen und Erwartungen überformt sind.[5] Angesichts unseres verkörperten Zustands wäre eher Gewissheit überraschend als Ungewissheit. Es scheint nur eine gewohnheitsmäßige Über-Gewissheit aufgrund der Über-Dominanz der zielorientierten und sprachlichen Zentren der linken Gehirnhälfte zu sein (auch als Bestätigungsverzerrung bekannt), die es vielen von uns unmöglich macht, diesen Umstand zu erkennen.[6]

Die Verwirrung scheint in vielerlei Hinsicht grundlegender logischer Natur zu sein, denn es geht lediglich darum, was eine notwendige Implikation skeptischer Argumente ist oder auch nicht. Auf eine fehlende Gewissheit hinzuweisen (d.h. sich zu weigern, eine Verabsolutierung zu bejahen), bedeutet keineswegs, sie von sich zu weisen, dennoch haben wir eine tief verwurzelte Tendenz dazu, jede Weigerung, unsere bevorzugte befürwortete Position zu akzeptieren, in ebendiesem Licht zu betrachten. „Nein" kann entweder ein bloßes Nicht-Zustimmen oder eine Ablehnung bedeuten, jedoch wird das bloße Nicht-Zustimmen bei weitem zu oft im Sinne einer Ablehnung interpretiert. Es kann gar nicht genug betont werden, dass *Skepsis nichts ablehnt*. Ihre Anerkennung der Ungewissheit gilt in der Tat gleichermaßen für negative Standpunkte wie für positive, so dass diese negativen Standpunkte nicht stärker favorisiert oder abgelehnt werden als die positiven. Aus diesem Grund machen allein schon die Implikationen skeptischer Argumente die Skepsis zu einem zweiseitigen Argument: Jedes Mal, wenn eine bestimmte Behauptung in Frage gestellt wird, muss ihr direktes Gegenteil ebenso in Frage gestellt werden. Skepsis erfordert somit durch die Dynamik ihrer eigenen Argumente die Ausgewogenheit des Mittleren Wegs.

Zu dieser allgemeinen logischen Verwirrung gesellt sich eine Verwirrung über die Beziehung zwischen Ungewissheit und praktischem Urteilsvermögen. Wenn wir ein praktisches Urteil fällen, müssen wir sowohl Annahmen darüber treffen wie die Dinge sind, als auch darüber, was unsere Ziele sein

---

[5] Für eine ausführlichere Darstellung dieser grundlegenden skeptischen Argumente siehe Ellis (2012), Kap. 1.a.
[6] McGilchrist (2010).

sollten. Ich kann nicht einmal in ein belegtes Brot beißen, ohne davon auszugehen, dass es nahrhaft und nicht giftig ist, und ohne auf der Grundlage meines Hungers zu handeln. Dennoch beseitigt dieser praktische Zwang nicht den Wert der Skepsis beim Untermauern der Vorläufigkeit während der Reflexionsphase, *bevor* diese Beurteilung letztlich getroffen wird. Eine Skeptikerin *kann* ihre Skepsis leben und sie tut dies, indem sie so viele Alternativen *wie möglich* in Betracht zieht, bevor sie ein bestimmtes Urteil fällt. Auf diese Weise gestaltet sie ihr Urteil adäquater. Natürlich stellt „wie möglich" immer noch eine praktische Begrenzung der Anzahl an Optionen dar, die wir tatsächlich in Betracht ziehen können, aber die Erweiterung unserer Auswahlmöglichkeiten erhöht dennoch die Wahrscheinlichkeit, ein besseres Urteil zu fällen. Wenn die Prüfung weiterer Möglichkeiten sich negativ auf die Qualität des Urteils auszuwirken beginnt, müssen wir die in Betracht gezogenen Optionen eingrenzen, um den Bedingungen gerecht zu werden. Hätten wir jedoch stattdessen eine Option verabsolutiert, wären diese zusätzlichen Alternativen niemals in Betracht gezogen worden. Skepsis erinnert uns daran, dass keine Möglichkeit eine absolute Begründbarkeit besitzt, auch wenn am Ende eine Option auf der Grundlage ausgewogener Begründbarkeit ausgewählt werden muss.

Skepsis erfordert auch nicht notwendigerweise eine wenig praktikable Länge dieser Reflexion über Alternativen. Jede Urteilsfindung hat einen zeitlichen Rahmen, weil sie in einem verkörperten Leben zustande kommt, in dem schon bestimmte Wünsche und Beziehungen bestehen, die allesamt zeitgebunden sind. Ich kann es nicht ewig aufschieben, das belegte Brötchen zu essen. Ein geeignetes Urteil darüber zu fällen, wie auf diesen verkörperten Kontext zu reagieren ist, schließt Achtung gegenüber der Notwendigkeit ein, innerhalb eines gewissen Zeitrahmens zu einem Urteil zu kommen. Es besteht kein Grund für Skeptiker, in ergebnisloser Kontemplation zu erstarren, nur weil sie Ungewissheit zulassen. Vielmehr unterliegt die Überzeugung, es sei gerechtfertigt, unbegrenzt abzuwarten, genau wie jede andere auch, einem wohl abgewogenen skeptischen Zweifel.

Um zeitgerecht handeln zu können, benötigen wir keine Freiheit von jeglicher Ungewissheit, sondern vielmehr das nötige *Vertrauen*, um in einem konkreten Kontext handeln zu können. Solches Vertrauen ist ein Produkt der Integration unserer Energien und somit ein verkörperter Zustand und nicht nur ein rein geistiges Ergebnis abstrakter Vorstellungen. Im Buddhismus kann der Begriff *Saddha*, der mit „Vertrauen" oder „Glaube" übersetzt werden kann und einer der fünf Geisteskräfte ist, am hilfreichsten als solch ein Vertrauen interpretiert werden, obwohl er auch in nicht hilfreicher Weise mit absolutem Glauben an den Buddha und seine Offenbarungen verschmolzen wird (siehe 6.h). *Saddha* wird *Vicikiccha* (lähmender Zweifel) gegenübergestellt, was oft wenig hilfreich als „skeptischer Zweifel“ oder „Unsicherheit“ übersetzt wird. Dies ist eine Art Zweifel, der in einem Widerstreit unserer Energien besteht und sich zum Beispiel als Hindernis, das die Meditation stört, zeigen kann. Im Pali-Kanon wird die Rolle dieses Hindernisses (gemeinsam mit den anderen) bei der Zergliederung von Energie durch das Bild von Kanälen veranschaulicht, die gegraben werden, um Wasser aus einem fließenden Fluss abzuleiten.[7]

Diese Art von „Zweifel“ entsteht durch eine Verabsolutierung, die Alternativen unterdrückt, und nicht durch eine Berücksichtigung von Alternativen, die es erst ermöglicht, eine angemessenere Bandbreite an Möglichkeiten in Betracht zu ziehen. Skepsis im Sinne der Nutzung skeptischer Argumente, um Ungewissheit anzuerkennen, ist der beste Weg, diese Art von „Zweifel“ zu überwinden. Über eine solche Skepsis, die mitnichten mit der Ableitung von Wasser in den Kanälen vergleichbar ist, könnte man sagen, dass sie vor Baggern auf der Hut ist, die unerlaubt Kanäle anlegen wollen, um das Wasser abzuleiten.

Da Skepsis uns lediglich an Ungewissheit erinnert, stellt sich keinerlei Bedrohung für vorläufige Überzeugungen dar, die diese Ungewissheit berücksichtigen. Sie ist jedoch eine Bedrohung für absolute Überzeugungen, weil diese versuchen, ein Bewusstsein dafür auszublenden. Skepsis erfordert somit den Mittleren Weg, weil er das Vermeiden positiver wie negativer absoluter Überzeugungen impliziert. Der Mittlere Weg erfordert auch Skepsis, denn wenn wir nach geeigneteren Überzeugungen suchen, können wir dies nur tun, indem wir vorläufige Überzeugungen von absoluten abgrenzen.

Der Fehler, den westliche Philosophen und Buddhisten oft begangen haben, scheint darin bestanden zu haben, auf Skepsis in einer rein philosophischen Weise zu reagieren – also eine Weise, die sie wie einen Glauben gemäß ihren Inhalten zu beurteilen sucht. Skepsis ist erschreckend schwer fassbar, wenn man darauf besteht, sie auf diese Weise zu betrachten, denn sie verficht keinen Inhalt. Sie ist einfach eine Methode oder eine Art der Argumentation. Ihre konkrete Bedeutung und ihr konkreter Wert für die Praxis sind nicht von einem vertretenen Inhalt abhängig, sondern vielmehr von psychischen Zuständen, die sie notwendigerweise begleiten. Wenn wir die Unsicherheit erkennen, die mit einer Sichtweise verbunden ist, öffnen wir uns für Alternativen. Wenn wir in der Lage sind, uns auch tatsächlich konkrete Alternativen vorzustellen, sind wir auch in der Lage, in jeder Phase zu hilfreicheren und anpassungsfähigen Überzeugungen zu gelangen.

Erst durch philosophische Auseinandersetzung mit Skepsis sind Menschen zur Annahme gelangt, das Skepsis „extrem“ ist oder sein kann.

[7] *Avarana Sutta, Anguttara Nikaya* 5.51. Thanissaro (2003).

Natürlich gibt es keine Garantie dafür, dass Skepsis gemäß den Sitten einer bestimmten Gruppe nicht zu Extremen führen kann, aber im Allgemeinen ist Skepsis die einzige Position, die nicht extrem *sein kann*. Es gibt somit keinen Gegensatz zwischen „extremer Skepsis" und „abgeschwächter Skepsis". Sie können entweder in jedem Urteil Ungewissheit anerkennen oder selektiv damit umgehen. Sind Sie selektiv, sind Sie nach wie vor Absolutheit und deren Auswirkungen in den Urteilen, die absolut bleiben, unterworfen. Es gibt keine praktische Notwendigkeit, selektiv zu sein, denn die Überzeugungen, die wir zum Leben und Gedeihen benötigen, sind nicht zwingend absolut. Skepsis stellt keine Bedrohung für ihre vorläufige Überzeugung dar, dass Ihr Essen Sie nährt oder Ihre Freunde Sie unterstützen, nur für Ihr Nicht-Erkennen, dass dies möglicherweise manchmal nicht der Fall ist.

Auch in der buddhistischen Tradition war die Reaktion auf Skepsis oft, sie „abzuschwächen", wenn sie nicht abgeschwächt werden musste, so dass Skepsis selektiv und nicht ausgewogen angewandt wurde. Selektive Skepsis bedeutete beispielsweise, einige Anwendungsbereiche des Mittleren Wegs zu akzeptieren, andere jedoch nicht. Es bedeutete Skepsis gegenüber der Metaphysik aufrechtzuerhalten, an die andere Gruppen glaubten, während man die Augen vor Verabsolutierungen in der buddhistischen Tradition selbst verschloss (z.B. absolute Erleuchtung, Karma und Wiedergeburt). Selbst wenn Skepsis in der Theorie in allen Bereichen konsistent schien (wie in der Mahayana-Literatur zur Vollkommenen Weisheit und Leerheit), war sie in der Praxis nicht konsistent. Vielmehr wurde sie mit autoritären Machtstrukturen und Klassentrennung zwischen Mönchen und Laien vereinbar gemacht. Dieses Machtungleichgewicht, das die Ideologie vorantrieb, bedeutete, dass die Lehren zur Leerheit sehr selektiv angewandt wurden, und einige Quellen des Glaubens in der Praxis als über jeden Zweifel erhaben angesehen wurden.

Man mag einwenden, dass viele Menschen nicht bereit sind, Ungewissheit zu erkennen, geschweige denn, sich ihr zu stellen, und dass somit jene buddhistische Selektivität eine praktische Rechtfertigung als geschicktes Lehrmittel einnahm. Es gibt hier jedoch ein weiteres Problem, das aus einem weiteren Missverständnis der praktischen Implikationen von Skepsis herrührt. Es ist keineswegs so, dass die Auseinandersetzung mit Skepsis gegenüber allem buddhistische Praxis zu schwierig macht, sondern vielmehr, dass die Annahme, Skepsis beziehe sich auf *alles im Universum* und nicht auf *unsere Urteile über alles, was uns begegnet*, es unnötig schwierig macht. Wird erst einmal erkannt, dass Skepsis mit *unseren Urteilen* zu tun hat, wird sie nicht einfach, aber allmählich möglich. Den Irrtum zu glauben, Skepsis betreffe alles im Universum, bezeichne ich als *ontologische Besessenheit*.

4.b. Die ontologische Besessenheit

Ontologie ist das Erforschen dessen, wie die Dinge letztendlich sind und es ist eine fruchtlose, metaphysische Tätigkeit, da wir immer nur Zugang dazu haben können, wie die Dinge erscheinen. Das übliche Gerede darüber, wie die Dinge „wirklich" *sind*, ist eine bequeme Abkürzung, um darüber zu sprechen, wie sie folgerichtig erscheinen und wie wir mit ihnen umgehen können. Zum Beispiel bedeutet zu sagen, dass John *in Wirklichkeit* in Paris ist, dass ich dachte, er sei irgendwo anders, und dass ich nach Paris fahren könnte, um ihn zu treffen oder mit ihm dort Kontakt aufzunehmen. Allerdings könnte ich sowohl über Johns Anwesenheit sprechen als auch davon ausgehen, dass er sich in Paris auf eine letztendliche oder ontologische Weise aufhält, indem ich es verabsäume, die Möglichkeit von Alternativen in Betracht zu ziehen. Ich könnte beispielsweise versuchen, ihn in Paris zu kontaktieren und übermäßig verzweifelt darüber sein, dass er meinen Anruf nicht entgegennimmt, weil ich nicht die Möglichkeit in Betracht ziehe, dass die mir vorliegenden Informationen, dass er *wirklich* in Paris ist, falsch sind. Ontologie ist eine Form der Verabsolutierung, denn wenn wir wirklich glauben, dass die Dinge auf eine bestimmte Art und Weise *existieren*, schließen wir alle Alternativen aus (obwohl Philosophen manchmal den Begriff „Ontologie" [miss]brauchen, wenn sie tatsächlich an einer Analyse interessiert sind: das heißt, was eine Idee bei näherer Betrachtung impliziert, nicht ihre letztendliche Realität.

Buddhistisches Gerede über Leerheit, Nicht-Wesenhaftigkeit und Verblendung impliziert oft die Erkenntnis, dass ontologische Behauptungen nicht rechtfertigbar sind, weil sie eine Gewissheit erfordern, die wir nicht haben können (obwohl es auch unter buddhistischen Schule gewisse Debatten über diesen Punkt gibt – auf die ich nicht näher eingehen werde). Dennoch hält oft eine Besessenheit von der Frage „wie die Dinge sind" auch dann noch an, wenn diese Erkenntnis vorhanden ist, denn die Frage, „wie die Dinge sind" steht nach wie vor im Mittelpunkt der Aufmerksamkeit und bildet die vermeintliche Grundlage für eine sinnvolle Diskussion über das Thema. „Wie die Dinge sind" als Fokus der Aufmerksamkeit kann „wie wir die Dinge beurteilen" als alternativem Fokus der Aufmerksamkeit gegenübergestellt werden. Man kann zum Beispiel sagen: „Das Selbst ist leer" oder man kann sagen: „Absolute Behauptungen über das Selbst sind ungerechtfertigt". Ersteres legt den Schwerpunkt auf die Frage, was beim Selbst tatsächlich der Fall ist oder nicht, letzteres auf die Frage, wie wir dies beurteilen.

Die ontologische Besessenheit hat einen bedeutenden Einfluss auf die Art und Weise, wie der Mittlere Weg in den buddhistischen Schriften und der buddhistischen Literatur dargestellt wird. Die Alternative zu den beiden Extremen wird beständig als abhängiges Entstehen oder Bedingtheit dargestellt, selbst eine Beschreibung dessen, wie die Dinge sind, und weniger, wie wir sie beurteilen. Dennoch ist der Glaube an Bedingtheit als Zustand, wie die Dinge üblicherweise existieren, während jeglicher Glaube an nicht bedingte Dinge vermieden wird, nicht zu rechtfertigen. Von unserem begrenzten, verkörperten Standpunkt aus können wir nicht sicher sein, dass alles bedingt ist. Ich werde in Kapitel 6.a. noch einmal auf das Thema der Bedingtheit zurückkommen, um eine ausführlichere Untersuchung vorzunehmen.

Das Festhalten an der ontologischen Besessenheit selbst vor dem Hintergrund theoretischer Verleugnung ontologischer Behauptungen ist nicht überraschend, wenn wir über die Wirkungsweise von Bedeutungsgehalt für den Menschen nachdenken. Wenn Sie lesen „Denken Sie nicht an einen Elefanten", werden Sie wahrscheinlich unmittelbar diese Anweisung missachten und „Denken Sie nicht an Erbrochenes" wird wahrscheinlich zumindest ein schwaches Gefühl von Ekel hervorrufen. Bloßes Negieren hat wenig Einfluss auf den Bedeutungsgehalt, da der Bedeutungsgehalt von Begriffen wie „Elefant" und „Erbrochenes" verkörpert ist. Er ist überwiegend die Wirkung unmittelbarer Assoziationen und nicht die abstrakte kognitive Modellbildung, in die uns ein Satz, der eine Negation enthält, hineinversetzt. Um den Mittleren Weg in dem Sinne zu praktizieren, dass tatsächlich beide Pole eines Absoluten und seines Gegenteils vermieden werden, reicht es nicht aus, bloß unsere Sichtweise zu abstrakten Überzeugungen über den fehlenden Wahrheitsgehalt von absoluten Aussagen zu ändern. Wir müssen das ändern, was wir als äußerst bedeutsam empfinden, und damit das, was unsere Aufmerksamkeit wecken wird.

Buddhistische Praxis lässt insofern eine gewisse Anerkennung dieses Punkts erkennen, als sie die Analyse und Reflexion doktrinärer Überzeugungen über Leerheit und Nicht-Wesenhaftigkeit fördert. Beispielsweise gibt es in der Madhyamaka-Schule eine Meditation über Leerheit, die eine systematische Reflexion über die Stufen der Leerheit beinhaltet. Doch selbst hier liegt der Schwerpunkt weiterhin darauf, die Wahrhaftigkeit eines abstrakten Schemas und die Unrichtigkeit der anderen zu akzeptieren, wobei Reflexion und Analyse als Werkzeuge dienen, um diese abstrakte Akzeptanz oder Nicht-Akzeptanz zu erreichen. Die ontologische Besessenheit setzt sich fort, weil die Aufmerksamkeit nach wie vor darauf gerichtet ist, die richtigen Sichtweisen auf Objekte zu haben, und weniger, die richtigen Arten von Urteilen zu fällen.

Für einige Praktizierende mag diese grundlegende Einengung der Art und Weise, wie die buddhistische Tradition den Mittleren Weg abgesteckt hat, nicht allzu wichtig erscheinen. Die Natur der Dinge und unsere Urteile über sie mögen als verschiedene Seiten derselben Medaille erscheinen, wobei eine die Stellvertreterrolle für die andere einnimmt. Buddhistische Praktizierende machen mit dieser Stellvertreter-Methode weiterhin Fortschritte. Ich möchte jedoch darlegen, dass sie in vielerlei Hinsicht ein unnötiges Hindernis für die Praxis des Mittleren Wegs darstellt.

Der Grund dafür lässt sich mit einem berühmten Gleichnis aus einer Mahayana-Schrift, dem *Bodhicaryavatara*, zusammenfassen:

> *Woher soll ich so viel Leder nehmen, um die ganze Welt zu bedecken? Die große weite Welt kann schon mit dem Leder, das für ein Paar Schuhe reicht, bedeckt werden. Auf die gleiche Weise werde ich, da ich äußere Ereignisse nicht kontrollieren kann, meinen eigenen Verstand kontrollieren.*[1]

Diese Analogie verweist äußert offenkundig auf die Effizienz der Bemühungen sowie auf die weitaus größeren Erfolgsaussichten, wenn man sich darauf konzentriert, die eigene Sichtweise zu verändern und nicht die Welt. Das bedeutet nicht, dass wir nicht versuchen sollten, die Welt in irgendeiner Weise zu verändern. Vielmehr bedeutet es, dass wir so viel erfolgreicher sein könnten, wenn wir uns mit unserem Geist beschäftigen, um passendere Beurteilungen vorzunehmen, die den Bedingungen der Welt besser gerecht werden. Ein sehr ähnlicher Aspekt lässt sich indes in Hinblick auf das Verändern unserer Sicht auf die Welt als Ganzes anführen, im Gegensatz zu einer Veränderung unserer Reaktion auf die entscheidenden Beurteilungskriterien, wenn wir mit der Welt interagieren. Es ist eine Sache zu glauben, dass alles in der uns erscheinenden Welt in einem allgemeinen Sinn leer ist. Es ist eine ganz andere und viel wichtigere Sache, eine Verabsolutierung der grundlegenden Seinsweise, die man für bestimmte Menschen oder Dinge (wie z.B. den eigenen Vater, das eigene Auto oder die eigene Theorie) annimmt, zu vermeiden, wenn man dadurch in gewisser Weise den Bedingungen besser gerecht würde, um über die angenommene Seinsweise hinauszugehen.

Wie ich bereits in diesem Buch erörtert habe, ist der Mittlere Weg eine Methode. Diese Methode zeigt sich in bestimmten Aspekten grundlegenden Urteilens im Leben des Buddha. Der Buddha hat diese Methode wahrscheinlich in sehr vielen anderen Situationen angewandt, von denen wir nichts wissen. Dennoch erforderte die Anwendungen dieser Methode nicht zwingend, dass er seine körperliche Beschaffenheit als Mensch veränderte oder ununterbrochen in Zuständen veränderten Bewusstseins weilte. Buddhas Fähigkeit, Zugang zu vorübergehenden Zuständen verstärkter Integration wie *Jhana* zu finden, war für ihn wahrscheinlich von großem Wert, ebenso wie die Tugendhaftigkeit seiner gewohnheitsmäßigen Denk- und Handlungsweisen. Wenn diese Zustände oder Absichten jedoch vor dem Hintergrund von Urteilsvermögen auf die Probe gestellt wurden, waren sie von größtem Wert.

[1] Shantideva (1995) Abschnitt 5.13.

Urteilsvermögen stellt die Weichen für unsere späteren Überzeugungen, inspiriert zu Handeln und Unterlassen und wirkt sich sowohl direkt als auch durch Vorbildfunktion auf andere auf. Das Urteilsvermögen ist es auch, das durch Festschreiben einer Reihe unterstellter Bedingungen, unter denen wir handeln sollen, eine Art Eingangspforte für Interaktion zwischen Erfahrung und Bedingungen („Subjekt und Objekt") schafft. Wenn wir aber gerade das Urteilen verändern müssen, dann muss unser Hauptaugenmerk in erster Linie auf dem Urteilen liegen. Nur in zweiter Linie können wir die Bedingungen in uns selbst und in der Welt überdenken, die von diesen Urteilen betroffen sind.

Die ontologische Besessenheit bringt auch viele unnötige Schwierigkeiten mit sich. Das Denken in Beurteilungen „durch Stellvertreter" mit Hilfe von Beurteilungsobjekten schafft nicht nur eine größere Gefahr, sich diese durch Verabsolutierung von Überzeugungen anzueignen, sondern erschwert es auch, ein klares theoretisches Verständnis des Mittleren Wegs aufrechtzuerhalten. Das Aneignen durch Verabsolutierung von Überzeugungen lässt sich in der gesamten Geschichte des Buddhismus beobachten. Verschiedene Lehrmeinungen begannen, in Streitigkeiten zu verfallen und das gerade deshalb, weil sie sich nicht auf die Methode, sondern auf die Ontologie konzentrierten. Beispielsweise stimmten die Pudgalavadins nicht mit den anderen Lehrmeinungen überein, indem sie behaupteten, dass es eine wahre „Person" gebe, die von den Aggregaten getrennt sei. Die Sarvastivadins behaupteten ebenfalls, dass es wahrhaft existierende atomare Phänomene gebe, die sie als „Dharma" bezeichneten, während die Madhyamaka stattdessen behaupteten, dass alle „Dharmas" leer seien, und die Yogacara, dass sie letztendlich „nur Geist" seien. Es ist nicht erforderlich, auf die (irrelevanten) fachspezifischen Einzelheiten dieser metaphysischen Kontroversen einzugehen, um einen Eindruck davon zu erhalten, welch völlig unnötige Ablenkung von einer authentischen Praxis sie darstellten, da sie sich nicht auf das Beurteilen, sondern lediglich auf Ontologie konzentrierten.

Die ontologische Besessenheit erschwert es den Menschen auch, die Integration gegensätzlicher Sichtweisen zu verstehen oder zu praktizieren. Das liegt an der fortbestehenden Tendenz, sich auf den *Inhalt* dieser Sichtweisen in einer absoluten Form zu konzentrieren (d.h. auf die unterstellten grundlegenden Überzeugungen zu unterstellt grundlegenden Dingen, auf die wir Bezug nehmen), anstelle einer erfahrungsbasierten Form, die ihrer psychologischen Rolle Rechnung trägt. Mit erfahrungsbasierten Überzeugungen, wie z.B. einer Vorstellung von der idealen Menge Fett, die man einem Kuchenrezept hinzufügt, ist es relativ einfach, Meinungsverschiedenheiten in Bezug auf Erfahrungsobjekte zu überwinden. Wir können dies durch Beobachtung und Experimente erzielen. Wir können Kuchen mit unterschiedlichen Fettmengen verkosten und die Ergebnisse vergleichen. Wenn es jedoch um absolute Überzeugungen über endgültige Wesenheiten geht, gibt es keine Lösungsansätze zwischen widerstreitenden Überzeugungen, solange sie absolut gesetzt werden: Beispielsweise existiert das Selbst entweder in irgendeiner Form oder eben nicht. Nur wenn wir die Fragestellung neu formulieren, so dass sie tatsächlich zu einer Frage der Erfahrung wird (und damit zu einer graduellen), können wir den Streit entschärfen.

Diese Neuausrichtung findet im traditionellen buddhistischen Diskurs im Allgemeinen nicht statt. Stattdessen finden wir im Pali-Kanon und im Mahayana unterschiedliche Herangehensweisen. In der Tradition von Pali-Kanon und Theravada wird uns oft eine gebieterische Antwort gegeben: Man gibt uns gewöhnlich einfach Worte an die Hand, die für die Vorstellung, einer Lösung stehen. Im Mahayana erhalten wir hingegen oft endlose „Kehrtwenden" und Paradoxien. Sie alle können als Ersatz für die Konfliktlösung dienen und können uns daher davon ablenken, uns tatsächlich mit der Lösung des Konflikts zu befassen, indem wir den Mittleren Weg praktizieren, wenn alles, was wir getan haben, nur darin besteht, eine Vorstellung durch eine andere zu ersetzen. Diese Art von Attributsubstitution ist ein anerkanntes Phänomen kognitiver Verzerrung, bei dem wir eine komplexere und schwierigere Antwort, die benötigt wird, um den Bedingungen gerecht zu werden, durch eine einfachere Antwort ersetzen, auf die wir schneller zugreifen können. So wurden beispielsweise in einer psychologischen Studie Studierende befragt, wie viele Verabredungen sie kürzlich hatten, kurz bevor sie gefragt wurden, wie glücklich sie waren. Sie tendierten dazu, die Antwort auf die Verabredungsfrage zu nutzen, um auf einfache Weise die potenzielle Komplexität der Glücksfrage[2] zu vermeiden. In gleicher Weise tendieren buddhistische Texte dazu, eine tatsächliche Anwendung der Methode des Mittleren Wegs durch eine Formel oder ein Paradoxon zu ersetzen.

Lassen Sie mich einige Beispiele für jede dieser Arten von buddhistischen Reaktionen geben. Hierbei möchte ich betonen, dass ich damit auf die Begrenztheit in dem, was sie tun, hinweise, aber gleichzeitig nicht in Abrede stelle, dass sie eine gewisse Wegstrecke gehen, die Menschen grob in Richtung des Mittleren Wegs weist, und somit bis zu einem gewissen Punkt durchaus hilfreich sind.

Als Beispiel für die erste Art von Antwort nehmen wir das *Honigkuchen Sutta*.[3] Hier beginnt der Buddha damit, dass er einem interessierten Laien zunächst erklärt, dass seine Lehre „mit niemanden auf der Welt streitet". Der Buddha erklärt dann weiter, dass seine Lehre Konflikte vermeidet, weil Konflikte durch geistiges Ausufern verursacht werden. Wenn „dort nichts

[2] Kahneman (2011) S. 101–3; Ellis (2015a) Kap. 3.d.
[3] *Majjhima Nikaya* 18. Ñanamoli und Bodhi (1995) S. 201 ff.

gefunden wird, woran man sich erfreuen und anhaften kann, dann ist dies das Ende der zugrundeliegenden Neigung zu Begierde", ebenso äußert er sich zu Zweifel, Dünkel, Dasein und Unwissenheit. Der Wegfall dieser zugrundeliegenden Tendenzen bedeutet das Ende des „Gebrauchs von Knüppeln und Waffen… Streit, Zank, Streitgesprächen, Anschuldigung, Gehässigkeit und falscher Rede".[4] Obwohl Maha Kaccana (einer der bedeutendsten Schüler des Buddha) dies dann ausführlicher erläutert, wird durch seine Erklärung nur wenig Neues hinzugefügt.

Hier haben wir also eine Erklärung der Verabsolutierung als Ausufern (was bezeichnend für die Art und Weise ist, in der der ihre geschlossene Rückkopplungsschleife den geistigen Zustand beherrscht). Es wird auch deutlich gemacht, dass wir uns von Konflikten befreien könnten, indem wir uns von verabsolutierten Wünschen und Überzeugungen befreien. Was uns jedoch nicht gesagt wird ist, wie wir eine verabsolutierte Überzeugung in eine vorläufige überführen können, in der der Konflikt aufgelöst werden kann.

Natürlich sollten wir den Praktiken des Achtfachen Pfads folgen und, indem wir in unserem Urteilen stärker integriert werden, ihn für uns weiterentwickeln in Bezug auf die konkreten Verabsolutierungen, derer wir uns in unserem eigenen Geist bewusstwerden. Dennoch wäre das *Sutta* sehr viel wirkungsvoller bei der Vermittlung dessen, wie der Mittlere Weg uns dabei helfen kann, Konflikte zu vermeiden, wenn es eine Art Neuausrichtungsprozess veranschaulichen würde. Ein scheinbar unlösbares Problem muss allmählich oder auf der Grundlage von Erfahrungen neu bewertet werden, so dass sich dann beide Seiten darauf einigen können. Stattdessen werden wir lediglich mit gewissen, hochgradig formalisierten Arten der Einordnung oder des Hinweisens auf diesen Prozess allein gelassen, die zu einer bestimmten „richtigen" Art und Weise des Verständnisses der Bedingungen passen.

Als Beispiel für die zweite Art betrachten wir einen Auszug aus dem *Diamant-Sutra*:

> *Der Buddha antwortete Subhuti: Gute Männer und gute Frauen, die die Vollendung der Unvergleichlichen Erleuchtung suchen, müssen diese entschlossene Geisteshaltung hervorbringen: Ich muss alle Lebewesen befreien, doch wenn alle befreit sind, ist wahrscheinlich kein einziges befreit. Weshalb? Wenn ein Bodhisattva die Vorstellung einer Ichheit, einer Persönlichkeit, eines Wesens oder einer abgegrenzten Individualität hegt, so ist er folglich kein Bodhisattva, Subhuti. Das ist so, weil es in Wirklichkeit keine Formel für das Hervorbringen der Vollendung der Unvergleichlichen Erleuchtung gibt.*[5]

---

[4] *Majjhima Nikaya* 18.8. Ñanamoli und Bodhi (1995) S. 202.
[5] Price and Mou-Lam (1969) Abschnitt 17, S. 52.

Dies ist ganz typisch für eine Vielzahl von Inhalten in die „Vollkommenheit der Weisheit“ (*Prajnaparamita*) und in anderer artverwandter Mahayana-Literatur. Auf den ersten Blick mag es wie der Mittlere Weg erscheinen, weil jeder absoluten Position von der anderen widersprochen wird, aber alles, was der Text uns darlegt, ist ein Wechsel zwischen zwei absoluten Perspektiven. Der Widerspruch zwischen den beiden Perspektiven konfrontiert uns mit einem Paradoxon und die Annahme scheint zu sein, dass die Erörterung des Sachverhalts auf sprachlicher Ebene uns nicht näher an den Mittleren Weg annähern kann. Allerdings ist das Paradoxon überflüssig, da der Widerspruch immer dadurch aufgelöst werden kann, dass man sein Verständnis der Begriffe so umgestaltet, dass diese nicht mehr absolut sind. *Allmählichkeit* ist der Schlüssel dazu. Das Paradoxon in diesem Zitat tritt nur aufgrund einer absoluten Sichtweise von „Befreiung“ auf, aber in der Praxis steht die allmähliche Befreiung (d.h. Integration) einer Person in wechselseitiger Abhängigkeit mit allen anderen. Gesellschaftspolitische Integration unterstützt die individuelle Integration und umgekehrt. Die Vorstellungen vom Bodhisattva und einer Formel, die Erleuchtung erzeugt, werden gleichermaßen in wenig hilfreicher Weise verabsolutiert. Keine Bodhisattva, die einen Körper hat, wird frei von jeglichem Ego sein, aber daraus folgt nicht, dass sie nicht in der Lage wäre, anderen dabei zu helfen, Fortschritte zu erzielen. Die Tatsache, dass es keine absolute Formel für Erleuchtung gibt, bedeutet auch nicht, dass es keine hilfreichen Ausdrucksformen in Worten gibt.

Die ontologische Besessenheit hat dazu geführt, dass der Mittlere Weg in einem beträchtlichen Teil der buddhistischen Literatur und des buddhistischen Denkens wirkungsvoll verdunkelt oder womöglich sogar verraten wurde. All dies ist der Annahme geschuldet, der Mittlere Weg würde am besten in Begriffen verstanden und beschrieben, die sich darauf konzentrieren, wie die Dinge sind oder nicht sind. Es wird durchwegs davon ausgegangen, dass die Bedeutung unserer Sprache notwendigerweise auf der Beschreibung von Ontologien beruht und nicht auf der assoziativen Wirkung von Symbolen auf unsere Körper, und dass die Sprache daher von Natur aus für spirituelle Zwecke ungeeignet sei. Sprache hat in der Tat Grenzen, aber wie bei jedem Werkzeug sind die Grenzen von der Fähigkeit abhängig, mit der es gehandhabt wird. Sich lediglich in eine Paradoxie zu flüchten, trägt nicht dazu bei, unsere Fähigkeit im Umgang mit Sprache zu verfeinern.

Wir sind jetzt in der Lage, uns davon zu lösen und den Mittleren Weg als eine Methode zur Urteilsfindung zu verstehen. Für den Mittleren Weg kann Sprache immer mehr oder weniger gut oder schlecht verwendet werden und „zu sein“ ist lediglich ein Stück verkürzter Sprache.

4.c. Die Bandbreite der Verabsolutierungen

Frühere buddhistische Darstellungen des Mittleren Wegs sind oft von unnötigen Einschränkungen durch Verabsolutierungen gekennzeichnet, die man eigentlich vermeiden will. Diese Einschränkungen werden durch spätere Darstellungen (insbesondere im Mahayana) größtenteils korrigiert, aber das buddhistische Verständnis des Mittleren Wegs kann durch diese früheren Darstellungen immer noch eingeschränkt bleiben. Dies zeigt sich, wenn der Mittlere Weg *nur* auf bestimmte Arten von Ansichten angewandt wird, auf andere aber nicht, sei es Askese und Maßlosigkeit, „Eternalismus" und „Nihilismus" oder Existenz und Nicht-Existenz. Daher ist es für Buddhisten wichtig, die ganze Bandbreite an Verabsolutierungen zu erkennen, wenn sie ein angemessenes Verständnis des Mittleren Wegs für die Praxis entwickeln möchten.

Lassen Sie mich mit einem kurzen Überblick darüber beginnen, wie der Mittlere Weg im Pali-Kanon dargestellt wird. Wenngleich weniger verallgemeinert als im Mahayana, so wird doch selbst dort eine umfassendere Anerkennung verschiedener Arten von Verabsolutierungen zu beiden Seiten hin deutlich als oft einräumt wird. Zu den Gegensatzpaaren, die es zu vermeiden gilt, gehören Genusssucht gegenüber Askese, der Glaube an ein unveränderliches Selbst gegenüber dessen Ablehnung, das Anerkennen oder Leugnen der Ewigkeit und Unendlich des Universums, der Glaube, dass der Buddha nach dem Tod weiterlebt oder nicht und Existenz gegenüber Nicht-Existenz.

Der Mittlere Weg zwischen Askese und Maßlosigkeit ist hinreichend klar aus Buddhas früher Lebensgeschichte ersichtlich. In einem Gespräch mit dem Vorsteher Rasiya findet er förmlicheren Ausdruck:

> *Zwei Extreme, Vorsteher, sind von Hauslosen nicht zu pflegen: das Streben nach sinnlichem Glück und sinnlichen Vergnügungen, das nieder, gewöhnlich, der Weg der Weltlinge, unedel, heillos ist; und das Streben nach Selbstkasteiung, das schmerzhaft, unedel, heillos ist. Ohne einem dieser beiden Extreme zu verfallen, ist der Tathagata zum mittleren Weg erwacht, der sehend und wissend macht, der zu Frieden, zu unmittelbarem Wissen, zu Erleuchtung, zu Nibbana führt. Und was ist dieser mittlere Weg, zu dem der Tathagata erwacht ist…? Es ist dieser Edle Achtfache Pfad…*[1]

Es sei darauf hingewiesen, dass es hier nichts gibt, was den Mittleren Weg auf das Vermeiden nur dieser beiden konkreten Extreme *beschränkt*. Die Beziehung zwischen dem Mittleren Weg und dem Achtfachen Pfad legt auch eine breitere Anwendbarkeit nahe, die alle Elemente des Achtfachen Pfads einbezieht (jene, die sowohl Ansichten, Bestrebungen und Achtsamkeit als

---

[1] *Samyutta Nikaya* 42.12. Bodhi (2000) S. 1350. Für weitere Verweise auf absolute Ansichten über das Selbst im *Samyutta Nikaya* siehe auch 12.35, 22.1, 22.81 und 24.3-5.

auch Anstrengung und Handeln beinhalten). Die wechselseitigen Abhängigkeiten zwischen unseren Ansichten über Vergnügen auf der einen Seite und unseren Ansichten über uns selbst, die Welt und die Kategorien, die wir zur Beschreibung dieser Welt verwenden, auf der anderen sind kaum voneinander trennbar. Wenn ich z.B. maßlose Völlerei betreibe, impliziert dies auch eine absolute Sicht meiner selbst als aus Essen letztendliche Befriedigung gewinnend, des Essens als mir letztendliche Befriedigung verschaffend und meiner selbst und des Essens als völlig voneinander getrennt. „Ohne in eines dieser Extreme zu verfallen" weist auch auf die Ausgewogenheit hin, die ich in Kapitel 4.e. erörtern werde.

Im Pali-Kanon gibt es eine Vielzahl an Diskussionen, die sich mit den Ansichten über das Selbst befassen. Die Infragestellung des Glaubens an ein beständiges und ewiges Selbst wird anderweitig als *Anatta* oder Lehre vom „Nicht-Selbst" ausgedrückt, die eines der drei Merkmale bedingter Existenz ist (s. Kapitel 6.b.). Es ist jedoch auch klar, dass diese Lehre im Sinne des Mittleren Wegs als Vermeiden des Glaubens daran, dass das beständige und ewige Selbst existiert und an das Gegenteil, dass es nicht existiert, interpretiert werden muss. Wir haben dies, ebenso wie andere metaphysische Polaritäten, die der Buddha vermeidet, bereits in der *Malunkyasutta* gesehen. Hier ein weiteres Beispiel:

> *Kassapa, [wenn man denkt]: „Derjenige, der handelt, ist derselbe wie derjenige, der [die Folgen] erfährt", [dann behauptet man] bezugnehmend auf denjenigen, der von Anbeginn existiert: „Leiden ist selbstverursacht". Wenn man dies behauptet, läuft dies auf Ewigkeitsglaube hinaus. Aber, Kassapa, [wenn man denkt]: „Derjenige, der handelt, ist einer und derjenige, der die Folgen erfährt, ist ein anderer" dann behauptet man bezugnehmend auf denjenigen, der vom Empfinden geplagt ist: „Das Leiden wird von einem anderen verursacht." Wenn man dies behauptet, läuft dies auf Vernichtungsglauben hinaus.*[2]

Dies verknüpft verschiedene Arten der Verabsolutierung: Überzeugungen über das in einer beständigen und ewigen Form fortbestehende Selbst, werden mit Überzeugungen über Verantwortlichkeit verknüpft. Wenn das Selbst ewig fortbesteht und zusätzlich das Karma-Gesetz zugrunde gelegt wird, dann wirken sich die Handlungen des Selbst in der Zukunft auf dieses Selbst aus und man ist für sein Schicksal voll und ganz verantwortlich. Wenn sich andererseits das Selbst ständig verändert, auch wenn das Karma-Gesetz greift, wird unterstellt, dass es keine Verantwortlichkeit für die Art und Weise gibt, in der man von Bedingungen betroffen ist. Die hier genannten Verabsolutierungen suggerieren somit auch einen Glauben an freien Willen und Determinismus, soweit sie auf die Frage moralischer Verantwortung angewandt werden.

---

[2] *Nidanasamyutta, Samyutta Nikaya* 12.17. Bodhi (2000) S. 546–7.

Bei der Erörterung des Pfeilgleichnisses weiter vorne (Kapitel 3.d.) haben wir bereits gesehen, wie der Buddha den Glauben an die oder die Leugnung der Ewigkeit und Unendlichkeit des Universums und den Glauben an das oder die Leugnung des Weiterlebens des Buddha nach dem Tod sowie die Bejahung oder Verneinung eines beständigen Selbst vermeidet. Genau dieser Standardkatalog an alternativen Verabsolutierungen wird auch in der Lehrrede gegenüber Vacchagotta diskutiert. Dort fragt Vacchagotta, welche Gefahr der Buddha in diesen Ansichten sieht. Der Buddha antwortet:

> *„Vaccha, die spekulative Ansicht, dass die Welt ewig sei [nachfolgend für all die anderen metaphysischen Ansichten wiederholt], ist ein Dickicht von Ansichten, eine Wüste von Ansichten, eine Verzerrung von Ansichten, ein Wankelmut von Ansichten, eine Fessel von Ansichten. Sie ist geplagt von Leiden, von Verdruss, von Verzweiflung und von Fieber und sie führt nicht zu Desillusionierung, zu Leidenschaftslosigkeit, zum Aufhören, zum Frieden, zur direkten Erkenntnis, zur Erleuchtung, zu Nibbana.“*[3]

Viele der Verabsolutierungsprozesse werden hier metaphorisch angedeutet. Ein Dickicht (oder eine Fessel) suggeriert, gefangen oder in einer Falle zu sein, wie in der geschlossenen Rückkopplungsschleife, die mit Verabsolutierung verbunden ist. Eine Wüste suggeriert Trockenheit – die Trockenheit wiederverwendeter, toter Sinnbilder und nicht hinterfragter Annahmen. Verzerrung verweist auf die defensiven Rationalisierungen, in die sich Menschen flüchten, um ihre metaphysischen Ansichten zu verteidigen. Wankelmut verweist auf die „Kehrtwende“, bei der Menschen von einer absoluten Position zur entgegengesetzten springen, ohne Fähigkeit zur Neuausrichtung. Es wäre eher merkwürdig, würden die hier aufgeführten spezifischen Ansichten abgelehnt, weil sie diese Auswirkungen haben, andere Ansichten, die nachweislich ähnliche Auswirkungen haben (wegen ihrer psychologischen Ähnlichkeit mit den konkret aufgeführten Ansichten) aber nicht.

In beiden Zusammenhängen, wie auch in anderen, in denen dieser Katalog metaphysischer Ansichten erwähnt wird, werden nicht nur zwei gegensätzliche Ansichten, sondern vielmehr vier Alternativen aufgeführt: wahr, falsch, sowohl wahr als auch falsch oder weder wahr noch falsch. Diese Alternativen passten zu den in diesem Kontext angenommenen logischen Kategorien, sind aber im modernen Westen nicht wirklich relevant, wo eine solche Logik mit vier Alternativen nicht sonderlich verbreitet ist. Es macht jedoch kaum einen Unterschied, welche logischen Möglichkeiten in Betracht gezogen werden, da der Kerngedanke des Buddha in der Ablehnung der gängigen Konzeption der Problemstellung besteht. Wenn wir eine Problemstellung, die absolut wahrgenommen wurde, so umgestalten, dass sie schrittweise bewältigt werden

---

[3] An Vacchagotta über das Feuer, *Majjhima Nikaya* 72.14. Ñanamoli und Bodhi (1995) S. 591.

kann, sind die Optionen „sowohl als auch“ und „weder noch“ der alten Struktur nicht mehr relevant. Wenn wir z.B. das Problem mit der Ewigkeit des Universums in eine Fragestellung umformen können, mit der wir uns erfahrungsgemäß befassen können, beispielsweise, ob Beobachtungen von Phänomenen aus einer Zeit vor dem Urknall möglich sind, ist dies weder eine Behauptung, dass das Universum sowohl ewig als auch nicht ewig ist, noch, dass es weder ewig noch nicht ewig ist. Vielmehr stellt es die Frage in Begriffen, die solche spekulativen Überzeugungen gänzlich vermeiden.

Die umfassendste der zu vermeidenden Verabsolutierungen des Pali-Kanons ist jedoch die in einer kurzen Lehrrede an Kaccanagotta aufgezeigte:

> *„„Alles existiert“, Kaccana, das ist ein Extrem. „Alles existiert nicht“, das ist das zweite Extrem. Ohne in eines dieser beiden Extreme zu verfallen, lehrt der Tathagata den Dhamma aus der Mitte... “*[4]

Genau das, was die westliche Tradition philosophisch als Realismus (alles existiert, weil es körperlich ist) und Idealismus (alles existiert nicht, weil es nur geistig ist) kennt, wird hier klar zurückgewiesen, unabhängig davon, ob man diese beiden Positionen hinsichtlich der Frage der „Existenz“ als einander gegensätzlich oder untermauernd interpretiert, sie jedoch bloß in unterschiedliche Begriffe fast. Dies verweist auf die Notwendigkeit, die ontologische Besessenheit zu überwinden, in der Behauptungen darüber aufgestellt werden, was existiert oder nicht existiert. Gleichzeitig wird die Notwendigkeit anerkannt, aus praktischen Gründen zu unterscheiden, was wir als existent oder nicht existent annehmen.

> *Diese Welt, Kaccana, hängt zum größten Teil von einer Dualität ab – von der Vorstellung von Existenz und der Vorstellung von Nichtexistenz. Aber für jemanden, der mit wahrer Weisheit das Entstehen der Welt so sieht, wie es wirklich stattfindet, gibt es keine Vorstellung von Nichtexistenz in Bezug auf die Welt. Und für jemanden, der mit wahrer Weisheit das Verlöschen der Welt mit vollständigem Verstehen sieht, wie es wirklich stattfindet, gibt es keine Vorstellung von Existenz in Bezug auf die Welt.*[5]

Es wäre widersprüchlich, würde der Buddha zugleich behaupten, er mache sich keine Vorstellungen von Existenz und Nichtexistenz und gleichwohl behaupten, die Welt so zu kennen, „wie sie wirklich ist“. Viel hilfreicher ist es hier, den Buddha mit Bezug auf die Erscheinungswelt zu interpretieren, die wir erleben und über die wir vorläufige Überzeugungen entwickeln können. Solche vorläufigen Überzeugungen besitzen eine unsichere, originäre Begründbarkeit und können jederzeit durch bessere Alternativen ersetzt werden,

---

[4] *Nidanasamyutta, Samyutta Nikaya* 12.15. Bodhi (2000) S. 544.

[5] Ebenda.

weshalb wir die Annahme vermeiden sollten, solche Überzeugungen über „Existenz“ oder „Nicht-Existenz“ seien endgültig. Unsere Rolle bei der Urteilsfindung in dieser Welt hängt von einer rein praktischen Dualität ab, nicht von einer anderen Art von „Wahrheit“. Wir müssen keine Glaubenslehre der „Zwei Wahrheiten“ entwickeln. Die Unterscheidung zwischen der Notwendigkeit, verfrühte Dualität in unseren Überlegungen zu vermeiden, und der Notwendigkeit, Dualität in praktischen Beurteilungen zugrunde zu legen, ist schlicht eine im Laufe der Zeit vorgenommene Aufgliederung von Beurteilungsaspekten.

Allein schon diese Passage, ganz zu schweigen von den anderen, die bisher in diesem Kapitel erörtert wurden, sollte hinreichend verdeutlichen, dass der Mittlere Weg selbst in Anbetracht des Wortlauts des Pali-Kanons nicht ohne weiteres als bloßes Vermeiden einiger weniger spezieller Formen von Verabsolutierungen angesehen werden kann, sondern vielmehr als Vermeiden von Verabsolutierungen im Allgemeinen. Nichtsdestotrotz scheint es ein generelles buddhistisches Versäumnis zu geben, den Mittleren Weg auf den neuesten Stand zu bringen, um alles berücksichtigen zu können was wir seit Buddhas Zeiten über Formen der Verabsolutierung gelernt haben. Wir müssen dies tun, um den Mittleren Weg als einen Ansatz zu erleben, an dem sich jede einzelne Beurteilung in der buddhistischen Praxis orientieren kann.

Dies kann mit einem Bestreben zusammenhängen, den Mittleren Weg überhaupt nicht ernst zu nehmen und ihn in Darlegungen der buddhistischen Lehre nicht zur Geltung zu bringen. Ich habe einmal eine Erhebung zu 60 Büchern über Buddhismus aus meinen Bücherregalen durchgeführt. Angesichts meines langjährigen Interesses am Mittleren Weg würde man erwarten, dass diese Auswahl das buddhistische Interesse am Mittleren Weg in überdurchschnittlichem Maße widerspiegelt, jedoch erwähnten nur 25 der 60 Bücher überhaupt den Begriff „Mittlerer Weg“ (oder ein Äquivalent wie „Mittlerer Pfad“) in ihrem Stichwortverzeichnis. Von diesen 25 verwendeten etwa 50% den Begriff nur ein- oder zweimal, gewöhnlich um festzustellen, der Mittlere Weg sei gleichbedeutend mit dem Achtfachen Pfad. Es wäre daher durchaus gerechtfertigt zu behaupten, dass weniger als ein Fünftel der Bücher über Buddhismus den Mittleren Weg als diskussionswürdiges Thema ernst nimmt. Wenn Autoren den Mittleren Weg nicht einmal erwähnen, ist es schwer zu erkennen, aus welchen Gründen sie dies nicht getan haben. Allerdings könnte ein Grund darin liegen, dass sie ihn lediglich hinsichtlich einiger weniger, spezifischer, metaphysischer Fragestellungen verstehen und ihm darüber hinaus keine Bedeutung beimessen. Diese metaphysischen Fragestellungen werden wiederum möglicherweise als nebensächlich für die buddhistische Praxis empfunden, obgleich sie eigentlich für jede einzelne Beurteilung, die wir in der Praxis vornehmen, von entscheidender Bedeutung sind.

Um dies besser zu verstehen, könnte es helfen, eine vollständigere Liste der verschiedenen Formen von Verabsolutierung bereitzustellen. Ich habe dies in *Middle Way Philosophy 4: The Integration of Belief* [Philosophie des Mittleren Wegs 4: Die Integration von Glauben] wesentlich ausführlicher behandelt. Dort habe ich auch jede Form der Verabsolutierung mit in der Psychologie anerkannten kognitiven Verzerrungen verknüpft und auch mit vielen in der westlichen Philosophie anerkannten metaphysischen Haltungen und Fehlschlüssen. Ich werde hier keine so detaillierte Analyse bieten, sondern eine Liste mit Formen der Verabsolutierung, die zumindest das Bewusstsein für die Bandbreite dessen, worüber wir sprechen, schärfen kann:

- Quelle (z.B. die Annahme, alles von einer bestimmten Quelle Gesagte, müsse wahr oder falsch sein)
- Subjekt (z.B. die Annahme, ein beständiges Selbst existiere oder nicht)
- Handlungsmacht (Glaube an freien Willen oder Determinismus)
- Objekt (z.B. Glaube an die letztendliche Existenz oder Nicht-Existenz materieller oder abstrakter Objekte)
- Ursache (Glaube an „wahre" Ursachen oder daran, eine bestimmte Ursache sei die alleinige, ultimativ hinreichende, ultimativ notwendige, usw.)
- Wahrscheinlichkeit (anzunehmen, an der Wahrscheinlichkeit gemessene Schritte seien absolut – z.B. ein geringes Risiko als Sicherheit ansehen)
- A-priori-Glaube (z.B. an die wesenhafte Natur eines Subjekts oder Objekts oder an die „Gegebenheit" von Zahlen oder Geometriegesetzen)
- Person (z.B. eine Person habe eine wesenhafte Eigenschaft oder Kategorie)
- Wert (z.B. in bestimmten Prinzipien, Zielen oder Tugenden liege eine absolute Quelle moralischen Werts)
- Grenzen (dass wir richtig erkannt haben, was „wirklich" zu einer Sache gehört und was nicht)
- Zeit (z.B. absolute Überzeugungen über den Wert vergangener, gegenwärtiger oder zukünftiger Ereignisse wegen ihrer zeitlichen Lage, darunter Verzerrungen wie der versunkene Kosten Fehlschluss, Status-quo-Verzerrung und Sucht nach Neuem)
- Bedeutung (z.B. Repräsentationalismus, der davon ausgeht, Wörter könnten Objekte oder Erfahrungen vollständig abbilden)

Viele unserer Beurteilungen unterliegen in mehreren dieser Kategorien gleichzeitig einer Verabsolutierung. Wenn ich z.B. übermäßig besorgt darauf regiere, dass meine Tochter sehr spät unterwegs ist, ohne mich anzurufen, stelle ich möglicherweise absolute Vermutungen darüber an, dass der einzige *Grund* ihres Nichtanrufens eine drohende Gefahr sei, darüber, dass die geringe *Wahrscheinlichkeit* von Gefahr eine Gewissheit sei, darüber, dass die

Grenzen des Verhaltens, die vieldeutig sind, absolut seien und darüber, dass die *Bedeutung* der durch Angst erzeugten Gedanken Realitäten widerspiegelten. Jede dieser Beurteilungen kann sowohl vorläufig als auch absolut genommen werden, aber wenn sie absolut werden, dann sowohl „emotional" als auch „rational". Es bedarf einer sorgfältigen Reflexion über unsere alltäglichen Urteile, um die verschiedenen, vorhandenen Annahmen zu differenzieren, da Verabsolutierungen in den trivialsten Beurteilungen zu finden sind.

All diese Kategorien absoluten Urteilens finden sich zumindest implizit im Pali-Kanon zu Buddhas Mittlerem Weg. Die Verabsolutierung der Quellen und Darstellungen wird in der bereits in Kapitel 2.f. zitierten Unterweisung des Buddha vor seinem Tod vermieden.: „Seid euch selbst Inseln, seid euch selbst Zuflucht..."[6] Wie wir gesehen haben, bedeutet das Vermeiden absoluter Überzeugungen auch das Vermeiden derartiger Überzeugungen über Handlungsmacht und über andere Personen. Das Vermeiden von Überzeugungen über Existenz und Nicht-Existenz bezieht sich auf Objekte, Ursachen, Wahrscheinlichkeiten, A-priori-Glauben, Grenzen und Darstellungen. Es ist die Verabsolutierung von Überzeugungen über das Wesen oder die Grenzen eines Objekts und die Verabsolutierung der Abstraktionen, die wir für äquivalent zum Objekt halten, die am stärksten gefährdet ist, wenn wir behaupten, über die Dinge Bescheid zu wissen. Alle Objekte haben auch eine zeitliche Dimension, die ebenfalls nicht verabsolutiert werden kann, und, dass sich die buddhistische Lehre über die drei Zeitebenen erstreckt, wird auch in den buddhistischen Vorstellungen über die Abfolge von Buddhas in Vergangenheit, Gegenwart und Zukunft deutlich.

Aus dem Vorstehenden mag das Vermeiden einer Verabsolutierung von Werten durch den Buddha nicht so offensichtlich hervorgehen. Eine umfassendere Untersuchung hierzu wird bis zur Erörterung der ethischen Praxis in Kapitel 5.c. warten müssen. Es ist jedoch klar, dass der Buddha eine abstrakte Formulierung absoluter moralischer Regeln vermieden hat, und dass sehr präzise monastische Regeln, die wir heutzutage möglicherweise als irritierend empfinden (wie das Verbot hoher oder breiter Betten) vermutlich entwickelt wurden, um ganz bestimmten Umständen gerecht zu werden, unter denen sie relevant waren. Wenn wir uns ein verkörpertes Verständnis ethischer Überzeugungen aneignen wollen, können solche Überzeugungen unmöglich absolute Berechtigung besitzen, aber sie entbehren auch nicht jeglicher Grundlage, solange sie für die Erfahrung relevant sind.

Im Allgemeinen sollte also Buddhas Mittlerer Weg so verstanden werden, dass er in allen Urteilssituationen alle Absolute vermeidet. Das bedeutet nicht, dass wir aus praktischer Sicht notwendigerweise in der Lage sind, alle

---

[6] Buddhas Letzte Tage, *Digha Nikaya* 16.2.26. Walshe (1995) S. 245.

Absolute zu überwinden, aber es bedeutet, dass alle Absolute als Quelle von Übel in Frage gestellt werden. In jedem Fall besteht der Mittlere Weg im Vermeiden sowohl positiver als auch negativer Absolute. Wenn wir nicht beide Extreme identifizieren können, sollten wir pragmatischen Zweifel bewahren, ob wir den Mittleren Weg anwenden.

„Alle Absolute" ist ein Begriff, der auch „alle metaphysischen Überzeugungen" umfasst, und in einigen meiner Publikationen habe ich Absolute durchgehend als „Metaphysik" bezeichnet. Ich bin mir bewusst, dass dies einer ganzen Reihe von Gewohnheiten im gängigen buddhistischen wie auch im damit einhergehenden akademischen Diskurs zuwiderläuft. Aus irgendeinem Grund halten die meisten buddhistischen Gelehrten den Begriff „buddhistische Metaphysik" nicht für ein Oxymoron. Wenn wir natürlich versuchen, die Überzeugungen zu beschreiben, die gegenwärtig von der buddhistischen Tradition vertreten werden, sind viele davon in der Tat metaphysisch. Wie ich jedoch hoffentlich gezeigt habe, findet sich in den hilfreichen Lehren des Buddha eine präskriptive Grundlage dafür, diese als falsch zu betrachten. Die gängigste Form, Buddhas Einwände gegen metaphysische Überzeugungen mit der „buddhistischen Metaphysik" in Einklang zu bringen, ist selektive Skepsis, die auf gängigen Annahmen beruht, gegen die ich in Kapitel 4.a. zuvor Einwände erhoben habe. Es wird unterstellt, der Buddha könne sich unmöglich auf alle metaphysischen Fragen beziehen, da es als unmöglich angesehen wird, alle metaphysischen Positionen zu vermeiden.

In den üblichen Diskussionen der analytischen Philosophie wird Metaphysik tendenziell mit elementaren oder grundlegenden Annahmen vermengt. Man könnte behaupten, ich müsse z.B. unbedingt annehmen, dass die Welt existiert und dass die Dinge in ihr in Zeit und Raum existieren. Die Tatsache, dass ich diese Dinge *allgemein* annehme und dass sie Teil der verkörperten Vertrauensbereiche sind, von denen ich gewöhnlich überzeugt bin, bedeutet jedoch nicht, dass ich nicht an ihnen zweifeln und Alternativen in Erwägung ziehen könnte, wenn ich einen besonderen Grund hätte, dies zu tun. Es mag schwierig sein, sich auch nur vorzustellen, die Welt existiere nicht, aber wenn mich jemand mit Beweisen konfrontieren würde, die eine brauchbare Alternative nahelegen, dann würde ich keinen Grund sehen, sie nicht in Betracht zu ziehen. Meine Überzeugung würde sich als vorläufig erweisen, wenn ich solchen Alternativen gegenüber offen wäre, aber als absolut, wenn ich es nicht wäre. Die Grundsätzlichkeit unseres Vertrauens in bestimmte Überzeugungen sollte nicht mit der Absolutheit der Annahme verwechselt werden.

Bittet man die meisten Gelehrten jedoch, sich mit der Vorstellung zu befassen, die der Buddha zumindest in einigen vernünftigen Lesarten klar geäußert hat, dass wir Metaphysik vermeiden sollten, dann scheint die Schwierigkeit, die sie damit haben, eher der von jemandem zu ähneln, der äußert, die

Welt könne gar nicht existieren. Sogar T.R.V. Murti, einer der einflussreichsten Gelehrten, der die Interpretation der Madhyamika- („Mittlerer Weg") Schule des Mahayana erörtert hat, stellt schon früh in der Studie fest: „Wir können keine Lebensweise annehmen, die nicht eine Philosophie, eine Bewertung der Realität impliziert.[7] Die Vorstellung, der ganze Sinn der Herangehensweise des Buddha könnte darin bestehen, davon abzusehen, eine „Bewertung der Realität" zu bieten, und dass dies in der Tat die Grundlage einer Philosophie des Mittleren Wegs sein könnte, scheint einfach nicht als Möglichkeit auf der akademischen Landkarte verzeichnet zu sein. Es ist nicht widersprüchlich, eine philosophische Darstellung anzubieten, die auf einem gründlichen und ausgewogenen Skeptizismus beruht: Sie ist vielmehr ein Ausdruck von Vorläufigkeit.

Wenn wir in unserer Skepsis gegenüber metaphysischen Überzeugungen selektiv wären, auf welcher Grundlage könnten wir dann wählen? Wenn wir eine bestimmte Auswahl an Normen übernehmen oder einfach an den metaphysischen Überzeugungen festhalten, von denen wir glauben, dass wir sie bereits haben, können wir uns der Unsicherheit nicht entziehen, die mit diesen Annahmen verbunden ist, sobald man sie in Betracht zieht. Wenn wir behaupten, dass einige metaphysische Überzeugungen (wie der Glaube, dass der Buddha erleuchtet war) einen praktischen Wert besitzen, müssen wir diese Überzeugungen augenblicklich in etwas Schwächeres als eine Verabsolutierung umformen, um diesen praktischen Wert zu erklären. Dass der Buddha durch ein hohes Maß an Integration und Einsicht in die Bedingungen einen Zustand erreicht hat, aus dem heraus die menschliche Erfahrung besser verstanden werden kann, ist eine Überzeugung, die uns inspirieren könnte, ihm nachzueifern. Aber dies in die Entrücktheit der „vollen und vollkommenen Erleuchtung" zu verwandeln, dient nur als Grundlage für absolute Appelle an Autorität. Die „buddhistische Metaphysik" lieferte insbesondere zwei Arten von Behauptungen, die viel dazu beigetragen haben, das buddhistische Verständnis des Mittleren Wegs zu verdunkeln. Eine davon ist der Glaube, dass alle entgegengesetzten Verabsolutierungen Aspekte eines grundlegenden Gegensatzpaares sind („Eternalismus" und „Nihilismus"). Dies werde ich im nächsten Kapitel entkräften. Die andere, dass einige metaphysische Überzeugungen besser seien als andere (insbesondere, Eternalismus sei besser als Nihilismus), wird Gegenstand des abschließenden Kapitels dieses Abschnitts sein.

---

[7] Murti (1955) S. 37.

4.d. Das Clustern der Verabsolutierungen: „Eternalismus“ und „Nihilismus“

Bisher haben wir die Vorstellung im Buddhismus untersucht, dass es einen Mittleren Weg zwischen zwei beliebigen gegensätzlichen Absoluten gibt. In dieser Vorstellung liegt jedoch nichts, was notwendigerweise das Clustern von Verabsolutierungen impliziert, d.h., die Ansicht, dass eine Form von Verabsolutierung notwendigerweise eine andere impliziert. Diese Ansicht ist allerdings eine weit verbreitete Auffassung in traditionellen Interpretationen des Mittleren Wegs. Verabsolutierungen werden nicht nur als in zwingender Beziehung zueinanderstehend verstanden, sondern auch in zwei zwangsläufigen Positionen polarisiert. Diese werden gewöhnlich einerseits als „Eternalismus“ (*Sassatavada*) und andererseits als „Nihilismus“ oder „Vernichtungsglaube“ (*Ucchedavada*) bezeichnet. Sollte dies zutreffen, dann wäre jeder Moment des Mittleren Wegs ein Navigieren zwischen diesen beiden zum Wesentlichen gemachten Extremen.

Im Kern dieser Überzeugungen über Clustern von Verabsolutierungen liegen zwei Assoziationen. Die eine betrifft die Verbindung zwischen Ansichten über das Selbst und praktischen Beweggründen für Ethik oder andere Praxis. Die andere betrifft Ansichten über das Selbst und ontologische Ansichten über die Existenzweise. „Eternalismus“ bedeutet also oft absolute Ansichten über das beständige Selbst, die auch den Glauben an die wesenhafte Natur der Objekte im Universum implizieren, verbunden mit Askese im Streben nach karmischer Belohnung. „Nihilismus“ hingegen bündelt absolute Überzeugungen über die Nicht-Existenz des Selbst in Verbindung mit der Nicht-Existenz wesenhafter Objekte und einer Ablehnung moralischer Motivation.

Die erste dieser Verbindungen zwischen den Ansichten über das Selbst und der moralischen oder spirituellen Motivation wird von Sangharakshita pointiert dargestellt:

> *Wie absolut die Abhängigkeit des Mittleren Pfads in der Ethik vom Mittleren Pfad in der Metaphysik und in der Psychologie ist, und wie unverzichtbar ein Verständnis des Letzteren für ein Verständnis des Ersteren ist, sollte nun offensichtlich sein. Der Glaube, dass hinter der bitteren Süße des menschlichen Lebens nur die alles verschlingenden Kiefer eines gigantischen Nichts klaffen, wird den Menschen unweigerlich auf seinen Körper und seinen Körper auf seine Empfindungen reduzieren; Vergnügen wird als Ziel menschlichen Strebens inszeniert, Nachsicht in den Himmel gelobt, Enthaltsamkeit verachtet und der Lüstling als Bester und Weisester der Menschheit gepriesen. In ähnlicher Weise wird der gegenteilige Glaube, dass der Makrokosmos auf absolutem Sein beruht, ob persönlich oder unpersönlich, in der Psychologie automatisch umrissen als der Glaube, dass über oder hinter dem Mikrokosmos, der kleinen Welt*

menschlicher Persönlichkeit, eine Seele oder ein Selbst existiert, was einerseits mit dem absoluten Sein verknüpft ist... und was andererseits ganz unterschiedlich und unabhängig vom physischen Körper ist. In diesem Fall wird Materie als Illusion oder Übel oder beides betrachtet und der Körper wird als die Hauptursache dafür angesehen, dass der Mensch seine Gleichheit mit oder Abhängigkeit vom Göttlichen nicht verwirklicht. Es wird davon ausgegangen, dass das Ziel des spirituellen Lebens darin besteht, eine vollständige Trennung zwischen Geist und Materie, Realem und Irrealem, Gott und der Welt, Temporärem und Ewigem herbeizuführen, woraus Selbstkasteiung in ihren extremsten und abstoßendsten Formen entsteht.[1]

Sangharakshitas Darstellung repräsentiert zwar nicht die aller Buddhisten, aber sie ist einflussreich und ihre Annahmen sind frappierend. Er behauptet ganz explizit, dass die Beziehungen zwischen den metaphysischen Überzeugungen auf jeder Ebene absolut sind, was bedeutet, dass es keine Ausnahmen von den Korrelationen zwischen ihnen geben kann. Dies führt zu einer sehr starken und weitreichenden Palette an Behauptungen, zu deren Widerlegung es nur Gegenbeispielen bedarf. Es ist leicht, solche Gegenbeispiele zu liefern: So gibt es etwa zahlreiche Beispiele materialistischer Wissenschaftler, die nicht glauben, dass es irgendetwas jenseits des Physischen gibt, die dadurch aber nicht ausschweifend leben. Sie können sich dabei durchaus asketisch ihrer wissenschaftlichen Arbeit widmen. Es gibt auch religiös Gläubige, die sowohl an Gott als auch an die Seele glauben, dabei aber keine Askese an den Tag legen: Trollopes Romane von bequemen und etwas nachsichtigen Geistlichen im neunzehnten Jahrhundert könnten viele Beispiele liefern. Was hier offenbar geschehen ist, ist eine Verabsolutierung einer Reihe von Glaubenszusammenhängen, die für die Zeit des Buddha typisch waren. Es wird davon ausgegangen, dass diese Zusammenhänge universell gelten *müssen*, ohne groß kritisch über die Ausnahmen nachzudenken, wenn sie im modernen Kontext zur Anwendung kommen.

Gleichzeitig bringt Sangharakshita in diese Passage auch fast platonische Positionen zum Körper ein, indem er unterstellt, dass die Konzentration auf Körperempfindungen mit hedonistischen Einstellungen einhergeht. Dies wird in einer tiefgreifenderen Weise missverstanden, die nicht nur in der Verwechslung von bedingten mit notwendigen Zusammenhängen besteht. Hedonismus ist eine Verabsolutierung von Vergnügen, die uns von der tatsächlichen Erfahrung von Vergnügen fernhält. Eine adäquate Auseinandersetzung mit körperlicher Erfahrung bildet vielmehr den Ausgangspunkt für Skepsis und Vorläufigkeit.

---

[1] Sangharakshita (1987) S. 162–3.

Die zweite dieser Verknüpfungen zwischen Überzeugungen über das Selbst und Überzeugungen über die Essenz lebender Wesen (*Svabhava*), wird vielleicht in der im vorigen Kapitel zitierten Lehrrede an Kacanagotta angedeutet. Sie wird bei Nagarjuna deutlicher zum Ausdruck gebracht:

Zu sagen, „es ist“, bedeutet nach Beständigkeit zu greifen.
Zu sagen, „es ist nicht“, bedeutet die Sichtweise des Nihilismus anzunehmen.
Daher sagt eine weise Person nicht
„Existiert“ oder „existiert nicht“.

„Was auch immer wesenhaft existiert,
Kann nicht nicht-existent sein“ bedeutet Eternalismus.
„Es existierte früher, aber nicht jetzt“
Beinhaltet den Irrtum des Nihilismus.[2]

Auch hier ist die Zuordnung in einem bestimmten Kontext stimmig, insbesondere, wenn sie auf das Fortbestehen des Selbst angewandt wird. Allerdings scheint auch hier wieder ein bedingter Zusammenhang als notwendig erachtet zu werden. Pradeep Gokhale spricht von einer Verschmelzung von wesenhafter Existenz mit ewiger Existenz:

Selbst wenn Existenz als Svabhava betrachtet wird, muss Existenz nicht ewig sein. Svabhava einer Sache, einfach, weil es Svabhava ist, muss nicht ewig sein. Brennen ist Svabhava des Feuers in dem Sinne, dass Feuer nicht aufhören kann zu brennen, solange es als Feuer existiert; nicht in dem Sinne, dass Brennen (weil es Svabhava ist) weitergehen muss, selbst wenn das Feuer zu existieren aufhört.[3]

Die wesenhafte Existenz eines Objekts impliziert nicht nur nicht notwendigerweise seine Beständigkeit, wie hier hervorgehoben, man könnte auch hinzufügen, dass die Beständigkeit eines Subjekts (des Selbst) nicht notwendigerweise die aller Objekte impliziert. Wie Gokhale weiter ausführt, impliziert Nagarjunas ontologischer Mittlerer Weg nicht notwendigerweise einen ethischen Mittleren Weg.

Es ist vielleicht gerade diese grundlegende Inkohärenz in buddhistischen Behauptungen, über die vom Mittleren Weg vermiedenen Extreme, die viele Gelehrte oder reflektierte Buddhisten davon abgehalten hat zu versuchen, den Mittleren Weg als eine in sich stimmige Lehre zu verstehen. Sie mögen zustimmen, dass der Mittlere Weg in einem bestimmten Fall die beste Vorgehensweise zu sein scheint, aber sie bringen ihn nicht mit weiteren derartigen Fällen in Verbindung, weil sie keine klare Verallgemeinerungsbasis haben,

---

[2] Nagarjuna, *Mulamadhyamakakarika* 15.10–11. Garfield (1995) S. 40.
[3] Gokhale (1996).

mit der sie darüber nachdenken könnten. Wenn die buddhistische Tradition ihre Behauptungen über den Mittleren Weg auf die philosophische Kohärenz von „Eternalismus“ und „Nihilismus“ als zu vermeidende Überzeugungen stützt, ist sie zum Scheitern verurteilt.

Ich selbst habe diesen Punkt im Rahmen der Studien zu meiner Doktorarbeit[4] schätzen gelernt (dem Ausgangspunkt für die Entwicklung meiner Philosophie des Mittleren Wegs).

Darin wurde versucht, eine Grundlage für eine inkrementelle, moralische Objektivität des Mittleren Wegs zu finden. Begründet wurde dies vor allem in Abgrenzung zu den Schwächen von „Eternalismus“ und „Nihilismus“ im westlichen Denken. Doch indem ich westliche Denker auf diese Weise kategorisierte, war ich wie Nagarjuna gezwungen, eine bestimmte Form von Verabsolutierung als die maßgebliche zu isolieren – in meinem Fall war es der moralische Absolutismus im Gegensatz zum moralischen Relativismus, auf den ich mich stützte. Ich fand alle möglichen Muster in den Clustern metaphysischer Annahmen, die absolute und relativistische Positionen stützten. Nichtsdestotrotz blieb ich beunruhigt darüber, wie weit ich gehen musste, um jeden einzelnen Denker auf diese Weise zu kategorisieren. Marx ist ein besonders gutes Beispiel eines Philosophen, der das Lager wechselt und sich nur schwer entweder als „Eternalist“ oder als „Nihilist“ kategorisieren lässt. Es besteht ein beträchtliches Risiko von Ad-hoc-Argumentation (bei der die Beweise tendenziell passend zur Theorie interpretiert werden), wenn man eine so grandiose Theorie durchgängig aufrechtzuerhalten hat, ohne dass eine unmittelbare Notwendigkeit zur Gegenprüfung besteht. Gerade diese Erfahrung harten Bemühens, dem „Eternalismus“ und dem „Nihilismus“ Bedeutung beizumessen, aber letztendlich zu scheitern, hat mich dazu veranlasst, jeglichen Glauben an die *notwendige* Einteilung metaphysischer Absolute in zwei grundlegende Positionen aufzugeben. Am Ende wurde mir auch klar, dass dieses Clustern für die praktische Funktionsfähigkeit der Philosophie des Mittleren Wegs irrelevant ist.

Dass es keine *zwangsläufige* Clusterbildung gibt, bedeutet nicht, dass es nicht zwischen absoluten Positionen eine erhebliche Clusterbildung gibt und dass einige eher dazu geeignet sind, sich gegenseitig zu untermauern. Zum Beispiel neigt im klassischen Theismus der Glaube an die Existenz Gottes dazu, sich mit dem Glauben an seine Offenbarungen zu vergesellschaften, der dazu neigt, sich mit moralischem Absolutismus zu vergesellschaften, welcher dazu neigt, sich mit dem Glauben an freien Willen zu vergesellschaften. Für all diese Verflechtungen gibt es jedoch potenzielle Ausnahmen. Sie könnten möglicherweise an die Existenz Gottes glauben, aber nicht daran, dass er

[4] Ellis (2001).

Offenbarungen erteilt, oder daran, dass er Offenbarungen erteilt, aber angesichts der Unsicherheit in unserer Interpretation ergibt sich daraus kein moralischer Absolutismus. Einige Theisten sind moralische Situationisten. Selbst diejenigen, die moralische Absolutisten sind, glauben möglicherweise eben nicht an den freien Willen, sondern sind stattdessen Vorherbestimmungsgläubige. Ähnliche Argumente lassen sich zu jedwedem traditionellen Cluster metaphysischer Überzeugungen, ob positiv oder negativ, anführen.

Metaphysische Überzeugungen unterstützen sich vor allem deshalb gegenseitig, weil sie innerhalb eines absoluten Rahmens geglaubt werden. In einem solchen Rahmen, wird unterstellt, dass die Sprache ihre Bedeutung aus einer potenziellen Verknüpfung mit der Wirklichkeit gewinnt. Die Rolle verkörperter Kategorien und Schemata, von Metaphern und darauf aufbauenden kognitiven Modellen wird ignoriert, weil davon ausgegangen wird, dass ein bestimmtes kognitives Modell ein wahrhaftes Mittel der Bezugnahme auf die Welt bietet. Viele der metaphysischen Überzeugungen, die in der westlichen Philosophie anerkannt sind – wie Naturalismus und Übernatürlichkeit, moralischer Relativismus und Absolutismus, Theismus und Atheismus, freier Wille und Determinismus – teilen ein einheitliches, elaboriertes, kognitives Modell, das auf miteinander verknüpften, toten Metaphern beruht und das Philosophen als Grundlage der Wahrheit betrachten.[5] Dieses kognitive Modell kann sowohl Widerspruch als auch Zustimmung zementieren.

Um die metaphysischen Überzeugungen zur Zeit Buddhas zu verstehen, müssen wir in ähnlicher Weise würdigen, dass es ein kognitives Modell gab, das von den Zeitgenossen des Buddha als selbstverständlich angesehen wurde. Dazu gehörten Karma, Wiedergeburt, eine zyklische Kosmologie und die Möglichkeit der Befreiung von Wiedergeburt. Die meisten Auseinandersetzungen zwischen verschiedenen Schulen im Umfeld des Buddha betrafen bloße Bewegungen zwischen verschiedenen Positionen innerhalb dieses kognitiven Modells. Die *Sinngehalte* dieser Positionen unterstützten sich weiterhin gegenseitig, selbst dort, wo sich die Überzeugungen unterschieden. Beispielsweise wurden jene Zeitgenossen des Buddha, die skeptisch genug waren, nicht an Karma zu glauben, beinahe unausweichlich nur negativ im Sinne dieses dominanten Modells dargestellt. Die Clusterbildungen in „Eternalismus“ und „Nihilismus“, die ihren Ausgangspunkt in der Einstellung zu Karma nimmt, macht nur innerhalb dieses kognitiven Modells Sinn. Die Tragweite des Mittleren Wegs führt und jedoch weit darüber hinaus, nämlich zur verkörperten Erfahrung der Menschen vor Einführung solcher Modelle.

Der Clusterbildung als Verständnisgrundlage für den Mittleren Weg zu viel Bedeutung beizumessen, würde es mit sich bringen, dem *Inhalt* absoluter

---

[5] Für weitere Einzelheiten hierzu siehe Lakoff und Johnson (1999) Kap. 21.

Behauptungen zu viel Bedeutung beizumessen. Allerdings ist es die Angewohnheit derer, die absolute Behauptungen aufrechterhalten, im Rahmen der Geisteshaltung, in der sie sie aufrechterhalten, ständig den Inhalt ihrer Behauptungen zu betonen. Sie glauben, dass diese aus den Gründen x, y oder z zutreffen müssen, wobei alle mit selektiver Skepsis, Bestätigungsverzerrung und Repräsentationalismus einhergehen. Diese Ausrichtung auf den Inhalt der Behauptung lenkt unsere Aufmerksamkeit ab von der psychologischen Funktion der Behauptung und dem breiteren Hypothesenkontext, in dem sie aufgestellt wird. Allerdings spielt der Inhalt einer absoluten oder metaphysischen Behauptung wegen seiner Irrelevanz für die Erfahrung keine Rolle, er dient lediglich als Erkennungszeichen dafür, welcher Gruppe man angehört.

Es gibt viele Behauptungen, die nicht eindeutig, potenziell absolut oder potenziell vorläufig sind und einer Interpretation bedürfen. Ist jedoch die einzige Bedeutung eines Satzes als Ganzem (im Gegensatz zu seinen Teilen) bei der Auslegung absolut, hat diese Satzbedeutung nur eine verabsolutierende Funktion. Ihre Beziehung zu anderen verabsolutierenden Funktionen ist nicht von besonderer praktischer Bedeutung, sondern lediglich ein Indikator für Gruppenzugehörigkeit. Nehmen wir als Beispiel den Satz: „Barack Obama ist nicht in den USA geboren.“ Selbstverständlich haben die Begriffe „Barack Obama“, „geboren“ und „USA“ eine eigene Bedeutung. Doch angesichts seiner fehlenden Bezugnahme auf Beweise, seiner nicht gegebenen Abstufung oder Vorläufigkeit und seines Eingebundenseins in die „Birther“-Bewegung, signalisiert der Satz als Ganzes eine absolute Zugehörigkeit zur Gruppe, die gegen Barack Obama ist. Ist dieser Satz eternalistisch oder nihilistisch? Das ist schwer zu sagen, aber ganz sicher entspricht er nicht dem Mittleren Weg.

Da es keine Notwendigkeit zur Clusterbildung gibt, müssen wir den Mittleren Weg einfach als ein Bewertungsprinzip verstehen, das zwischen *jedem beliebigen Gegensatzpaar* aus positiven und negativen Verabsolutierungen schwingt. Dies ist in jedem beliebigen Kontext möglich, in dem sie auftreten können. Da der Mittlere Weg keine metaphysische Position darstellt, braucht er nicht metaphysisch in Bezug auf metaphysische Positionen definiert zu werden. Er muss nur praktisch definiert werden, in Bezug auf absolute Positionen, wie sie uns in der Erfahrung begegnen. Es wäre mit dem Mittleren Weg an sich unvereinbar, ihn in Begriffen zu verstehen, die durch den Inhalt metaphysischer Überzeugungen diktiert werden.

4.e. Ausgewogenheit und die Bevorzugung des Eternalismus

Abgesehen von der Buddhistischen Ansicht, es gebe ein einheitliches Cluster absoluter Ansichten, Eternalismus und Nihilismus genannt, gibt es auch eine Tendenz zu einem dieser Cluster: der Glaube, Eternalismus sei dem Nihilismus vorzuziehen. So steht z.B. in einem Kommentar zum *Dighanakha Sutta*:

> *Die Eternalisten wissen, dass es ein gegenwärtiges Leben und ein Leben nach dem Tod gibt. Sie wissen, dass es angenehme und unangenehme Wirkungen heilsamer und unheilsamer Taten gibt. Sie widmen sich verdienstvollen Handlungen. Sie schrecken vor bösen Taten zurück. Jedoch genießen sie und erfreuen sich an Vergnügungen, die zu neuen Existenzen führen könnten. Selbst in Gegenwart des Gesegneten oder seiner Jünger fällt es ihnen schwer, ihren Glauben sogleich aufzugeben. So kann man vom Ewigkeitsglauben sagen, dass er, obwohl seine Fehler nicht schwerwiegend sind, nur schwer abzulegen ist.*
>
> *Andererseits wissen die Vernichtungsgläubigen nicht, dass es einen Übergang von anderen Existenzen in die menschliche Welt gibt und, dass es ein Leben nach dem Tod gibt. Sie wissen nicht, dass es angenehme und unangenehme Wirkungen von heilsamen und unheilsamen Taten gibt. Sie handeln nicht verdienstvoll und fürchten keine unheilsamen Taten. Sie finden keinen Gefallen und erfreuen sich nicht an heilsamen Taten, die zu neuen Existenzen führen könnten, weil sie nicht an ein Leben nach dem Tod glauben. In Gegenwart des Gesegneten oder seiner Jünger können sie ihren Glauben jedoch sofort aufgeben. Man kann also in Hinblick auf den Glauben der Nihilisten sagen, dass seine Irrtümer schwerwiegend sind, er aber leicht verworfen werden kann.*[1]

Man sagt, der eternalistische Glaube sei *saggavarana*, d.h. er sei förderlich für bessere Wiedergeburten, wenn auch nicht *maggavarana*, für den Weg zum Nirvana förderlich.[2] So hat sich zumindest in der Pali-Kommentarliteratur und späterer Interpretation die Ansicht verbreitet, der Mittlere Weg sei keinesfalls geradlinig, sondern vielmehr erste Wahl zwischen drei Optionen, bei denen es auch eine klare zweite Wahl gibt.

Die Auswirkungen dieser zweiten Variante zeigen sich in der traditionellen buddhistischen Trennung zwischen monastischem und Laien-Buddhismus. Das Ziel der Ordinierten ist Nirvana, aber das Ziel der Laienpraktizierenden (besonders im Theravada) ist gewöhnlich nur, eine bessere Wiedergeburt zu erlangen, um in einem zukünftigen Leben Nirvana anstreben zu können. Vom buddhistischen Laien wird erwartet, sich auf grundlegende

---

[1] Pesala (2013).

[2] *Saratthapakasini*: Buddhaghosas Kommentar zur *Samyutta Nikaya* 22.1.

moralische Verhaltensweisen zu konzentrieren, wie z.B. dem Befolgen der fünf Ethikregeln, und großzügig bei der Unterstützung der Ordinierten zu sein. Vom buddhistischen Laien wird also offenbar überhaupt nicht erwartet, dass er dem Mittleren Weg folgt, sondern vielmehr, dass er ein Ewigkeitsgläubiger ist, der einer systematischen und nicht hinterfragten Ideologie folgt, die einen ethischen Rahmen für Verdienste schafft.

Diese Sichtweise steht im Gegensatz zur Sichtweise des Mittleren Wegs, die ich bisher dargelegt habe, einschließlich der fünf in Kapitel 1.f. umrissenen und in Abschnitt 3 ausführlicher dargelegten Prinzipien. Agnostizismus, als eines dieser Prinzipien, beinhaltet die Ausgewogenheit als einen Schlüsselaspekt. Wenn wir ausgewogen sind, ziehen wir weder eine absolute Sichtweise einer anderen vor noch machen wir irgendeinen Unterschied zwischen positiven und negativen absoluten Sichtweisen. Wir erkennen an, dass beide gleichermaßen wenig hilfreich sind. Die Universalität des Mittleren Wegs, wie ich mich ihm genähert habe, impliziert auch, dass Abrücken vom Mittleren Weg für Laienbuddhisten völlig inakzeptabel ist. Es ist ein Ergebnis einer Diskontinuität im Denken über einen Pfad, der inkrementell ist.

Im vorigen Kapitel habe ich bereits erklärt, wieso Eternalisus und Nihilismus als unabdingbare Verabsolutierungscluster keine schlüssigen Konzepte sind. Um jedoch die Bevorzugung des Eternalismus zu verteidigen, könnte man ihn möglicherweise abschwächen, indem man jedwedes positive Absolute jedwedem negativen vorzieht. Dies wäre aus dem einfachen Grund töricht, dass die Zuschreibungen „positiv“ und „negativ“ vollkommen auf Konventionen beruhen und oft einfach gegeneinander ausgetauscht werden können. Glaube ich zum Beispiel an den freien Willen, wird dies vom Determinismus bestritten. Macht dies nun den Determinismus zu etwas Negativem? Betrachte ich jedoch Determinismus als eine positive Haltung, erscheint mir die Ablehnung des Determinismus durch den Indeterminismus negativ. Sogar Theismus und Atheismus könnte man so umdeuten, dass Atheismus ein „positiver“ „Glaube in die Nichtexistenz Gottes“ und Theismus ein „negativer“ „Nicht-Glaube in die Nichtexistenz Gottes“ ist. Was „positiv“ und was „negativ“ ist, ist eine zufällige Beschreibung, die nur von den Konventionen abhängt, die man annimmt, wobei das einzige notwendige Element (zumindest im Kontext des Mittleren Wegs) darin besteht, dass sie einander entgegengesetzt sind.

Wenn wir in Clustern von Verabsolutierungen denken, lassen sich Positives und Negatives ziemlich leicht bunt gemischt kombinieren. Es besteht keine Notwendigkeit, positive Absolute mit anderem Positiven zu kombinieren oder negative mit Negativem. Der orthodoxe Marxismus etwa kombiniert einen „positiven“ absoluten Glauben an sozioökonomischen Determinismus der Geschichte mit einer „negativen“ Sicht, die die Nichtexistenz Gottes propagiert, und einer vermutlich „negativen“ Sichtweise, die unvermeidliche letztliche Selbstzerstörung des Kapitalismus unterstellt. Es gibt schlicht, allgemein gesprochen, keinen Grund, das Positive dem Negativen vorzuziehen, ganz gleich, ob wir in einzelnen Absoluten oder Gruppen von Absoluten denken. Die Funktionsweisen von Absoluten bleiben in allen Fällen gleich.

Lassen Sie uns jedoch näher untersuchen, welche Gründe für eine Bevorzugung des Ewigkeitsglaubens angeführt werden könnten. Man mag argumentieren, die Bevorzugung sei rein praktischer Natur. Nicht jeder kann ordiniert sein, nicht nur, weil dann das System der klösterlichen Unterstützung zusammenbräche, sondern auch, weil die meisten Laien nicht dazu bereit sind, als Ordinierte zu leben. Solche Argumente hängen von Annahmen über die monastische und Laiengemeinschaft ab, die im Großen und Ganzen richtig oder falsch sein können. Der weiter gefasste Punkt, dass nicht jeder dazu bereit ist, den Mittleren Weg explizit zu praktizieren, auf den es ankommt, ist jedoch durchaus bedenkenswert.

Auch hier kann Robert Kegans Werk über psychische Entwicklungsstufen[3], das eine Reihe früherer Modelle und Überlegungen zur kognitiven wie auch moralischen Reife kombiniert, von großer Hilfe sein. Seinem Ansatz zufolge kann die psychische Entwicklung in fünf abgrenzbare Stufen unterteilt werden, wobei jede neue Stufe ein neues stabiles Bewusstseinsniveau bietet. Auf jeder dieser Stufen wir das, was in der vorhergehenden Stufe als selbstverständlich angenommen wurde, zum Untersuchungsgegenstand. Auf Stufe 1 werden wir uns auf diese Weise einer gegenständlichen, phänomenologischen Welt außerhalb von uns selbst bewusst. Auf Stufe 2 werden wir uns unterschiedlicher Personen und Objekte innerhalb dieser Welt bewusst. Auf Stufe 3 werden wir uns unserer selbst in Beziehung zu dieser Welt bewusst und nehmen so zwischenmenschliche, gemeinschaftliche Werte an. Auf Stufe 4 werden wir systematisch und ideologisch, indem wir die Welt im Sinne kohärenter Fakten und moralischer Prinzipien betrachten, die in manchen Fällen unsere zwischenmenschlichen Loyalitätsbeziehungen überlagern können. Auf Stufe 5 erkennen wir die Rolle unseres eigenen Urteils bei der Ausgestaltung dieser Sachverhalte und moralischen Prinzipien an und erlangen so die Fähigkeit, sie vorläufig zu interpretieren.

Die große Mehrheit der erwachsenen Bevölkerung befindet sich auf den Stufen 3 und 4, lediglich 1 Prozent der Bevölkerung erreicht offenbar Stufe 5.[4] Doch scheint eine umfassende Praxis des Mittleren Wegs auf den ersten Blick nur denjenigen vorbehalten zu sein, die sich auf Stufe 5 befinden oder im Übergang zu ihr. Erst auf Stufe 5 streben wir eine Vermeidung der letzten

---

[3] Kegan (1982).

[4] Zahl zitiert in Morad (2017).

Ebene der Verabsolutierung in Form absoluter ideologischer Überzeugungen an, die wir als unangemessen für sich verändernde Bedingungen erkennen. Gibt es Anlass, den Mittleren Weg aus pragmatischen Gründen für diejenigen, die sich auf früheren Entwicklungsstufen befinden, zu verwässern? Dies mag für diejenigen geboten erscheinen, die noch daran arbeiten, eine stimmige ideologische Sichtweise zu entwickeln, die sie als ihre eigene betrachten (Stufe 4), oder für diejenigen, die sogar noch daran arbeiten, sich selbst als Teil einer sich wechselseitig unterstützenden Gemeinschaft zu sehen (Stufe 4). Auf den ersten Blick ähnelt der Eternalismus, wie er traditionell verstanden wird, einer ideologischen Sichtweise der Stufe 4, in der man eine kohärente Sicht der Welt und der Werte hat, denen man in ihr Priorität einräumen sollte.

Wir müssen uns hier jedoch auch in Erinnerung rufen, wie die frühere Entwicklungsphase des Buddha eine allmähliche Auseinandersetzung mit dem Mittleren Weg widerspiegelte. Als er den Palast verließ, hatte er den Mittleren Weg noch nicht entdeckt, aber er schritt dennoch voran, weil ein neues, kritisches Bewusstsein entstand. Was Kegans Stufen angeht, stellt das „Fortgehen" wahrscheinlich einen Übergang von Stufe 3, in der Werte von zwischenmenschlichen Beziehungen abhängen, zu Stufe 4 dar, in der eine persönliche Ideologie entwickelt wird. Stufe 4 stellt einen notwendigen Ausgangspunkt für Stufe 5 dar, die die explizite Entdeckung des Mittleren Wegs umfasst, so dass der Übergang zu Stufe 4 auch als ein Schritt *in Richtung* Stufe 5 angesehen werden kann.

Während Kegans Schema eine wertvolle Orientierung in menschlicher Entwicklung bietet, sind die Stufen offensichtlich nicht gänzlich diskontinuierlich. Auch bietet eine höhere Stufe keine umfassendere Berechtigung als die vorherige, ohne die implizite Möglichkeit der nächsten. Aus der Perspektive von Stufe 5 ist Stufe 4 nicht besser begründet als Stufe 3, da beide dazu tendieren, begrenzte Sichtweisen zu verabsolutieren. Der Übergang zu Stufe 4 betont Trennung, während der Übergang zu Stufe 5 wieder Verbundenheit betont und somit in gewisser Weise wieder an die Stärken von Stufe 3 anknüpft (wie sie durch die Rosenapfelbaumerzählung verkörpert wird). Stufe 3 ist im Allgemeinen eine Stufe, in der Frauen eher stecken bleiben, während Männer eher in Stufe 4 stecken bleiben[5] – eine weitere Erwägung, dass die stufenweise Entwicklung nicht als einfache Hierarchie verstanden werden sollte.

Es gibt also durchaus einen Grund, der die praktischen Erklärungen für die Bevorzugung des Eternalismus bekräftigt, nämlich dass eine einseitige Bewegung von einer Reihe verbundener Verabsolutierungen zu ihren Gegenteilen ein notwendiger Teil menschlicher Entwicklung ist. Nur so entwickeln wir

[5] Kegan (1982) S. 210–15.

eine Grundlage für eine spätere explizite Würdigung und Praxis des Mittleren Wegs. Dies untergräbt jedoch nicht die Wichtigkeit von Ausgewogenheit, da der Wert dieses einseitigen Schritts erst an einem späteren Punkt deutlich wird, an dem Ausgewogenheit erreicht werden kann.

Jeder Übergang von einer Stufe zu einer anderen erfordert auch eine eingehendere Praxis des Mittleren Wegs. Bei jedem Übergang müssen wir uns eine neue Art, nachhaltig zu denken zu eigen machen. Dürfen aber die alte Ebene nicht vorzeitig hinter uns lassen, solange wir noch von ihr abhängig sind. Selbst eine Fünfjährige, die zu Stufe 2 übergeht und sich selbst als eines der Objekte in der Welt wahrnimmt, kann diese neue Perspektive nicht verabsolutieren, indem sie unmittelbar zu ihr wechselt, sondern muss eine Zeit lang zwischen dem Anhaften an der alten Perspektive und dem Reiz der neuen hin- und hergleiten. Um in der Lage zu sein, sich auf jeder Ebene auf neue Bedingungen einzustellen, benötigen wir den Mittleren Weg, auch wenn er in einer Weise angewandt wird, die dieser Ebene angepasst ist, und nicht notwendigerweise gänzlich explizit.

Dieser psychologische Prozess unterscheidet sich zudem in wichtigen Punkten von der traditionellen buddhistischen Bevorzugung des Eternalismus. Er erkennt an, dass die in Stufe 4 angenommene Übergangsideologie vielfältige Formen annehmen kann, darunter höchstwahrscheinlich negative wie positive Verabsolutierungen. Er muss auch in Hinblick auf seine psychische Funktion und nicht nur seinen ideologischen Inhalt verstanden werden. Er enthält keinerlei Bestätigung der Richtigkeit metaphysischer Behauptungen an sich, sondern nur des gesteigerten Bewusstseinsniveaus, das mit einem Übergang von einer Palette metaphysischer Überzeugungen zu einer anderen einhergehen kann, wofür Vorläufigkeit erforderlich ist.

Vor allem aber ist er nicht an die Einteilung in Ordinierte und Laien und die damit einhergehende Verabsolutierung des Erwachens gebunden, die die Bevorzugung des Eternalismus faktisch zu einem Bestandteil gesellschaftlicher Machtstruktur erhebt. Die am wenigsten wohlwollende Auslegung sieht in der eternalistischen Ideologie ein Ablenkungsmanöver für die Laien, damit diese weiterhin dazu bereit sind, ohne allzu viel Murren die Mönche in der Weise zu unterstützen, an die sie sich gewöhnt haben. Diese Kritik lässt die Art und Weise außer Acht, in der die Mönche einen positiven Beitrag zum Laienleben leisten, indem sie eine wichtige Quelle der Inspiration und Weisheit darstellen. Dennoch kann die fortgesetzte Überzeugung unter Mönchen, dass Laien an eine absolute Ideologie glauben sollten, die sie selbst überwunden haben, Nährboden für Fehlkommunikation, Heuchelei und Verderbtheit bieten.[6]

---

[6] Siehe Sangharakshita (1993) zu persönlichen Erfahrungen mit dem Theravada-Mönchtum

Der Themenbereich lässt sich nur schwer von Karma trennen, welches in Kapitel 6.d. ausführlicher behandelt wird. Zu den unglücklich gewählten buddhistischen Argumenten für einen Glauben an absolutes Karma gehört ein pragmatisch-moralisches – dass der Glaube an Karma Menschen in die Lage versetzt, ethisch zu handeln, weil sie glauben, dass ihre schlechten Handlungen mit negativen Folgen für sie verbunden sind und ihre guten Handlungen mit positiven Folgen für sie. Diese Argumentationsweise bewirkt, dass die begleitenden philosophischen Rationalisierungen mit dem grundlegenden psychischen Bewusstsein verwechselt werden, das die Grundlage moralischer Praxis auf den Stufen 3 und 4 bildet. Wie Piaget und Kohlberg in den Forschungsarbeiten erkannten, die Kegan[7] vorausgingen und zu seiner beitrugen, machen Menschen, die in Stufe 3 eintreten, Fortschritte in ihrer ethischen Praxis, indem sie zunächst den Wert der Perspektiven anderer in zwischenmenschlicher Beziehung zur eigenen erkennen, und dann erkennen diejenigen, die in Stufe 4 eintreten, den Wert rational stimmiger moralischer Überzeugungen.

Die entscheidenden Voraussetzungen für solch ein ethisches Bewusstsein sind folglich keine bestimmten Dogmen über moralische Konsequenzen. Entscheidend ist vielmehr die einheitliche ethische Sichtweise einer Gemeinschaft, gemeinsam mit der entwickelten Fähigkeit des Einzelnen, diese ethische Sichtweise als Grundlage für die Interpretation der eigenen moralischen Erfahrung zu akzeptieren. Es ist nur möglich, durch Reflexion über karmische Konsequenzen zu moralischem Bewusstsein angeregt zu werden, weil man bereit dazu ist, auf diese kohärente ideologische Weise zu reflektieren. Andere kohärente moralische Ideologien (zum Beispiel der Utilitarismus) könnten dies genauso bewirken. Der Glaube an Karma ist somit ein *Beispiel* für die Art kohärenter moralischer Sichtweise, die eine Gemeinschaft denjenigen bieten kann, die in Stufe 4 eintreten. Er ist jedoch an sich nicht grundlegend für die Bedeutung von Stufe 4, weil er nicht universell ist. Die Notwendigkeit, dass Menschen Kegans Stufen durchlaufen, bedeutet nicht, dass die auf jeder Stufe angenommenen Überzeugungen, die vom traditionellen Buddhismus geforderte Form annehmen müssen.

Tatsächlich ist es nicht unbedingt von wirklichem Vorteil, die gewöhnlich als „eternalistisch“ angesehenen Positionen gegenüber den als „nihilistisch“ angesehenen als Grundlage für moralische Beurteilung zu akzeptieren. Beide können gesellschaftlich sanktionierte moralische Regeln bereitstellen, die im Allgemeinen bestimmten, vorhersehbaren Bedingungen im Umfeld dieser Gemeinschaft gerecht werden können, die aber auf Grund ihrer Absolutheit auch versagen können, wenn sie auf neue Bedingungen mit Starrheit

[7] Kegan (1982) Kap. 2.

reagieren. Nehmen wir das Beispiel der Sexualmoral. Ein stereotyper, traditionalistischer (männlicher), buddhistischer Laie unterlässt Vergewaltigung, Entführung und Ehebruch mit der Begründung, dass dies eine traditionell vorgeschriebene Interpretation der dritten Ethikregel für Laien (die „sexuelles Fehlverhalten“ verbietet) in Theravada-Ländern ist. Doch gerade in westlichen Ländern, in denen „nihilistische“ Werte wie der Zweifel an Karma und Auslöschung mit dem Tod weit verbreitet sind, werden gesellschaftlich und rechtlich üblicherweise weit subtilere Formen sexuellen Fehlverhaltens, wie z.B. sexuelle Belästigung, missbilligt. In vielen Fällen scheint also „Nihilismus“ angemessenere moralische Maßstäbe zu bieten als der „Eternalismus“. In beiden Fällen ist jedoch der entscheidende Faktor dafür, dass diese Formen sexuellen Fehlverhaltens inakzeptabel sind, sozialer Druck (auf Stufe 3 anerkannt) und gesellschaftliche Ideologie (auf Stufe 4 anerkannt). Sollten wir jemals feststellen, dass traditionellere buddhistische Gesellschaften im Vergleich zu moderneren ein vergleichsweise geringes moralisches Bewusstsein haben, können wir durchaus überzeugend der Bevorzugung des Eternalismus die Schuld dafür zuschreiben.

Im Großen und Ganzen können wir somit in der Vorrangstellung, die dem Eternalismus eingeräumt wird, ein ähnliches Muster finden wie in vielen anderen Bereichen der buddhistischen Lehre. Eine Form der Lehre, die wahrscheinlich eine hilfreiche Funktion erfüllte und dazu beitrug, den Bedingungen im Umfeld des Buddha gerecht zu werden, indem sie universelleren psychischen Bedürfnissen nach einer stufenweisen Entwicklung einen besonderen kulturellen Ausdruck verlieh, ist verabsolutiert worden. Infolgedessen haben Buddhisten an diesen Lehren als Selbstzweck festgehalten, statt dem Mittleren Weg mit seiner wahrscheinlich universelleren Perspektive Vorrang einzuräumen. Eine Anwendungsmöglichkeit des Mittleren Wegs, die in einem bestimmten Kontext einen Zweck erfüllte und tatsächlich zum Verständnis der Wirkungsweise des Mittleren Wegs an sich beitrug, wurde fälschlicherweise für das große Ganze gehalten. Stattdessen brauchen Buddhisten eine metonymische Sichtweise, die die Anteile in ihrer Tradition als Ausschnitte eines Ganzen betrachtet, die auch auf andere Weisen interpretiert werden können. In dieser umfassenderen Sichtweise ist Ausgewogenheit ein Schlüsselfaktor der Praxis des Mittleren Wegs.

5. Den Achtfachen Pfad auslegen

5.a. Der Achtfache Pfad und Integration

Wie wir bereits in Kapitel 2.b. gesehen haben, hat der Buddha in seiner ersten Lehrrede den Mittleren Weg mit dem Edlen Achtfachen Pfad gleichgesetzt. Diese Gleichsetzung hat jenen Buddhisten, die es vorziehen, den Mittleren Weg zu ignorieren, eine einfache Entschuldigung geliefert, um stattdessen den Achtfachen Pfad zu diskutieren. Aber das Verhältnis zueinander besteht eher in Interdependenz als in Substitution. Der Achtfache Pfad bietet uns, wie ich in diesem Abschnitt erläutern werde, eine Vielzahl an Methoden, um Integration zu entwickeln. Integration bietet eine Schlüsselvoraussetzung, um entsprechendes Bewusstsein zu entwickeln und aufrechtzuerhalten, das erforderlich ist, um Alternativen zur Verabsolutierung zu erkennen. Dennoch erfordert das Entwickeln von Integration mit Hilfe des Achtfachen Pfads auch, dass wir sie in einer Weise interpretieren, die Verabsolutierung vermeidet. Der Achtfache Pfad ist nicht einfach ein weiterer Satz absoluter moralischer oder ritueller Anweisungen, sondern ein Satz an Methoden, um mit unserer verkörperten Erfahrung zu arbeiten, welche untergraben wird, sobald man sie verabsolutiert. Der Achtfache Pfad braucht den Mittleren Weg, genau wie der Mittlere Weg den Achtfachen Pfad braucht.

Der Achtfache Pfad kann unter dem Aspekt des Dreifachen Pfads von Ethik (rechtes Handeln, rechte Rede und rechter Lebenserwerb), Meditation (rechte Anstrengung, rechte Achtsamkeit und rechte Konzentration) und Weisheit (rechte Ansicht und rechtes Streben) analysiert werden. Jeder davon befasst sich vorrangig mit verschiedenen Aspekten der Integration: Ethik mit gesellschaftspolitischer Integration, Meditation mit Integration individueller Wünsche und Weisheit mit Integration von Überzeugungen. In allen Fällen wird der Konflikt durch irgendeine Art von absolutem Glauben aufrechterhalten, der andere Alternativen ausschließt und dadurch eine Auseinandersetzung mit den Bedingungen verhindert. Solche Konflikte können gelöst werden, indem Annahmen abgeschwächt werden, so dass neue Bezugsrahmen in Betracht gezogen werden können, die andere Möglichkeiten zulassen. Eine derartige Abschwächung absoluter Annahmen kann durch direktes Arbeiten mit dem Körper und psychischen Zuständen oder durch einen kritischeren, diskursiven Ansatz oder durch beides erreicht werden.

Allerdings muss auch die wechselseitige Beziehung zwischen all diesen verschiedenen Arten integrativer Praxis gewürdigt werden. Man braucht ein gewisses Maß an individueller Integration, um effektiv daran arbeiten zu können, Konflikte auf gesellschaftspolitischer Ebene zu bewältigen. Die gesellschaftspolitische Ebene bildet zudem das weitere Umfeld, das Bedingungen zur individuellen Integration ermöglicht. Integration von Überzeugungen verändert unsere längerfristigen Reaktionen auf unsere Umwelt und nicht bloß unsere unmittelbaren Geisteszustände, aber Veränderungen in unseren unmittelbaren Geisteszuständen können ebenso hilfreich für die Entwicklung der Fähigkeit zur Vorläufigkeit sein. Die Integration von Überzeugungen ist auch für die gesellschaftspolitische Integration von entscheidender Bedeutung, weil Bevölkerungsgruppen und die Gesellschaft als Ganzes in der Lage sein müssen, die Bedingungen kollektiv zu untersuchen und ihnen gerecht zu werden. Auf der anderen Seite schafft die Gesellschaft auch die Voraussetzungen für die Integration von Überzeugungen durch Bildung (im weitesten Sinne des Wortes).

Eine Methode kann verabsolutiert werden, wenn man sich *ausschließlich* auf sie verlässt und die anderen wechselseitig voneinander abhängigen Methoden ausschließt (so dass wir implizit die Überzeugung vertreten, dass eine Methode alle unsere Probleme löst). Der Achtfache Pfad vermeidet dies und fördert daher den Mittleren Weg, indem er die Art und Weise hervorhebt, in der die verschiedenen Methode interagieren, so dass eine dauerhafte Integration hervorgebracht wird. Seine acht „Glieder" werden manchmal als Abfolge dargestellt, sind es aber offensichtlich nicht, obwohl wir uns natürlich zu verschiedenen Zeiten auf einige Aspekte mehr konzentrieren als auf andere.

Die buddhistische Tradition verabsolutiert jedoch auch den Achtfachen Pfad, indem sie ihn in eine „weltliche" und „überweltliche" Variante[1] unterteilt, die den Zielen des Laien- und des monastischen Buddhismus entsprechen. Von der „überweltlichen" Variante wird behauptet, sie sei der „wahre" Achtfache Pfad, mit einer einwandfreien Sichtweise, die erst durch Praxis vollständig erkannt werden muss, während die „weltliche" Variante lediglich eine Vorbereitung dafür bildet. Diese platonische Art der Interpretation sieht eine intellektuelle Zielformulierung des Pfads als Norm und den Weg als Mittel zur Zielerreichung an, statt anzuerkennen, dass der Pfad gemeinsam mit den Zielen in der Erfahrung gefunden wird. Da sich viele Menschen nicht auf ein „übernatürliches" Ziel einlassen können, schafft sie auch einen unnötigen Bruch im Pfad. Für eine Gleichsetzung mit dem Mittleren Weg muss der Achtfache Pfad inkrementell interpretiert werden und nicht als Streben nach absoluter Erleuchtung.

Die genaue Aufgliederung der Integration, die der Edle Achtfache Pfad bietet, ist ebenfalls bedingt. Der Kuchen könnte anders aufgeteilt werden. Warum wird Achtsamkeit von Konzentration abgetrennt und warum ist Lebenserwerb vom Handeln getrennt? Warum wird Mitgefühl oder die Entwicklung von Vorstellungskraft nicht gesondert erwähnt? Wie andere Aspekte

[1] Bodhi (1999).

buddhistischer Lehre, sind diese wahrscheinlich Produkte der besonderen Lebensumstände im Umfeld des Buddha. Wir müssen in der Lage sein, von dieser spezifischen Aufgliederung zu einem allgemeineren Verständnis des Pfades zu gelangen, um ihn in verschiedenen Lebensumständen anwenden zu können. Dennoch hat der Achtfache Pfad, wie er von der buddhistischen Tradition gelehrt wird, im Vergleich zu einigen anderen Lehren einen hohen Grad an Universalität, vorausgesetzt, wir interpretieren ihn in Verbindung mit dem Mittleren Weg.

5.b. Der Mittlere Weg in der Meditation

Die meisten buddhistischen Darstellungen des Achtfachen Pfads beginnen mit der Rechten Ansicht: eine Herangehensweise, die die Tendenz verstärkt, den Buddhismus in einer von oben nach unten gerichteten, von absolutem Glauben umrahmten Weise zu verstehen. Wenn es jedoch unser Ziel ist, besser zu verstehen, wie wichtig der Mittlere Weg für den Achtfachen Pfad ist, ist es wahrscheinlich besser, mit der Meditation zu beginnen. Ein übliches Verhaltensmuster für diejenigen, die sich in der westlichen Welt mit Buddhismus beschäftigen, ist es, sich zunächst in Meditation zu üben, oft als Möglichkeit, schwer erträgliche Gefühle von Stress oder Angst zu bewältigen. Abgesehen davon, dass man solche Quellen der Angst angeht, kann Meditation einen jedoch sehr direkt und erfahrungsmäßig damit konfrontieren, warum der Mittlere Weg notwendig ist. Nur dann wird möglicherweise die Notwendigkeit einer ethischen Praxis und der Kultivierung von Weisheit als Ergänzung zur Meditation deutlicher.

Im Kontext des Achtfachen Pfads bezieht sich „Meditation" auf eine allumfassende Praxis geistiger (und körperlicher) Schulung, nicht nur auf formale Praxis, in Meditation zu sitzen. Sie setzt sich aus drei Gliedern zusammen: rechte Achtsamkeit, rechte Konzentration und rechte Anstrengung. Dies sind drei wechselseitig voneinander abhängige Aspekte des Integrationsprozesses, die gemeinsam ein Bewusstsein schaffen. Der Prozess, an allen drei zu arbeiten, ist der Mittlere Weg, wie bereits in der Lautensaiten-Analogie erläutert (Kapitel 3.c.). Wie der Buddha es dort ausdrückt: „Wenn Energie zu kraftvoll eingesetzt wird, führt sie zu Rastlosigkeit und wenn sie zu lax eingesetzt wird, führt sie zu Laschheit."[1] Die Schulung in Achtsamkeit, Konzentration und Anstrengung beschäftigt sich mit der Modulation dieser Energie, die von unseren Überzeugungen darüber geleitet wird.

Bewusstsein erfordert im Allgemeinen Energie, die durch unsere synaptischen Verknüpfungen und unser Nervensystem fließt. Wird diese Energie zu starr ausgerichtet, um nur in bestimmten Mustern zu fließen, die von einigen Hirnprozessen diktiert werden, kann sie einerseits konzentriert, aber nicht nachhaltig oder im anderen Extrem nachhaltig, aber nicht konzentriert sein. Irgendwann werden die anderen Prozesse in Körper und Gehirn ihrer Bedeutung für den ganzen Organismus erneut Geltung verschaffen. Dazu ist eine Ausgewogenheit zwischen Konzentration und Achtsamkeit erforderlich.

Aus neurologischer Sicht wird die Entwicklung von Konzentration mit dem *Task Positive Network* identifiziert. Dieses besteht aus einer korrelierten Gruppe von Hirnarealen, die offenbar stimuliert werden, wenn wir unsere

---

[1] *Anguttara Nikaya* 6.55. Nyanaponika und Bodhi (1999) S. 168.

Aufmerksamkeit fokussieren. Dieses Netzwerk scheint sich im Wachzustand abzuwechseln mit dem *Default Mode Network*, einer anderen miteinander verbundenen Gruppe von Hirnarealen, die eher aktiviert werden, wenn der Geist nicht stark fokussiert ist.[2] Wissenschaftliche Studien haben nahegelegt, dass Achtsamkeit wiederum Veränderungen an der Insula und dem anterioren cingulären Cortex stimuliert, die die Wechselbeziehung zwischen dem Task Positive und dem Default Mode Network modifiziert – mit anderen Worten, unsere *Art*, konzentriert zu sein.[3]

Konzentration ohne Achtsamkeit ist zu heftig eingesetzte Energie: Sie entsteht, wenn unsere Aufmerksamkeit durch einen äußeren Reiz (etwa eine Untersuchung oder eine Operation) erzwungen wird. Der Buddha soll *nicht* jede Form von Konzentration als notwendigerweise gut beurteilt haben.[4] Achtsamkeit ohne Konzentration kann hingegen zu locker sein und zu Laschheit führen. Zu rechter Anstrengung gehört ständiges Gewahrsein und ständiges Überprüfen sowohl von Konzentration als auch von Achtsamkeit.

Einige buddhistische Meditationspraktiken konzentrieren sich eher stärker auf Konzentration als auf Achtsamkeit: beispielsweise die Kasina-Praktiken, bei denen Meditierende das Bild einer farbigen Scheibe vor dem geistigen Auge nachbilden. Konzentration erfordert beides, angewandtes und beharrliches Denken, bei dem unsere Aufmerksamkeit zuerst auf ein Objekt gelenkt wird und dann auf ihm verweilt.[5]

Ausbildung und viele Formen intensiver Arbeit oder anderer Aktivitäten stellen erhebliche Anforderungen an unsere Konzentration. Solange unsere Ziele und ein klar erkennbares Sinnesobjekt, das diese Ziele unterstützt, miteinander verbunden sind, werden wir uns auf dieses Objekt konzentrieren, bis ein anderes Ziel oder Objekt auftaucht. Unser Körper meldet uns vielleicht, dass er andere Bedürfnisse hat – dass ihm die Glukose ausgegangen ist oder dass er aufgrund von Unwohlsein eine Aktivitätsveränderung braucht – oder der externe Stimulus verändert sich möglicherweise so, dass das Ziel im Vergleich zu anderen weniger wichtig ist – z.B. verlagern sich unsere Ziele nach Feierabend auf Heimkommen und Entspannung. Unsere Fähigkeit, andere Bedürfnisse oder Stimuli vorübergehend, falls nötig, zu unterdrücken, kann jedoch entwickelt werden, insbesondere indem wir äußere Stimuli entfernen und uns auf einfache und kognitiv wenig anspruchsvolle innere Objekte fokussieren, wie wir es in der Meditation tun.

---

[2] Fox et al. (2005).

[3] Fox et al. (2014).

[4] *Majjhima Nikaya* 108.26. Ñanamoli und Bodhi (1995) S. 885.

[5] Gunaratna (1995).

Die Omnipräsenz von Mobiltelefonen und Social Media verursacht inzwischen jedoch eine weltweite Konzentrationskrise[6], da viele Menschen alle paar Minuten ihr Handy checken und unfähig sind, sich wirklich auf andere Aktivitäten zu konzentrieren. Ohne diese Konzentration können unsere Energien nicht wirksam eingesetzt werden, um komplexe Erfahrungen zu verstehen oder angemessen auf sie zu reagieren. Stark beanspruchte synaptische Kanäle übertragen Sehnsucht und Angst aus dem Striatum und der Amygdala im hinteren Teil des Gehirns und führen uns ständig weg von jeder tiefergehenden Beschäftigung. Wir tun dies nicht, weil wir große Befriedigung aus den banalen Belohnungen oder banaler Linderung von Ängsten ziehen, die uns geringfügiges positives Feedback in sozialen Medien oder Spielen verschafft, sondern weil wir diese kleinen positiven Signale so oft abgerufen haben, dass sie die Architektur unseres Gehirns umgestaltet haben. Für diejenigen, die alt genug sind, vor dem Handyzeitalter aufgewachsen zu sein, mag der Schaden begrenzt sein, aber für junge Menschen, die nie die Fähigkeit zu nachhaltiger Konzentration entwickelt haben, können die Auswirkungen tiefgreifend sein. Die Vernichtung unserer Aufmerksamkeit wirkt sich auf unsere ästhetische Erfahrung aus, auf unsere Aufmerksamkeit für andere und damit auf unsere Beziehungen sowie auf unsere Fähigkeit, ausdauernd zu lesen, zu schreiben, zu reflektieren oder zu denken. Sie ist potenziell eine Katastrophe für die menschliche Fähigkeit zur Integration und kann nur überwunden werden, wenn man sich der längerfristigen Auswirkungen ständiger Beschäftigung mit dem Telefon hinreichend bewusst ist.

Achtsamkeit beschäftigt sich im Unterschied zur Konzentration nicht mit zielgerichteter Aufmerksamkeit, sondern vielmehr mit unserer Fähigkeit, ein breiteres Gewahrsein für Hintergrunderfahrungen aufrechtzuerhalten und dieses Gewahrsein über längere Zeit aufrechtzuerhalten. Achtsamkeit ist eng mit Gewahrsein auf den Körper verbunden. Das wichtigste Sutta des Pali-Kanons, das die Praxis der Achtsamkeit erklärt, das *Satipatthana Sutta*, beschreibt vier Grundlagen der Achtsamkeit bei der Kontemplation von Körper, Gefühlen, Geist und Geistobjekten.[7] In Einklang mit verkörperter Bedeutung wird Achtsamkeit somit aus körperlicher Erfahrung aufgebaut, indem Praktiken wie die Achtsamkeit auf den Atem, achtsames Gehen und Gewahrsein auf die verschiedenen Teile des Körpers (heute allgemein Bodyscan genannt) angewandt werden. Da Gefühle im Körper gefühlt werden, ergibt sich daraus ein Bewusstsein für angenehme und schmerzhafte Empfindungen, aber ein breiteres Körpergewahrsein sollte uns davon abhalten, in einer Verabsolutierung dieser Freuden und Schmerzen gefangen zu sein. In ähnlicher Weise kann der

[6] Twenge (2017).
[7] *Majjhima Nikaya* 10. Ñanamoli und Bodhi (1995) S. 145 ff. *Digha Nikaya* 22. Walshe (1995) S. 335 ff.

Praktizierende, sobald er sich des Geistes und seiner Objekte bewusst wird, einen breiteren Gesamtzusammenhang herstellen, in den er Gier, Hass und Verblendung einordnen kann.

Achtsamkeit spielt eine entscheidende Rolle bei der Integration, denn ohne dieses breitere Bewusstsein haben wir keinen Zugang zu alternativen Wegen, eine bestimmte Erfahrung zu verstehen. Wir können schonungslos konzentriert sein und ein höchst schlüssiges Verständnis dessen, was wir erleben, haben, aber bestimmte Aspekte völlig übersehen, weil unsere Aufmerksamkeit so zielorientiert ist. Die zielorientierte Natur unserer gewöhnlichen Aufmerksamkeit wird durch das berühmte „unsichtbarer Gorilla" Experiment[8] eindrucksvoll veranschaulicht. Darin wurden die Testpersonen gebeten, die Anzahl an Pässen zu zählen, die in einem Basketballspiel gespielt wurden, wobei die meisten einen Mann im Gorillakostüm, der mitten hineinlief, völlig übersahen. Achtsamkeit kann uns, wenn sie mit Konzentration im Spannungsfeld gehalten wird, unserer peripheren Wahrnehmung bewusster und somit kreativer in der Reaktion auf das, was wir erleben, sowie widerstandsfähiger gegenüber Stress machen.[9] Es ist nicht bloß ein schöngeistiger, in der Meditation erfahrbarer Zustand, sondern, wie Ellen Langer verdeutlicht hat, ebenso sehr ein kognitiver Zustand, der unser Urteilsvermögen beeinflusst.[10]

Die Aufgliederung der Achtsamkeit in der buddhistischen Tradition in zwei Teile[11] verdeutlicht zwei Aspekte dieses integrativen Potenzials. *Sati* ist unsere Breite des Gewahrseins zu einem bestimmten Zeitpunkt, einschließlich unseres Gewahrseins für unseren Körper, unseren Geisteszustand, unsere Umgebung und andere. Zen-Meister überprüften *Sati* traditionell, indem sie die Schüler fragten, auf welcher Seite die Türklinke beim Betreten des Raums angebracht war, oder welchen Schuh man zuerst ausgezogen hat. Der andere Aspekt, *Sampajana*, ist jedoch genauso wichtig. *Sampajana* ist die Aufrechterhaltung des Gewahrseins über einen längeren Zeitraum, was manchmal mit „Kontinuität der Aufmerksamkeit" übersetzt wird. *Sampajana* lässt uns möglicherweise kurz zögern, wenn wir süchtig machenden oder zwanghaften Aktivitäten zum Opfer fallen, weil wir unsere Entschlossenheit vernachlässigen, beispielsweise nur stündlich unser Handy zu checken oder damit aufzuhören, Schokolade zu essen. An dem Punkt, an dem Sie drauf und dran sind, diese Dinge achtlos zu tun, muss ein breiteres Gewahrsein einsetzen, verbunden mit einem breiteren Selbstvertrauen, das Sie mit einem Gefühl des Wohlbefindens verbindet, das gebrochen würde, wenn man dem Drang nachgibt.

[8] Chabris (2011).
[9] Haase et al. (2015).
[10] Langer (2014).
[11] Siehe Nyanaponika (1962) Kap. 2 für eine ausführlichere traditionelle Aufschlüsselung.

Sati und *Sampajana* sind wechselseitig voneinander abhängig, aber wir benötigen beide gemeinsam, um Verabsolutierungen vermeiden zu können. Wir werden achtsam, wenn wir erkennen, dass es *Alternativen* zum Glauben an etwas gibt, das wir für selbstverständlich halten. Dann brauchen wir uns nicht von einer bestimmten, zielorientierten, abstrakten Auffassung beherrschen zu lassen. Konzentration kann auch nur in zielorientierter Besessenheit von einem bestimmten Ziel bestehen, auch wenn innerhalb des Rahmens, den sie schafft, auch ein gewisses Maß an Integration möglich ist. Angenommen, ich lese beispielsweise ein Buch, fange aber an, mich zu langweilen und ungeduldig zu werden, blättere ständig vor und wünschte, es wäre zu Ende: Dies stört meine Konzentration, und eine Rückbesinnung auf meine Ziele beim Lesen kann ausreichen, um mich wieder auf den richtigen Weg zu bringen. Vielleicht zwinge ich mich einfach dazu, weiterzulesen und die störenden Gefühle zu unterdrücken, um meine Ziele zu erreichen. Wenn ich dies jedoch tue, werde ich mich wahrscheinlich nicht mit den immer wieder auftauchenden Gründen dafür, warum ich mich gelangweilt und ungeduldig fühle, auseinandergesetzt haben. Dazu benötige ich Achtsamkeit, die sich nicht nur auf die Ziele meiner Tätigkeit fokussiert, sondern es mir auch ermöglicht, mir meiner Gefühle und der Bedingungen, unter denen sie entstanden sind, bewusst zu werden.

Konzentration und Achtsamkeit sind also verschiedene Merkmale geistiger Zustände, die unter Spannung gehalten werden müssen, ohne dass das eine oder andere als Komplettlösung verabsolutiert wird. Durch Achtsamkeit können wir ein angemesseneres Bewusstsein und ein Vermeiden von Verabsolutierung in unserem Denken sicherstellen. Unsere Achtsamkeit muss jedoch auch von einer zielgerichteten Konzentration begleitet werden, wenn sie angemessen sein soll. Obwohl Achtsamkeit das Potenzial zur Integration schafft, gäbe es ohne Konzentration nicht viel zu integrieren. Um sowohl Achtsamkeit als auch Konzentration zu entwickeln und im Gleichgewicht zu halten, brauchen wir auch rechte Anstrengung.

Viele Menschen assoziieren „Anstrengung" ausschließlich mit dem, was Meditierende als *mutwillige Anstrengung* bezeichnen, nämlich sich zu zwingen, sich auf eine bestimmte Art und Weise auf bestimmte Ziele zu konzentrieren. Mutwillige Anstrengung kann auch mit dem Streben nach einer idealisierten Sicht dessen, was wir suchen, verbunden sein, sei es in der Meditation oder in irgendeiner anderen Tätigkeit. Dies wiederum beinhaltet eine verabsolutierte Vorstellung des „rechten" Zustands, die sich unter Ausschluss des tatsächlichen Zustands darauf fokussiert. Mutwillige Anstrengung kann auf diese Weise schnell zur Selbstuntergrabung werden, weil sie dazu führt, dass man sich ausschließlich auf seine Ziele fokussiert und die Bedingungen vernachlässigt, die zum Erreichen dieser Ziele angegangen werden müssen.

In der Meditation bedeutet seine Ziele zu erreichen, sich nicht zu eng auf sie zu fokussieren, so dass man gezwungen ist, sie zu erweitern und im Meditationsprozess ein breiteres Bewusstsein zu erlangen. Überhaupt kein Ziel zu haben (und damit auch keine Konzentration) ist jedoch ebenso tödlich für die Meditation: Man setzt sich vermutlich einfach hin und lässt sich in einer Weise treiben, die nur den äußeren Anschein von Meditation erweckt.

Die Lautensaiten müssen also gestimmt werden. Man tut dies, indem man sich während des Prozesses des Meditierens immer wieder beim Abrutschen in die ein oder andere Verabsolutierung ertappt. Alle in der buddhistischen Tradition genannten Hindernisse für die Meditation[12] beinhalten Verabsolutierungen: der Glaube, durch Sinnenfreude Befriedigung zu finden, der Glaube, durch Hass Befriedigung zu finden, der Glaube, Ängste durch Hingabe abbauen zu können, der Glaube es lohne nicht, Energie für Meditation zu verwenden und der Glaube, nicht wirklich meditieren zu können (bekannt als „Zweifel"). Die Meditationspraxis schafft einen Raum, in dem es möglich ist, beim Meditieren zu scheitern, und dann die Annahmen zu erkennen, die zum Scheitern führen. So entsteht aus jedem Erkennen des Scheiterns ein wenig mehr Bewusstsein, wodurch eine offene statt einer geschlossenen Rückkopplungsschleife entsteht. Wenn ich meinen Fehler erkenne, kann ich zum offeneren mittleren Feld zurückkehren: der Zone des Gewahrseins mit Zielen, die zueinander ausgewogen gehalten werden und eben nicht eines übermächtig dominiert.

Der traditionelle buddhistische Rahmen der Vier Anstrengungen kann auch eine Analyse darüber liefern, wie sich dieser Prozess, ein breiteres Gewahrsein zur Kurskorrektur zu verwenden, über einen längeren Zeitraum erstrecken kann. Ich habe an anderer Stelle ausführlicher darüber geschrieben, wie diese aktualisiert werden können, so dass sie so verstanden werden können, nicht integrierte Ziele zu vermeiden und integrierte Ziele zu entwickeln.[13] Rechte Anstrengung ist in hohem Maße eine Anwendung von *Sampajana* (und auch umfassenderer Weisheit). Um ein Gefühl dafür zu entwickeln, wie viel Anstrengung zu einem bestimmten Zeitpunkt angebracht ist, müssen wir auch in der Lage sein, bis zu einem gewissen Grad vorherzusehen, inwieweit ein bestimmtes Hindernis für unsere Konzentration und Achtsamkeit vermutlich störend sein wird.

In der Meditation muss man ständig durch Meerengen navigieren. Durch die Meeresenge „Ich weiß, wie man das macht, es ist einfach" auf der einen Seite und „Ich kann das nicht" auf der anderen Seite. „Absolviere einfach die Übung" einerseits und „Sei offen für deine Erfahrung" andererseits. Oder „Ich

---

[12] Thanissaro (2003).

[13] Ellis (2013a) Kap. 4.a.

lasse mir diesen Unsinn nicht länger bieten" auf der einen Seite und „Entspann dich und lass dich darauf ein, es ist ein Teil von dir" auf der anderen Seite. In der Meditation finden Sie heraus, wie ängstlich Sie sind, wie abhängig und zwanghaft ihre Geisteszustände sind und wie viel Verlangen und Hass Sie in sich tragen. Aber wenn Sie all dies lediglich als Teil Ihres Körpergewahrseins erfahren und nicht als welterschütternde Katastrophe, dann schaffen Sie das schon. Es gibt keinen besseren direkten Weg, um zu verstehen, worum es beim Mittleren Weg geht und warum er an jedem Punkt des Urteilens praktiziert werden muss.

Durch eine regelmäßige Meditationspraxis ist es möglich, eine geregeltere Gewohnheit zu entwickeln, zum Mittleren Weg zurückzukehren und diese breitere Sicht auf die Dinge aufrechtzuerhalten. Sie wird nicht immer vorhanden sein, aber je regelmäßiger Sie praktizieren und je länger Sie damit weitermachen, desto zuverlässiger wird sich diese Gewohnheit voraussichtlich ausbilden. Sie können (oder auch nicht) vorübergehend integrierte Zustände wie *Jhana* entwickeln, die dazu beitragen, Ihr Bewusstsein und Ihr Vertrauen vorübergehend zu stärken und auch längerfristig Nutzen bringen können. Meditation an sich ändert möglicherweise nicht Ihre umfassendere Sicht der Dinge in der Weise, in der sie geändert werden muss, um angemessener zu werden, aber sie kann sicherlich dazu beitragen, wichtige Voraussetzungen dafür zu schaffen. Wenn dieses umfassendere Bewusstsein dazu beiträgt, dass sich auch ihre längerfristigen Überzeugungen verändern, ist ein Prozess längerfristiger Integration in vollem Gange.

Meditation ist somit, wie die anderen Glieder des Pfades, auf den Mittleren Weg angewiesen, um in hilfreicher Weise verstanden zu werden. Wir können nicht verstehen, was „*rechte* Konzentration", „*rechte* Achtsamkeit" und „*rechte* Anstrengung" bedeuten, ohne ihre Beziehung zueinander und auch zu allen anderen Aspekten des Pfades zu berücksichtigen. Meditation ist kein Selbstzweck, aber sie verfügt über eine einzigartige Unmittelbarkeit, Direktheit und Kraft über Erfahrung, was sie vermutlich zum besten Ausgangspunkt für die Praxis des Mittleren Wegs macht. Ohne ein unmittelbares und erfahrungsmäßiges Gespür für diesen ausgleichenden Prozess ist es allzu leicht, Ethik und Weisheit zu verabsolutieren.

5.c. Der Mittlere Weg in der Ethischen Praxis

Im weiteren Sinne ethischer Praxis (und als Ausgangspunkt für deren Legitimation) ist der Mittlere Weg als Ganzes ethische Praxis. Entscheidend ist, was den Bedingungen am besten gerecht wird und verabsolutierende Täuschungen überwindet. Die Meditations- und Weisheitsaspekte des Pfads gehören ebenso zu diesem verbesserten Urteilsvermögen wie die explizite Praxis der Ethik. Ich habe diesen umfassenderen Standpunkt über die Natur des Guten an anderer Stelle ausführlicher dargelegt.[1] Dass der Mittlere Weg gut ist (und Verabsolutierung schlecht)[2] bildet meiner Ansicht nach den universellen Ansatz der buddhistischen Lehre, wenn wir es vermeiden, uns auf absolute Erleuchtung und ihre Wirkungen zu berufen.

Es gibt jedoch auch einen engeren Sinn von „Ethik", der sich expliziter auf unser Verhalten konzentriert, vor allem, aber nicht ausschließlich, wie es sich auf andere auswirkt und weniger auf unsere geistigen Zustände, Einstellungen oder inneren Beurteilungen. Sangharakshita trifft diesen Punkt ziemlich genau, wenn er den Stellenwert der Ethik im buddhistischen Pfad erörtert:

> *Der Begriff Ethik kann in zwei Bedeutungen verwendet werden, einer weiteren und einer engeren. Ethik in ihrer weiten Bedeutung ist die Kunst oder Wissenschaft vom menschlichen Verhalten und Charakter, als Wertesystem in Hinblick auf eine Norm oder ein Ideal... So verstanden ist Ethik mehr oder weniger identisch mit Religion in ihrer praxisbezogenen Dimension. Ethik im engeren Sinne beschäftigt sich mit äußerem, körperlichem und sprachlichem Verhalten...*[3]

Es besteht eine Wechselbeziehung zwischen diesem engeren und weiteren Sinn. Der engere Sinn konzentriert sich auf die Wirkung des Individuums auf gesellschaftspolitische Integration, während der weitere Sinn auch die individuelle Integration umfasst. In jedem Stadium repräsentieren und reflektieren sich individuelle und gesellschaftliche Konflikte (und deren Bewältigung) wechselseitig: Denn der „Feind" in einer Gesellschaft wird im Geist der Person abgebildet, die hasst, und der Hass in Individuen erzeugt Feindschaft in der Gesellschaft. Unser „Feind", der unsere Wünsche durchkreuzt, ist nicht eine andere Person, sondern es sind die Wünsche dieser Person, die unseren gegenwärtigen Wünschen entgegenstehen.

Der Achtfache Pfad beinhaltet in Hinblick auf die Ethik im engeren Sinn rechtes Handeln, rechte Rede und rechten Lebenserwerb, wobei diese moralischen Schwerpunkte auch in den Fünf Ethikregeln für Laien und den Zehn Ethikregeln aufgegriffen werden. Sie alle thematisieren in gewisser Weise

---

[1] Ellis (2012) Kap. 3.i (und auch Abschnitt 7).
[2] Ellis (2015a) Kap. 3.n.
[3] Sangharakshita (1989) S. 48.

Konflikte, indem sie uns dazu veranlassen, Prinzipien zu folgen, die diese Konflikte *im Allgemeinen* verringern oder vermeiden. Das *im Allgemeinen* unterscheidet sich in entscheidender Weise vom *Absoluten*, und um die buddhistische Ethik auf hilfreiche Weise zu verstehen, müssen wir die Annahme hinter uns lassen, ethische Prinzipien seien notwendigerweise absolut. Wie Stephen Batchelor über die Ethik des Buddha schreibt:

> *Heute würden wir sie „situativ" nennen. Dies ist eine Ethik, die damit beginnt, die Komplexität und Einzigartigkeit jeder einzelnen moralischen Situation anzuerkennen, und die auch anerkennt, dass kein thoraartiges Regelwerk in der Lage ist, eine endgültige Apriori-Lösung zu bieten. Wenn man mit einem moralischen Dilemma konfrontiert ist, fragt man sich nicht: „Was ist das rechte Handeln?", so als ob die Antwort auf die Frage bereits in einem idealen metaphysischen Raum existierte, sondern eher: „Was ist das Weiseste und Liebevollste, dass man in diesem speziellen Fall tun kann?".*[4]

Der Mittlere Weg ist zur Interpretation jedes moralischen Prinzips unerlässlich. Einerseits wird dadurch die Annahme vermieden, das jeweilige Prinzip sei eine absolute Regel. Anderseits vermeidet er die negative Annahme, es gäbe daher keine moralisch besseren Handlungen, die durch Prinzipien allgemein oder annähernd beschrieben werden könnten. Die Herausforderung besteht darin, mit der Unordnung zu leben, selbst im Falle der schwerwiegendsten moralischen Schandtaten einen kleinen Hauch von Unwägbarkeit zu erkennen. In der buddhistischen Tradition beinhaltet der Gedanke eines Gebots eine allgemeine Regel, die man für sich als Ausdruck des eigenen Bemühens um spirituelle Entwicklung übernimmt. Solange es von dieser Selbstverpflichtung abhängig ist, ist ein Gebot jedoch keine absolute Regel.

Rechtes Handeln, wie es in den Fünf und Zehn Ethikregeln[5] beschrieben wird, beinhaltet das Unterlassen, Leben zu nehmen, nicht Gegebenes zu nehmen und von sexuellem Fehlverhalten. Positive Gegenstücke zu jedem dieser Prinzipien können auch in der Förderung von Freundlichkeit, Großzügigkeit und Zufriedenheit gesehen werden. Die Art und Weise, in der jede dieser Handlungen im Allgemeinen Konflikte vermeidet und Wünsche integriert, sowohl zwischen als auch im Inneren von Individuen, sollte recht offensichtlich sein (wobei wir nur selten davon ausgehen, dass Konflikte eher zwischen Wünschen als zwischen Menschen ausgetragen werden). Wenn ich andere Menschen töte, wenn ich ihnen körperlich oder seelisch schade, wenn ich ihr Eigentum oder irgendetwas anderes, was für sie von Wert ist, stehle oder

---

[4] Batchelor (2015) S. 223.

[5] Die Zehn Ethikregeln scheinen nur im Buddhistischen Orden Triratna weit verbreitet zu sein, basieren aber auf Quellen im Pali-Kanon: siehe Sangharakshita (1989) S. 19-30; ferner *Digha Nikaya* 5.16 und *Majjhima Nikaya* 114.

wenn ich Gewalt anwende, um mich ihnen zur sexuellen Befriedigung aufzuzwingen, dann werde ich zweifellos eine negative Reaktion hervorrufen, bei der ich zu einem Hassobjekt werde. Ich verursache auch eine negative Schuldreaktion in mir selbst, weil ich mich über meine intuitive Reaktion gegenüber anderen als des Respekts würdig, hinweggesetzt habe.

Andere als intuitiv respektwürdig anzuerkennen, ist ein Aspekt unserer normalen verkörperten Erfahrung als menschliche Wesen. Von klein auf können wir andere Personen, aber auch andere Lebewesen von unbelebten Objekten unterscheiden, indem wir einen Gestaltprozess in der rechten Gehirnhälfte unseres Gehirns nutzen.[6] Nur durch die Dominanz unserer zielorientierten linken Gehirnhälfte sind wir fähig, diese intuitive Grundlage des Respekts für andere außer Kraft zu setzen. Militärische Ausbildung muss eine grundlegende Hemmschwelle abbauen, andere Menschen zu töten, um erfolgreich zu sein, aber dennoch haben einige Studien gezeigt, dass nur 15-20 Prozent der Soldaten auf dem Schlachtfeld auch tatsächlich auf den Feind schießen.[7]

Nur durch Unterdrückung unseres Bewusstseins für andere als Personen sind wir also in der Lage zu töten, zu verletzen, zu stehlen und zu vergewaltigen. Wenn wir es vermeiden können, derartiges zu tun, und sei es zunächst nur aus gesellschaftlichen Beweggründen, vermeiden wir eine starke Integrationsblockade in Form von Schuldgefühlen. Die buddhistische Tradition unterscheidet in hilfreicher Weise zwei Arten von hilfreicher Schuld, die wahrscheinlich folgen werden, wenn wir anderen Schaden zufügen, die als *Hiri* („Schamgefühl") und *Ottappa* („Angst vor Fehlverhalten") bezeichnet werden: Bei ersterer geht es darum, den eigenen Erwartungen nicht gerecht zu werden, bei letzterer denen anderer Menschen.[8] Indem wir auf eine Weise handeln, die unser Bewusstsein für andere als Personen unterdrückt, insbesondere ohne ethisches Bewusstsein oder Rechtfertigung, bringen wir uns in Konflikt mit unseren besseren Neigungen sowie mit den Stimmen anderer in uns. Auf diese Weise erschweren wir erheblich die Integration und damit eine Beurteilung gemäß des Mittleren Wegs. Wir sind wahrscheinlich fragilen Gefühlen der Reue oder der Vermessenheit ausgesetzt, die diese Reue weiterhin unterdrückt.

Gelingt es uns andererseits, mit unseren Gefühlen liebender Güte, des Mitgefühls und der Großzügigkeit in Kontakt zu kommen (und in diesem Prozess den unangemessenen Einsatz unserer Konkurrenzinstinkte abzuschwächen), werden wir die Entwicklung von Integration stärken. Die buddhistische Tradition fördert dies durch die vier Meditationspraktiken, die als *Brahmaviharas*

---

[6] McGilchrist (2010) S. 54–58.

[7] Grossman (1995).

[8] *Majjhima Nikaya* 39.3. Ñanamoli und Bodhi (1995) S. 362 und Anmerkung 416.

(„Wohnstätten der Götter") bekannt sind: Diese sind Kultivierung von liebender Güte (*Metta-bhavana*), Mitgefühl, Mitfreude am Erfolg eines anderen und Gleichmut. In allen Fällen beginnen wir damit, uns mit liebevollen Gefühlen uns selbst gegenüber zu verbinden und dehnen diese allmählich aus, um neutrale Menschen, Feinde und alle anderen einzubeziehen. Die Kultivierung solcher Gefühle kann sämtliche Anteile in uns auf die gleiche Seite bringen und so unser Urteilsvermögen verbessern sowie uns unmittelbarer helfen, mit anderen auf emotional positiver Basis in Beziehung zu treten.

Rechte Rede beinhaltet in Bezug auf den Achtfachen Pfad eine ähnliche Wertschätzung der anderen und ein Vermeiden unnötiger Konflikte. In den Fünf Laienregeln wird nur das Abstehen von falscher Rede erwähnt, aber in den Zehn Ethikregeln werden drei weitere Redegebote hinzugefügt: Abstehen von grober, nutzloser und verleumderischer Rede. Die Art und Weise, in der all diese Arten der Rede im Allgemeinen Konflikte mit anderen hervorrufen können, sollte offensichtlich sein. Manchmal werden diese Formen der Rede in manchen Situationen mit Billigung anderer verwendet. Nichtsdestotrotz ist es wahrscheinlich, dass sie längerfristig Konflikte mit denjenigen verursachen, die belogen oder grob angegangen werden, über die getratscht wird oder deren Zeit verschwendet wurde. Diejenigen, die auf diese Weise von unethischer Rede betroffen sind, werden wahrscheinlich äußerlich sichtbar mit dem Redenden in Konflikt geraten. Darüber hinaus finden sie aber auch Widerhall im Inneren des Redenden, was über Schuldgefühle zu Konflikten führt.

Die Wichtigkeit, „falsche" Rede zu vermeiden, wirft die Frage auf, wie wir bei gegebener Skepsis beurteilen, ob das, was wir sagen, „wahr" oder „falsch" ist. Aber auch hier gilt wieder, dass „Wahrheit" und „Falschheit" nicht absolut interpretiert werden sollten, und die Probleme, die durch „falsche" Rede geschaffen werden, sind im Grunde Konflikte. „Falsche" Rede ist eine Rede, die die meisten anderen Menschen und unter normalen Umständen auch man selbst wahrscheinlich als unwahr ansehen, weil sie nicht mit den allgemein akzeptierten „Fakten" übereinstimmt. Eine Redeweise wird daher nicht „falsch", weil sie mit Unsicherheit behaftet ist, sondern weil wir unsere Aussagen keiner Überprüfung auf Richtigkeit unterzogen haben. Möglicherweise haben wir uns auch dafür entschieden, die Wahrscheinlichkeit sehr unterschiedlicher Interpretationen auf Grund irgendeines einengenden Motivs zu ignorieren. Wenn wir harmonisch mit anderen Menschen agieren wollen, müssen wir dafür eine gemeinsame Basis an Grundüberzeugungen schaffen, und diese Basis wird durch falsche Rede zerstört. Eine Redeweise, die an einem Motiv der Angemessenheit festhält, schlägt wahrscheinlich einen Mittleren Weg zwischen den Verabsolutierungen ein, die mit der Aufrechterhaltung der „Wahrheit" verbunden sind. Auf der einen Seite steht übertriebene Sicherheit, auf der anderen Seite das Aufgeben der Rechtfertigungsgrundlage.

Die Priorisierung zwischen dem Vermeiden falscher, grober, nutzloser und verleumderischer Rede ist ein Thema, das vom Buddha im *Prinz Abhaya Sutta* erörtert wird. Obwohl er sich darin von jeglicher falschen oder nutzlosen Rede distanziert, macht der Buddha deutlich, dass er sich ein eigenes Urteil bildet, wann eine Rede, die von anderen möglicherweise als grob empfunden wird, gerechtfertigt erscheinen kann:

> *„Solch Rede, von der der Tathagata [Buddha] weiß, dass sie wahr, richtig und nützlich ist, die aber für andere unwillkommen und unangenehm ist: Der Tathagata kennt die Zeit für den Gebrauch solcher Worte.“*[9]

Das Gleichnis, das der Buddha wählt, um dies zu rechtfertigen, ist das Entfernen eines Fremdkörpers aus dem Rachen eines erstickenden Kinds.[10] In solchen Situationen können wir darauf vertrauen, dass unwillkommenes und unangenehmes Handeln tatsächlich vorteilhaft sein wird. Im Falle der Rede muss man jedoch abwägen, wie bereitwillig eine andere Person sich einen Standpunkt anhören wird, der ihre Sichtweise in Frage stellt. Gibt es keine Chance, dass unangenehme Rede hilfreich ist, dann ist vielleicht Schweigen die bessere Option. Solche Beurteilungen zur Priorisierung moralischer Prinzipien in der Rede benötigen also wiederum die Interpretation des Mittleren Wegs. Genau wie wir uns der „Wahrheit“ unserer Rede nicht sicher sein können, können wir auch „grobe“ Rede nicht absolut verbieten. Wir können ihr aber auch nicht willkürlich frönen.

Urteile darüber, wann eine Rede von Nutzen ist, erfordern auch ein Urteil gemäß dem Mittleren Weg, aber diesmal eines, das von unserer Einschätzung der Konsequenzen abhängt. Wir könnten entscheiden, dass es z.B. vorteilhaft ist, über Korruption am Arbeitsplatz zu sprechen. Da wir aber kein vollständiges Verständnis der Rahmenbedingungen haben, kann uns auch leicht ein Fehler hinsichtlich positiver und negativer Konsequenzen unterlaufen. Wenn wir auspacken, aber das Justizsystem korrupt ist und mehr Beschäftigte ungerecht behandelt werden, könnten sich unsere mutigen Worte als vergeblich erweisen. Eine Einschätzung darüber, wie gut wir die Bedingungen verstehen, muss auch Teil einer Einschätzung über die Rede sein. Wir müssen ein absolutes Eintreten für eine oberflächlich betrachtet möglicherweise nützlich erscheinende Rede vermeiden, wenn sie die Lage verschlimmern könnte.

Das dritte Glied des Achtfachen Pfads zur Ethik im engeren Sinn ist der rechte Lebenserwerb. Zur Zeit Buddhas lag der Schwerpunkt der Darlegung rechten Lebenserwerbs darin, Berufe zu vermeiden, die Schaden verursachen

---

[9] *Majjhima Nikaya* 58.8. Ñanamoli und Bodhi (1995) S. 500.

[10] *Majjhima Nikaya* 58.7. Ñanamoli und Bodhi (1995) S. 499.

(wie Waffen- oder Sklavenhandel)[11] oder die andere der Fünf Ethikregeln verletzen. Jedoch wird der rechte Lebenserwerb im Pali-Kanon auch verabsolutiert in der überlegenen Form eines „überweltlichen“ rechten Lebenserwerbs, der nicht durch irgendwelche Befleckungen beeinträchtigt wird, d.h. Klosterleben.[12] Offensichtlich können nur Mönche es vollständig vermeiden, in ihrem Lebenserwerb Schaden anzurichten. Da Mönche (zumindest im Theravada und frühbuddhistischen Modell) jedoch auf Laien angewiesen sind, die sie unterstützen, schafft dies eine Asymmetrie, die gesellschaftliche Integration behindert. Auch vor dem Hintergrund der Komplexität moderner Volkswirtschaften ist das Vermeiden von Schaden oder jeglichen sonstigen Verstoßes gegen die Ethikregeln kein leicht anwendbares Kriterium. Wir können versuchen, den Schaden zu *minimieren*, aber dies ist möglicherweise nicht der einzige relevante Wert, der zur Beurteilung unseres Lebenserwerbs herangezogen werden muss. Wenn der Schaden lediglich an anderer Stelle der Wertschöpfungskette angerichtet wird, haben wir wenig gewonnen.

Die Betonung des rechten Lebenserwerbs im Buddhismus würdigt jedoch die Bedeutung wirtschaftlicher Bedingungen. Wir können nicht einfach wirtschaftliche Bedingungen als vermeintlichen Hintergrund abtrennen, bevor wir unser Handeln beurteilen. Dies schließt ein, absolute Annahmen über freien Willen oder Determinismus in Hinblick auf Wirtschaftsaktivität zu vermeiden. Wir können weder die Annahme rechtfertigen, vollständig für die wirtschaftlichen Rahmenbedingungen, in denen wir tätig sind, verantwortlich zu sein, noch gar nicht für den von uns gewählten Lebenserwerb verantwortlich zu sein. Unter bestimmten Umständen können die Möglichkeiten beengt erscheinen: Sie müssen z.B. möglicherweise wählen zwischen einer ausbeuterischen Arbeit in einer Bekleidungsfabrik und Ihre Kinder nicht ernähren zu können. Dennoch treffen wir unsere Entscheidungen innerhalb der Grenzen, die uns auferlegt werden, auch wenn es nur eine Wahl zwischen Übeln ist. Zu sagen, dass wir „eine Wahl treffen“, bedeutet einzugestehen, dass wir uns unterschiedlicher Möglichkeiten bewusst sind und Erfahrung mit der Wahl zwischen ihnen haben.

Alle Entscheidungen, die wir über unseren Lebenserwerb treffen, sind auch für uns von großer Bedeutung, weil sie unsere Gewohnheiten und unsere Entwicklung stark beeinflussen. Eine Arbeit, bei der keine Entscheidungen und Urteile gefällt werden können und bei der es somit kein Verantwortungsgefühl gibt (wie bei Fließbandarbeit), kann sehr stressig sein, weil wir ständig unser breiteres Bewusstsein für andere Möglichkeiten verdrängen müssen. Dies ist der von Marx beschriebene Entfremdungseffekt eines Großteils

[11] *Anguttara Nikaya* 5.177. Nyanaponika und Bodhi (1999) S. 142.
[12] Majjhima Nikaya 117.28–33. Ñanamoli und Bodhi (1995) S. 938.

kapitalistischer Arbeit,[13] und eine solche Entfremdung behindert klar unsere integrative Entwicklung. Auf der anderen Seite hilft uns kreative Arbeit, die viele Entscheidungen und Urteile beinhaltet (wie Künstler oder Lehrer zu sein oder vielleicht ein eigenes Unternehmen zu führen), potenziell stärkere Integration zu entwickeln. In einem solchen Beruf bewirken unsere Urteile ständig Rückkopplungen, die uns einen Anreiz geben, über diese Urteile und ihre Angemessenheit zu reflektieren. Bis zu einem gewissen Grad kann jedoch auch einfache, körperliche Arbeit ähnliches Rückkopplungspotenzial für die Entwicklung bieten, wenn sie achtsam, unter bewusster Vermeidung von Entfremdung ausgeübt wird.

Natürlich nimmt unsere Wahl des Lebenserwerbs auch großen Einfluss auf Konflikte in der Gesellschaft, jenseits dessen, was der Buddha als Schaden verursachend erkannt hat. Z.B. ist für eine Zeitung (wie *Daily Mail*) oder eine Website (wie Breitbart) zu schreiben, die äußerst selektive oder gar falsche Nachrichten zu manipulativen politischen Zwecken verbreitet, wahrscheinlich schlechter Lebenserwerb. Er kann nur dazu führen, Konflikte in der Gesellschaft zwischen Gruppen mit unterschiedlichen Ausgangspunkten zu verschärfen und keine Anreize zu bieten, die Stichhaltigkeit der vorgebrachten Behauptungen weitergehend zu untersuchen. In vielerlei Hinsicht wäre es besser, einfach handfestes Gift zu verkaufen, das problemlos als gefährlich erkannt werden kann (obgleich es im Pali-Kanon missbilligt wird), als diese Art von metaphorischem Gift zu verkaufen, und wenn dies von einem Mönch getan würde, wäre es nicht besser. Konfliktverursachende Verabsolutierungen zu vermeiden (einschließlich Voreingenommenheiten) bietet im modernen Kontext einen wesentlich zweckdienlicheren Leitfaden zu rechtem Lebenserwerb als ein schlichtes Verbot bestimmter schädlicher Berufe.

Entscheidungen über Lebenserwerb erfordern somit ein komplexes Abwägen verschiedener Faktoren. Wie sehr fördert der Lebenserwerb Verabsolutierungen in mir oder in der Gesellschaft, sei es durch direkten Schaden oder indirekt durch andere Faktoren? Inwieweit hilft er mir und anderen in positiver Weise, eine stärkere Integration zu entwickeln? Ihn als Kriterium ernst zu nehmen, bedeutet die wirtschaftlichen Normen der kapitalistischen Gesellschaft in Frage zu stellen. Es ist zu einfach zu behaupten, dass wir „keine andere Wahl“ haben, als eine ethisch fragwürdige oder geisttötende Arbeit zu verrichten und die Ausübung wirtschaftlicher Macht auf unsere Geisteszustände kritiklos hinzunehmen. Buddhas Mittlerer Weg kann uns, wenn er bei der Beurteilung des rechten Lebenserwerbs behilflich ist, dazu anregen, neben anderen ethischen Fragen, die in unserer alltäglichen Umgebung so wichtig sind, auch diese drängenden Probleme zu erkennen.

[13] 'Economic and Political Manuscripts' von Marx (1977) S. 77 ff.

5.d. Der Mittlere Weg der Weisheit

Die beiden letzten zu betrachtenden „Glieder" des Edlen Achtfachen Pfads sind rechte Ansicht und rechtes Streben. Die Übersetzungen dieser beiden Glieder sind äußerst unterschiedlich, was die Schwierigkeiten der Interpretation unterstreicht. *Samma ditthi* ist als „rechte Ansicht", „rechte Sichtweise" oder „rechte Erkenntnis" übersetzt worden; *Samma sankappa* als „rechte Gesinnung", „rechtes Streben", „rechte Absicht" oder „rechte Entschlossenheit". Bei ersterem löst die Sicht-Metapher für viele eine starke Assoziation mit der Kenntnis einer abstrakten Doktrin aus, was aber irreführend sein kann. Wenn man rechte Sicht völlig abstrakt versteht, kann dies zudem dazu führen, dass rechtes Streben nach kognitiven Elementen ausgehungert wird, so als ginge es nur darum, ein emotionales „Aufholen" mit einem definitiven intellektuellen Verständnis dessen, wie die Dinge sein sollten, zu vollbringen. In der Praxis sind jedoch rechte Ansicht und rechtes Streben voneinander wechselseitig abhängig, tatsächlich sogar kaum unterscheidbar, so wie „Vernunft" und „Emotion" in der Praxis kaum unterscheidbar sind. Beide sind Möglichkeiten, Reaktionen auf Erfahrungen zu etikettieren, die wiederum diese Erfahrungen weiter prägen, und beide können mehr oder weniger weise oder mehr oder weniger verblendet sein, gemessen an einem Standard der Angemessenheit gegenüber Rahmenbedingungen.

Obwohl rechte Ansicht oft im Sinne von Kenntnis und Akzeptanz einer Reihe buddhistischer Lehren erklärt wird,[1] kann eine derartige Betonung des „Wissens" in vielen Fällen absolute Interpretationen begünstigen. Sie kann daher die integrative Praxis stören. Theoretisch glaubt man auch, dass die Erleuchteten „keine Ansicht" haben,[2] aber der Rückgriff auf diese Position kann sehr leicht selektiv und ad hoc verwendet werden, um nur jenen Sichtweisen entgegenzutreten, mit denen man nicht einverstanden ist. Die ganze Vorstellung einer endgültigen „Nicht-Sicht" scheint das Ergebnis der Brüche zu sein, die Glaube an verabsolutierte Erleuchtung aufzwingt, so dass unterstellt wird, alle Ansichten seien absolut. Nur wenn alle Ansichten absolut sind, darf jeder, der über diese Verabsolutierungen hinausgeht, überhaupt keine Ansicht haben. Über die Verabsolutierung hinauszugehen ist jedoch eine alltägliche Angelegenheit, sobald wir Alternativen in Betracht ziehen, die wir vorher nicht in Betracht gezogen haben.

Der Buddha hatte in der Praxis offensichtlich Ansichten über alle möglichen Dinge. Das Konzept der rechten Ansicht kann weit besser verstanden werden, indem es als *vorläufige Sichtweise* und *Vermeiden einer absoluten*

---

1 *Majjhima Nikaya* 9. Ñanamoli und Bodhi (1995) S. 132 ff.

2 *Sutta Nipata* 5.3. Saddhatissa (1985) S. 92.

Sichtweise interpretiert wird, mit anderen Worten als Mittlerer Weg. Jeder, der verkörpert ist, hat eine Ansicht, aber wenn wir unsere Ansicht in Anerkennung der Tatsache dieser Verkörperung aufrechterhalten wollen, müssen wir dies gemeinsam mit einer Würdigung möglicher Alternativen tun. Die Tatsache, dass der Mittlere Weg in den meisten buddhistischen Darstellungen der rechten Ansicht nicht einmal erwähnt zu werden scheint, legt jedoch nahe, wie wenig dieser Aspekt gewürdigt wird.

Buddhas Lehrrede an Kaccanagotta dürfte einen Einblick in ein am Mittleren Weg ausgerichtetes Verständnis der rechten Ansicht bieten:

> *„Diese Welt, Kaccana, ist zum größten Teil gefesselt von Bindung, Festhalten und Anhaftung. Aber derjenige [mit rechter Ansicht] wird nicht gebunden und festgehalten durch diese Bindung und dieses Festhalten, einen geistigen Standpunkt, Anhaftung, zugrundeliegende Neigung; er bezieht keine Stellung zu „meinem Selbst". "*[3]

Hier lassen sich die Pali-Begriffe, übersetzt als „geistiger Standpunkt", „Anhaftung" und „zugrundeliegende Neigung" (von Bodhi in einer Fußnote näher erläutert), unschwer so verstehen, dass sie Begierde und Glauben in fest verwurzelten synaptischen Pfaden verbinden, die uns dazu verleiten, nur in bestimmten, eingefahrenen Begriffen zu denken. Daher ist es für jeden, der rechte Ansicht kultiviert, von entscheidender Bedeutung, dies unter Einbeziehung eines breiteren Bewusstseins zu tun, das sowohl die rechte Gehirnhälfte als auch die kognitiven Zentren der linken stimuliert. Sangharakshita vertritt einen ähnlichen Standpunkt in Hinblick auf die rechte Ansicht:

> *Ich habe beobachtet, dass Buddhismus-Studierende oft denken, dass Rechte Erkenntnis... bedeutet, ein Studium des gesamten buddhistischen Denkens zu absolvieren... Aber in Wirklichkeit ist es ganz und gar nicht so... Es ist eine Anschauung und als solche etwas Direktes und Unmittelbares, das mehr der Natur einer spirituellen Erfahrung entspricht als einem intellektuellen Verständnis. Natürlich kann die Erfahrung, die Einsicht intellektuell ausgedrückt werden, in Form von Lehrauffassungen... aber sie ist nicht identisch mit diesen.*[4]

Sangharakshitas Schilderung könnte uns jedoch ebenso einen Eindruck von einer überwältigenden Erfahrung der „Auftragserteilung" vermitteln, die uns auf den Pfad führt. Es geht nicht darum, eine einzige Erfahrung zu machen, die man unmissverständlich verstehen kann, um die Wahrheit des Pfads zur Erleuchtung zu enthüllen. Es geht auch nicht darum, eine Vielzahl traditioneller Formulierungen zu „verstehen". Vielmehr geht es bei der rechten Ansicht um eine Synthese aus intuitiver, kognitiver und emotionaler

---

[3] *Samyutta Nikaya* 12.15. Bodhi (2000) S. 544.
[4] Sangharakshita (1990a) S. 22.

Auseinandersetzung mit dem Mittleren Weg als Methode und Richtung. Wir bekommen ein hinreichendes Gefühl für diese Methode, um Vertrauen zu schöpfen und uns so auf den Weg zu machen, und dieses Vertrauen wird dann oft durch nachfolgende Erfahrungen weiter bestärkt. Schrittweises Vorgehen muss ein Schlüsselelement dessen bilden, wie wir die rechte Ansicht verstehen und vermitteln.

„Rechte Ansicht“ kann also unmöglich darin bestehen, einfach eine Reihe traditioneller buddhistischer Lehrsätze zu übernehmen, wie es üblicherweise dargestellt wird. Die rechte Ansicht besteht darin, die in der jeweiligen Situation am besten geeignete Auswahl an Überzeugungen zu vertreten, selbst unter denjenigen, die noch nie vom formalen Buddhismus oder seinen Lehren gehört haben. Die am besten geeignete Auswahl an Überzeugungen ist jene, die es uns erlaubt, die größtmögliche Bandbreite an Alternativen in Betracht zu ziehen, die mit einer Situation vereinbar sind (mit unseren psychischen Fähigkeiten sowie mit äußeren Effekten, die als Merkmale der Situation erkannt werden). So wird sichergestellt, dass wir nicht durch Verabsolutierung unserer derzeitigen Annahmen eingeschränkt werden. Gerade die Vorläufigkeit einer Ansicht macht sie „recht“ und nicht ihr Inhalt. Ein Wissenschaftler, der über Alternativen zu einer hochgeschätzten Theorie nachdenkt, ein Ehemann, der die irrationale Eifersucht, die er gegenüber seiner Ehefrau verspürte, überdenkt oder eben eine Buddhistin, die ihr Verständnis der Lehren, mit denen sie sich so sehr identifiziert, überdenkt – sie alle können die rechte Ansicht haben, indem sie schlicht eine verabsolutierte Sichtweise vermeiden und eine gewisse Unordnung in den Handlungsrahmen einbeziehen. In gewissen Situationen mag eine traditionell buddhistisch „rechte Ansicht“ eine falsche Ansicht sein, weil sie verabsolutiert wurde.

In anderen Situationen können die buddhistischen Lehren jedoch tatsächlich dabei helfen, die rechte Ansicht zu erkennen. Beispielsweise kann über Unbeständigkeit zu reflektieren ein Bewusstsein dafür schaffen, dass die Annahme, die andere Person oder Sache wäre in ihrer gegenwärtigen Erscheinungsform für immer unveränderbar, nicht angemessen war. Ich werde in Kapitel 6.b. mehr über die Interpretation von Unbeständigkeit im Zusammenhang mit anderen traditionellen buddhistischen Lehren sagen. Bei all diesen doktrinären „Ansichten“ hängt deren Nützlichkeit jedoch davon ab, dass sie mit Hilfe des Mittleren Wegs interpretiert werden, anstatt eine absolute Version derselben zu verwenden, um den Mittleren Weg zu interpretieren. Die rechte Ansicht stellt den Mittleren Weg an die erste Stelle, indem sie fortwährend seine Methode anwendet.

Die Beziehung zwischen der rechten Ansicht und dem rechten Streben gleicht der zwischen Überzeugung und Wunsch: Das eine impliziert immer das andere. Wir äußern unsere Wünsche in Form von Überzeugungen über wünschenswerte Objekte und die Bedingungen für deren Erfüllungen, und wir vertreten Überzeugungen, weil dies mit unseren Wünschen in Einklang steht. Dazwischen, als Vermittler zwischen den beiden, liegt die Bedeutung – das heißt, die assoziativen Verbindungen, die uns zur Verfügung stehen, um alternative, mögliche Überzeugungen in Betracht zu ziehen. Vorläufigkeit ist abhängig davon, dass uns in einer konkreten Situation eine Bandbreite an Bedeutungen zur Verfügung steht, so dass verschiedene, mögliche, alternative Überzeugungen entwickelt werden können. Es muss hinreichend Energie in die Vorstellungskraft gesteckt werden, die diese Alternativen untersucht, statt sich nur im gewohnten Fahrwasser der Überzeugung treiben zu lassen. Wir streben recht, wenn wir diese ideenreichen Alternativen wertschätzen und eine Sichtweise aufrechterhalten können, die uns hilft, sie offen zu halten.

Beim Beschreiten des Pfads *inspiriert* zu bleiben, hängt nicht nur davon ab, ob wir „Überzeugungen" über den wahren Pfad haben, für die wir dann „emotionale Äquivalente" finden müssen.[5] Vielmehr geht es darum, dass die integrativsten Überzeugungen auch mit neuen Bedeutungen verknüpft sind, die ebenfalls mit neuen Wünschen verknüpft sind. Der praktische Wert buddhistischer Überzeugungen besteht nicht in einer abstrakten Beziehung zur „Wahrheit", sondern vielmehr in der Art und Weise, wie sich Vorläufigkeit und somit Integration stimulieren können. Vorläufigkeit besteht in der Verfügbarkeit neuer Bedeutungen, und wenn wir Zugang zu diesen neuen, bisher verdrängten oder vernachlässigten Bedeutungen gewinnen können, werden wir wahrscheinlich feststellen, dass sie emotionale Energie mit sich bringen.

Buddhisten empfehlen häufig die Kultivierung „rechten Strebens" oder „rechter Gesinnung" durch Anwendung der *Brahmavihara*-Meditationen (die positive Gemütsbewegung kultivieren) und Andachtsübungen. [6] Interessant an beiden ist bei näherer Betrachtung, dass sie beide darin bestehen (wenn sie wirksam sind), unsere Erfahrung mit einer neuen und umfassenderen Bedeutung in Kontakt zu bringen, und dass sie nicht von bestimmten kulturell buddhistischen Inhalten abhängen.

Die *Brahmavihara*-Meditationen beinhalten die Kultivierung der positiven Emotionen liebende Güte (*Metta*), Mitgefühl, Mitfreude und Gleichmut auf systematische Weise im Rahmen der Meditation, durch Bewusstseinsbildung für die positiven Emotionen, die wir in Erfahrungen finden. Die Technik besteht im Allgemeinen darin, die Aufmerksamkeit zunächst auf Menschen zu lenken, denen gegenüber wir ohne weiteres positiv gestimmt sein können (etwa auf uns selbst oder einen guten Freund), und dann dehnen wir dieses Gefühl allmählich aus, so dass es auf alle anderen gerichtet ist, einschließlich

[5] Ebenda. S. 36.
[6] Ebenda. S. 46–58.

derer, die man als Feinde betrachtet.[7] Diese Art der Meditation wird oft als Arbeiten mit Emotionen angesehen, was sie auch ist, aber sie arbeitet gleichzeitig auch mit der *Bedeutung* jeder Person in unserer Erfahrung. Sie öffnet diese Bedeutung von einem engen Satz an Annahmen hin zu einem umfassenderen. Wenn ich zum Beispiel erkenne, dass mein verhasster Chef, der auch ein Familienmensch ist, nett zu seinen Kindern ist, wird die Bedeutung meines Chefs in einer Weise erweitert, die es mir in Zukunft erlauben könnte, ihn anders zu beurteilen. Ist dies ein „kognitiver" oder ein „emotionaler" Prozess? Es ist offensichtlich beides und seine besondere Bedeutung besteht nicht in dieser Kategorisierung, sondern in der Art und Weise, in der er Vorläufigkeit in unseren grundlegenden Reaktionen auf andere fördert. Es ist diese Bedeutungsbreite, die mich möglicherweise auch dazu *inspiriert*, anders in meiner Beziehung zu diesen Menschen zu agieren.

Andachtsübung ist ein weiterer Bereich, der oft als „emotional" angesehen wird. Aber auch hier lässt sich ihre positive Bedeutung nicht dadurch am deutlichsten erkennen, dass man „Lehre" von „Anbetung" trennt und letztere als nützlich betrachtet, damit wir ein „emotionales Äquivalent" für erstere finden. Andächtige Aktivitäten können uns inspirieren, indem sie uns an Symbole erinnern, die wir stark mit dieser Inspiration assoziieren. Sie stärken diese Assoziationen auch durch körperliche Aktivitäten wie Singen, Rezitieren, Verbeugen oder Darbringen von Gaben. Aber was ist es nun, das uns dazu bringt, diese Symbole mit dieser Inspiration in Verbindung zu bringen? Nur assoziative Erfahrung, die durch verkörperte Bedeutung und Metaphorik entwickelt werden muss, kann dem Buddha oder jedem anderen Symbol, das wir verwenden, diese Art von Kraft verleihen. Die äußeren Formen, mit denen wir Assoziationen herstellen, sind ungewiss: Es könnte ein Buddha sein, der uns wachrüttelt, oder es könnte ein Baum sein oder das Sonnenlicht, das sich in einer Pfütze spiegelt. Aber solche Assoziationen werden eine besondere Inspirationskraft besitzen, wenn sie unsere psychischen Bedürfnisse auf besondere Weise erfüllen.

Hier kann das Konzept des Archetyps zum Tragen kommen. Ein Archetyp ist eine symbolische Funktion, die durch eine Reihe von Assoziationen, die durch die Funktion verstärkt werden, in einer bestimmten Beziehung zu unseren Körperenergien verwurzelt ist.[8] Die Funktion des Mittleren Wegs, die darin besteht, Alternativen zu eröffnen, wird von Jung als Archetyp des Selbst oder Gottes bezeichnet, obwohl er in buddhistischen Begriffen genauso gut als Archetyp des Erwachens oder der Erleuchtung bezeichnet werden könnte. Dieser Archetyp ist kein übernatürliches Wesen im Universum, sondern eher

[7] Einzelheiten finden sich im Visuddhimagga. Ñanamoli (1991) Kap. 9.

[8] Für eine ausführlichere Darstellung siehe Ellis (2013b) Abschnitt 4.

ein flüchtiger Blick auf eine mögliche, stärkere Integration mit vage erkennbaren, umfassenderen Perspektiven in unserer eigenen Erfahrung. Manchmal erkennen wir durch das, was man als religiöse Erfahrung, meditative Erfahrung oder Geistesblitze bezeichnen könnte, dass wir viel größer sein könnten als wir sind. Mit dieser Erkenntnis gehen oft ein Energieschub und ein Gefühl für die potenziell größere Bedeutung der Welt, die wir erleben, einher. Welche Symbole wir auch immer verwenden, um diesen Archetyp zu verkörpern, sie können uns durch Assoziation dazu verhelfen, ein umfassenderes Bewusstsein für diese Potenzialität zu entwickeln.

Rechtes Streben oder rechte Emotion können also tatsächlich durch Andachtsübungen kultiviert werden, ebenso wie durch eine Reihe anderer Praktiken. Allerdings hat diese Andachtspraxis keine wesenhafte Form und muss nicht kulturell buddhistisch sein. Die Assoziation mit dem Archetyp könnte genauso gut aus einer Assoziation vermittels einer anderen religiösen Tradition wie dem Christentum stammen oder aus der Kunst oder aus dem, was wir oft „die natürliche Umgebung“ nennen – d.h. aus einem Gefühl der Ehrfurcht, das wir mit Landschaften, Pflanzen und Tieren verbinden. Wiederum wird die Methode am besten praktiziert, indem man ihre spezifische Anwendung in der buddhistischen Tradition nicht verabsolutiert, sondern indem man diese Methode als eine universelle anerkennt, die in bestimmten buddhistischen Kontexten exemplarisch angewandt werden kann.

Wie wir bei den anderen Elementen des Achtfachen Pfads gesehen haben, ist dies dann tatsächlich der Mittlere Weg. Jedes einzelne Glied des Pfads muss im Sinne des Mittleren Wegs interpretiert werden und gewinnt dadurch seinen Wert. Angesichts der Universalität des Mittleren Wegs muss auch der Achtfache Pfad in ähnlicher Weise universell interpretiert werden. Jede einzelne Anwendungsmöglichkeit ist abhängig, so dass wir den Pfad an sich verraten, wenn wir davon ausgehen, solcherlei Anwendungen seien notwendig oder ausreichend. Wenn jedoch eine bestimmte, traditionelle, buddhistische Anwendung des Pfads in diesen durch und durch universellen Begriffen verstanden wird, ist an der Verwendung traditioneller Formen an sich nichts auszusetzen. Diese Formen haben oft dazu beigetragen, über die Jahrhunderte hinweg einen universelleren impliziten Sinn zu bewahren.

6. Auslegung buddhistischer Lehren

6.a. Bedingtheit

Ich habe meine Vorschläge zur Interpretation überlieferter buddhistischer Lehren bereits mehrfach erwähnt. In diesem Abschnitt werde ich jedoch versuchen, sie zu veranschaulichen und zu untermauern, indem ich auf traditionelle buddhistische Anliegen eingehe. In mancher Hinsicht ist meine Botschaft durchwegs einfach: Buddhistische Lehren sind hilfreich, sofern sie in Übereinstimmung mit dem Mittleren Weg interpretiert werden, und wenig hilfreich, wenn nicht. Bedingtheit, die Vier Edlen Wahrheiten, die Drei Daseinsmerkmale, der Achtfache Pfad, Karma und Wiedergeburt, Zufluchtnahme und die Institution des Klosterwesens können alle auf diese Weise interpretiert werden. Deshalb habe ich mit dem Mittleren Weg begonnen und nicht mit anderen Lehren, die von Buddhisten üblicherweise als Ausgangspunkt herangezogen werden. Möglicherweise stimmen Sie nach der Lektüre dieses Abschnitts nicht mit meinen speziellen Schlussfolgerungen darüber überein, wie man dem Mittleren Weg Priorität einräumen sollte. Aber der springende Punkt ist einfach, dass man ihm Priorität einräumen sollte, denn unser Verständnis der Methode geht dem seiner Anwendung voraus, unabhängig davon, wie Sie verstehen, dass dies getan werden sollte.

Bedingtheit (*Paticcasamuppada* – auch übersetzt als „bedingte Mitgestaltung" oder „abhängiges Mitentstehen" oder „abhängiges Entstehen") wird oft als die grundlegendste Einsicht des Buddha bezeichnet und oft als Grundlage des Mittleren Wegs angegeben. Demnach können wir weder die Eigenexistenz von Objekten noch ihre Nichtexistenz akzeptieren, weil ihre Existenz von allen anderen Phänomenen abhängig ist. Wenn beispielsweise Fragen über die letztendliche Natur des Selbst oder des Universums gestellt werden, „lehrt der Buddha den Dhamma in der Mitte", indem er stattdessen auf diese Dinge als bedingt verweist.[1]

Wie ich bereits in Kapitel 4.b. erörtert habe, scheint diese Betonung der Bedingtheit von Objekten anstelle der Begrenztheit unserer Urteile ein Produkt ontologischer Besessenheit zu sein. Es besteht keine Notwendigkeit, irgendwelche Behauptungen über die Natur aller möglichen Phänomene aufzustellen, um den Mittleren Weg zu praktizieren. Es ist schwer zu erkennen, wie Behauptungen über die Bedingtheit aller Phänomene gerechtfertigter sein sollen als andere metaphysische Behauptungen, die der Buddha vermieden hat. Letztendlich sind wir ebenso wenig in der Lage zu ermitteln, ob alles, was uns im Universum möglicherweise begegnet, bedingt ist, wie wir herausfinden

[1] *Samyutta Nikaya* 12.35 und 12.48. Bodhi (2000) S. 574, 584–5.

können, ob es eine erste Ursache oder einen Endpunkt im Raum hat oder nicht. Es ist auch schwer zu erkennen, wie das Festhalten an Überzeugungen über die Bedingtheit aller Phänomene irgendeinen praktischen Wert haben sollte, den die Praxis von Vorläufigkeit in Bezug auf jedes Urteil über sie nicht hat. Aber warum haben es so viele Buddhisten im Lauf der Zeitalter offenbar als so hilfreich und aufschlussreich empfunden? Dies lässt sich leicht dadurch erklären, dass man die Bedingtheit als Platzhalter für Vorläufigkeit betrachtet, wobei einige der Merkmale von Vorläufigkeit mit dem Konzept von Bedingtheit zusammenhängen. Überzeugungen über Bedingtheit können nützlich sein, aber nur in dem Maße, in dem sie sich tatsächlich auf unsere Berteilungen auswirken.

Die berühmten Worte des Buddha an Ananda über Bedingtheit können ein zweischneidiges Schwert sein:

Der Ehrwürdige Ananda kam zum Herrn... und sagte: „Es ist wundervoll, Herr, es ist wunderbar, wie tief dieses abhängige Entstehen ist und wie tief es erscheint! Und doch erscheint es mir so ganz und gar klar!“

„Sag das nicht, Ananda, sag das nicht! Dieses abhängige Entstehen ist tief und es erscheint tief. Durch das Nicht-Verstehen und Nicht-Durchdringen dieser Lehre ist diese Generation wie ein verheddertes Knäuel von Schnüren geworden, wie von Pesthauch bedeckt, verheddert wie grobes Gras, unfähig über Zustände des Leidens, des harten Schicksals, des Verderbens und des Kreislaufs von Geburt und Tod hinauszugehen.“[2]

Mir gegenüber wurde diese Passage oft von Buddhisten zitiert, mit einer mutmaßlichen Berufung auf Autorität und Tradition, wann immer ich es wagte, irgendeine überlieferte Annahme über Bedingtheit in Frage zu stellen. Aber möglicherweise befinden sich nicht nur diejenigen in Anandas Lage, die die buddhistische Tradition in Frage stellen. Möglicherweise ist es auch die buddhistische Tradition selbst, die davon ausgeht, dass sie Klarheit geschaffen hat, sich stattdessen aber in ein verheddertes Fadenknäuel verwandelt hat. Wenn die Lehre eine praktische Zielsetzung verfolgt, muss sie mit der skeptischen Erkenntnis im Einklang stehen, dass unser Wissen über die spezifischen Beziehungen zwischen den Bedingungen begrenzt ist. Verallgemeinerungen über solche Bedingungszusammenhänge müssen auch unsrem Maß an Unwissenheit Rechnung tragen. Ja, es scheint da draußen Bedingungen oder „Fakten“ zu geben, die sich auf unerwartete Weise auf uns auswirken. Doch jeglicher Versuch, sie zu verallgemeinern, der unsere eigene Rolle beim Verständnis und der Bewertung dieser Bedingungen außer Acht lässt, kann zu schwerwiegenden Missverständnissen führen.

---

[2] *Digha Nikaya* 15.1. Walshe (1995) S. 223.

Denn unser Verständnis und Urteilsvermögen sind Teil der Bedingungen und das Erste, dessen Bedingtheit wir berücksichtigen müssen. Die buddhistischen Lehren betonen dies in vielerlei Hinsicht. Die fünf Aggregate (*Skandhas*)[3], die uns den Eindruck eines Selbst vermitteln, geben uns auch den Eindruck eines Objekts: Form, Gefühl, Wahrnehmung, Willensbildung und Bewusstsein sind allesamt Aspekte unserer Erfahrung. Sie alle sind auch in einer Weise bedingt, die verhindert, dass irgendeines von ihnen eine unbedingte Darstellung der Realität bietet. In der klassischen Auflistung der zwölf *Nidanas* (Glieder der Bedingtheit), die auf dem äußeren Ring des Lebensrads dargestellt sind, betonen die ersten neun die bedingten Beziehungen zwischen verschiedenen Aspekten, die zu unseren Urteilen beitragen: Unwissenheit, Willensbildung, Bewusstsein, Name und Form, die Sinne, Kontakt, Gefühl, Verlangen und Ergreifen.[4] Zum Beispiel ist meine Überzeugung, dass mein Nachbar verachtenswert ist, bedingt durch die Begrenztheit meiner eigenen Sichtweise, meine früheren Urteile, die in diese Richtung tendierten, mein leichtes Kopfweh, die Art und Weise, wie der Nachbar erscheint und etikettiert wird, die begrenzten Möglichkeiten meines Sehens und Hörens, ihn wahrzunehmen, den begrenzten Kontakt, den ich mit ihm hatte, die Art und Weise, in der ich diese Erfahrungen als unangenehm empfand, meinen Wunsch, mich nicht mit ihm auseinandersetzen zu müssen (Hass) und die Schritte, die ich unternommen habe, um dies zu vermeiden. Mein Urteil ist, gelinde gesagt, nicht auch nur ansatzweise eine „Wahrheit“ über etwas, dass ich gerade wahrgenommen habe, und das „wirklich“ da ist.

Buddhistische Lehren über Bedingtheit können somit zur Skepsis und damit zur Vorläufigkeit beitragen, indem sie uns die spezifischen Bedingungen bewusst machen, die unser Urteilsvermögen beeinflussen. Sie machen uns auch die Bedingungen bewusst, die das Objekt, über das wir urteilen, beeinflusst haben könnten, um uns davon abzuhalten, unsere Sichtweise darüber zu verabsolutieren. Sie stellen uns auch Ressourcen zur Verfügung, die uns helfen, über die Beschränkungen begrifflicher Grenzen nachzudenken, die wir uns auferlegen, und fördern so ein allmähliches Vorgehen. Ebenso kann ein Nachdenken über die bedingte Beziehung zwischen vermeintlichen Gegensätzen und Art und Weise, wie sie tatsächlich wechselseitig voneinander abhängen, hilfreich sein, um Agnostizismus und Integration zu fördern. Es besteht also in der Tat eine enge Verbindung zwischen der Praxis des Mittleren Wegs und Betrachtungen über Aspekte der Bedingtheit. Dass der Mittlere Weg jedoch nicht einfach nur Bedingtheit ist, lässt sich leicht daran erkennen,

[3] *Samyutta Nikaya* 22.48. Bodhi (2000) S. 886.
[4] *Samyutta Nikaya* 12.65. Bodhi (2000) S. 601.

auf welche Weise das Konzept der Bedingtheit verabsolutiert werden kann und dadurch in Widerspruch zum Mittleren Weg gerät.

Eine Möglichkeit, es zu verabsolutieren, die ich bereits erwähnt habe, besteht darin, Bedingtheit als eine Theorie über das gesamte Universum zu betrachten. In der allgemeinsten Form drückt sich das so aus:

> *Dieses Sein, das ist; vom Entstehen dessen, was entsteht; dieses Nicht-Sein, das nicht ist; vom Aufhören dessen, was aufhört.*[5]

Was dadurch letztlich zum Ausdruck gebracht wird ist, dass jedes Phänomen notwendigerweise (zumindest in der Form, wie wir es verstehen) von anderen Objekten abhängig ist. Aber wir haben keine Ahnung, auf welcher Grundlage wir dies für *zwangsläufig* erklären können, statt es lediglich als vorläufige Theorie vorzuschlagen.

Eine weitere Möglichkeit, die Bedingtheit zu verabsolutieren besteht darin, bestimmte Teilaspekte als allgemeine Wahrheiten anzunehmen, was bei den zwölf *Nidanas* (Unwissenheit, Willensbildung, Bewusstsein, Name und Form, die Sinne, Kontakt, Gefühl, Verlangen, Ergreifen, Werden, Geburt und Tod) geschehen zu sein scheint. Diese zwölf Glieder sind zur Grundlage der buddhistischen Standardlehrmeinung über Bedingtheit geworden, auch wenn es an verschiedenen Stellen im Pali-Kanon zahlreiche andere Fassungen mit unterschiedlicher Anzahl an Gliedern gibt.[6] Die traditionelle Interpretation dieser Glieder ist in Buddhaghosas *Weg zur Reinheit* verbindlich niedergelegt.[7] Er unterteilt die Glieder in zwei Gruppen ursächlicher und resultierender Stadien, wobei Unwissenheit und Willensbildungen die Ursachen in diesem Leben bilden, was sich in diesem Leben in Bewusstsein, Name und Form, den Sinnen, Kontakt und Gefühl auswirkt. Diese verursachen dann in diesem Leben Begierde, Ergreifen und Werden, welche karmisch zu Geburt und Tod in zukünftigen Leben führen. Dies verabsolutiert in mehrfacher Hinsicht. Es verfestigt eine Darstellung voneinander abhängiger Bedingungen in einer einzigen, vorgeschriebenen Reihenfolge und Auslegungsweise. Wiedergeburt wird als notwendiger Bestandteil der Darstellung hinzugefügt (siehe Kapitel 6.e. weiter unten). Es verfestigt auch die ursächlichen Phasen als notwendigerweise dem Urteil vorausgehend (und somit festgelegt, sobald ein Urteil in der Vergangenheit gefällt wurde) und die daraus resultierenden Phasen als notwendigerweise nachfolgend (und somit eine Frage der Verantwortung).

Das letztendliche Problem zu erkennen, war einer der bemerkenswertesten Beiträge zum buddhistischen Denken von Ñanavira Thera, einem in Sri Lanka lebenden englischen Theravada Mönch, der das überlieferte Modell der zwölf

---

[5] *Udana* 1.3. Ireland (1990) S. 13.

[6] Jones (2011) S. 62. *Samyutta Nikaya* 12. *Digha Nikaya* 15.

[7] Ñanamoli (1991) Kap. 17.

Nidanas in Frage stellte. Ñanavira kritisierte die Starrheit der Unterscheidung zwischen Gefühl und Verlangen, wonach wir nicht in der Lage sein dürften, die angenehme oder unangenehme Natur unserer Gefühle in der Gegenwart zu beeinflussen:

> *Die Ansicht zu vertreten, dass alles, was ein Mensch empfindet, ob angenehm, unangenehm oder neutral, auf vergangene Handlungen zurückzuführen ist, bedeute, eine Form des Determinismus anzunehmen, der gegenwärtiges Handeln sinnlos macht – man ist ein Mörder aufgrund vergangener Taten, ein Dieb aufgrund vergangener Taten, und so weiter... Wenn... das angenehme Gefühl, das ich empfinde, wenn ich mich lustvollen Gedanken hingebe, das Vipaka [Ergebnis] irgendeines vergangenen Kamma [Karma] ist, dann habe ich keine unmittelbare Verantwortung in dieser Angelegenheit und kann jetzt nichts dagegen tun. Aber aus eigener Erfahrung weiß ich, dass dem nicht so ist; wenn ich mich dafür entscheide, das Vergnügen zu genießen, indem ich lustvolle Gedanken hege, dann kann ich dies tun, und ich kann mich auch dafür entscheiden (wenn ich dafür gute Gründe sehe), solche Gedanken nicht zu hegen.*[8]

Tatsächlich weist Ñanavira darauf hin, dass Verlangen Gefühle bedingt und ebenso Gefühle Verlangen bedingen, auch wenn dies bedeutet, die traditionelle Ordnung umzustoßen. Eine solche Erkenntnis stellt auch den traditionellen Glauben in Frage, dass die einzige Möglichkeit eine neue Runde der Bedingtheit zu verhindern, zwischen Gefühl und Verlangen verortet ist. Oft ist es so: Wenn ich eine Begierde oder eine Abneigung verspüre, die Gefahr läuft, obsessiv zu werden, es aber schaffe, sie in einem breiteren Gewahrsein zu halten, damit sie nicht verabsolutiert wird, dann beginnt die Praxis zu greifen. Der Grad unseres Gewahrseins kann aber auch ausschlaggebend dafür sein, worum wir uns kümmern (Kontakt), wie es sich anfühlt oder ob wir unser Verlangen durch Ergreifen ausleben. An jedem dieser Punkte kann Urteilsvermögen erforderlich sein, und wir können nicht davon ausgehen, dass die traditionelle Betrachtungsweise das letzte Wort ist.

Das Problem dürfte inzwischen ein vertrautes sein. Eine universelle Einsicht, die die Art und Weise betrifft, wie wir Urteile fällen, wird vom Buddha anerkannt, aber im frühen Buddhismus in einer spezifischen, für die damaligen Verhältnisse relevanten Weise zum Ausdruck gebracht. Eine spezifische Art und Weise, die Einsicht auszudrücken, wird dann verfestigt: sie wird zur „buddhistischen Lehre“. Im Fall der zwölf *Nidanas* wird sie auch durch ihre Darstellung in den Bildern des Lebensrads verstärkt, die als Vorlagen für Unterweisungen verwendet werden. Die spezifische Lehre wird dann mit der universellen Einsicht verwechselt. Wenn der Buddhismus auf sehr

[8] Ñanavira (1987) S. 18.

unterschiedliche Bedingungen trifft (im Westen oder in der modernen Welt allgemein), dann präsentiert er sich nicht mehr in der hilfreichsten Form. Selbst jene westlichen Lehrer, die bereit sind, einige Änderungen an der Art und Weise vorzunehmen, wie sie die buddhistische Lehre präsentieren, damit sie einem modernen Publikum gerecht wird, gehen nicht so weit, die zugrunde liegende Einsicht in ihrer universellsten Form zu vermitteln. Daher trennen sie sie nicht vollständig von den spezifischen Lehren, die nun ein erhebliches Hindernis für ein Verständnis der Einsicht darstellen. Stattdessen gehen sie möglicherweise davon aus, dass die spezifischen Lehren einfach durch etwas mehr Mühe seitens derer, die durch die moderne Welt verdorben sind, richtig verstanden werden müssen.

Unter den westlichen Lehrern zeichnet sich Sangharakshita dadurch aus, dass er die *positiven Nidanas* oder den „Spiralpfad" aufgezeigt und gefördert hat. Darin wird die Erkenntnis formuliert, dass sich Bedingtheit auch positiv gestalten lässt. Die zwölf positiven Glieder werden zunächst angestoßen durch die Anerkennung von *Dukkha* (Frustration), wodurch die geschlossene Rückkopplungsschleife des Rads der Bedingtheit in eine offene überführt wird. Wenn wir erkennen, dass es ein Problem mit dem sich selbst erhaltenden, zwanghaften Kreislauf gibt, durch den unsere Verabsolutierungen die Bedingungen für ihre eigene Aufrechterhaltung schaffen, öffnet sich ein Fenster der Möglichkeiten. Erweiterte Rahmenbedingungen können dann dazu beitragen, unseren geschlossenen Regelkreis zu verändern. Die zwölf positiven Glieder, die dann folgen, werden als gläubiges Vertrauen, Freude, Verzückung, Ruhe, Glückseligkeit, Konzentration, Erkenntnis und Schau der Dinge, wie sie wirklich sind, Rückzug, Loslösung, Freiheit und Zerstörung der Befleckungen bezeichnet.[9]

Es ist hilfreich, darauf hinzuweisen, dass Bedingtheit sowohl positive als auch negative Auswirkungen hat. Die Abfolge der zwölf positiven Glieder ist jedoch ebenso wenig eine notwendige Beschreibung eines spirituellen Entwicklungsprozesses wie die Abfolge der zwölf negativen Glieder eine notwendige Beschreibung des geschlossenen Verabsolutierungsprozesses ist. Die Glieder stellen einige Zeichen des Fortschritts heraus (mit Ausnahme der zweifelhaften Metaphysik der „Erkenntnis und Schau der Dinge, wie sie wirklich sind"). Integrierte Energien erzeugen positive Emotionen und ein Bewusstsein für frühere beschränkte Sichtweisen veranlasst uns dazu, uns von ihnen zu distanzieren. Diese Merkmale müssen jedoch weder in dieser Reihenfolge auftreten noch sich gegenseitig so akkurat bedingen, wie es dieses Schema nahelegt. Wenn wir diesem Schema irgendeinen Wert beimessen

---

[9] *Samyutta Nikaya* 12.23. Bodhi (2000) S. 553-6. Siehe auch Jones (2011) Kap. 4 und Sangharakshita (1987) S. 135-42

wollen, dann sollte es nur als ein Indikator für eine von vielen möglichen Denkweisen darüber dienen, wie sich das Erkennen weiter gefasster Bedingungen hilfreich auf uns auswirken kann.

Wenn wir bereits in vorläufigen Begriffen denken, bieten Überlegungen zur Bedingtheit eine hilfreiche Möglichkeit, die Phänomenbeziehungen zwischen offenkundigen Objekten in der Welt, die wir konstruiert haben, zu erkunden. Bedingtheit kann auf wechselseitige Abhängigkeit hinweisen, und wenn unsere Modelle die wechselseitige Abhängigkeit umfassender berücksichtigen, können sie angemessener gestaltet werden. Solche Überlegungen zur Interdependenz stehen in einem fruchtbaren Bezug zur Systemtheorie und zur Komplexitätstheorie, wie von Joanna Macy[10] gezeigt wurde (siehe Kapitel 7.f.). Allzu oft scheint es jedoch so zu sein, dass ein Bewusstsein der Bedingtheit im Buddhismus ein Platzhalter oder teilweiser Ersatz für Vorläufigkeit war. Westliche Buddhisten, die möglicherweise die Vorläufigkeit westlicher Ausbildung und Wissenschaft als selbstverständlich betrachten, haben sie entweder auf die buddhistische Bedingtheit projiziert oder sie durch spezifische Auslegungen von Bedingtheit ersetzt, die dann zu Dogmen wurden.

Sich auf Bedingtheit als universelle „Wahrheit“ des Universums zu berufen, wird uns nicht helfen, wenn wir in der Bestätigungsverzerrung einer eingeschränkten Sichtweise gefangen sind. Wenn wir Bedingungen, mit denen wir uns wirklich auseinandersetzen müssen, nicht berücksichtigen, helfen uns solche Abstraktionen nicht weiter. Nur das Anerkennen der Grenzen unserer Sichtweise und das Erkennen möglicher Alternativen kann uns dann helfen, nicht das Festhalten an traditionellen Formeln. Um sicherzustellen, dass Bedingtheit nicht auf diese Weise interpretiert wird, ist es klar, dass Buddhisten den Mittleren Weg als Vorbedingung für seine Auslegung praktizieren müssen. Das Hauptaugenmerk muss zudem auf den Konditionierungseffekten ihrer verkörperten Grenzen in Bezug auf ihre eigenen Überzeugungen liegen.

---

10 Macy (1991).

6.b. Die Drei Daseinsmerkmale

Die folgenden Kapitel befassen sich mit den ersten drei der Vier Edlen Wahrheiten oder Vier Aufgaben, die bereits in Kapitel 2.b. im Zusammenhang mit der Ersten Lehrrede des Buddha angesprochen wurden. Hier ist die traditionelle Darstellung der Vier Edlen Wahrheiten, wie sie in der Ersten Lehrrede wiedergegeben wird, in der Übersetzung von Bodhi:

1. *Die edle Wahrheit vom Leiden... die fünf Aggregate, die Anhaftung unterliegen, sind Leiden*
2. *Die edle Wahrheit vom Ursprung des Leidens: Dieses Verlangen ist es, das zu erneuter Existenz führt...*
3. *Die edle Wahrheit von der Beendigung des Leidens... es ist das restlose Vergehen und Aufhören selbigen Verlangens*
4. *Die edle Wahrheit des Wegs, der zur Beendigung des Leidens führt: Es ist dieser Edle Achtfache Pfad...*[1]

Die Vier Aufgaben, wie ich sie bevorzugt umformulieren möchte, würden jedoch in etwa so aussehen:

1. Erkenne die Unzulänglichkeit, die sich aus geschlossenen Rückkopplungsschleifen in unserer Erfahrung ergibt.
2. Vermeide die Verabsolutierungen, die diese geschlossenen Schleifen hervorbringen
3. Erkenne die Möglichkeit größerer Angemessenheit durch Alternativen.
4. Entwickele integrative Praktiken, die dazu beitragen, größere Angemessenheit zu kultivieren

Die Kluft zwischen diesen Darstellungen über die Vier Aufgaben wird mein Thema sein. Die vierte wurde bereits in Abschnitt 5 erörtert, aber es bleibt noch näher zu untersuchen, wie die traditionelle buddhistische Darstellung der ersten drei Aufgaben einer Neuauslegung bedarf.

In allen vier Fällen sollten wir, um Stimmigkeit mit dem Mittleren Weg zu wahren, nicht über allgemeine „Wahrheiten“ sprechen, die leicht mit Absoluten verwechselt werden können. Vielmehr sollten wir die Art und Weise verallgemeinern, wie wir unsere Erfahrungen als menschliche Wesen verstehen und auf sie reagieren. Diese Reaktionen sind nicht „richtig“ oder „falsch“, da sie ständig überprüft werden müssen und daher niemals als solche angesehen werden können. Sie sind vielmehr zunehmend angemessen oder unangemessen, abhängig davon, inwieweit sie in der Lage sind, auf neue Bedingungen, die wir erfahren, zu reagieren.

In der ersten „Aufgabe“ ist nicht *Dukkha* als allgemeines „Leiden“ das Problem, das es zu lösen gilt. Vielmehr geht es um geschlossene

---

[1] *Samyutta Nikaya* 56.11. Bodhi (2000) S. 1844.

Rückkopplungsschleifen mit ihrer Tendenz, trotz sich verändernder Bedingungen unangemessen starre Beurteilungsmuster hervorzubringen. Wenn wir in der zweiten „Aufgabe“ „Verlangen“ als Ursache des Problems darstellen, besteht große Gefahr, Wünsche an sich zu verdammen: Aber erst die Verabsolutierung unterscheidet Verlangen (und Abneigung) von nachhaltigen Wünschen. In der dritten „Aufgabe“ bedarf es nicht vollständigen Aufhörens solcher Verabsolutierung, um größere Angemessenheit zu erreichen, sondern, um Alternativen in Betracht ziehen zu können, die die geschlossenen Rückkopplungsschleifen durchbrechen können. Der Pfad muss uns also unterstützen, größere Angemessenheit durch Vorläufigkeit und Integration zu erlangen, was nicht notwendigerweise zur „Beendigung“ führt.

Um die erste dieser Aufgaben in diesem Kapitel eingehender zu untersuchen, müssen wir uns also mit der Interpretation der drei Daseinsmerkmale bedingter Existenz beschäftigen. In der traditionellen buddhistischen Lehre bieten diese eine Deutung der Ersten Edlen Wahrheit. Diese drei Merkmale sind *Dukkha* (Leiden/Frustration/Unzulänglichkeit), *Anicca* (Unbeständigkeit) und *Anatta* (Nicht-Selbst/Substanzlosigkeit). Die buddhistische Tradition neigt dazu, diese Merkmale als kosmische Gesetze zu interpretieren, obwohl sie weit hilfreicher als Merkmale geschlossener Rückkopplungsschleifen gesehen werden können, denen wir in unserer Erfahrung begegnen.

Wie schon in Kapitel 2.b. nahegelegt, ist *Dukkha* ein Begriff, der die allgemeinen Wirkungen von Verabsolutierung umschreibt. Weil ihn Buddhisten allzu oft so darstellen, als sei „Existenz“ an sich schlecht oder zumindest unbefriedigend, hat er mich seit meiner frühsten Begegnung mit dem Buddhismus lange Zeit verwirrt. Warum sollten wir alles als von Natur aus schlecht ansehen, dachte ich, im Gegensatz dazu, es als von Natur aus gut anzusehen? Um manche Dinge überhaupt als schlecht oder unbefriedigend empfinden zu können, müssen andere im Gegensatz dazu gut sein. Wenn wir unsere Erfahrung zu Rate ziehen, beinhaltet sie offensichtlich eine Mischung aus gut und schlecht, aus Zufriedenheit und Unzufriedenheit. Das Negative als wesenhaftes Merkmal dieser Erfahrung hervorzuheben, wäre ein Bruch der Ausgewogenheit und damit ein Verrat am Mittleren Weg. Wir könnten uns die Welt der Phänomene nur dann als von Natur aus schlecht vorstellen, wenn wir die unrealistische Erwartung haben, sie wäre ursprünglich vollkommen gut – und somit wäre etwas „falsch“ daran, dass es Leid und Unzufriedenheit gibt. Dies wäre ein Beispiel für den so genannten „Nirvana-Trugschluss“: eine unnötig negative Sicht auf etwas, weil es nicht den Maßstäben der Perfektion genügt.

Der Begriff *Dukkha* muss aber nicht auf diese Weise ausgelegt werden und es gibt sogar innerhalb der Tradition Hinweise darauf, dass es anders sein sollte. Der Begriff wurde von einigen Kommentatoren mit „einem schlechtsitzenden Wagenrad“ assoziiert:

Su *und* dus *sind Präfixe, die gut oder schlecht anzeigen. Das Wort* kha, *das im späteren Sanskrit „Himmel", „Äther" oder „Raum" bedeutet, war ursprünglich das Wort für „Loch", insbesondere für ein Achsloch eines der Fahrzeuge des Arya. So bedeutete* Sukha... *ursprünglich „ein gutes Achsloch haben", während* Dukkha *„ein schlechtes Achsloch haben" bedeutete, was zu Unbequemlichkeit führte.*[2]

In diesen Begriffen erweist sich *Dukkha* also als eine nachvollziehbare Metapher, die aus einer bestimmten Art unbefriedigender Erfahrung entsteht, die in Zusammenhang mit bestimmten Zielen auftritt. Diese Ziele könnten erweitert werden, solange sie nicht verabsolutiert werden, so dass *Dukkha* tendenziell die Zielerreichung beeinträchtigt: anders ausgedrückt, Unzulänglichkeit. Ein schlecht passendes Wagenrad ist ein unzulängliches Wagenrad, genauso wie ein absoluter Glaube – wie, dass essen stets dazu führt, dass ich mich besser fühle, wenn ich verärgert bin – unzulänglich ist. Eine solche Unzulänglichkeit steht in völlig zufälliger Beziehung zum „Leiden", denn Leiden kann ein Hinweis auf Unzulänglichkeit sein oder auch nicht (wie Krankheit kann es einfach ein Zeichen anderer Umstände sein). Ich werde Unzulänglichkeit auch nicht immer als unangenehm empfinden: Sexuelles Fehlverhalten mag sich beispielsweise gerade sehr angenehm anfühlen, aber es ist problematisch, weil es den umfassenderen Umständen, wie meinen längerfristigen Beziehungen zuwiderläuft. Die Unzulänglichkeit und damit das „Leiden" mag erst im Laufe der Zeit sichtbar werden oder sich im entscheidenden Moment in Form eines verdrängten Schuldgefühls zeigen.

Vermutlich ist die Verwechslung dieser Art von Unzulänglichkeit mit einem kosmischen Gesetz auf die Notwendigkeit zurückzuführen, es mit dem Glauben an Karma und Wiedergeburt in der Zeit des Buddha in Einklang zu bringen. Die Erklärung Buddhas zu *Dukkha* in der Ersten Lehrrede betont, dass es Teil eines kosmischen Systems ist, in dem sich unsere eigentliche Existenz daraus ergibt: „Geburt ist Leiden, Altern ist Leiden, Krankheit ist Leiden..."[3] usw. Dennoch, jeder der Geburt, Altern oder Krankheit erfahren oder sich damit beschäftigt hat, wird sich bewusst sein, dass, ob diese Phänomene für uns unangenehm oder gar unbefriedigend sind, ganz von den fest verwurzelten Annahmen abhängt, die wir über sie treffen. Sie kommen neuen Bedingungen gleich, die uns buchstäblich Leid zufügen *könnten*, wenn wir uns nicht an sie anpassen. Ellen Langer zum Beispiel hat Studien vorgelegt, die zeigen, wie sehr die negativen Auswirkungen des Alterns durch „Achtsamkeit" gemildert werden können – in ihrem umfassenderen Sinne, in der Lage zu sein, neue Unterscheidungen und Entscheidungen zu treffen und

---

[2] Sargeant (2009) S. 303.
[3] *Samyutta Nikaya* 56.11. Bodhi (2000) S. 1844.

nicht in geschlossenen Rückkopplungsschleifen des Denkens gefangen zu sein.[4]

Ein fruchtbareres Element in Buddhas Ausführungen über *Dukkha* ist, dass „die fünf Aggregate, die Anhaftung unterliegen, Leiden sind". Dadurch wird klarer, dass die Erste Edle Wahrheit nur in der notwendigen Verbindung zur zweiten richtig verstanden werden kann. Wenn wir irgendeinen Aspekt unserer Erfahrung von uns selbst (oder von Objekten) nehmen und ihn verabsolutieren, dann werden wir einen Konflikt oder eine Zerrissenheit durchleben, die auf Unzulänglichkeit zurückzuführen ist. Aber noch einmal: Wir müssen den Mittleren Weg entschlossen anwenden, damit wir die Lehre, wie sie traditionell dargelegt wird, kritisch einordnen können.

Der damit verknüpfte Begriff *Anicca* (Unbeständigkeit) bedarf einer ähnlich sorgfältigen Interpretation. Er wird sehr oft als kosmische Wahrheit interpretiert, aber wir haben keine Möglichkeit zu wissen, ob alle Phänomene unbeständig sind oder nicht. Ob ein Objekt praktisch gesehen in Verbindung mit unserer Erfahrung beständig oder unbeständig ist, hängt auch davon ab, wie wir es analysieren. Ein vielzitiertes Beispiel stammt vom vorsokratischen Philosophen Heraklit, der behauptete, ein Fluss zeige wesenhafte Unbeständigkeit, weil immer neues Wasser einströmt.[5] Aber das hängt davon ab, wohin wir unsere Aufmerksamkeit in Bezug auf den Fluss lenken: Sind es die Atome und Moleküle des Wassers, die sich an einer bestimmten Stelle verändern, oder die Tatsache, dass Wasser in irgendeiner Form weiterfließt? Richten wir unsere Aufmerksamkeit auf die Ufer, die den Fluss begrenzen, oder auf den Inhalt zwischen den Ufern? Parmenides, der die gegenteilige Behauptung vorbrachte, Unbeständigkeit sei nur eine Illusion,[6] bietet ein ebenso spekulatives, metaphysisches Argument an, das zufällige Bestandteile unserer Kategorisierung aufgreift und davon ausgeht, dass sie eine Art von Realität definieren müssen. Für ihn ist die *Vorstellung* des „Flusses" real, selbst wenn die Erfahrung es nicht ist.

Ein überzeugenderes, praktischeres Argument für Unbeständigkeit wird in den Debatten darüber im Pali-Kanon vorgeschlagen. Betrachten Sie zum Beispiel Folgendes:

> *Wenn sich ein Mönch häufig mit der Vorstellung der Unbeständigkeit befasst, schreckt dessen Geist zurück vor Gewinn, Ehre und Ruhm, wendet sich von ihnen ab... und Gleichmut oder Abneigung ihnen gegenüber entsteht in ihm... Daher wurde gesagt: „Die Wahrnehmung der Unbeständigkeit ist, wenn sie*

---

[4] Langer (2010).
[5] Plato, *Cratylus* 402a. Reeve (1998).
[6] Parmenides, *Über die Natur*. Curd (2011).

entwickelt und kultiviert wird, von großer frucht- und nutzenbringender Wirkung..."[7]

Hier wird uns *nicht* gesagt, Vergänglichkeit sei eine metaphysische Wahrheit. Stattdessen wird uns gesagt, dass wir, wenn wir uns darin schulen, sie wahrzunehmen (im Gegensatz zur Annahme von Beständigkeit), weniger wahrscheinlich verabsolutierende Anhaftungen an unsere Errungenschaften entwickeln. Zum Beispiel könnte ich Genugtuung empfinden über die soziale Anerkennung, die damit verbunden ist, dass mein Buch von jemandem gelobt wird, dessen Meinung ich schätze. Die Überlegung, dass dieses Lob wahrscheinlich in meiner sich verändernden Erfahrung von negativer Kritik oder Gleichgültigkeit gefolgt wird, könnte mir helfen, es in eine umfassendere Bewusstseinsperspektive zu rücken. Das Lob hört nicht auf, als Lob wertvoll zu sein, es muss aber relativiert werden.

Aber gerade diese Perspektive ist hier das wertvolle Element, das Element, das für uns Reflexionen über Vergänglichkeit nutzenbringend machen kann. Was hilfreich ist, ist eine größere zeitliche Perspektive, die verwendet werden kann, um zu versuchen, eine Reihe von zeitlichen Verzerrungen zu vermeiden, bei denen wir uns auf die Vergangenheit, Gegenwart oder Zukunft fokussieren und ein umfassenderes Bewusstsein der Zeit ausschließen.[8] Beispielsweise beinhaltet die Status-quo-Verzerrung Widerstand gegen Veränderung und Anhaftung an die Vergangenheit auf Kosten der Gegenwart und der Zukunft. Sucht nach Neuem (z.B. obsessiv die neuste Technik kaufen) beinhaltet Anhaften an einer Zukunftsvorstellung ohne die Sichtweise, die die Vergangenheit bietet (wo es eine Vorgeschichte einst neuer, schnell veraltender Technik gibt). Eine größere zeitliche Perspektive kann oft ein Bewusstsein für Unbeständigkeit mit sich bringen, was uns in einen größeren zeitlichen Rahmen vordringen lässt. Es gibt jedoch auch einige Gelegenheiten, die ein Bewusstsein relativer Beständigkeit im Gegensatz zu relativer Unbeständigkeit mit sich bringen können. Wenn ich z.B. darauf brenne, eine Situation zu ändern, wie etwa, wenn ich einem Langweiler zuhöre oder im Verkehr feststecke, dann muss ich, um mich den Bedingungen anzupassen, das unausweichliche *Fortbestehen* dieser Bedingungen hinnehmen.

Das dritte Merkmal bedingter Existenz ist *Anatta*, was gewöhnlich als Nicht-Selbst übersetzt wird, aber wohl besser als Substanzlosigkeit wiedergegeben wird, da es sich auf Objekte und Subjekte bezieht. Die Darstellungen des Pali-Kanons machen deutlich, dass die Lehre des Buddha nicht einfach die Existenz eines letztendlichen Selbst verneint, sondern vielmehr weder ein

---

[7] *Anguttara Nikaya* 7.46 (5). Nyanaponika und Bodhi (1999) S. 182.
[8] Siehe Ellis (2015a) Kap. 3.j für eine ausführlichere Darstellung.

letztendliches Selbst noch dessen Nichtvorhandensein behauptet.[9] Der Zweck des Schemas der fünf Aggregate besteht darin, uns vom Glauben an ein Selbst zu entwöhnen, da keines der Aggregate – Form, Gefühl, Wahrnehmung, Willensbildung oder Bewusstsein – mit dem Selbst identifiziert werden sollte.[10] Da jedoch jedes dieser Aggregate auch im Zentrum des Glaubens an ein letztendliches Objekt steht, scheint auch klar zu sein, dass *Anatta* gleichermaßen für Objekte gelten sollte. Ein „Ding" ist kein Stück Materie oder ein Objekt von Gefühl, Wahrnehmung, Wahl oder Bewusstsein. Vielmehr muss ein „Ding" als unsere eigene Schöpfung erkannt werden, das aus der Komplexität der Bedingungen für unsere eigenen Zwecke ausgewählt wird.

Die *Anatta*-Lehre ist eine klare Anwendung von Agnostizismus auf metaphysische Behauptungen und damit des Mittleren Wegs. Nur wenn wir die Implikationen der Skepsis weiterhin missverstehen (siehe Kapitel 4.a.), könnten wir sie möglicherweise in ein Verleugnen von irgendetwas ummünzen oder behaupten, sie sei potenziell „nihilistisch". Im Gegensatz zu *Dukkha* und *Anicca* ist sie in ihrer Gesamtkonzeption ausgewogen. Daher sollte jeder Buddhist, der behauptet, *Anatta* ernst zu nehmen, auch den Mittleren Weg ernst nehmen, da alle Verabsolutierungen, die durch den Mittleren Weg vermieden werden, auch in der *Anatta*-Lehre als vermeidbar anerkannt werden.

Wie jede Überzeugung, die wir durch Erfahrung begründen können, können Überzeugungen über das Selbst vorläufige oder absolute Formen annehmen. Ich kann eine Sicht von mir haben, die offen für Überprüfung ist, weil sie in graduellen Eigenschaften besteht, und so kann ich diese Sicht von mir im Licht neuer Erfahrung anpassen. Um ein einfaches Beispiel zu nennen: Ich könnte mich für hochintelligent halten, mache dann aber einen IQ-Test und stelle fest, dass er zeigt, dass ich nicht so intelligent bin, wie ich dachte. Wenn ich in der Lage bin, auf diesen neuen Beweis zu reagieren, zumindest durch weiteres Nachdenken und Untersuchen, dann wird sich meine Sicht über mich in dieser Hinsicht als vorläufig erwiesen haben. Wenn ich jedoch sofort unterstelle, der IQ-Test müsse falsch sein, ist es wahrscheinlicher, dass die Selbstsicht, die ich forme, absolut (und damit endgültig und metaphysisch) ist. Die Implikation von *Anatta*, wie auch des Mittleren Wegs im Allgemeinen, ist also nicht, dass wir keinerlei Überzeugungen über das Selbst haben sollten, sondern, dass diese Sichtweisen vorläufig sein sollten. Damit sie vorläufig sind, müssen sie durch Erfahrung begründbar sein und dürfen nicht auf der Grundlage von Verabsolutierungen gebildet werden.

Im Gegensatz dazu scheinen Buddhisten viel Zeit damit verbracht zu haben, über Dinge zu streiten, die den Sinn hinter *Anatta* völlig verfehlen, wie

---

[9] *Samyutta Nikaya* 44.10. Bodhi (2000) S. 1393–5.
[10] *Samyutta Nikaya* 22.1. Bodhi (2000) S. 854–6.

ob der Buddha meinte, es gäbe kein Selbst, oder es gäbe ein wahres Selbst, das man erlangen kann, indem man das falsche Selbst vermeidet, wie in verschiedenen Hindu-Schulen.[11] Noch einmal, wir müssen die Lehre auf Grundlage des Mittleren Wegs auslegen, statt eine andere Fassung an erste Stelle zu setzen und den Mittleren Weg in ihren Begriffen zu interpretieren. Aus einer verkörperten Perspektive ist das Selbst keine körperlose Abstraktion, sondern Erfahrung, in einem vollständigen, menschlichen Körper zu leben. Diese Erfahrung wird nach und nach durch einen einzigartigen Bedeutungskatalog differenziert, indem wir Milliarden von assoziativen Verbindungen herstellen.

Es lohnt sich anzuerkennen, dass für einige andere Gruppen (wie Jungianer) das „Selbst“ durchaus ein hoch integrierter Standpunkt sein kann. Für sie kann es eine Form sein, über einen flüchtigen Endpunkt zu sprechen, in dem sich die verschiedenen Teile von uns integriert haben, indem sie die Grenzen der mit ihnen verbundenen Annahmen anerkennen. In diesen Kontexten ist das „Selbst“ ein Archetyp (siehe Kapitel 6.e. weiter unten) und solche Archetypen können auf vorläufige Art diskutiert werden. Eine solche Debatte wird jedoch mit dem Geist von *Anatta* und dem Mittleren Weg in Konflikt geraten, sobald sie in Annahmen abgleitet, wir hätten hinreichend Zugang zu einem derartigen Selbst, um seine Sichtweise zu „kennen“. Das wäre eine Aneignung und Projektion des Selbst-Archetyps.

Anatta bedeutet vorrangig anzuerkennen, dass wir das Selbst oder sein Fehlen *nicht kennen*. Nach und nach erlangen wir ein besseres Verständnis dafür, je integrierter wir werden, da die Verabsolutierungen, die eine genaue Selbstwahrnehmung blockiert haben, so integriert werden können. Einige Formen der Selbstwahrnehmung sind offensichtlich absolut und auch problematisch, wie Narzissmus im einen Extrem oder das Fehlen eines grundlegenden Selbstwertgefühls im anderen. Andere Arten der Selbstwahrnehmung können von nahezu jeder anderen Verabsolutierung abhängen, weil unsere Sichtweise, z.B. über die Existenz Gottes oder Determinismus so eng mit unserem zerbrechlichen Selbstwertgefühl identifiziert wird. Ansichten über Verantwortung sind eine besonders moralisch relevante Form der Verabsolutierung, durch die unsere absoluten Annahmen über uns konzeptuell mit absoluten Ansichten über Verantwortlichkeit oder deren Fehlen vermischt werden.

Die drei Daseinsmerkmale haben somit nicht als Beispiele für Bedingtheit ihren Hauptwert, sondern als Aufforderung zur Vorläufigkeit. Indem wir an Alternativen erinnert werden, die außerhalb unserer gewohnten Annahmeschleifen liegen, können wir uns auf einen Integrationsprozess einlassen. Sie sind jedoch nur der Ausgangspunkt – die erste Aufgabe. Als nächstes müssen wir uns genauer ansehen, was den Prozess der Verabsolutierung antreibt.

[11] Thanissaro (2013).

6.c. Verlangen und Verabsolutierung

Die Zweite Edle Wahrheit besagt traditionell, dass die Ursache von *Dukkha* Verlangen oder „Durst“ (*Tanha*) ist, und die Dritte Edle Wahrheit, dass dieses Verlangen beendet werden kann. Es werden drei Arten von Verlangen unterschieden: Verlangen nach Existenz (*Bhava-tanha*), Verlangen nach Nichtexistenz (*Vibhava-tanha*) und Verlangen nach Sinnesobjekten (*Kama-tanha*). So soll nicht nur unser Bedürfnis nach Nahrung, Sex, Besitz, usw. sondern auch unser eigentlicher Wunsch nach Leben, der zur Wiedergeburt führt, Teil davon sein. Die Breite dessen, was mit Verlangen gemeint zu sein scheint, hat ein Interpretationsproblem in der buddhistischen Haltung gegenüber dem Begehren geschaffen, da wir ohne Begehren nicht leben können. Wir könne auch keine Fortschritte auf dem Pfad machen, ohne den Wunsch danach. Wir müssen uns sehnen, frei von Verlangen zu sein. Wie können wir also unsere grundlegende Erfahrung der Allgegenwart von Begehren mit seiner offenkundigen Missbilligung auf dem buddhistischen Pfad in Einklang bringen?

Eine weithin akzeptierte Erklärung dafür ist, dass es wohl zwei verschiedene Arten von Begehren gibt, nämlich heilsames und unheilsames. Hier variiert die Terminologie leicht in unterschiedlichen Quellen. Einige legen nahe, dass es heilsame und unheilsame Arten von *Tanha* gibt.[1] Andere verwenden den alternativen Begriff *Chanda*, um eine umfassendere Form von Begehren zu bezeichnen, die sowohl geschickte als auch ungeschickte Formen umfassen kann.[2] So oder so ist das Ergebnis, dass es zwei Arten von Begehren gibt, eine, die von einem Bewusstsein begleitet wird, das Fortschritte in Richtung Nirvana ermöglicht, während die andere den unerleuchteten Kreislauf in Verblendung fortsetzt. Das mag abstrakt betrachtet vernünftig klingen, aber das praktische Problem hier besteht darin, wie wir diese Formen von Begehren auf andere Weise als durch ihre Ergebnisse erkennen können. Es scheint nichts außer den Ergebnissen zu geben (die wir vielleicht nie erfahren werden), um sie zumindest in einigen Fällen zu unterschieden. Ist zum Beispiel mein Wunsch, ein weiteres Buch über Buddhismus zu kaufen, gutes oder schlechtes Begehren? Meine Motive sind wahrscheinlich vielschichtig und meine Rationalisierungen fragwürdig. Auf der einen Seite könnte es nützliche Hinweise, sogar Einsichten liefern, aber auf der anderen zusammen mit meinen anderen Büchern weiteren belastenden Besitz hinzufügen. Mir zu erklären, es sei ein guter Wunsch, wenn er zur Erleuchtung führt, hilft in einem solchen Fall nicht weiter. Es gibt mir keine Beurteilungsgrundlage, die für meine verkörperte Erfahrung innerhalb eines vernünftigen Zeitraums aussagekräftig ist. Die Definitionslücke zwischen guten und schlechten Wünschen

---

[1] Morrison (1997). *Nettippakarana* 87. Ñanamoli (1962).

[2] Payutto (1994).

dieser Art bricht auch das Prinzip der Allmählichkeit. Ich muss in der Lage sein, das Ausmaß an Unklarheit in meiner Erfahrung von Begehren angemessen zu berücksichtigen, statt ihm verabsolutierende Konzepte aufzuzwingen.

Eine alternative Herangehensweise an dieses Problem im Buddhismus besteht darin, von nur einer Art des Verlangens auszugehen und davon, dass wir es, obwohl es uns zur Erleuchtung führt, bis zu deren Erreichen ausgelöscht haben. Man könnte es als „emetische" Erklärung der Begierde sehen: Obwohl Brechmittel wie andere Nahrungsmittel aufgenommen werden, haben sie die Wirkung, dass wir das Essen erbrechen. In ähnlicher Weise gibt es einige Arten von Begehren, die den nützlichen Effekt haben, andere (schädliche) Begierden zu beseitigen, auch wenn wir zunächst auf gleiche Weise Begierde nach ihnen haben müssen.[3] Dieser Gedanke spiegelt sich in einer Lehrrede in der *Anguttara Nikaya*, in der Ananda, Buddhas Begleiter, gebeten wird, eine Nonne zu besuchen, die vorgibt, krank zu sein, vermutlich in der Absicht, ihn zu verführen. Ananda liest ihr die Leviten zum Thema Begierde, darunter:

> *„So wurde es gesagt: „Schwester, dieser Körper ist durch Verlangen entstanden; doch gestützt auf Verlangen, kann Verlangen aufgegeben werden." In Bezug auf was wurde es gesagt? In diesem Fall vernimmt es ein Mönch: „Man sagt, dass ein Mönch mit Namen Sowieso durch Auslöschen der Befleckungen in eben dieses Leben eintritt und in unbefleckter Befreiung des Geistes, Befreiung der Weisheit weilt, nachdem er sie durch direkte Einsicht selbst erkannt hat." Dann denkt er: „Oh, wann werde ich auch die unbefleckte Befreiung des Geistes, die Befreiung durch Weisheit erkennen?" Dann, einige Zeit später, gestützt auf dieses Verlangen, gibt er das Verlangen auf."*[4]

Es scheint dort eine gewisse implizite Anerkenntnis der Mehrdeutigkeit unserer Motive zu geben. Ein Mönch mag echte Fortschritte machen, wenn er zu neuen Anstrengungen motiviert wird, auch wenn zumindest ein Teil seiner ursprünglichen Motivation Neid war. So wird vielleicht auch impliziert, dass die beschämte Nonne ebenso lernen könnte, durch ihr Verlangen voranzukommen, was auch immer ihre ursprünglichen Motive waren, indem sie aus ihren Fehlern lernt. Nur eine Art, statt zwei Arten von Verlangen zu haben, könnte uns besser in die Lage versetzen, schrittweise Veränderungen darin zu akzeptieren, es könnte aber auch dazu führen, jedes Verlangen als von Natur aus schlecht anzusehen. Wir können uns daher keinen Zustand vorstellen, der von Verlangen befreit, aber auch menschlich ist.

All diese Probleme werden durch die Verabsolutierung der Erleuchtung geschaffen, statt buddhistische Einsichten im Licht des Mittleren Wegs zu

---

[3] Dies ist ein adaptiertes Gleichnis pyrrhonischen Ursprungs: Sextus Empiricus, Gegen die Logiker 8.480. Bett (2005).

[4] *Anguttara Nikaya* 4.162. Nyanaponika und Bodhi (1999) S. 110 ff.

interpretieren. Die Verabsolutierung getroffener Annahmen scheint auch eine Entfremdung vom Körper nach sich zu ziehen. Begehren ist eine Basisfunktion des Körpers und folglich gibt es eine große Diskrepanz zwischen der Theorie des Verlangens und tatsächlicher buddhistischer Praxis, die durch Erfahrung entwickelt wird. Zur Praxis des Mittleren Wegs gehört, dass wir uns unserer Begierden bewusstwerden, wenn sie eng und destruktiv sind, und sie in einem größeren Zusammenhang verstehen, in dem sie nicht mehr übermächtig sind. Genau dieser Prozess der Bewusstwerdung und Integration sollte auch die Grundlage unseres theoretischen Verständnisses der Begierde sein. Kein erfolgreicher Praktizierender, einschließlich des Buddha, soweit wir das sagen können, hat jemals das Begehren *beseitigt*: Der Buddha wollte weiterhin essen, lehren, gehen, usw., sonst hätte er diese Dinge nicht getan. Wir sollten also nicht einmal theoretisch darüber nachdenken, Begehren *auszulöschen*, auch nicht „schlechtes" Begehren, das in der Praxis unmöglich von „gutem" zu unterscheiden ist. Stattdessen sollten wir konsequent im Sinne einer *Integration* des Begehrens denken.

Wenn wir uns an ein Integrationsmodell halten, gibt es kein „schlechtes" Begehren. Wünsche können ebenso wenig „schlecht" sein wie andere Aspekte unseres Körpers. Sie sind nur eine Art und Weise, über die Energie zu sprechen, die durch unsere synaptischen Verbindungen fließt, wenn wir ein Urteil fällen und entsprechend handeln. Sie sind die Grundlage unserer Motive und unserer Werte. *Verabsolutiertes* Begehren ist jedoch in all den Formen destruktiv, die die buddhistische Tradition als „Verlangen" beschreibt. Hier ist nicht das Begehren an sich destruktiv, sondern seine Verknüpfung mit einem absoluten Glauben, der seine eigene Letztgültigkeit oder Endgültigkeit annimmt, und der mit anderen derartigen absoluten Überzeugungen in Konflikt gerät. „Verlangen" sollte also von anderem Begehren unterschieden werden, und zwar nicht aufgrund irgendeines Merkmals des Begehrens selbst, sondern vielmehr aufgrund der begleitenden Überzeugungen (unabhängig davon, ob diese Überzeugungen implizit oder explizit sind).

Dass dies tatsächlich eine völlig zulässige Interpretation der Pali-Literatur über Begierde ist, legt Robert Morrisons interessanter Aufsatz über *Tanha* nahe. Morrison weist darauf hin, dass *Tanha* kein „charakteristischer Affekt" (d.h. eine charakteristische Art des Begehrens) ist, sondern eher eine Art, über eine mit Verblendung verflochtene Wechselbeziehung (*Avijja*) zu sprechen:

> *Im Sutta, das sich mit Ta.nhaa befasst, heißt es, dass Ta.nhaa von Avijjaa „genährt" wird, die wiederum von den „fünf Hindernissen" genährt wird, die von „den drei falschen Wegen der Praxis" usw. genährt werden, während im Sutta, das sich mit Avijjaa befasst, gesagt wird, dass Avijjaa von „den fünf Hindernissen" genährt wird, die von „den drei falschen Wegen der Praxis" usw. genährt werden, was Ta.nhaa sogar grundlegender macht als Avijjaa. Von beiden wird*

jedoch gesagt, sie seien bedingt voneinander abhängig, was impliziert, dass wir Ta.nhaa und Avijjaa als die affektiven und kognitiven Aspekte des einen Zustands verstehen können. Mit anderen Worten, es gibt eine bedingte Wechselbeziehung zwischen affektivem Zustand und wahrgenommener Welt, die erfahrungsgemäß nicht getrennt werden können.[5]

In einer zugehörigen Fußnote liefert Morrison auch weitere Belege dafür, dass „*Avijjaa* nicht einfach ein Mangel an Wissen ist, sondern *zu denken, dass man Wissen hat, wenn man es nicht hat*".[6] „Verblendung" (*Avijja*) kann im Buddhismus daher leicht als Verabsolutierung und Verlangen als eine ausgeprägte Form von Begehren, allein im Sinne wechselseitiger Abhängigkeit von dieser Verabsolutierung gesehen werden.

Es gibt also nur eine Art von Begehren, nämlich Energie, die durch unser Gehirn und Nervensystem fließt. Wenn jedoch die Überzeugungen, die dieses Begehren prägen, verabsolutiert werden, spiegeln sie die vorherrschende Aktivität einer geschlossenen Rückkopplungsschleife wider. Diese können wir uns als eine Schleife zwischen den Sprach- und Zielzentren des linken präfrontalen Cortex in zyklischer Kombination mit den motivierenden Signalstoffen, wie Cortisol und Dopamin, aus den älteren Teilen des Gehirns vorstellen oder schematisieren. Die schleifenförmigen Kanäle, durch die das Begehren fließt, unterwerfen es der Verblendung. Mit einer ausreichenden Verbindung zur rechten Gehirnhälfte, die eine breitere verkörperte Wahrnehmung ermöglicht – wahrgenommen über die Teile der „interozeptiven", mit Achtsamkeit assoziierten Teile des Gehirns, wie z.B. die Insula[7] – kann diese geschlossene Rückkopplungsschleife jedoch geöffnet werden. Unsere Begierden dienen dann besser angepassten Zwecken und beginnen, flexibler auf Rahmenbedingungen einzugehen, in denen wir uns befinden.

Wenn Verlangen als mit Verabsolutierung verbundenes Begehren verstanden wird, kann dieses Verständnis gleichermaßen auf die drei Arten von Verlangen angewandt werden, die in der buddhistischen Darlegung erkannt wurden – das Verlangen nach Sein (*Bhava-tanha*), das Verlangen nach Nichtsein (*Vibhava-tanha*) und das Verlangen nach Sinnesfreuden (*Kama-tanha*). Das Verlangen nach Sein ist mit dem traditionellen Motiv der Wiedergeburt verbunden und wird mit „Eternalismus" assoziiert, während das Verlangen nach Nichtsein mit „Nihilismus" assoziiert wird. Die Inkohärenz des Glaubens, die verschiedenen Verabsolutierungen, die mit „Eternalismus" und „Nihilismus" assoziiert sind, seien notwendigerweise miteinander verbunden, wurde jedoch bereits in Kapitel 4.d. behandelt. Jede weitere Verbindung dieser Cluster mit

---

[5] Morrison (1997), bezugnehmend auf *Anguttara Nikaya* 5.116.
[6] Ebenda. Fußnote 18.
[7] Fox et al. (2014).

bestimmten Formen des Begehrens ist ebenso unnötig und Gegenbeispiele können leicht angeführt werden. Materialistische Wissenschaftler können den starken Wunsch hegen, ewig zu leben, wollen ein Heilmittel gegen das Altern finden und verbinden so das Verlangen nach Sein mit „Nihilismus". Oder, auch ein Katholik, der an die ewige Seele glaubt, kann verzweifelt sein und Selbstmord begehen wollen.

Im weiteren Sinne gilt das Verlangen nach Sein jedoch für jeden verabsolutierten Zustand, nach dem man sich sehnen kann. Man kann sich z.B. danach sehnen, sicher zu sein, oder schön zu sein in dem Sinn, dass diese Zustände unsere wesentliche Natur sind, im Gegensatz zum Anerkennen von Inkrementalität, durch die wir immer nur bis zu einem gewissen Grad sicher oder schön sein werden. Das gleiche gilt dafür, etwas zu *haben*, dem wir eine ähnlich wesenhafte Natur zuschreiben, wie z.B. das ultimative Auto oder die perfekte Ehefrau. Gleichzeitig könnten wir uns danach sehnen, *nicht* unsicher oder hässlich *zu sein* oder *kein* „Scheiß"-Auto oder keine „Scheiß"-Frau *zu haben* (ein derartiges Schimpfwort ist ein sehr gebräuchliches Mittel, um absolute Ablehnung zu kommunizieren). Das Verlangen, zu sein, lässt sich vom Verlangen nach Sinnenfreude nur grob durch die Unmittelbarkeit von letzterer unterscheiden. Statt das Objekt meines Verlangens zu idealisieren oder zu dämonisieren, indem ich abstrakte Überzeugungen darüber entwickle (Verlangen, zu sein), gibt ein bloßes unreflektiertes Verlangen nach einem Objekt meiner Begierde ihm einfach absolut, ohne weitere Rationalisierung den Vorrang (sinnliches Begehren). Jedes Verlangen spiegelt Verabsolutierung wider (in einer Weise, in der es gewöhnliches menschliches Begehren nicht kann), aber die Unterscheidung zwischen den Arten des Verlangens kann uns helfen, verschiedene Erscheinungsformen von Verabsolutierung zu erkennen.

Verlangen nach Sein muss also nicht mit Wiedergeburt verbunden sein, ebenso wenig wie Glaube an eine ewige Seele mit Gottesglauben verbunden sein muss. Einen menschlichen Körper zu haben, könnte etwas sein, wonach wir uns sehnen, aber nur, wenn wir ihn als entfremde Vorstellung abstrahieren. Es ist viel wahrscheinlicher, dass es sich schlicht um ein grundlegendes menschliches Begehren handelt, das aus dem Annehmen unseres Körpers entsteht. Man kann nicht davon ausgehen, dass einen Körper zu haben das Ergebnis schlechter früherer Handlungen ist – er ist die Wurzel unserer menschlichen Erfahrung. So gesehen kann der Glaube an Wiedergeburt weit davon entfernt sein, uns von Verlangen zu befreien, und dazu beitragen, uns weiter in ihn zu verstricken, indem er neue Verabsolutierungen liefert, die uns von unserer Grunderfahrung dieser verkörperten Wurzel wegführen. Die weitere Untersuchung dieses Punkts wird jedoch erst im nächsten Kapitel im Zusammenhang mit einer umfassenderen Erörterung zu Karma und Wiedergeburt erfolgen.

6.d. Karma und Wiedergeburt

Der Glaube an Karma und Wiedergeburt ist vielleicht die offensichtlichste Quelle der Verabsolutierung in der buddhistischen Tradition und war deshalb erstes Angriffsziel derer, die den Buddhismus mit wissenschaftlichen Erkenntnissen vereinbar machen wollten. Gerade die „übernatürlichen Glaubensvorstellungen", die mit der Akzeptanz von Wiedergeburt einhergehen, sind aus ziemlich offensichtlichen Gründen schwer zu akzeptieren: Wir wissen nicht, was nach dem Tod kommt, und es gibt kein Anzeichen für Wiedergeburt, das nicht ohne weiteres auf andere Weise interpretiert werden könnte. Traditionelle buddhistische Überzeugungen über Karma sind stärker verabsolutiert als es bei den modernen Buddhisten, die sie als bloße „Handlungen mit Konsequenzen" darstellen, zunächst den Anschein haben mag. Doch sowohl Karma als auch Wiedergeburt sind, wie andere buddhistische Lehren, in ihrer Auslegung nicht festgelegt und können in einer mit dem Mittleren Weg vereinbaren Weise verstanden werden. Sie bieten eine Möglichkeit, sich der Frage zu nähern: „Was sind die *Auswirkungen* von Verabsolutierung auf der einen Seite oder der Praxis des Mittleren Wegs auf der anderen?

Alle allgemeinen Behauptungen, die wir über die Folgen besserer oder schlechterer Urteile aufstellen, müssen vorläufiger Natur sein. Welche Intuitionen wir auch immer diesbezüglich haben mögen, sie rechtfertigen nicht, überhaupt Behauptungen darüber aufzustellen, was *notwendigerweise* im Falle einer bestimmten Art von Urteil oder Handeln geschehen wird. Kausalbeziehungen sind komplex und sie hängen davon ab, wie wir verschiedene Kategorie von Ereignissen zueinander in Beziehung setzen: Wenn ich zum Beispiel meine Hand hebe, während ich einen Ball halte, und ihn dann loslasse, wird der fallen. Aber es kann immer Annahmen in unserem Verständnis dieser Kategorien und Beziehungen geben, die wir nicht in Betracht gezogen haben. Die Aussage „Wenn ich meine Hand hebe, während ich einen Ball halte, und ihn dann loslasse, wird er fallen" mag „wahr" erscheinen, aber nicht, wenn der Ball aus etwas gefertigt wäre, das leichter als die die umgebende Atmosphäre ist, oder wenn es kein Gravitationsfeld gäbe. Die Prüfung solcher Behauptungen ist Sache der Wissenschaft. Die Wissenschaft folgt einer Methode, die mit dem Mittleren Weg vereinbar ist, denn sie stellt nur theoretische Behauptungen vorläufiger Art auf, die einer Überprüfung zugänglich bleiben. Weder die wissenschaftliche Methode noch der Mittlere Weg rechtfertigen, dass wir Kausalitätsansprüche aus einem absoluten und universellen Dogma über Kausalbeziehungen ableiten.

Auf den ersten Blick scheint die buddhistische Sichtweise von Karma jedoch genau so ein Dogma zu sein. Obwohl es einige Unterschiede in der Auslegung gibt, sind sich alle Schulen darin einig, dass die karmische Wirkung

(*Kamma-vipaka*) einer Handlung (einschließlich einer geistigen Handlung wie einem Urteil) moralisch proportional zur Handlung sein muss,[1] dass diese Wirkung über mehrere Leben hinweg auftreten kann und dass sie völlig unvermeidlich ist.[2] Da die Wirkungen unserer Handlungen von einer Reihe von Bedingungen *abgesehen* von unserem eigenen Urteilsvermögen abhängen, könnte dies nur durch ein kosmisches Gesetz irgendeiner Art geschehen, das die genaue Art und Weise sicherstellt, in der diese Bedingungen *immer* wirken werden: eines, das nur durch ein verabsolutierendes Dogma für universell gültig erklärt werden kann.

Einige traditionelle Schulen (wie die Yogacara) bestehen darüber hinaus darauf, dass *alle Bedingungen*, die wir erleben, karmisch sind, so dass wir notwendigerweise verdienen, was auch immer uns geschieht. Dies wird jedoch vom Pali-Kanon eindeutig nicht unterstützt. Der Buddha weist darauf hin, dass „manche Gefühle… aus Gallenerkrankungen oder Winderkrankungen oder Klimaveränderungen oder Angriff entstehen“[3]: Mit anderen Worten, es gibt natürliche Ursachen und Handlungen anderer, die zu den Bedingungen, denen wir begegnen, sowie zu den Ergebnissen unserer eigenen Handlungen beitragen. An anderer Stelle weist er auch darauf hin, dass wir nicht wissen, ob wir in der Vergangenheit existiert haben, ob wir in der Vergangenheit böse Taten begangen haben oder wie genau unser Karma gewichtet ist[4]: Daraus kann nicht geschlossen werden, dass alle Gefühle karmisch sind.

Diese hilfreiche Erkenntnis, dass sich karmische Auswirkungen nicht rückblickend zurückverfolgen lassen und dass wir nicht genau wissen können, wie Karma funktioniert, trägt jedoch nicht dazu bei, die verbleibende dogmatische Annahme zu beseitigen. Die Annahme, dass alle unsere Handlungen unweigerlich karmische Auswirkungen haben werden. Unsere Erfahrung mit den *wahrscheinlichen* Auswirkungen eines verabsolutierenden Urteils ist ausreichend, um eine gut begründete *allgemeine* Warnung auszusprechen. Die Unterscheidung zwischen dem Absoluten und dem Allgemeinen ist jedoch von entscheidender Wichtigkeit, wenn wir vermeiden wollen, dass wir in unserem Bemühen, die Menschen davon abzuhalten, neue Verabsolutierungen entwickeln.

Vielleicht geht es hier vor allem um den Vergleich von karmischen mit wissenschaftlichen Überzeugungen. Wenn wir eine gewisse Skepsis gegenüber wissenschaftlichen Erkenntnissen aufrechterhalten und daher auf Vorläufigkeit bestehen, auch wenn wir die Berechtigung eines hohen Vertrauens in solche Erkenntnisse anerkennen, sollten wir in der Lage sein, eine

---

[1] *Majjhima Nikaya* 41. Ñanamoli und Bodhi (1995) S. 379–85.
[2] *Samyutta Nikaya* 42.6. Bodhi (2000) S. 1336-8 (in der geläufigen Auslegung - aber siehe unten).
[3] *Samyutta Nikaya* 36.21. Bodhi (2000) S. 1279.
[4] *Majjhima Nikaya* 101.4. Ñanamoli und Bodhi (1995) S. 827–8.

vergleichbare Haltung gegenüber Verallgemeinerungen über die Wirkungen der Verabsolutierung einzunehmen. Der Buddha behandelt diesen Punkt in einem Vergleich mit einem Felsbrocken:

„Angenommen, Vorsteher, ein Mensch würde einen riesigen Felsbrocken in ein tiefes Wasserbecken schleudern. Dann würde eine große Menschenmenge... Gebete emporsenden... und sagen: „Tauche auf, guter Felsbrocken! Dringe empor, guter Felsbrocken..." Was meinst du, Vorsteher? Würde der Felsbrocken... auf Grund der Gebete auftauchen...?

„Nein, ehrwürdiger Herr."

„Ebenso, Vorsteher, wird jemand, der Leben zerstört... nach dem Tod in einem Zustand des Elends wiedergeboren..."[5]

Traditionell wurde dies als Bestätigung dafür gelesen, dass karmische Wirkungen *unausweichlich* sind. Doch macht die eigentliche Verwendungsweise der Metapher des Buddha eine derartige Unausweichlichkeit an und für sich nicht geltend, sondern sie setzt vielmehr das gleiche Vertrauen in die Wahrscheinlichkeit negativer Wirkungen durch ein äußerst destruktives Handeln, das wir in gemeinhin beobachtete, „natürliche" Kausalzusammenhänge setzen. Es ist nicht *unausweichlich*, dass ein Felsbrocken eher absinkt als aufsteigt, wenn er in ein Wasserbecken geworfen wird, nur sehr wahrscheinlich. Wir müssen nicht auf fantasievolle Szenarien zurückgreifen, um uns die Umstände vorzustellen, unter denen der Felsbrocken schwimmen könnte, denn es gibt einen Stein auf der Erde, der unter bestimmten Umständen schwimmt: Bimsstein. In ähnlicher Weise sollten wir unbändig erwarten, dass Töten zu negativen Wirkungen führen wird (das Element der Wiedergeburt erst einmal außer Acht lassend). Das ist nicht *zwangsläufig* der Fall, nur so extrem wahrscheinlich, dass wir ein hohes Maß an praktischem Vertrauen hineinsetzen sollten. Es ist genau die gleiche Art von Vertrauen, die wir in wissenschaftliche Erkenntnisse setzen sollten, die mit allen bisherigen Erkenntnissen übereinstimmen, wie z.B. dem anthropogenen Klimawandel: Ein starkes, aber vorläufiges Vertrauen, bei dem die Möglichkeit von Alternativen weiterhin offen ist, aber dennoch praktisches Zutrauen in die überwältigend wahrscheinliche Erklärung gesetzt wird.

Wie könnte ein *allgemeines* Gesetz karmischer Wirkungen heute verstanden werden? Der Einfluss unserer Urteile auf das Gehirn ist ein naheliegender Weg, es zu verstehen. Indem wir auf eine Weise urteilen, schaffen wir neue synaptische Verbindungen oder verstärken bestehende auf eine Weise, die es wahrscheinlicher macht, dass ähnliche Urteile in Zukunft in Betracht gezogen werden. Ein ständig wiederholtes Urteil, wie das Urteil der Süchtigen, dass

---

[5] *Samyutta Nikaya* 42.6. Bodhi (2000) S. 1337.

sich den nächsten Schuss zu setzen, übermächtigen Vorrang vor allen anderen Erwägungen hat, zieht tiefliegende Furchen, aus denen es immer schwieriger wird, wieder herauszukommen. Verabsolutierende Urteile haben negative Auswirkungen, weil sie aus so häufig wiederholten Urteilen bestehen, die in einer geschlossenen Rückkopplungsschleife gefangen sind. Vorläufige Urteile haben hingegen im Allgemeinen positive Auswirkungen. Sie lassen alternative Möglichkeiten offen, die uns helfen können, Geisteszustände aufrechtzuhalten, die künftig eine Vielzahl an Gestaltungsmöglichkeiten bieten.

Die negativen Auswirkungen der Verabsolutierung sind jedoch nicht notwendigerweise negativ in dem Sinne, dass sie Leiden erzeugen. Sie sind negativ in dem Sinne, dass unsere Abhängigkeit von starren und potenziell ungeeigneten Beurteilungsmustern größer wird. Ob die Starrheit Sie leiden lässt, hängt auch vom Zufall ab – dem Zufall, dass sich die Rahmenbedingungen um Sie herum verändern, an die Ihre starren Einstellungen angepasst sein können oder auch nicht. Der Glaube an eine gerechte Welt, eine anerkannte kognitive Verzerrung[6], in der sich nicht selten der verabsolutierte Glaube an Karma manifestiert, schließt die trügerische Neigung ein, dieses Zufallselement zu ignorieren und alle Auswirkungen als gerecht anzusehen. Das Heilmittel dagegen ist nicht, sie stattdessen als ungerecht zu betrachten, sondern einen Mittleren Weg zu finden, der sowohl Zufall als auch die Auswirkungen unserer Urteile als mitentscheidend anerkennt.[7]

Das überwältigende Motiv für den Glauben an Wiedergeburt besteht jedoch darin, das karmische Gesetz absolut schlüssig zu konzipieren. Wenn unsere Handlungen in diesem Leben keine beobachtbaren Auswirkungen auf moralische Ausgewogenheit haben, können wir gleichwohl die Gewissheit aufrechterhalten, dass sie in einem zukünftigen Leben wirksam werden. Diese Überantwortung an absolute moralische Entlohnung wird eingegangen, um die Beweise dafür zu entkräften, dass während unseres Lebens jede Beurteilung und jede andere Erfahrung vom betreffenden lebenden Gehirn (in Verbindung mit dem Rest des Körpers) abhängt, in dem sie zustande kommt. Natürlich sind Mysterien denkbar, aber wir haben keine stichhaltigen Beweise dafür, dass ein damit in Verbindung stehendes Urteilsvermögen den Tod eines persönlichen Gehirns überleben kann. Wir haben auch keine Beweise dafür, dass es in einem anderen Gehirn mit ganz anderen synaptischen Verbindungen als im ursprünglichen, wirksam sein kann. Wenn wir unser Vertrauen in die allgemeine Abhängigkeit des Urteilsvermögens und der Erfahrung vom lebenden Gehirn in Frage stellen, bräuchten wir dafür sehr gewichtige

[6] Siehe Lerner (1980).
[7] Siehe Ellis (2015a) Kap. 4.g.

Gegenbeweise. Statt eines derartigen Gegenbeweises haben wir jedoch lediglich einen verabsolutierenden Glauben.

Es ist also klar, dass der Glaube an Wiedergeburt im Widerspruch zum Mittleren Weg steht. Ich werde hier nicht näher auf die Beweise eingehen, die einige Buddhisten für Wiedergeburt angeführt haben (z.B. Wunderkinder, Kindererinnerungen an „als ich groß war“ oder Erinnerungen, zu denen man unter Hypnose Zugang hat).[8] Solche Beweise können auf Mysterien und Grenzen in unserem Verständnis des menschlichen Gedächtnisses und der menschlichen Persönlichkeit hinweisen. Ich bin jedoch bisher noch in keinem Fall auf solche Beweise gestoßen, bei denen die Wiedergeburt die einzige wahrscheinliche Erklärung war. Noch wichtiger ist, dass wir, wenn wir Humes Rat folgen wollen, um unser Urteil dem Gewicht der Beweise anzupassen, diese angeblichen Beweisstücke der erdrückenden Beweislast der Gegenseite gegenüberstellen müssen. Das würde uns zur Schlussfolgerung führen, dass es weitaus wahrscheinlicher ist, dass sich diejenigen, die an Wiedergeburt glauben, irren und nicht andersherum. Eine solche Schlussfolgerung kann auch durch die hohe Wahrscheinlichkeit von Bestätigungsverzerrung gestützt werden, da diejenigen, die derartige Beweise für den Glauben an Wiedergeburt verwenden, dies eher zur Unterstützung eines absoluten als eines vorläufigen Glaubens tun.

Die „Beweise“ sind weit weniger wichtig als die Motive, die zum Glauben an Wiedergeburt führen. Sogar unter jenen westlichen Buddhisten, die behaupten, der Wiedergeburt gegenüber agnostisch eingestellt zu sein, gibt es nach wie vor eine Tendenz, es als wünschenswert anzusehen, daran zu glauben. Angesichts der Schwierigkeit, dass solche Überzeugungen kaum umhinkönnen, Verabsolutierungen zu sein, die eingebracht wurden, um die Verabsolutierung von Karma aufrechtzuerhalten, scheint dies ein offensichtlicher Irrtum zu sein. Möglicherweise gibt es hier auch eine Verwechslung zwischen der *Bedeutungskraft* der Wiedergeburt als Symbol und der Werthaftigkeit, den Glauben an sie aufrechtzuerhalten. Wie bei anderen metaphysischen Überzeugungen können wir ihr den Stachel nehmen, wenn wir die Bedeutung vom Glauben trennen und ein positives Verständnis dieser Bedeutung entwickeln.

Um die Bedeutung der Wiedergeburt zu verstehen, müssen wir untersuchen, auf welche Arten von Erfahrungen sie metaphorisch bezogen werden kann. Dies muss wohl die Erfahrung der geschlossenen Rückkopplungsschleifen sein, wie dies vom Lebensrad bekräftigt wird. Das Lebensrad stellt den Zyklus dar, der durch die zwölf *Nidanas* dargestellt wird, beginnend mit

---

[8] Z.B. Govinda (1966) S. 120-51; akademische Argumente stammen auch aus Werken wie Stevenson (1974).

Unwissenheit (Verabsolutierung) und sich fortsetzend über Karma-Formationen, Bewusstsein, Name und Form, die Sinne, Gefühl, Verlangen und Ergreifen, zu Werden, Geburt und Tod. Obwohl dies, wie in Kapitel 6.a. weiter oben angemerkt, einen möglichen konditionierenden Prozess zeigt, zeigt es keine *zwangsläufige* Aufgliederung in *zwangsläufiger* Reihenfolge. Wiedergeburt kann ein sinnvolles Element dieses Prozesses sein, indem sie die damit verbundene Rekursion aufzeigt. Wiedergeburt symbolisiert genau die Tatsache, dass wir die gleiche Art von Prozess immer und immer wieder durchlaufen, ohne uns dessen bewusst zu sein, dass wir dies tun.

Jedes Mal, wenn ein Raucher eine weitere Zigarette herausnimmt, jedes Mal, wenn ein Fundamentalist über dieselben, obsessiven und auf trügerische Weise tröstenden Gewissheiten nachdenkt, jedes Mal, wenn eine Person mit Bindungsängsten am gleichen bedrohlichen Punkt aus einer Beziehung aussteigt, jedes Mal, wenn der Computerspieler eine weitere kleine elektronische Bedrohung beseitigt oder eine weitere kleine elektronische Belohnung erhält – immer dann findet eine weitere „Wiedergeburt“ statt. In Unkenntnis des größeren oder längerfristigen Gesamtbilds setzen wir vorerst unsere kleinen Erfüllungen fort und verstärken ständig die neuronalen Bahnen, von denen wir abhängig geworden sind. Jedes Mal, wenn wir diese Pfade erneut beschreiten, erleben wir eine Wiedergeburt.

Um diese Wiedergeburt zu vermeiden, müssen wir den Kreislauf aber nicht durch Erlangen einer verabsolutierten Erleuchtung gänzlich beenden. Stattdessen bietet jeder Bewusstseinsmoment, in dem wir alternative Möglichkeiten erfahren können, eine Abschwächung dieser Wiedergeburt. Folglich sind es nicht nur einige wenige außergewöhnliche Buddhas, Arhats oder Bodhisattvas, die eine Wiedergeburt vermeiden können. Wir alle können das, schrittweise. Indem wir die Zweite Aufgabe in wirklich universellen Begriffen interpretieren, können wir folglich auch den Grundstein für ein universelles Verständnis der Dritten Aufgabe legen.

6.e. Buddhas Autorität und Status

Die Dritte Aufgabe besteht, wie in Kapitel 6.b. angeführt, darin, die Möglichkeit größerer Angemessenheit durch Alternativen zu erkennen. Dies ist eine allmähliche Lesart des Erkennens absoluter Erleuchtung, die traditionell als die Dritte Edle Wahrheit bezeichnet wird. Wir müssen nicht an absolute Erleuchtung oder ihre Verwirklichung im Laufe der Geschichte *glauben*, um die Möglichkeit von Fortschritt zu erkennen. Nichtsdestotrotz kann Erleuchtung oder Erwachen als *Sinnbegriff* im buddhistischen Kontext immer noch sehr hilfreich sein, wenn wir über die Ausrichtung des Mittleren Wegs sprechen. Die Bedeutung des Erwachens im Kontext des Buddhismus ist in überwältigender Weise mit der Person des Buddha selbst verbunden – als eine Quelle der Autorität und als archetypische Inspiration.

Das konkrete, historische Individuum Siddhartha Gautama unterscheidet sich vom universellen und symbolträchtigen Buddha in ähnlicher Weise wie Jesus von Christus unterschieden werden kann. Als historische Persönlichkeit hat der Buddha eine gewisse Autorität innerhalb der buddhistischen Tradition, aber es ist wichtig zu klären, was diese „Autorität" bedeutet. In Übereinstimmung mit dem Mittleren Weg sollte diese Autorität nicht absolut sein.

Autorität im Allgemeinen ist einer der Werte, die unser Leben prägen. Wir haben gute Gründe, die Autorität der Eltern und des Staates zu *respektieren*, weil wir eine organische Beziehung zu ihnen haben. Es hat auch Vorteile für die Gesellschaft, wenn diejenigen mit mehr Erfahrung oder Bewusstsein die relevanten gesellschaftlichen Urteile am stärksten beeinflussen dürfen. In einer modernen, demokratischen Gesellschaft ist jedoch keine Autorität absolut. Selbst hochintegrierte Individuen können schwerwiegende Fehler machen, die durch die Sichtweise anderer, die an der Entscheidungsfindung beteiligt sind, korrigiert werden können. Dieser Aspekt demokratischer Kultur steht im Einklang mit dem Mittleren Weg, denn wenn wir eine Verabsolutierung vermeiden wollen, müssen wir die Verabsolutierung jeglichen Werts gegenüber anderen vermeiden. In der sehr nützlichen Untersuchung von Jonathan Haidt über grundlegende gesellschaftliche Werte (bereits in Kapitel 2.e. angeführt) erwies sich Autorität nur als eine der sechs Arten von Werten, auf die sich die Menschen gemeinhin berufen: Autorität, Heiligkeit, Loyalität, Fairness, Fürsorge und Freiheit.[1] Diese verschiedenen Werte können den Bedingungen auf unterschiedliche Weise gerecht werden. Ich habe an anderer Stelle dargelegt, wie ein Konzept des Mittleren Wegs zur gesellschaftlichen und politischen Urteilsfindung gegenüber all diesen Werttypen offen sein

[1] Haidt (2012) Kap. 7.

muss, anstatt einen oder mehrere von ihnen auf Kosten der anderen zu verabsolutieren.[2]

Die buddhistische Tradition wurde jedoch die überwiegende Zeit ihrer Geschichte in traditionellen asiatischen Gesellschaften praktiziert, in denen Autorität (oft verbunden mit den anderen traditionellen Werten Loyalität und Heiligkeit) oft verabsolutiert wird. Wir können dies in den monarchischen politischen Systemen erkennen, in der Hierarchie und dem Patriarchat traditioneller Gesellschaftssysteme und natürlich auch in der Religion. In traditionellen religiösen Kontexten wird die wahrgenommene Wahrheit in erster Linie durch die Akzeptanz der Autorität eines Gottes oder eines früheren Meisters weitergegeben. Dies wir durch die gesellschaftliche Struktur einer ebenso autoritativen religiösen Führungsriege vermittelt, die sich oft auch auf Texte oder Traditionen beruft, die die Autorität der früheren Meister transportieren. Im traditionellen Buddhismus bedeutet dies natürlich, dass man sich auf die Autorität des Buddha als Quelle der Schriften und Traditionen beruft, und diese werden von der Ordenshierarchie ausgelegt. In diesem gesellschaftlichen Kontext ist es kaum verwunderlich, dass die Autorität des Buddha verabsolutiert wird. Der Nutzen und die Implikation eines vorläufigen Urteils durch den Mittleren Weg wurde durch jahrhundertelange einseitige Interpretation verdunkelt, die eigennützige Interessen aufrechterhielten. Die Verabsolutierung der Erleuchtung ist in hohem Maße ein Instrument zur Aufrechterhaltung religiöser Macht.

Um eine Betrachtungsweise der Autorität Buddhas anzunehmen, die eher dem Mittleren Weg als dieser Tradition folgt, müssen wir diese Autorität nicht gänzlich verwerfen. Schließlich kann uns Autorität im religiösen Bereich wie in jedem anderen sehr hilfreich sein. Traditionell ausgerichtete Buddhisten werden wahrscheinlich argumentieren, dass unser Ausweg aus der Verblendung es erfordere, uns einer Autorität zu unterwerfen. Der Guru verfügt über eine Weisheit aus direkter Erfahrung, die über diese Verblendung hinausgeht. Wenn wir uns nicht derart unterordnen, werden wir wahrscheinlich lediglich unsere gegenwärtigen Überzeugungen in verschiedenen Abwehrmechanismen rationalisieren, die uns am Fortschritt hindern. Daher werden sie behaupten, dass wir einen Guru oder autoritativen Lehrer akzeptieren müssen, wenn wir nicht in Verblendung verharren wollen. Dieses Argument zeugt von Anerkennung unserer eigenen Verblendung. Es berücksichtigt jedoch nicht hinreichend die Verblendungen, die möglicherweise von denjenigen, die als erleuchtete Lehrer gelten, nach wie vor aufrechterhalten werden. Es lässt auch außer Acht, wie ihre Schüler wahrscheinlich wenig hilfreich Autorität auf eine möglicherweise falsche Interpretation der Absichten des Lehrers projizieren.

---

[2] Ellis (2015a) Kap. 4.h.

Die moderne Medienkultur bringt zunehmend Licht in die weit verbreitete Heuchelei und Verderbtheit derer, die den Status von Gurus verliehen bekamen. Dies zeigt ziemlich schlüssig, dass die Annahme einer absoluten Autorität, die jedem spirituellen Lehrer gegeben wird, unangebracht ist. Das liegt nicht daran, dass alle Gurus schlecht sind, sondern daran, dass es in einer Welt verkörperter Ungewissheit keine Rechtfertigungsgrundlage für die Annahme gibt, dass sie perfekt sind.

Ähnliches gilt somit für die Autorität des historischen Buddhas. Hier haben wir es aber auch noch mit der zusätzlichen Unsicherheit zu tun, die aus dem beträchtlichen zeitlichen Abstand entsteht, und durch die begrenzten Informationsquellen, die uns über ihn zur Verfügung stehen. Er lebte vor etwa 2.500 Jahren. Es gibt keine zeitgenössischen schriftlichen Aufzeichnungen über ihn. Unsere einzigen Quellen sind Dokumente, die von der buddhistischen Tradition mit all ihren Eigeninteressen zusammengestellt und erst 500 Jahre später niedergeschrieben wurden. Wir haben somit reichlich Gründe, bei allem, was der Buddha angeblich gesagt haben soll, vorsichtig zu sein. *Darüber hinaus* besteht aber auch die Möglichkeit, dass sich der Buddha in dem, was er gesagt haben soll, geirrt haben könnte, oder dass er falsch interpretiert wurde, auch wenn es korrekt niedergeschrieben wurde.

Der historische Buddha genießt noch immer *Glaubwürdigkeit* in dem Sinne, dass seine Aussagen unserer Aufmerksamkeit wert sind. Das gilt vor allem dann, wenn wir eine persönliche Verbindung zur buddhistischen Tradition haben und daher wahrscheinlich ein Verständnis für den Mittleren Weg aus ihr schöpfen können. Seine Autorität dehnt sich bis zu Glaubwürdigkeit auf den ersten Blick aus.[3] Was er angeblich gesagt haben soll, kann jedoch ohne weitere Untersuchungen und Vergleiche mit anderen Sichtweisen niemals berechtigterweise als zutreffend oder hilfreich angesehen werden.

Wie ich bereits zuvor in diesem Buch dargelegt habe, beruht unsere Begründung, den Mittleren Weg zu akzeptieren, weder zwingend noch in hinreichender Weise auf der Autorität Buddhas. Der Mittlere Weg ist nicht deshalb hilfreich, weil der Buddha ihn gelehrt hat, sondern weil (oder in dem Maße, wie) er eine allgemein hilfreiche Methode beschreibt, Urteile über unsere Erfahrungen zu bilden. Wir können ihn aus allen möglichen Motiven heraus vorläufig akzeptieren, was für Buddhisten Vertrauen in die Autorität Buddhas einschließen mag. Nichtsdestotrotz werden wir in der Praxis ständig offen sein müssen für Infragestellungen dieser Sichtweise und sie beibehalten, weil wir auch andere Werte als Autorität schätzen. Der Mittlere Weg kann auch aus einer Vielzahl anderer Quellen heraus verstanden werden, wie mein

---

[3] Näheres zur Unterscheidung zwischen Glaubwürdigkeit und absoluter Autorität siehe Ellis (2015a) Kap. 3.e.

letzter Abschnitt in diesem Buch zu zeigen versucht. Es ist nicht erforderlich, Buddhist zu sein oder dem Buddha auch nur besondere Aufmerksamkeit zu schenken, um dem Mittleren Weg zu folgen.

Der Buddha hat jedoch eine andere Art von Status, der in keinem notwendigen Zusammenhang mit den spezifischen Lehren steht, die dem historischen Buddha zugeschrieben werden. Die Figur des Buddha, wie sie in Kunst und Bildhauerei abgebildet wird, oder sogar in der mytologisierten Art und Weise, wie sie in Mahayana-Sutras dargestellt wird, ist kein Porträt einer historischen Persönlichkeit, sondern die Darbietung eines *Archetyps*. Ein Archetyp (ein Begriff, der erstmals von Jung verwendet wurde) bedeutet hier ein universelles Bedeutungsmuster, das durch Ähnlichkeiten in menschlichen Handlungsweisen entsteht. Das Integrationsmodell (das in Kapitel 3.g. erörtert wurde) kann dazu beitragen zu erklären, auf welche Weise Archetypen wichtige menschliche Handlungsweisen widerspiegeln. Der Mittlere Weg kann auch ohne weiteres auf unseren Umgang mit Archetypen angewandt werden, um so eine *Projektion* von Archetypen zu vermeiden, die eine Form der Verabsolutierung darstellt.

Archetypen können als entwickelte Metaphern angesehen werden, die bestimmten Symbolen eine allgemein ähnliche assoziative Kraft verleihen. Sie sind in ähnlicher Weise mit grundlegenden Schemata verbunden, die seit früher Kindheit in unser Gehirn eingebrannt wurden, wobei die Bedeutung dieser Schemata darin besteht, dass sie eng miteinander verwandt sind. Ein solcher, bereits erwähnter Archetyp (Kapitel 1.g.) ist der Schatten, der durch die Figur Maras in der Zeit vor dem Erwachen des Buddha dargestellt wird. Der Schatten repräsentiert all das, was wir ablehnen, hassen und unterdrücken. Obwohl wir ihn auf „äußere“ Objekte des Hasses projizieren, seien sie natürlich oder übernatürlich, liegt der Hass doch in uns selbst und wird durch einen Konflikt in unserer eigenen Erfahrung hervorgebracht. Das bedeutet nicht, dass Menschen oder Dinge in der Welt für uns nicht schädlich sein können, aber selbst, wenn sie es sind, bedeutet das nicht, dass wir sie hassen müssen, oder dass Hass die beste Reaktion auf sie wäre. Unser Hass führt zu unreflektierten negativen Reaktionen, die das komplexe Verhalten einer Person zu einer negativen Eigenschaft vereinfachen, die wir fälschlicherweise für ihr eigentliches Wesen halten. In ähnlicher Weise können wir unterdrückte attraktive Züge vom Archetyp, den Jung Anima oder Animus nannte, auf andere projizieren und heldenhafte Züge auf jemanden, von dem wir uns vorstellen, dass er den Erfolg hat, nach dem wir uns gemäß des Helden-Archetyps sehnen. Sangharakshita findet diese Archetypen auch in einigen Fassungen der Geschichte über Buddhas Erwachen: Den Helden als Muchalinda, die Schlange (die ihre Nackenhauthaube über dem Buddha ausbreitet, um ihn zu schützen) und die

Anima als die Erdgöttin (die die Verwirklichung des Buddha bezeugt, um Zweifel auszuräumen).[4]

Auch wenn die frühe Lebensphase des Buddha wie die eines Helden erscheinen mag, ist der grundlegendere, universelle Archetyp, der durch die Buddha-Figur (oder durch andere Darstellungsweisen der Erleuchtung im Buddhismus wie Mandala oder Stupa) verkörpert wird, derjenige, der uns einen Einblick oder Vorgeschmack auf vollständige Integration gibt. Dieser Archetyp wurde von Jung als „Selbst"- oder „Gott"-Archetyp bezeichnet. Bedenkt man, dass Integration eine Bündelung von Energien ist, die bereits in uns vorhanden sind, ist es nicht überraschend, dass wir zumindest einen kleinen Vorgeschmack auf solche Bündelung erfahren. Wir können dies entweder in vorübergehenden Zuständen der Integration wie *Jhana* tun oder durch einen äußeren Impuls, der uns in eine augenblickliche Offenheit des Bewusstseins, weit über das Gewöhnliche hinaus katapultiert. Die „religiöse Erfahrung" ist eine kurzzeitige Verbindung mit diesem Archetyp und wird wahrscheinlich von Erfahrungen von Einsicht, Energie, Ehrfurcht, Ekstase, Mitgefühl, tiefer Zufriedenheit und Gleichmut begleitet, die alle aus der vorübergehenden Auflösung der Konflikte resultieren, die unsere Energien normalerweise voneinander trennen.

Der Selbst- oder Gott-Archetyp vereinigt auch die anderen drei primären Archetypen, indem er Konflikte zwischen ihnen löst. So tragen das Heroische, das Weibliche (oder Männliche für Frauen) und der Schatten alle ihre Energie zu einem größeren Ganzen bei. In jedem Fall wird unser eigenes ungenutztes Potenzial, das bis zu diesem Zeitpunkt auf etwas anderes als uns selbst projiziert wurde, und von dem angenommen wurde, es liege in etwas anderem als uns selbst, gewissermaßen als unser eigenes erkannt. Das „Selbst", dessen Teil sie werden, ist aber auch viel umfassender als das Ego, mit dem wir uns normalerweise identifizieren. Um uns zu integrieren, sollten wir unsere Weisheit nicht länger als Hass verfremden, unser Mitgefühl nicht als sexuelle Besitzansprüche oder unser tiefes Streben nicht als engstirnigen Ehrgeiz. Je mehr wir uns auf diese Weise integrieren können, desto näher werden wir dem durch das Ebenbild Buddhas symbolisierten Zustand kommen.

Die Darstellung der archetypischen Bedeutung der Buddhafigur, die ich hier vorstelle, verleiht ihm eine vergleichbare Bedeutung und Funktion zum Archetyp Gottes. Dies soll nicht hinwegtäuschen über die großen doktrinären Unterschiede zwischen dem Buddha und Gott und die Unterschiede zwischen den jeweiligen Traditionen, in die sie eingebettet sind. Vielmehr soll darauf hingewiesen werden, dass, wenn wir die potenziell integrative *Funktion* jeder Figur in der Erfahrung derjenigen betrachten, die auf das Symbol reagieren,

---

[4] Sangharakshita (1990b) S. 33 ff.

diese Funktionen vergleichbar sind. In beiden Fällen kann die Figur Inspiration bieten durch eine Verbindung zwischen unseren Erfahrungen von flüchtigen Integrationseindrücken auf der einen Seite und unserer Bereitschaft, daran zu arbeiten, sie in einer stabileren konkreten Form zu entwickeln auf der anderen Seite. Wenn Buddhisten vor der der Buddhafigur andächtige Handlungen durchführen, können sie daher als etwas gesehen werden, dass diese Verbindung wachruft und neu belebt, um zu weiteren Anstrengungen auf dem Pfad zu inspirieren. Ich habe dargelegt, dass auch Christen so gesehen werden können, wenn sie Gott anbeten.[5]

In beiden Fällen gibt es auch eine Projektion der archetypischen Figur, die eine Verabsolutierung darstellt. Die Projektion Gottes als übernatürliche Wesenheit ist offensichtlich im Christentum und anderen theistischen Traditionen extrem verbreitet.: so verbreitet, dass sie als Regelfall betrachtet werden kann. Die Projektion Buddhas als eine vom andächtigen Individuum getrennte Wesenheit ist auch in der buddhistischen Tradition umstritten. Der Adibuddha oder „Ur-Buddha“ einiger Schulen des Vajrayana scheint in einer Gott sehr ähnlichen Form konzipiert worden zu sein.[6] Die Rolle von Amitabha in den Reine-Land-Schulen besteht darin, Anhänger, die sich nicht selbst retten können, ins Reine Land zu bringen, wo es leichter wird, Erleuchtung zu erlangen.[7] Sogar im vom Theravada geprägten Südostasien wird die Buddhafigur im Volksglauben als getrennte Handlungsmacht externalisiert.

In Bezug auf die Opfergaben, die Buddha-Bildnissen dargebracht werden, bemerkt Donald K. Swearer:

> *Auch wenn wir der Tradition Unrecht tun, indem wir die Vorstellung schmälern, dass solche Opfergaben das Andenken des Gründer-Lehrers ehren, spiegelt die Erwartung, irgendeine Art von Segen oder Vorteil zu erhalten, den Glauben wider, dass das Bildnis an sich eine besondere Macht hat, die Wünsche des Gläubigen zu erfüllen. Eine ähnliche Dynamik steckt hinter allen Ritualen zum Erwerben von Verdiensten. Indem der Spender ein Geschenk darbringt, insbesondere ein aufwendiges und kostspieliges, hofft er, dass die dem Buddha-Bildnis eingehauchte Kraft eine Erwiderung bewirkt.*[8]

Obwohl die Projektion des Archetyps im Buddhismus weniger verbreitet sein mag als im Christentum, ist die zugrunde liegende Problemstellung dieselbe. Der Buddha kann, wie Gott, verabsolutiert werden, wenn man ihn projiziert und damit den Mittleren Weg hintertreibt. Wenn wir den Buddha als Symbol für unsere eigene potenzielle Integration erkennen und so ein gewisses

---

[5] Ellis (2018) Kap. 8.a.
[6] Conze (1951) S. 190–1.
[7] Williams (1989) S. 256–76.
[8] Swearer (1995) S. 31.

Bewusstsein sowohl für unsere Konflikte als auch für ihre mögliche Lösung in unserer Reaktion auf den Buddha als Symbol bewahren, wird der Mittlere Weg beibehalten. Wenn wir jedoch den Buddha in gewisser Weise als eine Abkürzung zur Erfüllung unserer Wünsche oder zur Linderung unserer Ängste betrachten, haben wir einen Prozess durchlaufen, den Psychologen als Attributsubstitution bezeichnen.[9] Dies bedeutet, dass wir ein schwierigeres Problem durch ein einfacheres ersetzen und es dadurch nicht schaffen, die Bedingungen des schwierigeren Problems, das uns beeinträchtigt, zu bewältigen. Dies ist eine Form der Verabsolutierung, die einen Rückgriff auf Autorität als Ersatz für Erfahrung beinhaltet, was sich in verringerter moralischer Angemessenheit äußert.[10] Wenn wir uns einen thailändischen Studenten vorstellen, der dem Buddha eine Opfergabe darbringt, um eine Prüfung zu bestehen, so fördert dies vermutlich eher einen zerbrechlichen, absoluten Glauben, dass er bestehen wird, und nicht die Art von gefestigtem Vertrauen, die seine Prüfungsvorbereitung wirklich unterstützt.

Um sicherzustellen, dass wir uns dem richtigen Objekt widmen – einem Objekt, das uns nicht an ein entferntes, idealisiertes Ziel, sondern an einen Pfad und dessen Methode erinnert – können wir auch unsere Interpretation der Bedeutung der Buddha-Figur ändern. In meinem Buch über das Christentum habe ich vorgeschlagen, dass, obwohl Gott den Archetyp vollständiger Integration darstellt, Christus mit seiner dualen menschlichen und göttlichen Natur eher ein Archetyp des Mittleren Wegs ist.[11] Der Buddha hingegen kann sowohl als Archetyp vollständiger Integration (soweit er Erleuchtung repräsentiert) als auch als Archetyp des Mittleren Wegs dienen. Die beiden Archetypen unterscheiden sich insoweit, als letzterer uns ständig an die Methode, ihre Schärfe und Unvollständigkeit und Unvollkommenheit zu erinnern hat. Dem Pfad zur Vollkommenheit dürfte nicht gerade dadurch gedient sein, dass man sich allzu sehr in Abbildern der Vollkommenheit verliert, weil der Mittlere Weg wohl bewusst Unvollkommenheit vorzieht, um eine Idealisierung zu vermeiden. Daher müssen wir uns zusätzlich zum Archetyp der Erleuchtung auch gleichermaßen von Abbildern der Unvollkommenheit und kreativen Störung und von Bildern der Ausgewogenheit inspirieren lassen.

Im Buddhismus sind alle Ressourcen bereits vorhanden, um den Mittleren Weg an sich als eine archetypische Figur zu behandeln. Einige Bilder im Mahayana, wie die zornvollen Gottheiten, weisen bereits darauf hin, dass Erleuchtung auch bedeutet, sich dem Schatten zu stellen. Andere, wie Padmasambhava mit seinem grimmigen Grinsen, symbolisieren bereits die Dialektik scheinbar gegensätzlicher Elemente. Die räumliche Struktur des

[9] Siehe Kahneman (2011) S. 97–104.
[10] Sunstein (2005); Ellis (2015a) Kap. 3.d (2).
[11] Ellis (2018) Kap. 6.a.

Mandalas, wie sie von Jung erkannt wurde, ist ein Abbild der Integration verschiedener Elemente der Psyche.[12]

Wenn der Mittlere Weg tatsächlich, wie ich behaupte, die größte Einsicht des Buddha ist dann sollten informierte und hilfreiche Hingabe und Rituale diesen Punkt betonen und nicht die Verabsolutierung des Erleuchtungszustands, die allzu oft sein Leitmotiv ist. In den zentralsten Liturgien könnte es um das frühe Leben oder die Entdeckung des Mittleren Wegs gehen. Der Rosenapfelbaum könnte den Bodhibaum als den für die Erkenntnis des Buddha bedeutsamsten ersetzen. Wie in Kapitel 1.f. vorgeschlagen, könnte das rituelle Essen von Reisbrei eine Erinnerungsübung zum zentralen Punkt der Erkenntnis des Buddha darstellen. Buddhafiguren könnten ein neues Mudra (Handhaltung) erhalten, um den Mittleren Weg bildhaft darzustellen. Die Entdeckung des Mittleren Wegs könnte Anlass für ein Fest sein.

Eines der größten Hindernisse für eine breitere Anerkennung der Bedeutung des Mittleren Wegs liegt in der fälschlichen Annahme, dieser könne nicht inspirierend sein – sei aber in gewisser Weise sicher und durchschnittlich, obgleich Mut erforderlich ist, ihm zu folgen. Niemand, nicht einmal die meisten Buddhisten, scheinen derzeit den Mittleren Weg als etwas an sich Inspirierendes wahrzunehmen: Dennoch gibt es keinen zwingenden Grund, warum dies nicht der Fall sein sollte. Der Buddhismus ist voll kultureller Ressourcen durch Praktizierende, die über Jahrtausende versucht haben, den Mittleren Weg zu interpretieren, zu symbolisieren und anzuwenden. Alles, was erforderlich ist, ist eine leichte Verschiebung des Fokus bei der Interpretation und Verehrung des Buddha und seines Vermächtnisses, um den Buddhismus weitaus universeller zu machen. Buddhisten des Mittleren Wegs könnten die Genugtuung verspüren, einen einzigartigen Strang der buddhistischen Tradition zu entwickeln, ohne jedoch eine Grundlage für doktrinäre Meinungsverschiedenheiten mit Christen des Mittleren Wegs, Marxisten des Mittleren Wegs oder irgendjemand anderem zu haben, der sich für eine möglichst hilfreiche Interpretation seiner Tradition einsetzt.

---

12 Siehe Ellis (in Kürze erscheinend) Kap. 5.

6.f. Die Bedeutung von „Dharma“

Der Begriff „Dharma“ (oder *Dhamma*) wird im Buddhismus (und auch im Hinduismus, Jainismus und Sikhismus) gemeinhin verwendet, um sich auf die Wahrheit, den Pfad und die Lehren der Religion zu beziehen. Er leitet sich von Wurzeln ab, die „halten“ bedeuten und kann eine breite Palette verwandter Bedeutungen haben, darunter „das, was eingeführt oder festgelegt ist, unerschütterliches Dekret, Statut, Gesetz, Praxis, Brauch, Pflicht, Recht, Gerechtigkeit, Tugend, Moral, Ethik, Religion, religiöser Verdienst, gute Werke, das Gesetz oder die Lehre des Buddhismus, die Ethikregeln des Buddhismus“.[1] „Der Dharma“ ist auch eines der drei Juwelen, zu denen sich Buddhisten bekennen, wenn sie Zuflucht nehmen (siehe unten), so dass seine zentrale Stellung und Bedeutung als Leitbild nicht zu unterschätzen ist.

Allerdings ist seine Vieldeutigkeit eher problematisch. Jede Sprache ist bis zu einem gewissen Grad mehrdeutig. Die Würdigung und Akzeptanz von Mehrdeutigkeit hilft uns in der Regel dabei, mit den Bedingungen umzugehen, indem wir erkennen, dass die Schärfe der Kategoriegrenzen durch unsere eigenen Konzepte geschaffen wird und nicht einfach Teil der Welt ist. Beispielsweise ist es eine großartige liberale Gepflogenheit, ethnischer Vielfalt, geschlechtlicher Vielfalt oder einer Vielfalt sexueller Orientierung gelassen gegenüberzustehen. Dennoch wird Vieldeutigkeit nutzlos, sobald sie die Unterscheidung zwischen absoluten und vorläufigen Überzeugungen verschleiert. Das liegt daran, dass sie für Menschen verwirrend ist, wenn sie versuchen, absolute Überzeugungen zu vermeiden, sich aber in Hinblick auf ihren Status unsicher sind, was dann dazu führen kann, dass sie verabsolutieren, ohne sich dessen bewusst zu sein. Wenn der Mittlere Weg vereinnahmt und in ein metaphysisches Konzept verwandelt wird, dann entsteht eine auf ähnliche Weise wenig hilfreiche Vieldeutigkeit. Wenn jedoch der umgekehrte Fall eintritt, und Begriffe, die oft metaphysisch verstanden werden, nun bewusst in einer Weise interpretiert werden, die vorläufig und erfahrungsbezogen ist, wird Vieldeutigkeit hilfreich eingesetzt. Es ist alles eine Frage der praktischen Wirkung. Im Fall von „Dharma“ kann Vieldeutigkeit jedoch ein zweischneidiges Schwert sein.

Es gibt drei spezielle Bedeutungen von „Dharma“, deren Verwirrspiel eine sehr negative Wirkung haben kann:

1. Letztendliche Einsicht in die Wirklichkeit
2. Die hilfreichste Art, auf Bedingungen zu reagieren
3. Die Lehren des Buddha gemäß der buddhistischen Tradition

---

[1] Monier-Williams (2008).

Verwendet man dasselbe Wort für etwas (es sei denn, es handelt sich um ein bekanntes Homonym, wie die beiden Bedeutungen von „Bank“), neigt man oft dazu, anzunehmen, es handele sich um dieselbe Sache. Beispielsweise kann die Verwendung des Wortes „Sport“ für das Abschlachten von Tieren sowie für harmlose Freizeitbeschäftigungen wie Tennis und Schwimmen dazu führen, dass die Menschen annehmen, Ersteres sei eine gleichermaßen heitere Angelegenheit, und sie könnten daher jegliche Bedenken, die sie diesbezüglich haben mögen, ausblenden. Bei „Dharma“ verleitet die Verwendung desselben Wortes für die oben genannte erste und zweite Bedeutung die Menschen zur Annahme, dass die hilfreichste Art der Praxis diejenige ist, die die Wahrheit kennt. Eine hilfreichere Sichtweise wäre jedoch zu erkennen, dass man die Wahrheit *nicht kennt*. Die Verwendung desselben Wortes für die erste und dritte Bedeutung kann dazu führen, dass man annimmt, die Lehren des Buddha seien immer letztendlich wahr, und sie deshalb nicht kritisch untersucht. Die Verwendung desselben Wortes für die zweite und dritte Bedeutung kann Menschen annehmen lassen, die buddhistischen Lehren seien immer die hilfreichsten, und sie somit wieder von einer kritischen Untersuchung abhalten.

All diese potenziellen Auswirkungen sind Verabsolutierungen. Verabsolutierungen sind jedoch eher wie Ghuls, die sich von echten vorläufigen Überzeugungen aus Fleisch und Blut ernähren müssen, damit sie weiterhin existieren können. Sie bemächtigen sich gern Bereichen vorläufiger Überzeugungen, damit sie behaupten können, dass alle Errungenschaften vorläufigen Handelns „in Wirklichkeit“ ihre Errungenschaften sind – so wie wir es durch Berufung auf Autorität (oder die a priori abstrakte Argumentation) kennen dürften, die verwendet wird, um die Unabdingbarkeit von Verabsolutierungen zu demonstrieren. Die Ghuls haben sich mit ausdrücklicher Erlaubnis der Autoritäten ziemlich lange vom „Dharma“ ernährt und infolgedessen ist er ziemlich verunreinigt worden. Einige Buddhisten zeigten sich darüber besorgt und haben die Leerheit eingebracht, um zu versuchen, die Ghuls zu beseitigen (wie in Kapitel 4.b. beschrieben), aber die Ghuls sind hoch erfreut, die Leerheit zum Festmahl willkommen zu heißen, da sie sich leicht in einen weiteren Ghul verwandeln kann. Nein, die einzige Möglichkeit, die Vorläufigkeit des „Dharma“ aufrechtzuerhalten, besteht darin, die Ghuls entschlossen zu erkennen und sie wieder mit den Körpern, denen sie entsprungen sind, zu vereinen.

Sie können dieses Buch als eine Übung darin sehen, zu versuchen, die Ghuls zu vertreiben, indem Sie deutlich machen, dass die erste Bedeutung völlig anders ist als die zweite, und indem Sie bei der dritten Bedeutung eine kritische Einordnung vornehmen. Die zweite Bedeutung von „Dharma“ ist der Mittlere Weg, während die dritte Bedeutung eine Mischung aus Mittlerem Weg und Verabsolutierung enthält, die unterschieden werden müssen. Die zweite Bedeutung ist universell, was bedeutet, dass man sie überall finden kann, nicht nur im Buddhismus. Die dritte Bedeutung ist jedoch exklusiv. Ich habe versucht, mich in diesem Buch mit der dritten Bedeutung auseinanderzusetzen, indem ich mich mit den Pali-Quellen und der traditionellen buddhistischen Darstellung der Lehren beschäftigt habe, aber diese bleiben kontingent und peripher zur zweiten Bedeutung.

Wegen dieser wenig hilfreichen Vieldeutigkeit verwende ich den Begriff „Dharma“ nirgendwo sonst in diesem Buch, obwohl die meisten Buddhisten den Begriff üblicherweise verwenden. Die einzige Gelegenheit, bei der ich ihn möglicherweise verwende, ist, wenn ich mich an Buddhisten wende, aber dann ist einiges an Sachkenntnis erforderlich. Man könnte zum Beispiel versuchen, die Mehrdeutigkeit zu vermeiden, indem man nur über den „absoluten Dharma“, den „universellen Dharma“ und den „Dharma der buddhistischen Tradition“ spricht – aber selbst dies wird sehr wahrscheinlich missverstanden. Wie viele Buddhisten werden unterstellen, dass der universelle Dharma absolut sein muss, um universell zu sein, und nicht das Gegenteil? Oder, dass das Gegenteil des „absoluten Dharma“ der „relative Dharma“ ist (was eine andere Form des absoluten Dharma ist – nur im negativen Sinne)? Unsere Terminologie ist in diesem Punkt so unheilvoll verworren, dass ich wirklich empfehle, den Begriff „Dharma“ ganz und gar fallen zu lassen.

Statt „Dharma“ verwende ich die Begriffe „Mittlerer Weg“ für universell hilfreiche praktische Überzeugungen, und „Buddhismus“ oder „die buddhistische Tradition“ für buddhistische Lehren. Unabhängig davon, welche Begriffe Sie verwenden, möchte ich aber vorschlagen, dass die entscheidende Grundbedingung darin besteht, dass Sie eine praktische Begründung dafür haben. Dies bedeutet nicht einfach, eine Tradition zu übernehmen oder die „wesentliche“ Bedeutung eines Begriffs anzunehmen. Unser Sprachgebrauch, wie auch unser Umgang mit der buddhistischen Tradition im Allgemeinen, ist eine Frage der interpretatorischen Verantwortung.

6.g. Die Gemeinschaft und Ordenstradition

Das Ideal einer unterstützenden Gemeinschaft auf dem Pfad – die Sangha – ist von zentraler Bedeutung, seit der Buddha seine ersten fünf Anhänger in Sarnath versammelt hat. Dennoch müssen wir uns fragen, wie sehr die buddhistische Sangha ihre Mitglieder dabei unterstützt, den Pfad des Mittleren Wegs zu beschreiten. Oder: Wie sehr hält sie an der Vorstellung einer verabsolutierten Erleuchtung fest, die oft von diesem Pfad ablenken kann? Der Mensch ist ein soziales Tier und unsere Beziehung zu anderen ist in das gesamte emotionale Regulationssystem des menschlichen Körpers eingebaut. Daher ist die Rolle der Gemeinschaft entscheidend, um den Mittleren Weg zu fördern oder zu erschweren. Wie wir sehen werden, kann diese Rolle kaum als so hilfreich bezeichnet werden, wie sie hätte sein können, was zumindest teilweise auf die Verabsolutierungen zurückzuführen ist, die in den meisten Schulen des Buddhismus in der klösterlichen Grundlage der Sangha tief verwurzelt sind.

Bevor man sich jedoch mit der Institution Sangha befasst, ist es hilfreich, die Rolle von Gruppen in der Praxis des Mittleren Wegs allgemeiner zu betrachten. Eine Reihe anerkannter kognitiver Verzerrungen – Ingroup-Bias, sozialer Beweis, Groupthink und falscher Konsens – wirken oft darauf hin, die allgemein akzeptierte Ansicht einer Gruppe zu verabsolutieren und jegliches gegenteilige Denken eines Individuums innerhalb dieser Gruppe zu unterdrücken. Der Ingroup-Bias führt dazu, dass wir Mitglieder unserer eigenen Gruppe und deren Ansichten günstiger beurteilen.[1] Sozialer Beweis bezeichnet unsere Tendenz, die Ansicht der uns umgebenden Gruppe auch dann zu akzeptieren, wenn sie im Widerspruch zu Indizien steht, die wir selbst wahrgenommen haben.[2] Groupthink beschreibt die Tendenz, bei Gruppenentscheidungen der Harmonie innerhalb der Gruppe Vorrang gegenüber kritischem Denken einzuräumen.[3] Falscher Konsens bezeichnet die Tendenz der Gruppenmitglieder, die Allgegenwart der Gruppenansichten zu überschätzen und sie als normativ für alle zu behandeln.[4] All diese Verzerrungen beinhalten eindeutig eine Verabsolutierung der Gruppenansicht. Sie nutzen die Abkürzung über die Gruppensicht, um Individuen daran zu hindern, autonome Urteile zu fällen (sozialer Beweis). Wenn autonome Urteile gefällt werden, verhindert dies, dass sie in Betracht gezogen werden (Ingroup-Bias) oder bei der praktischen Entscheidungsfindung berücksichtigt werden (Groupthink). Ein falscher Konsens verhindert sogar, dass die Existenz alternativer Ansichten

---

[1] Taylor and Doria (1981).
[2] Asch (1956).
[3] Janis (1982).
[4] Ross, Greene, and House (1977).

überhaupt anerkannt wird.[5] Der Buddha floh unter anderem aus diesen Verzerrungen, als er den Palast und die beiden religiösen Gruppen verließ.

Gruppen sind oft Machtmittel und es bedarf einer beachtlichen psychischen Entwicklung und Reife, um eine Gruppe in Frage zu stellen, in die man eingebettet ist. In Robert Kegans Schema der psychischen Entwicklung[6] beginnen wir damit normalerweise erst in einem postadoleszenten Entwicklungsstadium, wenn wir anfangen, systematischer zu denken (Stufe 4). Aber selbst dann, wenn unser systematisches Denken möglicherweise damit beginnt, unsere Eltern und Freunde in Frage zu stellen, wird es wahrscheinlich immer noch von einer breiteren Gruppe abhängig sein, deren Konzept wir übernommen haben – sei es das systematische Denken, das von einem Bildungssystem, einer Religion oder einem Beruf als gegeben vorausgesetzt wird. Wir unterliegen bis zur letzten und selten erreichten Stufe der psychischen Entwicklung (Stufe 5) sehr stark der Macht von Gruppen. Wahrscheinlich sind wir erst in dieser Phase in der Lage, den Mittleren Weg vollständig und explizit zu praktizieren, indem wir uns von Gruppenverzerrungen befreien.

Wenn wir zu drastisch und voreilig versuchen, uns von einer Gruppe zu befreien, werden wir unglücklicherweise wahrscheinlich nur zur gegenteiligen Form der Verabsolutierung umschwenken. Diese wird wiederum von einer Gegengruppe mit einer Gegenkultur getragen werden. Die „Aussteiger"-Gemeinschaft der *Shramanas* zu Zeiten Buddhas bot eine derartige Kultur, die der Buddha als Sprungbrett nutzen konnte, nachdem er den Palast verlassen hatte. Sangharakshita hat die Individualität innerhalb des Buddhismus in ähnlichen Begriffen beschrieben, indem er vom Gegensatz zwischen der Gruppe und dem „Individualismus", der Teil der Gegengruppe ist, sprach. Das „wahre Individuum" muss einen Mittelweg einschlagen, der darin besteht, die besten Eigenschaften der Ausgangsgruppe wie auch der Gegengruppe anzunehmen, und zwar in einem Prozess, der „nicht länger durch Gruppenbewusstsein beschränkt wird".[7]

Wie kann die Gruppe also eher eine Hilfe als ein Hindernis für eine Person sein, die dem Mittleren Weg folgt? Sie muss natürlich versuchen, Unterstützung anzubieten, ohne implizit oder explizit Machtmittel gegen das nichtkonforme Individuum einzusetzen. Sie wird eine gemeinsame Arbeitsgrundlage benötigen, die den Mittleren Weg nutzt, indem sie ihre eigenen Werte nicht verabsolutiert und den Einzelnen dabei unterstützt, Vorläufigkeit und Integration zu entwickeln. Sie muss es dem Einzelnen ermöglichen, seinen Erwartungen zu entkommen und Alternativen zu finden, um die Entwicklung von

---

[5] Für eine ausführlichere Diskussion der Auswirkungen der Verzerrungen siehe Ellis (2015a) Kap. 3.e.
[6] Kegan (1982). Siehe Kapitel 4.e weiter oben.
[7] Sangharakshita (1990c) S. 40–1.

Vorläufigkeit zu fördern. Sie muss auch so organisiert sein, dass ihre eigenen angenommenen Werte in Frage gestellt und verändert werden dürfen. So muss auch die Gruppe als Ganzes einen Prozess der Integration mit anderen Gruppen durchlaufen, die sich ihr entgegenstellen. Eine in dieser Weise ausgestaltete Gruppe hat zumindest die Chance, eine echte Individualität zu entwickeln, und dadurch auch langfristig eine anpassungsfähigere und erfolgreichere Gruppe zu sein.

Die Buddha-Sangha bezeichnete zunächst die Gemeinschaft der *Shramanas*, die ihm folgten, und später die klösterliche Gemeinschaft und die breitere Laiengemeinschaft. In vielerlei Hinsicht war diese anfängliche Gemeinschaft für die damalige Zeit fortschrittlich, indem sie die hilfreichen Merkmale einer Gruppe hervorbrachte, die den Einzelnen fördern. Zum einen vermied man den Einsatz von Machtmitteln so weit wie möglich. Den Anhängern stand es frei, sich anzuschließen (solange sie nicht vor Laienpflichten wie Wehrdienst oder Schulden davonliefen)[8] und wieder zu gehen. Man setzte vielfältige Beweggründe voraus und arbeitete mit ihnen. Die Gemeinschaft hieß Menschen jeglicher Couleur willkommen.[9] Diejenigen, die wichtige klösterliche Regeln brachen, z.B. durch Töten oder Sex, sollten sich durch ihre eigenen Handlungen außerhalb der klösterlichen Gemeinschaft verorten, anstatt „bestraft“ zu werden.[10]

Die Lehrreden liefern auch zahlreiche Belege dafür, dass die frühe Gemeinschaft an einer Kultur kritischer Untersuchung Anteil hatte und dass Einzelne ermutigt wurden, die Lehren des Buddha zu bewerten und zu prüfen, um zu ihren eigenen Schlussfolgerungen zu gelangen. Die Menschen waren offensichtlich in der Lage, die Überzeugungen verschiedener Schulen zu vergleichen, wie das *Kalama Sutta* (in Kapitel 2.c. erörtert) bezeugt. Auch die Praxis einsamer Meditation und Reflexion wurde bei denen, die dazu bereit waren, gefördert und in einigen bekannten Passagen des Pali-Kanons wie etwa den Versen über das „Horn des Rhinozeros“ gewürdigt.[11] Dies zeigt, auf welche Weise die Praktizierenden ermutigt wurden, eine individuelle Perspektive, über die Gruppe hinaus, zu erhalten.

Doch trotz all dieser positiven Merkmale war auch der Keim der Verabsolutierung, der die Praxis des Mittleren Wegs untergraben konnte, bereits von Anfang an vorhanden. Die Kluft zwischen den *Shramanas*, die „fortgegangen“ waren, und den Laien, die dies nicht getan hatten, war eine davon und wuchs später zur vollständigen Trennung zwischen Ordinierten und Laien heran. Der Bruch in dieser Trennung steht im Widerspruch zum Prinzip

---

[8] Wijayaratna (1990) S. 15–16, 117–21.

[9] Ebenda S. 12–13.

[10] Ebenda S. 144

[11] *Sutta Nipata* 1.3. Saddhatissa (1985) S. 4–8

der Allmählichkeit, wie in Kapitel 3.e. weiter oben erläutert. Immer wenn wir unseren sozialen Arrangements eine große konzeptuelle Unstetigkeit aufzwingen, laufen wir Gefahr, Menschen dazu zu nötigen, jene Aspekte ihrer selbst zu verdrängen, die auf der falschen Seite der Trennlinie angesiedelt sind. Dadurch entstehen sowohl innere Konflikte für die Betroffenen als auch äußere Konflikte zwischen den unterschiedlichen Interessen der von uns geschaffenen sozialen Kasten. Im Fall der Mönche und Laien besteht auf der einen Seite eine absolute materielle Abhängigkeit und auf der anderen Seite eine absolute spirituelle Abhängigkeit, was die Mönche dazu veranlasst, den Schein zu wahren, um sicherzustellen, dass ihre Bedürfnisse erfüllt werden,[12] und die meisten Laien davon abhält, den Pfad mit großer Ernsthaftigkeit zu beschreiten.

Die Trennung zwischen Mönchen und Laien ist auch ein Ergebnis der Verabsolutierung der Erleuchtung, die bewirkt, dass dieses Ziel vom geringeren Ziel des Erwerbens von Verdiensten für Laien abgekoppelt wird. Die Beziehung zwischen dieser und dem Bekenntnis zum „Eternalismus" als zweitbester Option habe ich bereits in Kapitel 4.e. dargelegt. Wie ich dort erörtert habe, ist diese Trennung zwischen Buddhisten erster und zweiter Klasse keine zwingende Antwort auf die Notwendigkeit, dass Menschen frühere psychische Stadien durchlaufen müssen, bevor sie sich voll und ganz auf den Mittleren Weg einlassen können. Der Mittlere Weg ist auch erforderlich, um die Übergänge zwischen den früheren Stadien zu vermitteln, und um eine allgemeine Begründung für die Richtung des Pfades zu liefern. Wenn wir Erleuchtung nicht verabsolutieren, sondern stattdessen betonen, dass alle Buddhisten dem schrittweise verlaufenden Mittleren Weg folgen, dann kann ihr Fortschritt viel flexibler an ihre jeweiligen Bedingungen angepasst werden. Auch die Last der materiellen Unterstützung kann gerechter verteilt werden. Obwohl der Pfad in der Praxis erkennbare Stufen, wie die von Kegan erkannten, aufweisen kann, müssen diese Stufen nicht übergebührlich formalisiert oder abgegrenzt werden.

Die Kluft zwischen Mönchen und Laien wir durch begrenzte institutionelle Vorläufigkeit nur geringfügig abgemildert. Es gibt die anfängliche kleine Ordination, die eine Probezeit vor der großen schafft. Es gibt „Laien"-Ordinationen wie die *Upasaka*-Ordination und es gibt die neuerdings in buddhistischen Ländern zu beobachtende Entwicklung von Laienaktivitäten.[13] Solch Flickwerk reicht in einem auf Dualismus beruhenden System nicht aus, um den Dualismus zu beseitigen, sondern festigt ihn in vielerlei Hinsicht, indem es ihn weiter aufrechterhält, um einigen der Bedingungen trotz des

[12] Wie von Sangharakshita belegt (1993), bereits zuvor erwähnt.
[13] Swearer (1995) S. 141 ff.

Dualismus gerecht zu werden. Sie tragen zwar zur praktischen Anpassung bei, rechtfertigen aber nicht, dass der Dualismus weiter aufrechterhalten wird, wenn dies nicht notwendig ist.

Ein weiterer Keim der Verabsolutierung in der frühen Sangha lag in der Abhängigkeit vom Buddha als Einzelperson und dem Mangel an vergleichbaren Persönlichkeiten, die ihn nach seinem Tod hätten ersetzen können. Der Buddha wies seine Anhänger an, „sich selbst Inseln zu sein" und sich auf die Lehren zu verlassen (siehe Kapitel 2.f. weiter oben), aber die meisten Menschen waren noch nicht an einem Punkt psychischer Entwicklung, der sie dazu befähigte. Im Ergebnis kam er stattdessen zur Entwicklung unflexibler Regelwerke und Handlungsweisen als Ersatz für den großen Lehrer: klösterliche Regeln, Auswendiglernen von Wortfolgen und Studium, das die Meditation überlagert. Unter diesen Umständen ist es nicht überraschend, dass die Vorläufigkeit nicht weiter allgemein gefördert wurde und stattdessen Verabsolutierungen zu einer immer wieder verlockenden Abkürzung zur Bewahrung der Lehren wurde.

Glücklicherweise ging die Vorläufigkeit nicht vollständig verloren, sondern wurde zu einem bloßen Mittel zum Zweck, das nur innerhalb eines begrenzten Bereichs praktiziert wurde. Die „Debatten" in tibetischen Klöstern sind ein wunderbares Beispiel dafür: Sie scheinen oberflächlich betrachtet eine ernsthafte Debatte zu umfassen, sind aber in Wirklichkeit inszenierte Abläufe mit festgelegtem Ergebnis.[14] „Reflexion", wie sie in der buddhistischen Tradition gelehrt wird, zielt auch darauf ab, die Lehren für uns selbst aufzunehmen, um die traditionellen Lehren zu verinnerlichen, nicht um Alternativen anzubieten oder die Lehren zu verändern.[15]

Je weiter sich die starren „Wahrheiten" vom Kontext ihrer Entstehung entfernten, desto zerbrechlicher wurden sie. Die buddhistische Gemeinschaft zeigte eine große Erneuerungsfähigkeit in der Entwicklung des Mahayana und Vajrayana in den Ländern im Norden des Himalaya. Dann wurde sie jedoch in Indien durch eine Kombination aus hinduistischer Vereinnahmung und muslimischer Zerstörungspolitik ausgelöscht, in China und Japan ethnisiert und relativiert, und ihr dann praktisch in der gesamten buddhistischen Welt durch eine Kombination aus Marxismus, Christentum und Kapitalismus der Garaus gemacht. Wenn sich die buddhistische Gemeinschaft wirklich darauf konzentriert hätte, sich mit der Vielfalt an Bedingungen auseinanderzusetzen, hätte man insgesamt eine bessere Erfolgsbilanz im Umgang mit ihnen erwarten können. Stattdessen blieb sie jedoch in einer Grundstruktur festgelegt, die sich auf eine Reihe vergangener Bedingungen konzentrierte und

[14] Perdue (1992).
[15] Z.B. bei Ratnaguna (2010).

endlos Lehren bekräftigte, die für Menschen in einer andersartigen vergangenen Welt einmal hilfreich waren. In jener Welt war der Glaube an Wiedergeburt für die gesellschaftliche Ethik von entscheidender Bedeutung, Staaten wurden im Allgemeinen mit autoritären Methoden regiert, es gab kein Verständnis für wissenschaftliche Methoden, sehr wenig formale Bildung in der Bevölkerung und viel weniger Berührungspunkte mit sehr unterschiedlichen Ansichten. Wir leben nicht mehr unter diesen Bedingungen.

Es sind jedoch Lehren, die mit Vorläufigkeit vereinbar sind und im asiatischen Buddhismus erhalten geblieben sind, die im Westen das größte Interesse auf sich gezogen haben – Meditations- und Achtsamkeitstechniken, archetypische Symbolik und skeptische Philosophie. Die Vorläufigkeit wurde beflügelt, da im Osten wie im Westen neue Alternativen verfügbar geworden sind. Gleichzeitig fühlten sich jedoch viele buddhistische Lehrer verpflichtet, nur traditionelle buddhistische Modelle als Grundlage, auf der die buddhistische Gemeinschaft organisiert werden kann, zuzulassen. Man kann thailändische Mönche sehen, wie sie in englischen Dörfern unpassend auf Almosenrunde gehen, während tibetische Gurus ihre weiblichen Schüler unter dem Deckmantel tantrischer Initiation missbrauchen.[16]

Es ist durchaus möglich, eine buddhistische Gemeinschaft zu entwickeln, die nicht in Laien und klösterliche Praktizierende aufgespalten ist. Eine solche Gemeinschaft kann auch offen sein für von außen kommende Veränderungen, wirklich universell und nicht übermäßig abhängig von einer spezifischen, kulturellen Interpretation des Buddhismus und sie kann gleichermaßen zu integrativer Praxis auf jeder Entwicklungsstufe ermutigen. Der Schlüssel liegt natürlich darin, auf der Grundlage des Mittleren Wegs und seiner fünf Elemente zu agieren. Die Autorität des Buddha und die Loyalität zum Buddhismus können als Werte anerkannt werden, die für jeden Buddhisten wichtig sind, aber nicht als absolute Werte, die unser Urteilsvermögen immer bestimmen sollten. Die größere Wahrscheinlichkeit eines besseren Urteils durch stärker integrierte kann zusammen mit der wahrscheinlichen Uneinheitlichkeit in diesen Urteilen erkannt werden. Erfahrenen Praktizierenden und Lehrenden kann daher zwar Glaubwürdigkeit entgegengebracht werden, sie sollten aber dennoch immer einer Überprüfung unterzogen werden. Die Offenheit für eine Vielzahl von Ideen jenseits buddhistischer Tradition kann als zentral für die kontinuierliche Entwicklung hilfreicher buddhistischer Überzeugungen erachtet werden.

Buddhistische Gemeinschaftsorganisation sollte sich genauso entwickeln wie der Buddhismus selbst, aber mein wichtigstes Anliegen zur Reformierung ist, dass sie nicht länger monastisch sein und auch nicht auf irgendeinem

[16] Whitaker (2017).

diskontinuierlichen Ordinationsmodell beruhen sollte. Die Gemeinschaft oder der Zusammenschluss ist ein besser geeignetes Modell als das Kloster. Das liegt nicht daran, dass Klöster nicht reformierbar wären, oder dass sie nicht wichtige Stärken als Institutionen bieten, in denen ernsthafte und hingebungsvolle Praxis stattfinden kann. Vielmehr liegt es daran, dass eine Verbandsstruktur demokratische Elemente beinhalten kann, die ihr helfen, vorläufig zu bleiben. In einer Verbandsstruktur können die Verantwortlichkeiten auf individueller Basis den Fähigkeiten zugeordnet werden, statt einer ganzen Bevölkerungsschicht einen per se überlegenen Status zu verleihen. Die Verantwortlichkeit gegenüber der Gesellschaft im weiteren Sinne kann auch durch eine Verbandsstruktur gewährleistet werden, was alles dazu beiträgt, die Praxis von Vorläufigkeit zu unterstützen.

Aber was ist mit der Tiefe? Wie steht es mit Verpflichtungsgefühl? Besteht nicht die Gefahr, dass ein Buddhismus, der auf verbindenden „Laien“-Strukturen fußt, nur oberflächlich und konventionell wäre, statt die Tiefe integrativer Praxis zu stärken? Um diese Frage zu beantworten, ist es zunächst wichtig, sich der weiter gefassten Frage des Glaubens im Buddhismus und der Frage, wozu sich Buddhisten verpflichten, zuzuwenden.

6.h. Glaube und Zufluchtnahme

„Glaube“[1] ist ein Begriff, der im Westen oft als Euphemismus für „absoluten religiösen Glauben“[2] verwendet wird, obwohl er auch eine ganze Reihe anderer Assoziationen mit erfahrenem Vertrauen und Zuversicht hat, die ihm eine potenziell viel reichere Bedeutung verleihen. In meinem kürzlich erschienen Buch über das Christentum habe ich mich für den Nutzen, „Glauben“ in diesem Sinne zu verwenden, und die Ablehnung absoluten Glaubens ausgesprochen.[3] Im Buddhismus kann der Begriff *Saddha*, der mit „Glaube“, „Überzeugung“, „Vertrauen“ und „vertrauensvoller Zuversicht“ übersetzt wird, die gleiche Bandbreite fragwürdiger Bedeutungen annehmen, die von absolut bis erfahrungsbezogen reicht. „Glaube“ kann aus dem einen Munde absoluten Glauben an das Erwachen Buddhas bedeuten, aber aus dem anderen Vertrauen in den Mittleren Weg. Wie beim Begriff „Dharma“ bewirkt diese Mehrdeutigkeit, dass nicht-absolute Interpretationen des Begriffs leicht durch absolute vereinnahmt werden können. Es kann aber auch das Gegenteil der Fall sein, und es gibt überzeugende, praktische Argumente für eine erfahrungsbezogene Bedeutung einzutreten, wenn wir auf diese Weise dazu beitragen können, religiöses Denken aller Art in hilfreiche Richtungen zu lenken.

Verkörpertes Vertrauen entsteht aus unseren gewohnten Beziehungen zur Welt um uns herum, durch die bestimmte Erfahrungen höchst bedeutsam und gewisse Annahmen gerechtfertigt werden können, auch wenn sie fehlbar sind. Ich habe Vertrauen beim Fahrradfahren, weil ich aus vielen früheren Erfahrungen weiß, dass ich nicht hinfallen werde, nicht weil ich an eine Offenbarung Gottes glaube, die mir sagt, dass ich in der Lage bin, Fahrrad zu fahren. Aber natürlich ist es immer noch möglich, dass ich hinfalle. Der „Glaube“ an den Mittleren Weg ist eine ähnliche Art von Erfahrung. Je mehr ich mich darauf verlasse, dass er den besten Kurs vorgibt, desto besser gelingt es im Allgemeinen, den Bedingungen gerecht zu werden. Das ist nicht trotz, sondern Teils auch wegen meiner Erkenntnis, dass meine Interpretation fehlbar ist und ständig angepasst werden muss, der Fall. Weil ich das beste Urteil fälle, dass ich als ein verkörperter Mensch fällen kann, und diesen Zustand voll und ganz berücksichtige, ist mein Urteil dann so gerechtfertigt wie möglich. Um erfahrbar zu sein, muss allerdings auch der Glaube inkrementell sein. Je langfristiger ich mich darauf verlasse, dass die Dinge ungefähr so sein werden, wie ich sie erlebt habe, desto weniger gerechtfertigt ist dieses Vertrauen auf Grund dieser Erfahrung. Diese Art von Glauben rechtfertigt somit eine *Richtung* mit

[1] Im englischen Original „faith“
[2] Im englischen Original „belief“
[3] Ellis (2018) Abschnitt 2.

ihren kurz- und mittelfristigen Begleitzielen, aber sie rechtfertigt keine Vorausplanung eines letztendlichen Zielorts.

Im Gegensatz dazu wird jedoch in den meisten traditionellen Darstellungen des Glaubens im Buddhismus dieses Element des Vertrauens in den Mittleren Weg kleingeredet und darauf bestanden, es mit dem Glauben daran gleichzusetzen, dass der Buddha erleuchtet war:

> *Was ist der Schatz der Überzeugung [Saddha]? Es gibt den Fall, dass ein Schüler der Edlen die Überzeugung hat und vom Erwachen des Tathagata überzeugt ist: „In der Tat, der Erhabene ist würdig und vollkommen erwacht, vollendet in Wissen und Verhalten, bewährt, ein Experte in Bezug auf die Welt, unübertroffen als Lenker für die Menschen, die führbar sind, Lehrer der göttlichen und menschlichen Wesen, erwacht, erhaben.“*[4]

Sangharakshita definiert den buddhistischen Glauben in ähnlicher Weise;

> *Die Handlung (ausgedrückt durch „Zuflucht nehmen“) oder der Zustand... bei dem man bedingungslos anerkennt, dass der Mensch Gautama... im Vollbesitz der Vollständigen Erleuchtung ist.*[5]

Wie ich jedoch von Anfang an in diesem Buch dargelegt habe, ist es für unser Vertrauen in den Pfad völlig irrelevant, ob der Mensch Gautama im Vollbesitz vollständiger Erleuchtung war. Ein einfaches Argument scheint diesen Punkt zu besiegeln. Wenn durch schlüssige historische Beweise unerwartet enthüllt würde, dass der historische Buddha ein völliger Schwindel war, würde dies für Ihr Vertrauen in die Praxis des Mittleren Wegs den geringsten Unterschied machen? Wenn sich Ihr Vertrauen auf den Inhalt der Einsichten bezieht, die der Buddha zur Überwindung von Verblendung als menschliches Wesen anbietet, dann wäre die Antwort offensichtlich „Nein“. Nur wenn Sie allein auf historische Behauptungen vertrauen, die in keiner bestimmten Beziehung dazu stehen, würde Ihr Glaube zumindest erschüttert. So scheint diese Beschreibung des „Glaubens“ in der Tradition des Buddhismus auf einer höchst unglücklichen Wirrnis aufgebaut zu sein – einer Wirrnis, die offensichtlich aus der Verabsolutierung der Erleuchtung erwachsen ist.

Der förmliche Ausdruck des Glaubens in der buddhistischen Tradition ist der Akt der Zufluchtnahme zu den Drei Juwelen: das Bekenntnis, das einen Buddhisten kennzeichnet. Dieses besteht in der Rezitation „Ich nehme Zuflucht zum Buddha. Ich nehme Zuflucht zum Dharma. Ich nehme Zuflucht zur Sangha“, aber auch im Sinne der Verpflichtung, die dies darstellt. Die praktische Notwendigkeit von Engagement, um auf dem Pfad voranzukommen, sollte offensichtlich sein. Bei fehlender Integration werden wir

---

[4] *Anguttara Nikaya* 7.6. Thanissaro (1997b).

[5] Sangharakshita (1987) S. 312.

wahrscheinlich unterschiedlichste Motive verspüren, von denen uns einige vom Pfad wegziehen. Ein Bekenntnis kann uns durch Bewusstsein (wie bereits in Kapitel 5.c. erwähnt) in seinen beiden Formen zurückbringen: Die Erwartungen, die wir an uns selbst stellen und diejenigen, die wir gemeinsam mit anderen formuliert haben. Eine Art förmliche Verpflichtungserklärung kann uns an unsere früheren, stärker integrierten Absichten erinnern. Wenn diese Erklärung öffentlich gegeben wurde, bringt sie andere Menschen dazu, uns beizustehen, indem sie unsere Absichten bezeugen. Zuflucht zu nehmen kann als Ausdruck eines echten, verkörperten Glaubens angesehen werden, der förmliche Erinnerungen an diesen Glauben in der Zukunft schaffen soll.

Die Zufluchtsobjekte können, wenn sie sorgfältig und verantwortungsbewusst interpretiert werden, eine ähnliche Grundlage der Selbstverpflichtung bieten, den Mittleren Weg zu praktizieren. Der Buddha kann, wie in Kapitel 6.e. weiter oben erörtert, den Archetyp der Integration und damit das Potenzial zur Integration in uns selbst verkörpern. Ein Buddha-Bildnis anzuschauen und zu ihm Zuflucht zu nehmen, kann daher ein Weg sein, das Bestreben in uns selbst zu entfachen. Der Dharma kann trotz der wenig hilfreichen Mehrdeutigkeiten, die in Kapitel 6.f. weiter oben diskutiert wurden, als das universelle Verständnis des Mittleren Wegs, wie es sich in unserem persönlichen Verständnis entwickelt, gesehen werden. Die Sangha kann die Art und Weise wiederspiegeln, wie andere uns dabei helfen können, unser Bestreben, dem Mittleren Weg zu folgen, aufrechtzuerhalten und zu entwickeln, und ebenso die mögliche Integration, die wir in Bezug auf ihre Wünsche und Überzeugungen wie auch auf unsere eigenen entwickeln können.

Allerdings ist solch ein erfahrungsbezogenes Verständnis der Zufluchten weit entfernt von den meisten buddhistischen Darstellungen über sie. Diese konzentrieren sich auf eine Person, die die verabsolutierte Erleuchtung erlangt hat, auf die offenbarten Lehren des Erleuchteten und auf die Gemeinschaft derer, die diese Lehren befolgt haben, um ihrerseits nahezu Erleuchtung zu erlangen. Wie Sangharakshita es treffend formuliert:

Der Buddha hat das Transzendentale erlangt,... der Dharma ist das Mittel zum Transzendentalen,... und die Mitglieder der Sangha, womit in diesem Zusammenhang die Arya-Sangha gemeint ist, haben den Transzendentalen Pfad erlangt... Jemand, der die Existenz eines solchen Zustands wie Nirvana verleugnet oder sogar ernsthaft daran zweifelt oder gar die Möglichkeit oder Erwünschtheit seiner Erlangung, ist natürlich daran gehindert, zu einem von ihnen Zuflucht zu nehmen.[6]

Das schließt mich somit aus und vermutlich auch den Buddha, der im *Diamant-Sutra* sagt:

[6] Sangharakshita (1987) S. 446.

Subhuti, die Grundlage dafür, dass der Tathagata die Vollendung der Unvergleichlichen Erleuchtung erlangt hat, ist gänzlich jenseits; weder ist sie wirklich noch ist sie unwirklich.[7]

Gemäß Sangharakshitas Darstellung, die die aller traditionellen buddhistischen Lehrer widerspiegelt, scheint es, dass niemand mit Sinn für Integrität, der den Mittleren Weg praktizieren will, je Zuflucht nehmen könnte. Es gibt jedoch keine Veranlassung, immer diejenigen beim Wort zu nehmen, die einer komplexen Tradition den dogmatischsten Ausdruck verleihen. Selbst für solche Lehrer steht hinter derartigen Verabsolutierungen eine reiche menschliche Erfahrung, die angemessener zum Ausdruck gebracht werden könnte.

Es gibt noch ein weiteres Problem mit der Verwendung des Begriffs „Zuflucht" als Metapher. Eine Zuflucht unterstellt, dass es etwas gibt, vor dem wir fliehen oder vor dem wir Schutz suchen, was in diesem Fall *Dukkha* oder „Leiden" ist. Bhikkhu Bodhi argumentiert, dass „eine Zuflucht jenseits von Gefahr und Not sein muss… Nur auf das, was jenseits von Furcht und Gefahr liegt, kann man sich vertrauensvoll als Schutz verlassen."[8] Die Vorstellung, dass die Zufluchten „jenseits von Furcht und Gefahr" sind, beinhaltet jedoch eine andere Verabsolutierung. Es gibt auch eine falsche Annahme, dass etwas absolut Sicheres als Voraussetzung für ein Bekenntnis erforderlich ist. Auch hier wird das Wesen der Einsicht des Buddha, bei der unser Wunsch nach Sicherheit immer hinterfragt und in einen größeren Zusammenhang gestellt werden muss, grundlegend missverstanden. Es ist nicht hilfreich, diesen Wunsch nach Sicherheit und Schutz zu leugnen, und bis zu einem gewissen Grad müssen wir ihm entsprechen, um praktisch mit ihm arbeiten zu können. Sollten wir aber trotzdem wirklich eine Metapher, die ein Verstecken und Ausweichen vor Bedingungen beinhaltet, zur Grundlage unseres Bekenntnisses, uns ihnen zu stellen, machen? Die Sicherheit im Mutterleib bietet wohl eine psychische Grundlage für all unser späteres Vertrauen, aber nichtsdestotrotz gehört es zur Praxis, sich von dieser Sicherheit zu lösen, um unser Bedürfnis nach Sicherheit mit anderen Bedingungen in Einklang zu bringen.

Mir scheint, dass etwas an der Beziehung zwischen den verkörperten Bildern, auf denen diese Metapher beruht, und der umfassenderen Bedeutung, die sie für uns als Unterpfand spirituellen Engagements haben soll, nicht stimmig ist. Die Institution Zuflucht und die Bedeutung, die dieser Metapher beigemessen wird, scheint nur ein Produkt der Kommentartradition zu sein.[9] Sie findet sich nicht im Pali-Kanon, was nicht überrascht, wenn man bedenkt, wie

[7] Diamant-Sutra 17. Price und Mou-Lam (1969) S. 53.
[8] Bodhi (1994).
[9] *Khuddakapatha Atthakatha* (Paramatthajotika), *Dighanikaya Atthakatha* (Sumangalavilasini), und *Majjhimanikaya Atthakatha* (Papañcasudani).

wenig sie zu vielen der hilfreichsten Lehren des Pali-Kanons passt. Zufluchtnahme wurde nicht wegen der Bedeutung der Metaphorik herausgestellt, sondern wegen der Notwendigkeit, sich zu einem spirituellen Pfad zu bekennen.

Wie bei den Vier Edlen Wahrheiten scheint es also notwendig zu sein, die Drei Zufluchten neu zu formulieren, um ihre höchst hilfreiche Bedeutung herauszuarbeiten. Sie sind keine Zufluchtsorte, denn wenn überhaupt, dann zwingen sie uns, in den Regen hinauszugehen, sondern sie sind Verpflichtungen.

Ich verpflichte mich zum integrativen Potenzial, das durch den Buddha-Archetyp symbolisiert wird.
Ich verpflichte mich zum universellen Mittleren Weg.
Ich verpflichte mich zur Unterstützung der praktizierenden Gemeinschaft und zur Integration mit der umfassenderen Gemeinschaft.

Die beiden Teile dieser überarbeiteten dritten Zuflucht scheinen wegen der Exklusivität der Art und Weise, wie die traditionelle Zuflucht Sangha ausgelegt wird, notwendig zu sein. Offiziell besteht die Zuflucht Sangha aus der Arya-Sangha, d.h. der Gemeinschaft derer, die den Stromeintritt erlangt haben, was bedeutet, dass sie sich der Erleuchtung nähern und unumkehrbar auf sie ausgerichtet sind. In unserer fruchtlosen Suche nach absoluter Verlässlichkeit wird uns hier faktisch vermittelt, dass gewöhnliche, unvollkommene spirituelle Freunde nicht gut genug sind, um uns auf sie zu verlassen, und dass wir uns nicht auf sie festlegen sollten. Wiederum ersetzt dies eine Verabsolutierung durch einen Akt der Verpflichtung seitens einer verkörperten Person, die ihre Grenzen und die Grenzen der sie umgebenden Menschen anerkennt. Wir können in der Tat niemals sicher sein, dass wir auch nur einen einzigen in den Strom Eingetretenen gefunden haben (selbst wenn die Vorstellung eines in den Strom Eingetretenen irgendeinen Sinn ergeben sollte), geschweige denn uns dem „Glauben“ an in den Strom Eingetretene verpflichtet fühlen. Die Notwendigkeit der Interaktion mit anderen Mitgliedern einer Gemeinschaft, um uns auf dem Pfad zu unterstützen, ist jedoch ein wesentlicher Bestandteil unserer verkörperten Erfahrung, ebenso wie die Notwendigkeit der Integration mit allen anderen in der menschlichen Gesellschaft.

Es ist also hilfreich, diese beiden Elemente in einer überarbeiten Zuflucht Sangha zu berücksichtigen, weil beide gleichermaßen wichtig sind. Einerseits machen wir als Einzelne nur durch unsere Beziehung zu anderen Menschen Fortschritte. Wir müssen ihre Unterstützung, Ihre Ermutigung, ihre Inspiration und möglicherweise ihren Rat annehmen und dies im Gegenzug anderen ebenso anbieten. Das Geben und Erhalten solcher Unterstützung ist nicht von einem offiziellen Status innerhalb einer Hierarchie der Integration oder spiritueller Errungenschaften abhängig. Infolge der integrativen Asymmetrie können wir uns nicht darauf verlassen, dass diejenigen, die im Allgemeinen fortgeschrittener sind, immer Recht haben, und dass diejenigen, die im Allgemeinen weniger fortgeschritten sind, immer Unrecht haben. Wir können von allen lernen, wenn auch nicht von allen gleichermaßen.

Andererseits wirkt die Gemeinschaft der Praktizierenden (wie auch immer man sich ihre Grenzen denkt) auch innerhalb einer breiteren Gemeinschaft von Menschen, von der sie abhängig ist. Die Integration jedes Einzelnen innerhalb einer Gemeinschaft von Praktizierenden hängt bis zu einem gewissen Grad von der Integration dieser kleineren Gemeinschaft ab. Die Integration der kleineren Gemeinschaft hängt jedoch auch von der der breiteren Gemeinschaft ab. Ohne die Auswirkungen von Demokratie, wissenschaftlicher Vorläufigkeit und Globalisierung ist es beispielsweise schwer vorstellbar, dass westlicher Buddhismus ähnliche Fortschritte macht wie bisher. Die überarbeite Zuflucht Sangha sollte daher nicht nur ein Bekenntnis beinhalten, wie dem Einzelnen bei seinem individuellen Fortschritt geholfen werden kann, sondern auch zur Integration *in* die breitere Gemeinschaft. Das bedeutet natürlich, dass wir die Politik nicht außer Acht lassen dürfen.

Dieses umfassendere Engagement würde den hilfreichen Geist einbinden, der hinter diesen großen Errungenschaften des Mahayana-Buddhismus, dem Bodhisattva-Ideal und dem Bodhisattva-Gelübde steht. Formal betrachtet ist die Bodhisattva jemand, die die endgültige Erleuchtung aufgeschoben hat, um alle fühlenden Wesen zu retten, und die sich in ihrem altruistischen Gelübde verpflichtet, alle fühlenden Wesen vor ihr selbst zur Erleuchtung zu führen. In gewisser Weise ist dies Flickwerk: eine Reaktion auf die Begrenzungen und Absurditäten der Vorstellung absoluter Erleuchtung für einen Einzelnen, der die soziale Einbettung jedes Individuums nicht berücksichtigt. In der Praxis bedeutet das Bodhisattva-Gelübde, dass die Praktizierende anderen hilft, sich besser zu integrieren und ebenfalls den Mittleren Weg zu gehen, indem sie ihre eigene Entwicklung und die der anderen als voneinander abhängig und untrennbar betrachtet. Daher ist es für eine überarbeitete Zuflucht Sangha durchaus angemessen, die Weise zu berücksichtigen, in der individuelle Integration und gesellschaftspolitische Integration sich gegenseitig bedingen.

Glaube wie Bekenntnis sollten daher einen wichtigen Platz im Buddhismus einnehmen, da sie Teil einer adäquaten Reaktion auf die Bedingungen um uns herum sind. Bekenntnis ist die Grundlage für Tiefe wie Breite der Praxis. Glaube und Bekenntnis haben in der buddhistischen Tradition jedoch allzu oft Vorläufigkeit überlagert und sie konnten dies, weil sie eine verabsolutierte Form angenommen haben. Wenn wir uns dieser verabsolutierten Formen und der Notwendigkeit, ihnen gegenüber eine explizit agnostische Haltung einzunehmen besser bewusst sind, können möglicherweise durchweg hilfreichere Interpretationen des Buddhismus gefunden werden.

7. Alternative Quellen für den Mittleren Weg

7.a. Nochmals die Blinden und der Elefant

Dieser letzte Abschnitt des Buchs wird eine kurze Beschreibung einer Reihe alternativer Quellen des Mittleren Wegs bieten. Dabei handelt es sich nicht um alternative Mittlere Wege, sondern vielmehr um an verschiedenen Orten zu verschiedenen Zeiten erlangte Erkenntnisse, die Buddhas Mittleren Weg untermauern. Sie bieten weitere Belege dafür, dass wir es hier mit einem universellen Merkmal menschlicher Erfahrung zu tun haben und nicht mit dem ungewöhnlichen Auftreten einer einzigartigen Offenbarung einer Person.

Das Hauptproblem mit diesen alternativen Quellen scheint zu sein, dass sie von der Mehrheit der Buddhisten und Akademiker gleichermaßen nicht anerkannt werden. Daher wird meine Aufgabe einfach darin bestehen, die Wege zu veranschaulichen, auf denen sie den Mittleren Weg nachbilden. Die Auswirkung einer übermäßigen Spezialisierung im wissenschaftlichen Denken ist oft vergleichbar mit den blinden Menschen und dem Elefanten, die in Kapitel 3.f. besprochen wurden: Es wird so viel Wert auf die Analyse und die Verwendung von Beweisen gelegt, dass nur selten Querverbindungen gezogen werden. Wenn wir nicht den gleichen Fehler machen wollen, sollten wir uns nicht darüber beklagen, dass die von den Quellen angebotene Sichtweise über den Mittleren Weg parteiisch ist. Das wird bei so grundlegenden Prinzipien wie dem Mittleren Weg immer der Fall sein. Wie ich im vorigen Kapitel geschrieben habe, war es nicht die Behinderung der Blinden, die das eigentliche Problem dieser Parabel geschaffen hat, sondern ihre Annahme, sie hätten eine vollständige Sichtweise.

Die folgenden Eindrücke des Elefanten werden notwendigerweise zu kurz greifen und kaum mehr tun, als zu versuchen, ein Bewusstsein für die Zusammenhänge zu erwecken. Einige von ihnen sind bereits früher im Buch erwähnt worden, werden aber der Vollständigkeit halber aufgeführt. Für eine ausführlichere Erläuterung jedes einzelnen Punktes, empfiehlt es sich, den Verweisen nachzugehen. Ich bin mir der Gefahren solcher kurzen Zusammenfassungen bewusst: Fachleute werden sich möglicherweise außerordentlich deutlich gegen einige Einzelheiten verwahren, statt die Verbindungen zwischen den Ansätzen, die ich besprechen werde, in Ihrem Gesamtzusammenhang zu betrachten. Sollten Sie das tun, haben Sie leider den eigentlichen Kernpunkt dessen, verfehlt, was ich über den Mittleren Weg vermitteln möchte, wobei ich sicher bin, dass es viele Gründe gibt, Details in Frage zu stellen. Im vorliegenden Abschnitt empfehle ich Ihnen daher dringend, über die Zusammenhänge zwischen all den kurzen Kapiteln nachzudenken, bevor Sie Ihre Einwände gegen ein bestimmtes zu entschieden formulieren.

Auch ist die Darstellung alternativer Quellen des Mittleren Wegs, die folgt, durchaus nicht unbedingt vollständig. Ich werde mich auf westliche Quellen beschränken, aber es gibt vermutlich auch viele nicht-westliche. Das chinesische Denken, insbesondere der Neokonfuzianismus der Song-Periode bietet hierfür eine Quelle. Die Vielschichtigkeit hinduistischer Schulen wie Vedanta und Samkhya verdient ebenfalls größere Aufmerksamkeit, ebenso wie die Sufi-Tradition im Islam und die rabbinischen und kabbalistischen Traditionen im Judentum. Ich fühle mich über diese Traditionen noch nicht ausreichend informiert, um ein Urteil darüber zu wagen, inwieweit sie sich mit dem Mittleren Weg allgemein befassen. Es ist wichtig, nicht oberflächlich davon auszugehen, dass Etiketten wie „Nondualismus" oder „Mystik" notwendigerweise auf eine echte Blickrichtung im Sinne des Mittleren Wegs hinweisen. Es scheint jedoch sehr wahrscheinlich, dass diese Traditionen zumindest für diejenigen, die eine bestehende kulturelle Verbindung zu ihnen besitzen, einen sorgfältigen Prozess kritischer Auseinandersetzung, verbunden mit wohlwollender Interpretation wert sind.

Es gibt hier auch relativ wenig Erörterung verschiedener westlicher philosophischer Quellen, die einige vielleicht gerne als mögliche Quellen des Mittleren Wegs herausstellen möchten. Ich würde mich hier zu sehr verzetteln, das Für und Wider z.B. von Aristoteles, Nietzsche und Heidegger zu erörtern.[1] Meine allgemeine Ansicht über diese Persönlichkeiten ist, dass ihre verabsolutierenden Annahmen (positive oder negative) von ihren Befürwortern oft unzureichend zur Kenntnis genommen werden, und dass für eine angemessene Auseinandersetzung mit dem Mittleren Weg eine mehr praktische Ausrichtung erforderlich ist als sie anzubieten vermögen.

[1] Diese und viele andere westliche Philosophen werden in Ellis (2001) diskutiert.

7.b. Pyrrhonische Skepsis

Die frühesten westlichen „Skeptiker" waren die Pyrrhonisten der von Pyrrhon von Elis gegründeten Schule (ca. 360-270 v.Chr.). Obwohl Pyrrhon nichts geschrieben hat, was erhalten geblieben wäre, geht aus den Schriften seiner Anhänger klar hervor, dass er ein ausgewogener Skeptiker mit praktischen Zielen war. Damit unterschied er sich völlig vom Zerrbild des Skeptizismus als etwas Negativem, das im westlichen Alltagsdenken zur Norm geworden ist (siehe Kapitel 4.a.). Pyrrhon soll mit Alexanders Armeen nach Indien gereist sein und viel von indischen Denkern gelernt haben. Dies liefert eine geschichtliche Erklärung für die auffallenden Ähnlichkeiten zwischen seinen Lehren und Buddhas Mittlerem Weg.[1] Unsere wichtigste Informationsquelle über den Pyrrhonismus im Westen sind jedoch die Schriften von Sextus Empiricus, seinem römischen Schüler aus dem zweiten Jahrhundert.

Sextus' Definition der Skepsis erinnert auffallend an den Mittleren Weg:

Der Skeptische Weg ist eine Haltung, Phänomene und Noumena in irgendeiner Weise einander gegenüberzustellen, mit dem Ergebnis, dass wir aufgrund der Gleichwertigkeit der einander so gegenübergestellten Dinge und Aussagen zuerst zu Epoché [Zurückhaltung des Urteils] und dann zu Ataraxie [Freiheit von geistigen Erschütterungen] gelangen.[2]

Gleichwertigkeit bedeutet, sowohl positive als auch negative Behauptungen abzuwägen, um zu erkennen, dass sie gleichermaßen ungerechtfertigt sind. Auf diese Weise sind wir in der Lage, ein Urteil zurückzuhalten und uns nicht in Verabsolutierungen hineinziehen zu lassen. Es besteht hier eine allgemeine Beziehung (auch wenn sie im Einzelnen strittig sein mag) zwischen Epoché und Vorläufigkeit (auch wenn das Abwägen von Alternativen nicht ausdrücklich vorgesehen ist) und zwischen Ataraxie und Integration. Wenn wir, wie bei der Erleuchtung, eine absolute Interpretation der Ataraxie vermeiden können, können wir sie als Überwindung psychischer Konflikte verstehen, die auf Verabsolutierung zurückzuführen sind.

Dass Pyrrhon Verabsolutierungen zu vermeiden suchte, lässt sich leicht an seinen drei Merkmalen der Dinge ablesen – die den drei Daseinsmerkmalen bedingter Existenz im Buddhismus sehr ähnlich sind. Er vertrat die Ansicht, dass die Dinge *adiaphora* (ohne Selbstidentität), *astathmeta* (unbeständig) und *anepikrita* (unbestimmbar) sind.[3] Dies lässt stark vermuten, dass er metaphysische Überzeugungen darüber vermeiden will, wie die Dinge letztendlich sind. Solange wir diese in ähnlicher Weise interpretieren wie die

---

[1] Flintoff (1980); Kuzminski (2008); Beckwith (2015).

[2] Sextus Empiricus, *Outlines of Pyrrhonism* I.8. Mates (1996).

[3] Beckwith (2015) S. 25–33.

buddhistischen drei Merkmale (siehe Kapitel 6.b.), können wir sie eher als Anregung zur Vorläufigkeit statt als neue metaphysische Prinzipien verwenden. Sextus lieferte eine „emetische" Interpretation des Werts skeptischer Überzeugungen (bereits in Kapitel 6.c. erwähnt), indem sie sich selbst mit ihren kritischen Zielen wegspülen.[4] Es ist jedoch gar nicht notwendig, Überzeugungen ganz zu beseitigen, um sie vorläufig zu halten.

Pyrrhon soll gesagt haben, dass wir *adoxastos* (ohne Ansichten) sein sollten,[5] es ist aber auch klar, dass dies eher praktischen Zwecken dient und kein Selbstzweck ist. Dies legt nahe, dass unsere Urteile darüber, was als „Ansicht" bezeichnet werden kann, letztlich praktischer Natur sein sollten. Er schien auch Ausgewogenheit (*Aklineis*) und rigorosen Agnostizismus (*Akradantos*) zu schätzen, wie sie weiter vorne in Kapitel 3.f. erörtert wurden. Kurz gesagt, von den Elementen des Mittleren Wegs scheinen alle in gewissem Umfang vorhanden zu sein (Skepsis, Vorläufigkeit, Agnostizismus, Integration) - mit Ausnahme der Allmählichkeit.

Die praktischen Anregungen zur Kultivierung von Integration mögen im Pyrrhonismus dünn erscheinen. Vielleicht werden diese auch von einer therapeutischen Metaphorik überlagert, wonach der Zweck der Philosophie lediglich darin besteht, unsere reguläre Gesundheit wiederherzustellen und jeglichen Stress zu vermeiden. Aber wir sollten vielleicht bedenken, dass der Pyrrhonismus viele seiner spirituellen Praktiken mit anderen Hellenistischen Philosophien teilte – insbesondere mit dem Stoizismus und dem Epikureismus. Das Ausmaß an praktischen Ressourcen, das alle drei großen Hellenistischen Philosophien bieten, wurde von Schriftstellern wie Martha Nussbaum und Pierre Hadot eindrucksvoll untersucht.[6]

Eine der maßgeblichen Grenzen des Pyrrhonismus zur Darstellung des Mittleren Wegs scheint in einem nur begrenzten Streben zu bestehen, im Gegensatz zum umfassenderen Streben, um unser Leben in hilfreicher Weise zu verändern, das sich in buddhistischen Quellen findet. Dies kann zu einem Mangel an konstruktiver Auseinandersetzung mit dem Wert vorläufiger Überzeugungen in den pyrrhonischen Reaktionen gegenüber Wissenschaft und Ethik führen. Dieses begrenzte Streben scheint auf ein Vertrauen auf Herkömmliches zurückzuführen zu sein. In Ermangelung von „Wahrheiten" besteht die pyrrhonische Antwort darin, sich an Erscheinungsbildern zu orientieren ohne die Art und Weise anzuerkennen, in der „Erscheinungsbilder" in der Erfahrung eines Einzelnen durch kulturell dominante Sinnbilder, kognitive Modelle und hergebrachte Überzeugungen gebildet werden. Im klassischen Pyrrhonismus gibt es daher kein ausgereiftes Konzept der

4 Sextus Empiricus, *Outlines of Pyrrhonism* I.206–8. Mates (1996)
5 Beckwith (2015) S. 36–7.
6 Nussbaum (1994); Hadot (1995).

Vorläufigkeit, das das kritische Hinterfragen einer Sichtweise durch Bewusstmachen von Alternativen beinhaltet. Dies wirkt sich sowohl auf seine Vereinbarkeit mit wissenschaftlicher Methodik als auch auf die Vorläufigkeit in der ethischen Auseinandersetzung aus.

Das Ausmaß dieses Problems hängt bis zu einem gewissen Grad mit der Uneinigkeit zwischen zwei Auslegungsrichtungen zusammen: dem „rustikalen“ und dem „urbanen“ Pyrrhonismus. Nach der vorherrschenden „rustikalen“ Interpretation vermeidet der Pyrrhonist alle Überzeugungen und akzeptiert nur „Erscheinungen“, von denen angenommen wird, dass sie Produkte psychischer Zustände sind, die bestimmt und unfreiwillig sind. Die Widersprüchlichkeit dieser Position wird durch die implizite Annahme eines Determinismus deutlich, die mit seiner Auffassung von unwillkürlichen psychischen Zuständen einhergeht. Die „urbane“ Interpretation erlaubt es hingegen dem Skeptiker, zwischen dogmatischen Überzeugungen auf der einen Seite (solche, die den Anschein erwecken, die Realität zu sein) und „gewöhnlichen“ Überzeugungen, die durch praktische Notwendigkeit akzeptiert werden, auf der anderen Seite zu unterscheiden.[7] Dies ermöglicht die Unterscheidung zwischen dogmatischen und nicht-dogmatischen Überzeugungen, die nach meiner Auffassung für den Mittleren Weg notwendig ist, und unsere Interpretation der Buddha-Version leiten sollte. Sie geht jedoch nicht auf das Problem der Konventionsgebundenheit nicht-dogmatischer Überzeugungen ein und versäumt es, die Verabsolutierung als das unterscheidende Merkmal dogmatischer Überzeugungen zu identifizieren

Wie im Buddhismus hängt auch im Pyrrhonismus die Nützlichkeit einer modernen Auslegung des Pyrrhonismus als Quelle des Mittleren Wegs von einem Prinzip interpretatorischer Verantwortung ab. Wir können dort viele Merkmale des Mittleren Wegs finden, aber ein kritischer Prozess unter Anwendung praktischer Kriterien ist notwendig, um die Elemente des Mittleren Wegs von Verabsolutierungen abzugrenzen, die ebenfalls Teil der Tradition geworden sind. Im Gegensatz zu den Gegebenheiten in der buddhistischen Tradition, wo diese Verabsolutierungen im Allgemeinen konstruktiv sind und einen Rückgriff auf die absolute Erleuchtung als Quelle erkenntnistheoretischer Gewissheiten beinhalten, neigen die Verabsolutierungen im Pyrrhonismus zu den destruktiven Verabsolutierungen des Relativismus. Diese gehen davon aus, dass die Perspektiven eines bestimmten Kontexts die einzig vertretbare Darstellung für diejenigen bieten, die sich in diesem Kontext befinden.

---

[7] Bruzina (2002).

7.c. Christliche Inkarnation

Es besteht kaum Zweifel daran, dass die große Mehrheit des christlichen Gedankenguts absoluter Natur ist und sich auf die Existenz Gottes, die Offenbarung Gottes, die rettende Gnade Gottes und Gottes Schöpfung der Natur als Quellen absoluter Autorität beruft. Es gibt jedoch auch einen christlichen Mittleren Weg, der durch den sorgfältigen, kritischen Prozess, der in meinem vor kurzem erschienenen Buch[1] unternommen wurde, von diesen Verabsolutierungen unterschieden werden kann. Diesen christlichen Mittleren Weg entdecke ich insbesondere in einem Strang der Lehren Jesu, in der mystischen Tradition und ganz besonders in der Rolle des archetypischen Christus in der christlichen Psyche. Wie beim Buddha behaupte ich nicht, dass der Mittlere Weg „wahres" oder „ursprüngliches" Christentum ist, sondern nur, dass er ein *hilfreiches* Christentum ist. Um jeden Preis sollten Buddhisten die vereinfachende und überhebliche Annahme vermeiden, dass ihre Religion den Mittleren Weg richtig und vollständig beschreitet und andere nicht: In allen Fällen ist er eine graduelle Angelegenheit und unser Urteil darüber erfordert einen scharfsichtigen, kritischen Prozess.

Im Christentum des Mittleren Wegs muss Gott als eine lebendige Erfahrung verstanden werden und nicht als eine abstrakte Verabsolutierung, als Zentrum des Vertrauens (wie in Kapitel 6.h. erläutert) und nicht als Glaube. Die archetypische Funktion dieser Erfahrung ist dieselbe wie die der Erleuchtung und der Buddha-Figur, wie in Kapitel 6.e. erörtert: nämlich ein flüchtiger Ausblick auf vollständige Integration. Genau wie der Buddha sowohl den Mittleren Weg als auch die vollständige Integration repräsentieren kann, kann auch Christus den funktionalen Archetyp des Mittleren Wegs darstellen. Da der Christus-Archetyp sowohl vollkommen menschlich als auch vollkommen göttlich ist, repräsentiert der Christus-Archetyp die Dialektik zwischen einer flüchtigen Vollkommenheit auf der einen Seite und der zerklüfteten Unvollkommenheit menschlicher Erfahrung auf der anderen Seite. Das Vollkommene und das Unvollkommene bieten jeweils die Möglichkeit, die geschlossenen Rückkopplungsschleifen des anderen zu durchbrechen und einen Mittleren Weg zwischen nicht erreichbaren göttlichen Standards und moralisch relativen weltlichen Annahmen zu finden.

Da die absoluten Überzeugungen in jedem Fall von geschlossenen Rückkopplungsschleifen aus zwanghaften oder ängstlichen Motiven abhängen, bedeutet eine Bruchstelle eine offene Rückkopplungsschleife zu schaffen, die sich mit dieser Situation auseinandersetzen kann und in der Lage ist, echte allmähliche Veränderung zu ermöglichen. Die Kreuzigung ist das symbolisch

[1] Ellis (2018).

disruptive Ereignis, das dazu zwingt, den sich selbst nährenden Zyklus von Überzeugungen neu zu überdenken, so dass eine neue Integration stattfinden und angemessenere Überzeugungen entwickelt werden können. Die Kreuzigung ist somit ein Symbol für den Verlust, der mit dem Übergang von Gewissheit zu Vorläufigkeit verbunden ist. Die[2] völlig unerwartete positive Einstellung dieser neuen Sichtweise nach dem schmerzlichen Bruch infolge der Kreuzigung wird auch durch die Auferstehung symbolisiert.

Der große Unterschied zwischen der Art und Weise, wie der Mittlere Weg im Buddhismus und im Christentum behandelt wird, besteht also darin, dass im Buddhismus Siddharta den Mittleren Weg *entdeckt*, während im Christentum Christus den Mittleren Weg *verkörpert*. Jeder dieser Ansätze hat sowohl Vor- als auch Nachteile, wobei uns der christliche Ansatz eine kraftvolle Symbolik bietet, auch wenn er im Sinne einer praktischen integrativen Lehre weniger bietet. Christus als Archetyp des Mittleren Wegs ist vor allem *persönlich*. Das Gefühl des völligen Verlusts und des überwältigenden Leidens, das mit der Kreuzigung verbunden ist, zeigt, wie die Menschen oft notwendige Anpassungen ihrer Werte in einem sich verändernden Umfeld erleben, und die Auferstehung, wie die Menschen unerwartete Durchbrüche erleben. Diese Symbolik hat potenziell eine Tiefe an Resonanz mit den Tiefen der menschlichen Erfahrung, die der eher positiv ausgerichteten Suche des Buddha möglicherweise fehlen mag.

Das bedeutet nicht, dass nicht auch viele Elemente des Mittleren Wegs in den Lehren Jesu zu finden sind. Jesus verbindet moralische und religiöse Sichtweisen, „vervollständigt" (integriert) Lehrsätze mit menschlicher Erfahrung, stellt die Ideologien der Machthaber und Dogmatiker skeptisch in Frage, bringt Menschen dazu, das bisher Undenkbare zu denken (fördert Vorläufigkeit), betont Liebe als integrierende Emotion, die starre Ansichten über andere aufbricht und uns in eine Situation unbequemer, unbestimmter Balance zwischen den Werten versetzt.[3]

Dass es auch Verabsolutierungen in den Darstellungen der Evangelien über die Handlungen und Lehren Jesu gibt, gibt einmal mehr Anlass für eine interpretative Verantwortung. Zum Beispiel kann die Beziehung Jesu zu Gott sehr wohl als eine Beziehung verkörperten Glaubens und Vertrauens interpretiert werden und nicht etwa als Beharren auf bestimmten Glaubensaussagen.[4] Das gleiche gilt für den Glauben von Menschen, die von Jesus geheilt wurden. Wenn wir die Frage, ob Wunder historische Ereignisse sind, im Positiven wie im Negativen loslassen, können wir offener dafür sein, in ihnen andere Arten von Bedeutung zu finden: zum Beispiel, dass die Menschenmassen bei der

---

[2] Ebenda. S. 134 ff.
[3] Ebenda. S. 92 ff.
[4] Ebenda. Kap. 5.d.

Speisung der Fünftausend „alles, was sie wollten“[5] bekamen, was auf eine ausgleichende Verlagerung ihres Appetits hindeutet, die möglicherweise mit der Vermehrung der Nahrungsvorräte einherging oder auch nicht.[6]

Die christliche mystische Tradition kann eine wichtige Inspirationsquelle bei der Suche nach Interpretationen des christlichen Glaubens im Sinne des Mittleren Wegs sein, trotz der Tatsache, dass ihre Verfechter im Laufe der Geschichte ihre direkte, *erfahrene* Beziehung zu Gott mit den Lehren der Kirche vereinbaren mussten. Insbesondere die *negative Theologie* bietet einen agnostischen Zugang zu Gott insofern, als sie Gott als unbekannt begreift. Die Inkonsistenz beim bekanntesten Vertreter der negativen Theologie, Pseudo-Dionysius, besteht darin, gleichzeitig an göttliche Offenbarung zu glauben.[7] Mystiker haben typischerweise immer stärker integrierte Zustände kultiviert und versucht, Liebe und Weisheit zu verbinden. Meister Eckhart und Hildegard von Bingen gingen einen Weg hin zur Anerkennung der archetypischen Natur Gottes, indem sie Gott oder Christus mit dem Selbst identifizierten.[8]

Die christliche Tradition hat also zuweilen Integration kultiviert. Zumindest in einigen Bereichen hat sie Agnostizismus akzeptiert. Sie wurde auch durch die Menschlichkeit Christi zu allmählichen, mitfühlenden Ansätzen angeregt. Auch in den überlieferten Lehren Jesu lässt sich teilweise eine recht radikale Skepsis und Vorläufigkeit erkennen. All dies sollte uns nicht dazu verleiten, über die Anerkennung der Macht der Verabsolutierung hinwegzusehen, die sich ebenfalls im Christentum entwickelt hat und zu Dogmatismus, Unterdrückung, Intoleranz und Konflikten geführt hat. Die Einwände der „Neuen Atheisten“ haben viel dazu beigetragen, ein Bewusstsein für diese negativen Auswirkungen der christlichen Verabsolutierung[9] zu verbreiten, aber viel weniger dazu, uns dabei zu helfen, ein ausgewogenes Bewusstsein für die christliche Tradition zu entwickeln, die gleichzeitig Instrumente bietet, um diese Verabsolutierung in Frage zu stellen.

Ähnliche Argumente wie diese können auch gegenüber anderen religiösen Traditionen und durchaus auch gegenüber anderen Arten von Traditionen (philosophischen, politischen, künstlerischen, usw.) vorgebracht werden. Es ist nicht so, dass alle Traditionen die gleiche Botschaft haben: als Ganzes genommen haben sie das nicht und ihre Verabsolutierungen stehen zueinander im Widerspruch. Jede Tradition geht jedoch in irgendeiner Weise auf Bedingungen mit Hilfe menschlicher Erfahrung ein und verfällt in anderen Bereichen in Verabsolutierung. Es ist naiver Universalismus von allen Religionen

[5] Johannes 6:11–12.
[6] Ellis (2018) Kap. 5.e.
[7] Pseudo-Dionysius (1924) Caput V
[8] Ellis (2018) S. 171.
[9] Zum Beispiel Harris (2007).

zu behaupten, immer das Gleiche zu sagen. Ein viel adäquaterer *kritischer* Universalismus zeigt auf, dass es in jeder Tradition immer einige Elemente gibt, die mit dem Mittleren Weg vereinbar sind, sobald sie aus den Verabsolutierungen herausgelöst werden. Sobald wir diese Elemente des Mittleren Wegs gefunden haben, haben wir auch die Grundlage für Vereinbarkeit und Harmonie zwischen den Traditionen gefunden.

7.d. Jungs Individuation

Das Werk von Carl Jung (1875-1961) wurde in diesem Buch bereits mehrfach erwähnt. Dem hier verwendeten Konzept der Integration liegt das jungianische Denken zugrunde. Es war Jung, der als Erster die Vielfalt der Stimmen in uns und den psychischen und moralischen Wert der Zusammenführung dieser Stimmen erkannte. Den Prozess der Integration innerhalb eines Individuums nannte er „Individuation". Jung ist auch der Begründer des Konzepts der Archetypen, das uns helfen kann, die Bedeutung und den inspirierenden Wert unserer Bilder von Göttern, Buddha und anderen, von unseren Überzeugungen über sie zu unterscheiden. Der Wert des Mittleren Wegs, wie er in Jungs Werk zu entdecken ist, hängt von diesen Leitgedanken und der Einsicht in die universellen menschlichen Aufgaben ab, die sie offenlegen. Er hängt nicht von strittigeren Merkmalen wie der Wirksamkeit seiner psychoanalytischen Arbeit oder gar der philosophischen Konsistenz seiner Ansichten ab.

Der Mittlere Weg wird an mehreren Stellen in Jungs *Rotem Buch*,[1] einer reichhaltigen Sammlung Jungs persönlicher Visionen und Reflexionen, die erst viele Jahre nach seinem Tod veröffentlicht wurde, ausdrücklich erwähnt. Gerade dieses frühe und weniger formelle Werk ist es, dass dem jungianischen Mittleren Weg einen wesentlich lebendigeren Ausdruck verleiht als sein späteres Werk.[2]

> *Göttlichkeit und Menschlichkeit bleiben erhalten, wenn der Mensch vor dem Gotte und der Gott vor dem Menschen stehenbleibt. Die hochlodernde Flamme ist der mittlere Weg, dessen leuchtende Bahn zwischen Menschlichem und Göttlichem läuft.*[3]

Hier ist „Göttlichkeit" ein Archetyp der Vollständigkeit oder Vollkommenheit und „Menschlichkeit" der Gegenpol zu diesem Archetyp, der in Unvollkommenheit verharrt. Beide haben jedoch ihre Bedeutungsdimension, die zur Entwicklung angemessenerer Überzeugungen beitragen kann, sofern sie nicht vorschnell durch Ablehnung der anderen verabsolutiert werden. „Der Mensch bleibt vor dem Gotte stehen" in dem Sinn, dass Unvollkommenheit immer durch Vollkommenheit herausgefordert wird, und „der Gott bleibt vor dem Menschen stehen" in dem Sinn, dass die Vollkommenheit eine herausfordernde Vorstellung bleibt, die die allmähliche Entwicklung von Überzeugungen in der menschlichen Erfahrung inspirieren kann, auch wenn diese Erfahrung niemals Vollkommenheit erreicht. Der Mittlere Weg ist dann eine Quelle

---

[1] Jung (2009).
[2] Die Begründung dafür findet sich bei Ellis (erscheint demnächst)
[3] Jung (2009) p. 289.

der Inspiration, die im mehrdeutigen Raum zwischen den Vorstellungen von Vollkommenheit und Unvollkommenheit entstehen kann.

Im *Roten Buch* wird der Mittlere Weg in einer Reihe von Begegnungen mit archetypischen Figuren, die unterschiedliche Werte in Jung selbst repräsentieren, direkt erkannt. Er benutzt ihn, um zwischen ihren Forderungen zu navigieren, ohne eine von ihnen absolut aufzufassen. In seiner denkwürdigen Begegnung mit dem Stiergott Izdubar in einer Vision gelingt es Jung zum Beispiel, zwischen der Aufrechterhaltung von Respekt und Einfühlungsvermögen gegenüber der Größe und dem Stolz des Stiergottes zu navigieren, während er gleichzeitig anerkennt, dass er eine Schöpfung seines eigenen Geistes und daher formbar ist. Als der Stiergott durch das „Gift" der Rationalität schwer verwundet wird, gelingt es Jung, ihn zu retten, indem er ihn nach Hause trägt und ihn in seiner Hosentasche durch die Tür schmuggelt. Der Gott ist so leicht und klein geworden, wie Jung ihn braucht.[4]

Angesichts der Tatsache, dass ein Archetyp eine grundlegende Funktion innerhalb der menschlichen Erfahrung ist, die tiefe und universelle menschliche Bedürfnisse und Bestrebungen zum Ausdruck bringt, ist es von entscheidender Bedeutung, die Archetypen zu erkennen und zu kultivieren. In den meisten Fällen erkennen wir die Archetypen jedoch nicht als unsere eigenen Aufgaben an. Wir identifizieren uns mit dem Helden, ohne zu erkennen, dass er unser eigenes Ego ist, oder wir verehren Gott als ein übernatürliches Wesen, ohne zu erkennen, dass er unsere eigenen integrierten Energien widerspiegelt. Der Prozess der Projektion von Archetypen auf etwas, das von unserer Erfahrung getrennt ist (sei es „äußerlich" oder „innerlich"), ist gleichbedeutend mit dem Prozess der Verabsolutierung und vermittelt einen anderen Standpunkt, von dem aus Verabsolutierung verstanden werden kann. Eine Möglichkeit, den Mittleren Weg sowohl in den Tiefen unserer Vorstellungskraft als auch in unseren alltäglichen Beziehungen zu beschreiben, ist also ein Vermeiden der Projektion von Emotionen wie Identifikation, Hass, Habgier und Ehrfurcht auf andere. Gleichzeitig sollten wir diese Emotionen und ihren Platz in unserer ganz persönlichen Psyche nicht verleugnen.

Jungs Annäherung an Bedeutung und Sprache erkennt auch implizit ihre verkörperte Basis an. Viele der Begegnungen im *Roten Buch* spiegeln seine Frustration über den Repräsentationalismus wider, und er sieht die Hindernisse für Integration als von der Annahme seiner inneren Figuren abhängig an, dass Worte Wahrheit oder Unrichtigkeit repräsentieren können. Jungs Inspiration ist „Der Geist der Tiefe", der einen verkörperten und intuitiven Bedeutungsgehalt im Gegensatz zum eng gefassten kognitiven abbildet.[5] In einer

[4] Jung (2009) S. 277-314, Ellis (demnächst) Kap. 1.
[5] Ellis (demnächst erscheinend) Kap. 9

anderen Vision trifft er auf dessen Antithese, den staubtrockenen Gelehrten, in dessen Schloss sich eine Tochter verbirgt, die symbolisch für die verdrängte emotionale Erfahrung des Gelehrten steht:

> *Vielleicht denken Sie, dass ein Mann, der sein Leben der Forschung weiht, ein spirituelles Leben führt und dass seine Seele in größerem Maße lebt als die aller anderen. Aber ein solches Leben ist auch äußerlich, genauso äußerlich wie das Leben eines Menschen, der für äußere Dinge lebt. Gewiss, ein solcher Gelehrter lebt nicht für äußere Dinge, sondern für äußere Gedanken - nicht für sich selbst, sondern für sein Objekt. Wenn Sie von einem Mann sagen, dass er sich völlig an das Äußere verloren und seine Jahre im Übermaß vergeudet hat, müssen Sie dasselbe auch von diesem alten Mann sagen. Er hat sich in all den Büchern und Gedanken anderer vergeudet. Folglich ist seine Seele in großer Not, sie muss sich selbst erniedrigen und in das Zimmer jedes Fremden laufen, um die Anerkennung zu betteln, die er ihr nicht gibt.*[6]

Für „äußere Gedanken" zu leben verstehe ich hier als eng gefasste Vorstellungen: Dinge, von denen wir gemäß unseren Kategorisierungen und Annahmen voraussetzen, dass sie substanziell vorhanden sind. Während wir wie besessen Überzeugungen über diese „äußeren Dinge" verfolgen, vernachlässigen wir die Art und Weise, in der unsere eigene verkörperte Erfahrung dazu beiträgt, diese Vorstellungen zu formen. Dies führt nicht nur zu engstirniger Wortgläubigkeit, in der Intuition, Metaphorik und Emotion vernachlässigt werden, sondern auch zu einer Zerbrechlichkeit und Unzufriedenheit, die nicht eingestanden werden können.

Bei den anderen Elementen des Mittleren Wegs – seiner Skepsis, Vorläufigkeit, Inkrementalität und seinem Agnostizismus – ist Jung weniger konsequent, trotz der Skepsis, die seine Weigerung, die absoluten Perspektiven seiner inneren Figuren anzunehmen, implizit prägt. Jung fühlte sich von der monistischen Metaphysik des Gnostizismus und durch platonische Darstellungen von Archetypen angesprochen, aber er beharrte dennoch weiterhin darauf, dass seine Arbeit eher empirisch und wissenschaftlich als metaphysisch sei. Er wurde auch von einigen skeptischen Ansätzen von Philosophen wie Kant und Nietzsche beeinflusst. Einige seiner frühen Äußerungen zu philosophischen Themen (die größtenteils der Entstehungszeit des *Roten Buchs* entsprechen) spiegeln skeptische Perspektiven wider, die seiner Praxis entsprechen, beispielsweise diese:

> *Die einzig wahre Grundlage der Philosophie ist das, was wir selbst und durch uns selbst von unserer Welt um uns herum erfahren. Jede A-priori-Struktur, die*

[6] Jung (2009) S. 29.

unsere Erfahrung in eine Abstraktion verwandelt, muss uns zwangsläufig zu falschen Schlussfolgerungen führen.[7]

Im Allgemeinen beruht der jungianische Mittlere Weg auf der Entwicklung von Integration und der Vermeidung von Projektion, aber die explizite Philosophie, von der Jung ausgeht, ist nicht immer damit vereinbar. Wie der Jung-Experte Renos Papadopoulos schreibt:

Es ist wichtig zu erkennen, dass es zwei Jungs gibt - den einen mit einer offenen Erkenntnistheorie und sokratischer Unwissenheit, und den anderen Jung, der gemäß der gnostischen Erkenntnistheorie in Wirklichkeit Essentialist und Universalist war.[8]

Wie im Buddhismus und im Christentum braucht auch der Mittlere Weg bei Jung und im Jungianismus einen kritischen Prozess, der herausgearbeitet werden muss, und ein Verantwortungsgefühl bezüglich der Interpretation. Wenn man jedoch einmal damit anfängt, Jung auf diese Weise zu lesen, bietet sein Werk eine beispiellose intuitive Tiefe der Inspiration und Symbolik für den Mittleren Weg.

---

[7] Jung (1898).
[8] Papadopoulos (2006) S. 48.

7.e. Wissenschaftlicher Falsifikationismus

Viele mögen argumentieren, dass die wissenschaftliche Methode den Wert der Vorläufigkeit verkörpert, was es erforderlich macht, unsere Überzeugungen im Licht neuer Erkenntnisse ständig zu überprüfen. Wenn Wissenschaft jedoch in Begriffen des Verifikationismus und Naturalismus verstanden wird (d.h. wenn davon ausgegangen wird, dass Beobachtungen uns natürliche „Wahrheiten" liefern können), ist diese Vorläufigkeit begrenzt, weil die Macht der Bestätigungsverzerrung nicht hinreichend berücksichtigt wird. Bestätigungsverzerrung ist unsere Tendenz, nur das wahrzunehmen, wonach wir suchen, und nur das zu erfassen, was in unser bereits bestehendes Modell passt. In der naturalistisch interpretierten Wissenschaft werden die Projektionen, die wir in der beschränkten Zelle unserer selektiven Interpretationen vornehmen, mit „Fakten" über die „Natur" verwechselt. Erst mit der Entwicklung von Wissenschaftstheorien des Falsifikationismus begann man, sich mit den Schwächen dieses Modells auseinanderzusetzen.

Karl Popper war der erste, der eine derartige Sichtweise wissenschaftlichen Fortschritts vertrat und ihn als *subtraktiv* verstand. Wir entwickeln Theorien, überprüfen sie anhand von Beobachtungen oder Experimenten, und wenn wir feststellen, dass sie unzulänglich sind, gewinnen wir Erkenntnisse darüber, was *nicht* der Fall ist.[1] Popper unterschied auch zwischen offenen und geschlossenen Rückkopplungsschleifen und stellte fest, dass eine Theorie in offenen Rückkopplungsschleifen modifiziert werden kann, indem sie im Lichte der Beobachtung negiert wird. Dies ist ein Modell der *Angemessenheit* und nicht der *Wahrheit* im Bereich der Wissenschaft, das für Vorläufigkeit als Grundprinzip des Mittleren Wegs von zentraler Bedeutung ist und der experimentellen Herangehensweise in Buddhas frühem Leben folgt. Popper stellte fest, dass dieser Prozess sowohl bei Entwicklungsfortschritten als auch in der wissenschaftlichen Forschung anwendbar ist.[2] Um einem solchen Ansatz zu folgen, müssen wir auch skeptisch bleiben gegenüber jeglicher Behauptung, eine endgültig wahre Position erlangt zu haben, und agnostisch, um einen mittleren Raum aufrechtzuerhalten, in dem wir sowohl absolute als auch relativistische Interpretationen ablehnen. Daher untersuchen wir trotz fortwährender Ungewissheit mit Zuversicht.

Popperscher Fortschritt ergibt sich genauso wenig aus der Entdeckung absoluter Falsifikationen wie aus der Entdeckung absoluter Verifikationen. Die Einsicht, die er bietet, ist jedoch, dass wir es dennoch aus ganz praktischen Gründen rechtfertigen können, eine Theorie, die „falsifiziert" wurde,

---

1 Popper (1959).
2 Popper (1994) Kap. 3.

abzulehnen oder zu modifizieren. Indem wir die Theorie modifizieren, treten wir mit den Bedingungen in einen dialektischen Prozess ein, in dem wir die Teilaspekte unserer Theorie beibehalten, die uns angemessen erscheinen, aber diejenigen ablehnen, die den Bedingungen nicht gerecht werden. Das gibt uns die beste Art von Objektivität, die wir (im Moment) als verkörperte Wesen mit begrenzten Sinnen und Konzepten erzielen können.

Popper beharrte darauf, jegliche psychologische Grundlage zur Rechtfertigung von Falsifikationen abzulehnen, aber es scheint aus der Verwendung offener Rückkopplungsschleifen im wissenschaftlichen Falsifikationismus klar hervorzugehen, dass sie auf Offenheit im psychischen Zustand der untersuchenden Wissenschaftler zurückzuführen sind, die in der Lage sind, ihre Sichtweise zu modifizieren, indem sie neue Informationen berücksichtigen und nicht selektiv nach Informationen suchen, die ihre Sichtweise untermauern. Genau diese Offenheit des psychischen Zustands ermöglicht den Vergleich alternativer Sichtweisen und damit eine Form der Rechtfertigung, die sich von naturalistischen „Beweisen“ unterscheidet.

Wenn wir beispielsweise Galileos Entdeckung von Kratern und Bergen auf der Mondoberfläche betrachten, so schuf diese Entdeckung eine Grundlage zur Falsifikation des aristotelischen Glaubens, dass der Mond eine ideale Kugel sein muss. Einer der Zeitgenossen Galileis bot eine Ad-hoc-Hypothese an, um Galileis Beobachtungen mit Aristoteles in Einklang zu bringen: nämlich, dass die Krater und die Räume zwischen den Bergen auf dem Mond mit einer durchsichtigen Substanz gefüllt sein müssten.[3] Der Opponent wies skeptisch korrekt darauf hin, dass Galileis Widerlegung der Theorie des Aristotles nicht absolut sei, da die Hypothese der durchsichtigen Substanz nicht widerlegt werden könne. Der offensichtliche Zirkelschlusscharakter lässt den Gegenentwurf des Opponenten jedoch als nicht rechtfertigbar erscheinen. Er ist Ausdruck einer geschlossenen Rückkopplungsschleife, die in einer verteidigenden Verabsolutierung der aristotelischen Theorie begründet ist.

Poppers Ansatz wurde von seinem Nachfolger Imre Lakatos verfeinert, der Erkenntnisse aus der Wissenschaftsgeschichte praktisch nutzte, um die Theorie zweckmäßiger zu gestalten. Er kam zum Schluss, dass der falsifikatorische Verfeinerungsprozess eigentlich kleineren Untertheorien innerhalb eines umfassenderen „Forschungsprogramms“[4] (das Kuhn noch wirkmächtiger als „Paradigma“ bezeichnete) zukommt. Sowohl Lakatos als auch Kuhn[5] beschrieben wissenschaftliche Paradigmen als vom Vertrauen in ihre Grundannahmen abhängig, welches allmählich schwinden konnte, wenn sich dieses Paradigma als weniger fruchtbar erwies, was dann Anlass für neue

---

[3] Drake (1978) S. 168.
[4] Lakatos (1974).
[5] Kuhn (1996).

Untersuchungen gab. Das entscheidende *Wesensmerkmal* für die Objektivität von Wissenschaftlern ist somit einerseits die Integration des Drangs, eine bevorzugte Theorie aufrechtzuerhalten und andererseits der Wunsch, neue Informationen anzuerkennen. Dies erfordert auch den Mittleren Weg, um positive wie negative Verabsolutierung zu vermeiden: sowohl Positive Verabsolutierung des Paradigmas als auch negative Verabsolutierung, die davon ausgeht, dass das Paradigma durch jedweden ersichtlichen Gegenbeweis sofort und vollständig zunichte gemacht wird.

Wenn man Wissenschaft nicht naturalistisch als eine Quelle von „Naturgesetzen" oder von anderen verabsolutierenden Ergebnissen versteht, sondern auf der Grundlage eines solchen Modells, kann sie somit einen wichtigen Beitrag zur Praxis des Mittleren Wegs in einer modernen Gesellschaft leisten. Ihre Begrenztheit besteht darin, dass sie unter gemeinschaftlich organisierten Rahmenbedingungen nach traditionellen, sozial vorgeschriebenen Verfahren ausgeübt wird und daher oft überraschend wenig Einfluss auf die Integration von Einzelnen hat, selbst von Wissenschaftlern. Die Wissenschaft wird oft durch dogmatischen Naturalismus in ihren Lehrtraditionen stark behindert und damit auch durch die die weit verbreitete Überzeugung, dass Werte aus dem wissenschaftlichen Arbeiten herausgehalten werden müssen (oder sogar können). Dies bedeutet, dass nicht nur die persönliche Integration, sondern auch Agnostizismus und Allmählichkeit im wissenschaftlichen Denken oft unzureichend berücksichtigt werden. Um dem abzuhelfen ist eine viel stärkere Betonung der Philosophie und Psychologie von Wissenschaft als Teil der wissenschaftlichen Ausbildung erforderlich.

Es gibt einen wissenschaftlichen Mittleren Weg, aber die Wissenschaft hat auch eine Tradition. Um diesen Mittleren Weg in der wissenschaftlichen Tradition klar zu erkennen, müssen wir, wie bei jeder anderen Tradition auch, ihre begrenzenden Annahmen ebenso kritisch betrachten wie die erfolgreichen Methoden, durch die sie sich mit den Bedingungen auseinandergesetzt hat. Die von anderen Traditionen eröffnete Sichtweise (die möglicherweise durch Ausbildung in den Geisteswissenschaften vermittelt wird) bietet eine wichtige Unterstützung für Vorläufigkeit in der Wissenschaft. Wir sind nur dann in der Lage, wirklich vorläufig zu sein, wenn wir Alternativen in Betracht ziehen können.

7.f. Systemtheorie und Biologie

Wenn Wissenschaft in vorläufiger Weise betrieben wird, wirkt sich dies auf die Kategorisierung ihrer Studienobjekte aus. Wie ich in Kapitel 6.a. dargelegt habe, kann die traditionelle buddhistische Akzentuierung der Bedingtheit von Subjekt und Objekt ein Platzhalter für Vorläufigkeit sein. Im Umkehrschluss ist die Bedingtheit wiederum auch eine wahrscheinliche Folge vorläufiger Verständnisweise. Das liegt unter anderem daran, dass bestimmte Kategorisierungen als im Wesentlichen richtig auszuweisen sowie diesen Kategorisierungen starre Umgrenzungen zuzuschreiben, Formen von Verabsolutierung darstellen. Aus dem gleichen Grund kann daher die Anerkennung der Bedingtheit im Buddhismus, die Annahmen über Wesentliches und Grenzen in Frage stellt, eine Annäherung an den Mittleren Weg bieten, wie es auch ihr Pendant in der Wissenschaft vermag. Die Systemtheorie (gemeinsam mit der damit in Zusammenhang stehenden Komplexitätstheorie und Netzwerktheorie) ist eine neuere, interdisziplinäre Entwicklung in der Wissenschaft, die weitere Belege für die Universalität des Mittleren Wegs liefern kann.

Eine Systemsicht der Welt vermeidet die starre Identifizierung einfacher, aufeinander bezogener Objekte und spricht stattdessen von Systemen, die sich in anderen Systemen verschachteln. Jedes System besteht aus einem Gleichgewicht interagierender Bedingungen, das einen Grad an Stabilität und Unterscheidbarkeit erreicht hat, auch wenn kein System völlig unabhängig ist. Zum Beispiel ist der Mensch ein System, das mit den umfassenderen Systemen Umwelt und menschliche Gesellschaft sowie mit den begrenzteren Systemen von Zellen innerhalb des Körpers interagiert. An die Stelle des klassischen Modells linearer Kausalität, bei dem ein Ereignis ein anderes verursacht, versucht das Systemdenken auch der Komplexität besser gerecht zu werden, indem es Kausalität als wechselseitige Beziehungen zwischen Systemen begreift. Dies erfordert eine diachrone Perspektive, da wechselseitige Kausalbeziehungen eher im Laufe der Zeit als zu einem bestimmten Zeitpunkt auftreten: z.B. die wechselseitig abhängige Beziehung zwischen Füchsen und Kaninchen und weniger ein bestimmter Fuchs, der ein bestimmtes Kaninchen tötet. Eine derartige Denkweise eröffnet uns eine Ressource für den Mittleren Weg, indem wir Verabsolutierungen, die durch gewöhnliches, substanzielles und lineares Denken entstehen, umgestalten und auflösen.

Eine besonders interessante Anwendung der Systemtheorie findet sich in den Arbeiten von Humberto Maturana und Francisco Varela. Diese sind Biologen und haben eine neue Sichtweise über „Wissen“ (was ich lieber als angemessenes oder begründetes Urteil bezeichnen würde) in Bezug auf lebende

Systeme entwickelt.[1] Sie haben den Begriff *Autopoiese* für die selbstregulierende und adaptive Aktivität lebender Systeme geprägt. Autopoiese erfordert geschlossene Rückkopplungsschleifen, die Grenzen zwischen einem bestimmten Organismus und seiner Umwelt aufrechterhalten und den Interessen des Organismus hinter diesen Grenzen dienen. Andererseits sind aber auch offene Rückkopplungsschleifen erforderlich, damit sich ein Organismus an seine Umwelt anpassen kann. Daher müssen Organismen immer einen balancierten Ausgleich zwischen der Reaktion auf ihre Umwelt und der Aufrechterhaltung ihres autonomen Systems finden. „Wissen" wird von Maturana und Varela als autopoietische Aktivität definiert – mit anderen Worten, die implizite Strategie zur nachhaltigen Erhaltung des Organismus in Abgrenzung zu seiner Umwelt. Eine ausgewogene und stabile Beziehung zwischen Systemen wird als *Homöostase* bezeichnet.

Gerade dieser Ansatz kann zum Verständnis der biologischen Grundlage des Mittleren Wegs beitragen. Es ist wichtig, den Mittleren Weg nicht mit der Homöostase selbst zu verwechseln, da Homöostase, obwohl sie auf einem Gleichgewicht zwischen Systemen beruht, eine vollständige Stabilität in der Beziehung zwischen den Systemen beinhaltet (auch wenn sie Konflikte und Veränderungen auf niedrigerer Ebene beinhalten kann). Je näher wir jedoch in unserer Beziehung zu unserer Umwelt der Homöostase kommen können, desto nachhaltiger wird sie sein. Der Mittlere Weg lässt sich wahrscheinlich am besten als eine *Bewegung in Richtung* Homöostase beschreiben. Unsere Autopoiese als menschliche Wesen bedeutet, dass unser Fortbestehen, sowohl als Individuen als auch als Gruppen, der zentrale Wert für uns ist. Wir sind imstande, unserer Umwelt massive Veränderungen zuzufügen, um uns selbst zu erhalten. Das führt zu einer massiven Instabilität des Systems, wie jeder wissen wird, der mit aktuellen Umweltproblemen vertraut ist. Wir können nicht davon ausgehen, dass wir jemals eine vollständige Homöostase im Verhältnis zu unserer Umwelt erreichen werden, weil die Veränderung unserer Umwelt so sehr Teil unserer grundlegenden Handlungsweise ist. Wir können uns jedoch in Richtung dieser Stabilität bewegen, indem wir die geschlossenen Rückkopplungsschleifen reduzieren, durch die wir der Umwelt kompromisslos unsere eigenen Absichten aufzwingen. Indem wir diese geschlossenen Rückkopplungsschleifen verringern und die offenen verstärken, können wir zumindest Konflikte verringern und unser Leben nachhaltiger gestalten, als es sonst der Fall gewesen wäre.

Diese Beziehung zwischen dem Mittleren Weg und der Homöostase weist auffällige Parallelen zu derjenigen zwischen dem Mittleren Weg und der Erleuchtung in der buddhistischen Tradition auf. Der Buddhismus behauptet

[1] Maturana and Varela (1992).

traditionell, dass Erleuchtung nicht bedingt oder nicht zusammengesetzt sei, d.h. dass sie nicht mehr dem Wandel unterworfen sei und daher eine völlig stabile, homöostatische Beziehung zwischen dem Individuum und der Umwelt mit sich bringt. Wir wissen nicht, ob ein solcher Zustand möglich ist, so dass in der Praxis unser Verständnis davon, wie wir uns darauf zubewegen können, von wesentlich praktischerer Bedeutung ist. Maturana und Varela verstehen den Mittleren Weg als eine „Via media", die sowohl beim wissenschaftlichen „Wissen"[2] als auch in der Ethik[3] Anwendung findet, und zwischen Repräsentationalismus und Solipsismus verläuft. Der repräsentationalistische Impuls, etwas über die Welt herauszufinden und darzustellen, verleiht die Tugend, sich mit den Bedingungen auseinanderzusetzen, während das, was man den „solipsistischen" Impuls nennt, versucht, Gewissheit zu finden, indem er sich auf die individuelle als die einzige Realität zurückzieht und sich so zumindest unserer Unfähigkeit stellt, die Welt zu veranschaulichen.

Die gleiche von Maturana und Varela herausgearbeitete „Via media" lässt sich auch psychologisch in der Entwicklung des einzelnen Menschen nachvollziehen, wie im Werk von Robert Kegan[4], das bereits in den Kapiteln 4.e. und 6.g. erörtert wurde. Auf jeder neuen Entwicklungsstufe in Kegans Schema muss eine Person ein neues Gleichgewicht (eine vorübergehende, partielle Homöostase) in Verbindung mit neuen Bedingungen finden. Dies zwingt sie, ihre Grundannahmen über sich und ihre Beziehung zur Welt zu überarbeiten. Dabei entwickeln sich neue körperliche Fähigkeiten (neue synaptische Verbindungen), aber diese Fähigkeiten sind auch zunehmend angemessenere Überzeugungen über die Welt. Die Übergänge auf jeder Stufe können nur deshalb stattfinden, weil weder die vorhergehende noch die nächste Stufe verabsolutiert wird, und somit Vorläufigkeit, Allmählichkeit und Agnostizismus erforderlich sind. Auf jeder Stufe wird auch eine größere Integration entwickelt, da frühere Konflikte mit der Umwelt überwunden werden.

Systemische Ansätze, die versuchen, das größere Gesamtbild in Raum und Zeit zu berücksichtigen und das Denken in Beziehungen gegenüber linearen Prozessen in den Vordergrund stellen, finden sich auch in vielen anderen Bereichen. Ein kürzlich erschienenes Lehrbuch, das von Fritjof Capra und Pier Luisi verfasst wurde, fasst auf sehr nützliche Weise die große Bandbreite solcher systematischen Arbeiten in verschiedenen Bereichen zusammen.[5] Diese Ansätze können in dem Sinne als „Mittlere Wege" bezeichnet werden, dass sie die Verabsolutierungen vermeiden, die mit der Annahme verbunden sind, dass Überzeugungen, die sich in eher begrenzter Weise auf Grundlage eines

[2] Ebenda. S. 241.
[3] Ebenda. S. 245.
[4] Kegan (1982).
[5] Capra and Luisi (2014).

begrenzten Forschungszusammenhangs gebildet haben, schon alles seien – oder aber im anderen Extrem, uns gar nichts vermitteln. Auch Skepsis und Agnostizismus gegenüber solch verabsolutierten linearen Überzeugungen werden daraus resultieren, wenngleich systemtheoretische Darstellungen mitunter stärker betonen sollten, dass auch systemische Überzeugungen skeptischen Einschränkungen unterliegen. Die Systemtheorie sollte daher nicht naturalistisch oder kosmologisch interpretiert werden.

Vorläufigkeit ergibt sich auch aus der Bedingtheit, die in der Systemtheorie betont wird. Veränderungen in lebenden Systemen werden auch *prozesshaft* beschrieben, was das Erkennen von Allmählichkeit auch zu einer entscheidenden Voraussetzung für die Systemtheorie macht. Wie Capra und Luisi dies ausdrücken:

> *Seit den Anfängen der Biologie ist das Verständnis der lebenden Struktur untrennbar mit dem Verständnis von Stoffwechsel- und Entwicklungsprozessen verbunden. Dieses auffällige Merkmal lebender Systeme weist den Prozess als dritte Perspektive [gemeinsam mit Organisation und Struktur] für eine umfassende Beschreibung der Natur des Lebens aus. Der Prozess des Lebens ist die Aktivität, die die kontinuierliche Verkörperung der Organisationsmuster des Systems mitbedingt.*[6]

Diese Entwicklungsprozesse sind eine Grundvoraussetzung für alles Menschliche, weshalb wir sie bei jeder Auseinandersetzung mit menschlichen Konzepten oder Aktivitäten auf eigene Gefahr ignorieren. Das Leben mag sich recht schnell verändern, aber es macht keine Sprünge – das sollte unser Denken auch nicht tun.

Integration als verbleibendes Prinzip des Mittleren Wegs, ist entscheidend für die Entwicklung lebender Systeme und für die Anpassung lebender Systeme an die umfassenderen Systeme, in die sie eingebettet sind (wie die menschliche Anpassung an Mutter Erde). Während es in der Systemtheorie anerkannt ist, dass lebende Systeme geschlossene Rückkopplungsschleifen benötigen, um sich selbst zu erhalten, sind es offene Rückkopplungsschleifen, die eine *Integration* mit anfänglich widersprüchlichen Wünschen, Bedeutungen und Überzeugungen im weiteren System ermöglichen. Nur wenn wir Informationen aufnehmen, die jenseits unserer derzeitigen Vorstellungsschranken liegen, und sie berücksichtigen, können wir beginnen, unsere eigenen Beurteilungsmuster zu verändern und so Konflikte zu reduzieren. Die Systemtheorie wendet diese Erkenntnis grundlegend auf die Stellung des Menschen in der umfassenderen Umwelt an, um so das Potenzial zur Bewältigung der ökologischen Krisen zu erschließen, die gegenwärtig die menschliche Zivilisation zu verschlingen drohen.

---

[6] Ebenda S. 302.

7.g. Verkörperte Bedeutung

Unser Verständnis dessen, wie Menschen diese zunehmend angemessene Beziehung zu ihrer Umwelt gewinnen können, wurde auch durch die Entwicklung der Theorie verkörperter Bedeutung von George Lakoff und Mark Johnson[1] (bereits in den Kapiteln 1.h., 3.a. und 3.b. erwähnt) enorm gefördert. Auf der Grundlage von Erkenntnissen aus Linguistik, Kognitionswissenschaft und Philosophie haben diese Denker unsere Sicht des Wesens von Bedeutung und Sprache verändert. Die traditionelle Theorie des Repräsentationalismus (die immer noch vieles in Linguistik und Philosophie dominiert) versteht Bedeutung als starre Beziehung zwischen Aussagen (Behauptungen über die Welt in Satzform) und ihrer Wahrheit oder Falschheit in der Welt. Die Theorie verkörperter Bedeutung hat gezeigt, dass Bedeutung stattdessen dynamisch als Teil unserer Entwicklung verstanden werden muss. Wann immer wir verabsolutieren, leugnen wir faktisch diese dynamische Bedeutung. Die Theorie verkörperter Bedeutung wird oft als „kognitive Linguistik" bezeichnet – aber ich denke aus einer Vielzahl von Gründen, dass dies dafür ein irreführendes Etikett ist. Sie ist nicht einfach kognitiv, sondern stellt „Kognition" in einen weit größeren Zusammenhang menschlicher Bedeutung, die ebenso emotional ist. Dies hat auch Auswirkungen, die weit über Linguistik hinausgehen.

Die Bedeutung ist Teil der Entwicklung jedes Organismus, da sie aus assoziativen Verknüpfungen besteht, die im synaptischen und Nervensystem in Verbindung mit bestimmten Arten von Reizen hergestellt werden. Die „kognitiven" und „emotionalen" Aspekte solcher Verknüpfungen können nie voneinander getrennt werden, sondern sind immer wechselseitig abhängig. Ein Menschenkind beginnt solche Verbindungen herzustellen, sobald es Objekte oder Beziehungsformen unterscheiden und mit bestimmten Klängen oder anderen Stimuli in Beziehung setzen kann. In Kapitel 3.a. wurde erläutert, wie sich diese grundlegenden Verbindungen durch grundlegende Kategorien und Schemata, die durch Metaphorik und Entwicklung kognitiver Modelle erweitert werden, zur höchst komplexen und abstrakten Sprache entwickeln können. Diese Erklärung sprachlicher Bedeutung steht in völliger Übereinstimmung mit der Bedeutungskraft von visuellen oder anderen sensorischen Symbolen, wie in Kunst und Musik. So gewinnt die assoziative Bedeutung eines jeden Objekts - einer Melodie, einer Skulptur oder eines Lieblingsbaums - ihre Bedeutung auf dieselbe, grundlegende, assoziative Art wie Wörter.

Die Theorie verkörperter Bedeutung bietet die Grundlage für einen ganz neuen Blickwinkel auf den Mittleren Weg, der von einem Verständnis der Verabsolutierung als fest verwurzeltem Repräsentationalismus abhängt. Wann immer wir verabsolutieren gehen wir davon aus, dass eine bestimmte

---

[1] Lakoff and Johnson (1980); Lakoff (1987); Johnson (2007).

Aussage oder eine Reihe von Aussagen zur Beschreibung oder Darstellung der Wirklichkeit wahr oder falsch ist. Dies wiederum beinhaltet die Annahme, dass Sprache auf eine Weise bedeutungsvoll ist, die es ihr erlaubt, Wahrheit oder Falschheit *darzustellen*. Es handelt sich dabei um eine trügerische Reihe impliziter Annahmen über Bedeutung, die mit der Art, wie Bedeutung in unserer körperlichen Erfahrung entwickelt wird, völlig unvereinbar sind. Stattdessen wird angenommen, dass ein kognitives Modell (bei dem es sich um einen stimmigen Satz von Annahmen auf Grundlage einer toten Metapher handelt) eine mögliche Darstellung der Realität ist, und es wir gesagt, dass Bedeutung eher von der Überzeugung abhängig ist als umgekehrt.

In Anlehnung an die Systemtheorie ist verkörperte Bedeutung systemisch, weil sie Bedeutung als eine Reihe von Verknüpfungen oder Beziehungen innerhalb des Netzwerks menschlicher Körper betrachtet. Dieses Bedeutungsnetzwerk interagiert auch mit dem umfassenderen Netzwerk sozialer Kommunikation, das die Ausgestaltung gemeinsamer Wörter und Symbole bestimmt, aber nicht auf rein kommunikative Begriffe reduziert werden kann. Im Gegensatz dazu ist der Repräsentationalismus linear und geht von einer Linie der Bedingtheit aus, von der hypothetischen Realität bis zur Sprache, die diese Realität repräsentiert. Als eine Auffassung von Bedeutung mag dies im eigenen Annahmenkontext funktionieren, aber sie vernachlässigt eine ganze Reihe weiterer Bedingungen.

Um dem Mittleren Weg zu folgen, müssen wir die Grundlage unserer Überzeugungen in Bedeutung und die Grundlage dieser Bedeutung in verkörperter und assoziativer Erfahrung erkennen. Bedeutung kann durch Verabsolutierung *zersplittern*, weil unsere Überzeugungen über eine andere Sichtweise (oder eine andere Gruppe, Person oder sogar einen anderen Teil von uns selbst) unsere Fähigkeit blockieren können, ihre Symbole bedeutungsvoll zu finden.[2] Wenn wir die Bedeutung einer anderen Sichtweise nicht verstehen, ist es unmöglich, angemessenere gemeinsame Überzeugungen zu entwickeln, weil solche Überzeugungen von gemeinsamen Bedeutungen abhängen.

Daher wird Vorstellungskraft zu einem wichtigen Aspekt von Vorläufigkeit, der es uns ermöglicht, über Bedeutung nachzudenken, die die Grundlage alternativer Überzeugungen bildet, bevor wir uns auf der Überzeugungsebene ganz auf sie einlassen. Künstlerische oder jede andere Praxis, die Vorstellungskraft umfasst, kann uns helfen, die uns zugängliche Bedeutung zu erweitern und mit alternativen Bedeutungsquellen in einer Weise zu experimentieren, die hilft unsere Überzeugungen adäquater zu machen (Integration von Bedeutung).[3] Diese Offenheit gegenüber neuen Bedeutungsquellen muss mit

---

[2] Ellis (2013b) Abschnitt 2.

[3] Ebenda. Abschnitte 5 und 6.

Skepsis gegenüber verabsolutierenden Überzeugungen kombiniert werden, die unseren Zugang zu neuen Bedeutungen zu blockieren suchen.[4] Denken Sie z.B. daran, wie totalitäre Regime die Künste unterdrücken, weil die Künste Menschen helfen können, auf neue Arten zu denken, die diese totalitäre Macht potenziell bedrohen könnten.

Verkörperte Bedeutung liefert eine weitere Begründung für Allmählichkeit als Grundmerkmal menschlicher Bedeutung. Von einem verkörperten Standpunkt aus wird ein bestimmtes Symbol, Wort oder Sprachelement eine *gewisse* Bedeutung für eine bestimmte Person haben. Repräsentationalismus ist hingegen mit diskontinuierlichen Überzeugungen über Sinnhaftigkeit oder Bedeutungslosigkeit von Sprache verbunden. Das vielleicht extremste Beispiel dafür war die logisch-positivistische Philosophie von Gestalten wie A.J. Ayer, der jede ethische und religiöse Sprache als „völlig bedeutungslos" ablehnte, weil sie nicht absolut verifizierbar war[5] (und dabei völlig die skeptische Erkenntnis ignorierte, dass wissenschaftliche oder sonstige Überzeugen ebenso wenig absolut verifizierbar sind!). Ein ähnlicher Katalog impliziter Annahmen über Sinnhaftigkeit wird jedoch von jedem spöttischen Analytiker übernommen, der Vorstellungen, auf die er sich nicht beruft, als „bedeutungslos" ablehnt. Wir können diskontinuierliche Kriterien für Sinnhaftigkeit oder Bedeutungslosigkeit nur anlegen, wenn wir die Rahmenbedingungen für Bedeutungsbildung bei der allmählichen Entwicklung neuronaler Verbindungen sowie die komplexe wechselseitige Abhängigkeit und Resonanz dieser Verbindungen vernachlässigen. Selbst im extremsten und offensichtlichsten Fall von „Bedeutungslosigkeit", wenn ich auf eine Passage chinesischer Schriftzeichen treffe, die ich im herkömmlichen Sinne nicht „verstehe", erkenne ich sie als Passage in chinesischen Schriftzeichen und kann möglicherweise auch andere grundlegende Aspekte ihrer Bedeutung aus dem Kontext erschließen.

Verkörperte Bedeutung hat somit vielfältige wichtige Implikationen, die uns helfen, den Mittleren Weg von neuen Standpunkten aus zu verstehen. Sie gibt uns ein neues Motiv, um zu erkennen, dass Verabsolutierung irrt, da ihr unterstellter Repräsentationalismus in grundlegender Weise nicht zu unserer verkörperten Erfahrung passt. Dies stärkt Skepsis als grundlegende Anerkennung der Ungewissheit von Überzeugungen und Agnostizismus gegenüber Absolutheitsansprüchen. Sie unterstützt Allmählichkeit, indem sie uns zu erkennen hilft, dass Bedeutung eine graduelle Frage ist. Sie hilft, die Rolle der Künste oder jeder anderen Sinngebung zur Unterstützung von Vorläufigkeit zu erklären. Sie liefert auch die Grundlage für eine andere Form der Integration, die Bedeutungsintegration als Vorbedingung für Glaubensintegration.

---

[4] Ebenda. Abschnitt 3

[5] Ayer (1946).

7.h. Lateralisation des Gehirns und Verabsolutierung

Einer der wichtigsten Meilensteine in der jüngeren Ideengeschichte war die Veröffentlichung von *The Master and His Emissary* [Der Meister und sein Abgesandter] im Jahr 2010 – Iain McGilchrists multidisziplinäres Buch über die Lateralisation des Gehirns und ihre Auswirkungen auf die menschliche Kultur und Geschichte.[1] McGilchrists Darstellung der beiden Gehirnhälften basiert auf einer Vielzahl an Indizien und einer differenzierten Sicht der Rolle der beiden Hemisphären, die frühere, zu grobe Vereinfachungen der Thematik bei weitem übertrifft. Dennoch ist er in der Lage, die wichtigsten Auswirkungen der unterschiedlichen Spezialisierungen der beiden Gehirnhälften aufzuzeigen. Die linke ist zielorientiert und setzt auf sprachliche Darstellungen, die rechte ist offen für Reize über die Sinne, Körper, Empathie und Metaphorik. Hervorzuheben ist, dass es *nicht* notwendigerweise reduktionistisch ist, unsere mentalen Prozesse in Bezug auf das Gehirn zu berücksichtigen. Statt zu behaupten, dass der Verstand *nur* das Gehirn sei, bietet McGilchrist einen zusätzlichen Reichtum an Einsichten in den Verstand, den wir von innen heraus erfahren, der das Bedürfnis nach Vorläufigkeit auf jeder Ebene der Beschreibung, die wir verwenden, verstärkt.

In McGilchrists Darstellung geht es auch um den Mittleren Weg, denn die überdominante linke Gehirnhälfte ist ganz klar die Quelle der Verabsolutierung. Obwohl wir alle beide Hemisphären ständig benutzen, ist die Wirksamkeit der Verbindung zwischen ihnen von entscheidender Bedeutung. Die linke Gehirnhälfte, die unsere expliziten, sprachlich ausgedrückten Überzeugungen handhabt, kann ein mutmaßliches Eigenleben führen, indem sie sich selbst für das Ganze hält und unzulänglich durch das Bewusstsein der rechten Hemisphäre gemäßigt wird.[2] Geschlossene Rückkopplungsschleifen zwischen dem linken präfrontalen Cortex und dem limbischen System sorgen für eine ständige Verstärkung des scheinbaren Eigenlebens der linken Gehirnhälfte, die objektivierend, manipulativ und rationalisierend ist.

Obgleich die linke Gehirnhälfte unsere Überzeugungen *logisch* konsistent machen kann, sind gerade die Annahmen, die sie vor Beginn eines Argumentationsprozesses trifft, für die Angemessenheit ihrer Überzeugungen von besonderer Bedeutung. Nur eine Verbindung mit der rechten Gehirnhälfte, die neue Informationen oder einen neuen metaphorischen Rahmen einbringt, kann diese Annahmen verändern, unabhängig davon, ob sie formal positiv oder negativ sind. Es ist die rechte Hemisphäre, die in dem Sinne verkörpert

[1] McGilchrist (2010). Siehe auch meine Zusammenfassung und erweiterte Rezension in Ellis (2011c).
[2] McGilchrist (2010), S. 37 ff.

ist, dass sie mit dem Bewusstsein des ganzen Körpers in einer Weise verbunden ist, wie es die linke nicht ist. Wenn wir McGilchrists Werk mit der Theorie verkörperter Bedeutung verbinden, können wir somit davon ausgehen, dass verkörperte Bedeutung grundsätzlich durch die rechte Gehirnhälfte verarbeitet wird.

Die unterschiedlichen Zugänge zur Zeit in den beiden Hemisphären sind auch ein entscheidender Gesichtspunkt in McGilchrists Darstellung.[3] Nur die rechte Gehirnhälfte kann die Dauer als solche erfassen, indem sie sich dessen bewusst ist, dass die Zeit vergeht. Die linke Gehirnhälfte hat Vorstellungen über Zeit und Dauer und verwendet Zeitmessungen als Konzepte, kann aber nicht direkt erfahren, dass Zeit vergeht oder sich unterschiedlicher Zustände ihrer selbst zu verschiedenen Zeitpunkten direkt bewusst sein. Dies bedeutet, dass die linke Hemisphäre Quelle unserer Ungeduld ist: Anstatt sich mit einer Erfahrung von Dauer zu begnügen, will sie, dass ihre Ziele sofort erfüllt werden. Daran zeigt sich einer der entscheidenden Zusammenhänge zwischen Verabsolutierung und Verhinderung von Integration. Integration beinhaltet Bewusstsein (*Sampajana* im Buddhismus), dass wir zu unterschiedlichen Zeiten unterschiedliche Zustände haben, aber dass diese Zustände alle Teil einer umfassenderen Erfahrung sind. Die verabsolutierende linke Gehirnhälfte kann dies jedoch blockieren durch ihre implizite Gewissheit, dieser Moment sei schon die ganze Geschichte.

Der Mittlere Weg, wie wir ihn in Verbindung mit der Lateralisation des Gehirns verstehen können, ist also *kein* Mittlerer Weg zwischen rechter und linker Gehirnhälfte. Vielmehr ist er der Mittlere Weg zwischen den unterschiedlichen, gegenläufigen Verabsolutierungen, die von der linken Gehirnhälfte hervorgebracht werden. Um diesen Mittleren Weg zu erfahren und anders zu urteilen, benötigen wir hinreichend gemeinsames Bewusstsein, das die spezifischen Urteile der linken Hemisphäre, die zeitlich abgekoppelt sind, mit der rechten verbindet, die sie in einen umfassenderen zeitlichen Zusammenhang stellt. Die rechte Gehirnhälfte ermöglicht diese Verknüpfung durch Integration des Bewusstseins, aber ohne die linke Hemisphäre gäbe es nichts zu integrieren. Nur mit ausreichendem Input aus der rechten Gehirnhälfte, die in der Lage ist, das Eigenleben der linken Hemisphäre durch umfassendere Erfahrungen in Frage zu stellen, und durch ein ideenreiches Bewusstsein für Alternativen neu zu gestalten, kann die linke Gehirnhälfte vorläufig urteilen.

Wenn wir diese Darstellung der Lateralisation des Gehirns mit den zuvor in diesem Abschnitt diskutierten Ansätzen des Mittleren Wegs verknüpfen, bietet sie weitere Einsichten und Bekräftigungen. Systemische Denkweisen lassen sich im Allgemeinen mit jenen assoziieren, die sich in ausreichendem

---

[3] Ebenda. S. 75–7.

Maße auf die rechte Gehirnhälfte stützen, um unser Bewusstsein für das Netzwerk von Bedingungen jenseits der linearen Modelle zu erweitern, die die linke Hemisphäre abgeschottet zu konstruieren pflegt. Verkörperte Bedeutung kann als eine Darstellung von Bedeutung interpretiert werden, die der Rolle von Körperbewusstsein und Metaphorik bei der Schaffung unserer Bedeutungserfahrung genügend Aufmerksamkeit schenkt – all dies hängt eher von der rechten Gehirnhälfte als von der Dominanz der linken allein ab. Falsifikationismus kann als eine Herangehensweise an wissenschaftliche Methodik verstanden werden, die ausreichend berücksichtigt, wie jede Entdeckung neue Informationen erfordert, um die bestehende Theorie zu widerlegen: Auch hier wird der rechten Hemisphäre eine hinreichende, zusammenhängende Funktion zugestanden, statt von der linken allein abhängig zu sein.

Alle Prinzipien des Mittleren Wegs legen nahe, eine übermäßige Abhängigkeit von der isolierten linken Hemisphäre in Frage zu stellen. Skepsis ist eine Infragestellung der Gewissheit, die die allzu dominante linke Gehirnhälfte anzunehmen neigt. Agnostizismus ist eine Infragestellung sowohl dieser Gewissheit als auch des Dualismus, dem die linke Hemisphäre verfallen kann, wenn sie konträre Ansichten nur als Verneinungen ihrer bestehenden Ansichten konzipiert und so Alternativen von einer aktiven Berücksichtigung ausschließt. Erst durch die rechte Gehirnhälfte werden wir uns dritten Alternativen bewusst und genau diese Fähigkeit, sich ihrer bewusst zu werden, bietet die Grundlage für Vorläufigkeit.

Allmählichkeit, die bereits als Merkmal organischer Prozesse beschrieben wurde, ist ebenfalls ein Merkmal des verkörperten Bewusstseins der rechten Hemisphäre im Gegensatz zur für die linke typischen abstrahierten Diskontinuität. Dieser Punkt wird durch Zenos Paradoxe unmittelbar veranschaulicht, die von McGilchrist als direkte Widerspiegelung der hemisphärischen Aufteilung erörtert werden.[4] Beispielsweise wird gemäß Zenos Paradoxon ein Pfeil, der auf ein Ziel zufliegt, dieses Ziel niemals erreichen, weil der dazwischenliegende Raum und die benötigte Zeit unendlich unterteilt werden können. Logischerweise wird dies der Fall sein – aber nur auf der Grundlage nicht-körperlicher Annahmen der linken Gehirnhälfte entgegen der tatsächlichen Erfahrung der Dinge (einschließlich unseres Körpers), die sich unabhängig von ihrer Unterteilbarkeit durch Raum und Zeit bewegen. Die rechte Hemisphäre hingegen erlebt die Dinge in Raum und Zeit als *Gestalten* – als unteilbare Ganze, die auf einen Schlag erfasst werden und nicht in Form teilbarer Dimensionen.

Integration kann also somit nur durch das Zusammenwirken von linker und rechter Hemisphäre gelingen. Wo die linke Gehirnhälfte durch die

---

4 Ebenda. S. 138–9.

Illusion von Getrenntsein und das Aufzwingen geschlossener Rückkopplungsschleifen im Dienste starrer Ziele Konflikte erzeugt, bietet die rechte Hemisphäre die Möglichkeit, diese Ziele durch offene Rückkopplungsschleifen und Anpassung miteinander in Einklang zu bringen. Die Konflikte der linken Gehirnhälfte bestehen nicht mit der rechten, sondern mit sich selbst zu verschiedenen Zeiten, da die linke Hemisphäre aufgrund des Fehlens eines verbindenden Bewusstseins im Laufe der Zeit zwischen einem Ziel und seinem Gegenteil umschwenken oder hin- und herpendeln kann (man denke an einen unentschlossenen Abnehmenden oder einen das Rauchen Aufgebenden). Natürlich hat ein Konflikt auch einen sozialen Gesichtspunkt, der darin besteht, dass die linken Hemisphären verschiedener Personen oder Gruppen unvereinbare Ziele haben, aber dennoch hängt eine Konfliktschlichtung vom Bewusstsein der rechten Gehirnhälfte ab, um eine Neugestaltung der Modalitäten des Konflikts zu ermöglichen.

7.i. Kognitive Verzerrungen und Verabsolutierung

Eine weitere Herangehensweise an den Mittleren Weg lässt sich an der enormen Weiterentwicklung der kognitiven Psychologie durch eine Reihe von Persönlichkeiten in den letzten Jahrzehnten ablesen. Dies geschah insbesondere durch die Identifizierung kognitiver Verzerrungen, die nachweislich universelle Auswirkungen haben, indem sie unser Denken einschränken. Auch wenn sehr viele Menschen dazu beigetragen haben, sticht Daniel Kahneman, der die entscheidenden Konzepte schnellen und langsamen Denkens populär gemacht hat, hervor.[1] „Schnelles" Denken ist das automatische Denken, das wir die meiste Zeit für praktische Zwecke einsetzen, weil es weniger kognitive Anstrengung und weniger Energie erfordert. „Langsames" Denken bedeutet hingegen, die Zusammenhänge explizit durchzuarbeiten und sich die Zeit zu nehmen, die notwendig ist, um sein Urteil angemessen zu begründen. Kahnemans Hauptmodell für „langsames" Denken ist explizite Argumentation, aber ich sehe keinen Grund, warum die ideenreiche Betrachtung von Alternativen nicht eine andere Ausprägung davon sein sollte, denn auch das braucht Zeit. Sowohl die explizite Argumentation als auch die Übung der Vorstellungskraft werden durch den übereilten und gewohnheitsmäßigen Gebrauch des „schnellen" Denkens kurzgeschlossen.

Gerade unsere Verwendung des „schnellen" Denkens, wo „langsames" Denken angemessener und effektiver wäre, führt zu kognitiven Verzerrungen. Diese sind ausgesprochen vielfältig und wurden von mir an anderer Stelle untersucht.[2] Sie können beispielsweise Bestätigungsverzerrung umfassen, bei der wir nur Belege berücksichtigen, die zu unserer bisherigen Sichtweise passen; den versunkene Kosten Fehlschluss, bei dem wir mit einem nutzlosen Projekt aufgrund der vorherigen Anstrengungen, die wir in dieses Projekt gesteckt haben, weitermachen; und die Akteur-Beobachter-Verzerrung, bei der wir andere so beurteilen, als ob sie viel mehr Verantwortung für negative Ereignisse trügen als wir selbst. In jedem dieser Fälle verwenden wir „schnelles" Denken, das unter einigen früheren Rahmenbedingungen möglicherweise angemessen war, das aber unsere Reaktionen auf aktuelle Rahmenbedingungen weit weniger angemessen macht. Diese Verwendung von „schnellem" Denken, wenn „langsames" Denken erforderlich ist, ist ein anderer Ausdruck für Verabsolutierung.[3] Das soll nicht heißen, dass „schnelles" Denken nicht oft auch angemessen ist, aber unsere Annahme, dass es keiner weiteren

[1] Kahneman (2011).

[2] Ellis (2015a) Abschnitt 3.

[3] Siehe Ellis (2015b).

Untersuchung an Punkten bedarf, an denen wir praktisch eine solche weitere Untersuchung durchführen *könnten*, schafft Verabsolutierung.

Kahneman beschreibt auch einen Substitutionsprozess, der hilft, schnelles Denken zu verteidigen: Indem wir ein schwierigeres Problem durch ein einfaches ersetzen, machen wir eine absolute Antwort statthaft. Dies ist ein Grund dafür, warum Menschen bei komplexen Berechnungen Fehler machen, wenn sie sich zu sehr darauf verlassen, dass ihre gewohnten Methoden funktionieren werden. Kahneman liefert auch einige provokante Ersatzmöglichkeiten, die wir für komplexe oder schwierige Fragen verwenden können. Anstatt beispielsweise zu fragen: „Wie viel würden Sie zur Rettung einer bedrohten Art beitragen?" ersetzt man implizit: „Wie viel Ergriffenheit empfinde ich, wenn ich an sterbende Delfine denke?" Und anstelle von „Wie sollten Finanzberater, die ältere Menschen ausnehmen, bestraft werden?" ersetzt man: „Wie viel Wut empfinde ich, wenn ich an Finanzhaie denke?"[4] Dies hilft wiederum, ein Schlüsselelement der Verabsolutierung zu erkennen, das die Substitution der größeren Aufgabe, ein breiteres Spektrum von Erfahrungen und Konzepten zu untersuchen, durch ein bestehendes abstraktes Konzept oder konzeptuellen Glauben (selbst wenn dieser auf einem emotionalen Eindruck beruht) beinhaltet.

Oft können wir praktisch nichts gegen kognitive Verzerrungen tun, weil sie Teil unserer verkörperten Lebenssituation sind, wahrscheinlich durch genetische Vererbung hervorgerufen. Es gibt jedoch einen Bereich kognitiver Verzerrungen, der durch langfristiges, integratives Handeln angegangen werden kann. Da Forscher wie Kahneman sich üblicherweise auf Denkfehler konzentriert haben und daher erwarteten, dass Lösungen das Ergebnis angewandter „Rationalität" in dem Kontext sind, in dem die Verzerrung auftritt, haben sie oft unsere Fähigkeit, Verzerrungen anzugehen, unterschätzt.[5] Logische Argumentation ist aber nur ein kleiner möglicher Bestandteil einer angemesseneren Herangehensweise an kognitive Verzerrungen: eine, die den gesamten Achtfachen Pfad nutzt, um eine stärker integrierte Urteilsgrundlage zu entwickeln. Es ist das *Bewusstsein*, das uns dazu veranlassen kann, wenn nötig langsamer zu werden und dieses Bewusstsein entsteht durch eine hinreichende Verbindung mit der rechten Gehirnhälfte, nicht bloß durch eine gründlichere „Verarbeitung" in der linken. Es braucht auch eine Entwicklung über *längere Zeit*, die die „rationale" linke Gehirnhälfte möglicherweise gar nicht als „ihre" Entwicklung erkennt: eine Offenheit gegenüber unbekannten Unbekannten.

---

[4] Kahneman (2011) S. 98–9.

[5] Ebenda. S. 417 ff.

Eine „kognitive“ Verzerrung ist somit nicht nur kognitiv, sondern ebenso sehr „emotional“. Sie greift gleichzeitig auf Vereinfachungen zurück, die im begrifflichen linguistischen Zentrum des präfrontalen Cortex angesiedelt sind, ignoriert den breiteren verkörperten Kontext unseres Urteilens, bedient sich einer geschlossenen statt offenen Rückkopplungsschleife in Verbindung mit der Umwelt und ersetzt einen angemesseneren, systemischen Standpunkt durch einen linearen. Jede Verzerrung darf nicht nur für sich isoliert gesehen werden, sondern muss auch in Verbindung mit den anderen Verzerrungen und der übergreifenden Psychologie der Verabsolutierung gesehen werden. Überdominanz der linken Hemisphäre, Repräsentationalismus, Bestätigungsverzerrung, Projektion von Archetypen, Verblendung, Dogma und Mara sind jeweils unterschiedliche Arten, über dieselben Phänomene aus verschiedenen Blickwinkeln zu sprechen. Es sind lediglich die Blinden, die den Elefanten betasten, die nicht bereit sind, Schlussfolgerungen in Form einer Synthese zu ziehen, die bei der Betrachtung dieser sich überlappenden Problemstellung gefragt wäre.

Die Entwicklung einer allgemeinen Praxis, um mit kognitiven Verzerrungen umzugehen und ihre negativen Auswirkungen zu überwinden, steckt noch in den Kinderschuhen. Die kognitive Verhaltenstherapie bietet Ansätze, die hauptsächlich in einem medikalisierten Kontext für Menschen mit diagnostizierten psychischen Gesundheitsproblemen eingesetzt werden, wo ein Konsens über problematische Formen des Denkens leichter zu erzielen ist. Dennoch kommen diese Ansätze üblicherweise bei der breiten Allgemeinheit, dort, wo sie am meisten bewegen könnten, nicht zum Einsatz. Beispielsweise wird praktisch nicht thematisiert, wie kognitive Verzerrungen politische Standpunkte beeinflussen, wenn Politik in den Medien diskutiert wird. Es gibt auch keine umfassende Diskussion darüber, inwiefern traditionelle, institutionelle Standpunkte (wie die Lehrmeinungen religiöser Gruppen) Produkte einer verabsolutierenden Verzerrung sind. In *Schnelles Denken, Langsames Denken* spricht Kahneman über seine bisherige Arbeit in Israel – ohne jedoch die offensichtlichen kognitiven Verzerrungen in den gängigen politischen Einstellungen der Israeli zu erwähnen. Es müssen nicht nur sehr viele Querverbindungen hergestellt werden (was der zaghaften, überspezialisierten akademischen Welt gegen den Strich geht), um unsere Erkenntnisse über kognitive Verzerrungen zur Geltung zu bringen, sondern sie müssen auch viel mutiger in einem viel umfassenderen Spektrum von Zusammenhängen angewandt werden. Ihre Beziehung zum Mittleren Weg zu erkennen, könnte ein wichtiger Schritt in diesem Syntheseprozess und in der Anwendung sein.

7.j. Ellen Langers Achtsamkeit

Ellen Langer wurde in diesem Buch bereits erwähnt (Kapitel 5.b. und 6.b.), weil sie einen großen Beitrag zu unserem Verständnis von „Achtsamkeit" geleistet hat. Ich habe das Wort nicht, um Argwohn zu erregen in Anführungszeichen gesetzt, sondern nur, um darauf hinzuweisen, dass Langers Verständnis des Begriffs „Achtsamkeit" etwas weiter gefasst ist als im Buddhismus. Zwar schließt sie ein erweitertes Gewahrsein und eine erweiterte Aufmerksamkeit, wie man sie in der buddhistischen Achtsamkeit findet, mit ein, aber Langer schenkt dem kognitiven Bereich sehr viel mehr Aufmerksamkeit. „Achtsamkeit" ist für sie eine Qualität, die wir auf unsere Urteile anwenden, und der „Vorläufigkeit" sehr ähnlich, wie ich sie bei der Beschreibung des Mittleren Wegs Buddhas verwendet habe. Sie beinhaltet das Bewusstsein für Alternativen in Form dessen, was Langer oft als „neuartige Unterscheidungen" bezeichnet oder das Bewusstsein für neue Beziehungen, die durch Analogie hergestellt werden können.[1]

Langers Werk befasst sich sehr stark mit dem Mittleren Weg, da sie darauf abzielt, Verabsolutierungen aller Art zu vermeiden und auf völlig flexible Weise angemessenere Urteile zu fällen. Verabsolutierung ist das, was Langer „Achtlosigkeit" nennt. Sie beschreibt diese Achtlosigkeit in Begriffen vieler verschiedener kognitiver Verzerrungen, insbesondere solcher, die die Verabsolutierung bestimmter Rahmenbedingungen, bestimmter Kategorien oder bestimmter Assoziationen beinhalten.[2] Achtlosigkeit ist die Aufrechterhaltung einer starren Denkweise bei sich ändernden Bedingungen. Sie sieht Achtlosigkeit als Verabsolutierung im Lernprozess, als typische Abkürzung beim Lernen, die wir benutzt haben, und die vielleicht in einem Kontext funktioniert, aber uns nicht wirklich auf einen anderen vorbereitet. Auswendiglernen für eine Prüfung ist ein klassisches Beispiel dafür. Wenn wir auswendig lernen (wie es buddhistische Mönche traditionell getan haben), vernachlässigen wir völlig den Kontext, der erforderlich ist, um eine Antwort in irgendeinem aussagekräftigen Sinn „richtig" zu machen.[3] Ein solches Lernen setzt auch voraus, dass „Fakten" oder bestimmte festgelegte Fertigkeiten einen absoluten Wert haben, der unabhängig von unserer Fähigkeit ist, sie später tatsächlich anzuwenden.[4]

Dieser Ansatz ist mit vielen der zuvor in diesem Abschnitt erwähnten Ansätze vereinbar. Es handelt sich um einen systemischen Ansatz in dem Sinne, dass er die Form von Syntheselernen identifiziert, die erforderlich ist, um

---

1 Langer (2014) S. 127–8.
2 Ebenda. Teil 1.
3 Langer (1997) Kap. 4.
4 Ebenda. Kap. 7.

Zusammenhänge in einem breiteren Gefüge von Bedingungen in den Mittelpunkt zu stellen, während „achtloses" Lernen ein ungeprüftes lineares Lernen ist. Der enge Fokus auf bestimmte vertretene Ziele beim achtlosen Lernen im Gegensatz zur Fähigkeit, sich in einem achtsamen Ansatz auf neue Ideen einzulassen, macht auch deutlich, dass diese Achtsamkeit eine effektive Nutzung der Funktionen der rechten Gehirnhälfte in Abstimmung mit der linken beinhaltet. Obwohl Langer oft von „neuartigen Unterscheidungen" spricht und Unterscheidungen das Spezialgebiet der linken Hemisphäre sind, erfordert ihre „Neuartigkeit" eine ausreichende Verbindung zur rechten Hemisphäre. Zudem ist es das breitere Gewahrsein der Achtsamkeit, das uns die beste praktische Strategie dafür an die Hand gibt, uns kognitiver Verzerrungen bewusst zu werden.

Langers Art und Weise, sich der Achtsamkeit zu nähern, ist ebenso subtraktiv wie Poppers falsifizierender Ansatz in der Wissenschaft und sie achtet darauf, die Unterschiede zwischen ihren wissenschaftlichen Ansätzen und einem traditionellen, religiösen Ansatz aufzuzeigen, der mit dogmatischen Positivbehauptungen beginnen kann.

> *Meine Arbeit über Achtsamkeit wurde fast ausschließlich aus der westlichen wissenschaftlichen Perspektive angefertigt. Anfänglich konzentrierte ich mich auf Achtsamkeit und ihre Verbreitung im täglichen Leben... Der Begriff Achtsamkeit entwickelt sich allmählich, indem man zunächst Aspekte der Achtlosigkeit betrachtet und dann die Kehrseite der Medaille.*[5]

In diesem Sinne scheint ihre vorläufige Herangehensweise dem linearen Unterrichtskonzept von oben nach unten vorzuziehen zu sein, das oft im traditionellen Buddhismus zu finden ist, und den Mittleren Weg stärker zum Ausdruck zu bringen.

Abgesehen vom Wert der Vorläufigkeit durch ein Bewusstsein vielfältiger Perspektiven, zeigt Langer ein Bewusstsein für den Wert der Allmählichkeit, wenn sie über Experimente zu abhängigem Lernen schreibt: Studierende, denen eine neue Aufgabe mit abhängiger Sprache beigebracht wurde (was suggeriert, dass dies der beste Weg sein mag), waren besser in der Lage, die Fertigkeiten auf einen neuen Kontext anzuwenden als diejenigen, denen sie mit absoluter Sprache beigebracht wurde.[6] Eine solche abhängige Sprache ist ebenfalls inkrementelle Sprache, weil impliziert wird, dass es ein gewisses Maß an Rechtfertigung dafür gibt, sie je nach Kontext zu verwenden. Sie weist auch auf die Beziehung zwischen Achtlosigkeit und einer Ergebnisorientierung im Gegensatz zur Prozessorientierung hin.

---

[5] Langer (2014) S. 79.
[6] Langer (1997) S. 15–22.

Aus ganz praktischen Gründen weist Langer auf die Gefahren von Dualismus in unserem Umgang mit Geist und Körper hin, was ein Beispiel für Skepsis und Agnostizismus liefert, das auf andere verabsolutierte Themen ausgedehnt werden könnte. In diesem Prozess erkennt sie implizit die verkörperte Basis von Bedeutung an, indem sie die Macht des Kontexts auf den Körper erläutert, der unbewusst die Bedeutung dieses Kontexts verarbeitet.[7]

Langer scheint grundsätzlich geneigt zu sein, es anderen zu überlassen, die Beziehung zwischen ihrer Darstellung von Achtsamkeit und der, die man im Buddhismus findet, zu untersuchen. Wo sie diese Beziehung jedoch herstellt, scheint es einige Missverständnisse in Hinblick auf buddhistische Meditation zu geben:

> *Nehmen wir als Beispiel für die semantischen und philosophischen Wirren, die auftauchen, wenn wir versuchen, östliche und westliche Ansichten über den achtsamen Geisteszustand zu vergleichen, die Entwicklung neuer Kategorien. Obwohl dies in meiner Definition eine Form von Achtsamkeit ist, scheint sie in direktem Gegensatz zu dem zu stehen, was man während der Meditation tut. In der Meditation wird der Geist ruhiger, und aktives Denken wird zu verhindern gesucht. Bei einigen Meditationsformen werden Gedanken und Bilder, die in den Sinn kommen, als unwichtig betrachtet und losgelassen, sobald man ihre Anwesenheit bemerkt. Gleichzeitig sollen gemäß zahlreichen östlichen Sichtweisen die richtigen Meditationstechniken zu einem Geisteszustand führen, der als Entautomatisierung bezeichnet wird. In diesem Geisteszustand brechen alte Kategorien zusammen und der Einzelne ist nicht mehr in Stereotypen gefangen.*[8]

Überraschenderweise scheint sie immer noch dem völlig irreführenden Eindruck von Nicht-Meditierenden zu unterliegen, dass Achtsamkeitsmeditation „den Geist entleert“. Es überrascht nicht, dass sie einen Widerspruch findet zwischen einer solchen Praxis und einer, die Kreativität und Bewusstsein im kognitiven Bereich wie anderswo fördert. Dieser falsche Widerspruch scheint aus der Verwendung einer erstarrten metaphorischen Vorstellung des Geistes als Behältnis zu resultieren, das Gedanken, Ideen und Wissen in sich trägt, was impliziert, dass wir, wenn wir diese „Inhalte“ in der Meditation nicht mehr erfahren, den Geist „entleert“ haben müssen. Statt mit dieser Metapher wird Achtsamkeitsmeditation jedoch besser mit einer Integrationsmetapher erklärt. Wenn wir während der Meditation unerwünschte Gedanken verspüren (wie auch während jeder anderen Tätigkeit, die Konzentration erfordert – siehe Kapitel 5.b.), ist dies das Ergebnis eines Konflikts zwischen impliziten Zielen, die durch einen Prozess der Neuausrichtung harmonisiert werden müssen. Meditation stellt alle Gedanken in einen größeren Zusammenhang,

---

[7] Langer (2014) Kap. 10.
[8] Ebenda. S. 80.

so dass sie keine Störungen mehr verursachen, aber es ist ein unhaltbares Herangehen an Meditation, störende Gedanken einfach zu verdrängen.

Abgesehen von diesem Missverständnis ist Langers Verwendung und Entwicklung des Begriffs „Achtsamkeit" in hohem Maße komplementär zum buddhistischen Ansatz, vorausgesetzt, er wird im Sinne des Mittleren Wegs interpretiert. Wie alle anderen alternativen modernen Ansätze zum Mittleren Weg, die bisher diskutiert wurden, ist er nicht sonderlich vom Buddhismus beeinflusst, sondern hat sich im weiten Kontext westlichen psychologischen Denkens entwickelt. In diesem Fall gibt es jedoch auch eine schöpferische Koinzidenz hinsichtlich der verwendeten Schlüsselbegriffe.

7.k. Das Authentische Individuum

Abschließend ist es wichtig, den impliziten Mittleren Weg anzuerkennen, der sich in den westlichen Sichtweisen über das Individuum findet, wie sie sich über die letzten Jahrhunderte in Politik wie Philosophie entwickelt haben. Während die Entwicklung liberaler Demokratie den Einzelnen in eine stärkere Position sozialer Verantwortung denn je gerückt hat, lief sie auch Gefahr, den Einzelnen zu idealisieren, indem sie die Instabilität und den Konflikt, die die Urteile vieler Individuen bedingen, nicht zulässt. Aus den andauernden ideologischen Auseinandersetzungen, die folgten, bildete sich bisweilen im liberalen wie existenzialistischen Denken die Vorstellung vom *authentischen* und *autonomen* Individuum heraus.

Das authentische Individuum liefert einige Hinweise auf den Mittleren Weg, da seine schrittweise Entwicklung eine bewusste Auseinandersetzung mit dem anderen (d.h. mit zuvor unbekannten oder nicht bewerteten Perspektiven) beinhaltet. Vorläufigkeit ist immer erforderlich, um diese Auseinandersetzung mit anderen Ansichten hilfreich zu machen, und Integration ist oft implizit erforderlich, um zu verstehen, wie sich das Individuum entwickelt, um vom Erkennen neuer Perspektiven zu profitieren. Das authentische Individuum kann jedoch oft auch als „rationales" Individuum in einer Weise idealisiert werden, die zu viel Wert auf die in der linken Hemisphäre angesiedelte logische Konsistenz legt, und die anhaltenden Konflikte in uns, die zu inkonsistenten oder unangemessenen Annahmen führen, zu wenig berücksichtigt.

Die Idee des authentischen Individuums könnte leicht Grundlage für ein Buch bilden. Ich möchte nur drei Hauptdenker (von vielen, die in Frage kommen) erwähnen, die auf recht unterschiedliche Weise dazu beigetragen haben.

John Stuart Mill (1806-73) vertrat zunächst energisch die gesellschaftlichen Vorteile von Vorläufigkeit als Teil seines einflussreichen Plädoyers für politische Freiheitsrechte, *Über die Freiheit.*[1] Das Individuum, das in der Lage ist, etablierte Denkmuster in Frage zu stellen, schrieb er, nützt potenziell allen, denn nur durch Berücksichtigung neuer Alternativen kann die Gesellschaft von alten abweichen. Selbst wenn die Gesellschaft „die Wahrheit" bereits kennt, ermöglicht ihr Alternativen zu erwägen, diese Wahrheit auf lebendigere und wirkungsvollere Weise zu verstehen.

Mill ist vor allem für sein utilitaristisches Denken bekannt, aber seine Einsichten in den Wert der Vorläufigkeit und der individuellen Autonomie lassen sich von der Notwendigkeit eines ausschließlich utilitaristischen moralischen Rahmens trennen. Solange wir bereit sind, dem Nutzen (im weitesten Sinn) eine Rolle bei der Förderung moralischen Bewusstseins zuzugestehen,

---

[1] Mill (1972).

können wir Mills liberale Argumente annehmen, dass die Gesellschaft am besten organisiert ist, wenn sie es ermöglicht, alternative Ansichten in Betracht zu ziehen und Individuen in einem vorläufigen Diskussions- und Versuchsraum freie Entscheidungen über sie treffen können. Das schließt nicht aus, dass auch andere Arten des Denkens über Werte (z.B. in Bezug auf Prinzipien oder Tugenden) als hilfreiche Stimuli für moralisches Bewusstsein und individuelle Entwicklung fungieren können.

Mills eigene Biographie liefert auch ein inspirierendes Beispiel für die Entwicklung von Individualität als Antwort auf die Problematik offener Rückkopplungsschleifen („Leiden"), wodurch neues Denken angeregt wird. Angesichts einer unter hohen Druck setzenden utilitaristischen Erziehung durch seinen ehrgeizigen Vater, erlitt Mill als junger Mann einen Nervenzusammenbruch, was ihn jedoch dazu veranlasste, den Utilitarismus neu zu bewerten und seine engstirnigen Annahmen in Frage zu stellen. In der Folge wurde er offener für die Romantische Bewegung mit ihrer Infragestellung der engen Abhängigkeit von den Ideen der Vernunft und entwickelte auch eine enge Arbeitsbeziehung zu seiner Frau Harriet Taylor, die ihn dazu inspirierte, mit „Die Hörigkeit der Frau" eine der ersten Kritiken zu verfassen.

John Dewey (1859-1952) war ein großer pragmatischer Philosoph, Psychologe und Pädagoge, dessen Vision einer authentischen menschlichen Bildungsentwicklung eng mit seiner Vermeidung von Dogmen verbunden war. Er erkannte die Beziehung zwischen absoluten Überzeugungen und sozialer Gruppenidentität. Er erkannte auch die Bedeutung von Kontinuität, statt falscher absoluter Grenzziehungen zwischen Fakten und Werten oder zwischen Disziplinen oder Denkbereichen.[2] Er betrachtete Vorläufigkeit als entscheidend für Demokratie und Bildung, als Mittel zu ihrer Entwicklung, um die Gesellschaft handlungsfähig zu machen und Konflikte zu überwinden. Der Mittlere Weg spiegelt sich für Dewey daher oft in seiner Vision von Demokratie wider, die weit über die Mechanismen von Wahlsystemen hinausgeht und „eine Form von moralischer und spiritueller Vereinigung" bildet.[3]

Deweys liberale Anerkennung des Werts individueller Entwicklung ähnelt der von Mill, aber er ging noch viel weiter, indem er erkannte, auf welche Weise dogmatische Positionen diese Entwicklung blockieren könnten. Er verstand auch die Abhängigkeit dieser dogmatischen Positionen von widerstreitenden Gruppen, die dualistische Überzeugungen in gegenseitiger Abhängigkeit voneinander bilden.

Den Ursprung dieser Spaltungen haben wir in den harten und beständigen Mauern gefunden, die gesellschaftliche Gruppen und Klassen innerhalb einer

---

[2] Dewey (1944) S. 333–4.
[3] Dewey (1993) S. 59.

Gruppe abgrenzen: wie jene zwischen Arm und Reich, Männern und Frauen, Adligen und Niederen, Herrschern und Beherrschten. Diese Barrieren bedeuten ein Fehlen fließenden und freien Umgangs. Dieses Fehlen ist gleichbedeutend mit dem Aufbau verschiedener Formen von Lebenserfahrung, mit jeweils isolierten Themen, Zielen und Werten. Jede dieser sozialen Bedingungen muss als dualistische Philosophie formuliert werden, wenn Philosophie ein aufrichtiger Erfahrungsbericht sein soll.[4]

Die Entwicklung von Individualität erfordert also effektiv, dass der Einzelne einen Mittleren Weg zwischen seiner Herkunftsgruppe und den neuen herausfordernden Standards anderer Gruppen findet. Deweys Ideal der Demokratie bestand darin, sie als ein System zu sehen, in dem dies geschehen kann. Wie Popper stellte er Verbindungen her zwischen der Verwendung offener Rückkopplungsschleifen, einer wirksamen wissenschaftlichen Methode und der Vorläufigkeit, die erforderlich ist, um die Gesellschaft zum Wohle all ihrer Bürger zu gestalten. Auf diese Weise entwickelte er eine höchst systematische Form von Liberalismus und lebte ein langes und bewundernswertes Leben, das soziale, politische, erzieherische und philosophische Betätigung erfolgreich integrierte.

Jean-Paul Sartre (1905-80) war ein französischer existenzialistischer Philosoph, der sich auf die persönliche Authentizität im Sinne von Verantwortungsübernahme konzentrierte. Er verdeutlichte die Einsicht, dass wir für unsere Interpretationen jeglicher Phänomene, denen wir begegnen, verantwortlich sind: nicht aufgrund eines metaphysischen freien Willens, sondern weil wir Optionen und damit Vorläufigkeit erfahren können.[5] Ein Leben in Verabsolutierungen ist für Sartre eines in „Bösgläubigkeit", in dem wir die Konsequenzen unseres individuellen menschlichen Bewusstseins leugnen. Wenn er (in Anlehnung an Kierkegaard) z. B. über die „Qualen Abrahams" spricht, der offenbar von Gott gebeten wurde, seinen Sohn zu opfern, weist er auf Abrahams Verantwortlichkeit dafür hin, die Stimme, die er hört als Stimme Gottes zu interpretieren und zu unterstellen, dass sie absolut und an ihn gerichtet ist.[6]

Dies prangert die extrem häufigen Rückgriffe auf Überlieferung und Autorität an, die religiöse Traditionen ungerechtfertigterweise dominieren. Das Prinzip interpretativer Verantwortung, das anerkennt, dass unsere Lesarten unsere eigenen sind und nicht der Autorität Gottes oder dem Universum zuzuschreiben sind, ist eines, dem ich in diesem Buch zu folgen versucht habe. Wenn wir jemals daran erinnert werden müssen, wie sehr der Mittlere Weg in unserem eigenen Urteilsvermögen begründet ist, empfehle ich, uns Sartre

---

[4] Dewey (1944) S. 333–4.
[5] Sartre (1973).
[6] Ebenda. S. 31.

zuzuwenden, ob wir es nun mögen oder nicht. Er lässt uns mit der Erkenntnis zurück, dass authentische Integration eines aktiven Umgangs mit Verantwortungsbereichen bedarf, was immer zwiespältig sein wird.

Keine dieser drei Persönlichkeiten war ein Meditierender, aber alle leisteten auf eine Weise, wie es die buddhistische Tradition nicht tut, entscheidende Beiträge zu unserem Verständnis des Mittleren Wegs. Sie alle sahen auf unterschiedliche Weise den Wert, Verabsolutierungen zu vermeiden, nicht nur in der Theorie, sondern auch in der Praxis, um eine Vorläufigkeit beim individuellen Urteilen zu schaffen, die frei von Gruppendruck ist. Sie alle sahen die Verbindungen zwischen der Integrität des Individuums und der Überwindung von Konflikten in der Gesellschaft. Auf unterschiedliche Weise waren sie sowohl Schöpfungen als auch Gestalter liberaler Demokratie, in der man glaubt, dass eine Offenheit gegenüber alternativen Standpunkten dazu beitragen kann, die Gesellschaft zum Besseren zu gestalten.

Die liberale westliche Gesellschaft, die durch ihre Ideen mitgestaltet wurde, ist in ihrer Anerkennung von Individualität und Vorläufigkeit weiter gegangen als jede andere vor ihr. Ihre Schwächen liegen jedoch in ihrem Relativismus. Relativistisches Denken geht davon aus, dass die kontextbezogene Abhängigkeit individuellen Wachstums bedeutet, dass seine Entwicklung nur in den Augen dieses Individuums wertvoll ist, und dass daher Werte nicht berechtigterweise verglichen oder priorisiert werden können. Damit ist jedoch eine negative Verabsolutierung verbunden: Eine zunehmend objektive Bewertung und Priorisierung ist ein unvermeidlicher Teil unserer verkörperten Erfahrung, die vom Relativismus in Abrede gestellt wird. Eine Bewertung hängt auch vom weiteren Gefühl von Bedeutung ab, das wir als Individuen empfinden, ohne das uns möglicherweise das Vertrauen fehlt, reflektierend zu urteilen.

Der individuelle Entwicklungsprozess erfordert daher ein ständiges Ausbalancieren der Vorläufigkeit von Überzeugungen, um einerseits eine umfassendere Bedeutung aufrechtzuerhalten und andererseits negative wie positive Verabsolutierungen ausgewogen zu vermeiden. Die bloße Ablehnung von Absoluten führt entweder zur Verabsolutierung relativer Positionen oder zur abwehrend-fundamentalistischen Einschränkung positiver Absolute. Es bedarf eines sorgfältig begleiteten Bildungsprozesses, um jeden Einzelnen zu unterstützen, einen Ansatz des Mittleren Wegs zu finden, der die Entwicklung auf jeder der von Robert Kegan aufgezeigten psychologischen Stufen ermöglicht (siehe Kapitel 4.e.).

Von diesen drei Denkern würde zumindest Dewey einen Großteil dieser Notwendigkeiten für einen unterstützten, bedeutungsvollen und ausgewogenen Entwicklungspfad für das authentische und autonome Individuum erkennen und nicht davon ausgehen, dass Individuen von sich aus „Rationalität“

entwickeln. Seine subtilen Argumente zur nicht-dualistischen Interpretation liberaler Individualität bleiben heute jedoch weitgehend unbeachtet. Auch wenn die Bildungstheorie oft versucht, ein wirkungsvolles Gleichgewicht zwischen Struktur und Autonomie zu finden, taumelt die politisch gesteuerte Bildungspolitik heute eher zwischen marktgesteuertem Laissez-faire und ideologischer Überregulierung. Ohne die grundlegende archetypische Bedeutung, die früher von Religion geliefert wurde, erleiden Individuen häufig Identitätskrisen, indem Religion entweder von einer repressiven Gemeinschaft absolut vorgeschrieben oder als scheinbar willkürliche individuelle Wahl getroffen wird. Ohne die kritischen Reflexionsfähigkeiten, die erforderlich sind, um zwischen ausufernden alternativen Überzeugungen zu unterscheiden, fehlt den modernen Errungenschaften einer liberalen Gesellschaft oft auch das grundlegende Vertrauen, das nötig ist, um in der Welt nachhaltig zu agieren.

Die liberale Vision von Individualitätsentwicklung kann somit wesentlich zu unserem Verständnis des Mittleren Wegs im modernen Kontext beitragen. Das sollte uns jedoch nicht dazu verleiten, den Liberalismus als Ganzes, geschweige denn seine Manifestation in der westlichen Gesellschaft, mit dem Mittleren Weg gleichzusetzen. Stattdessen ist wie bei der buddhistischen, christlichen oder jeder anderen Tradition eine sorgfältige Prüfung erforderlich, um jene Elemente, die uns helfen, den Bedingungen wirksam gerecht zu werden, von denen zu trennen, die neue Verabsolutierungen hervorgebracht haben. Um dies effektiv mit der modernen liberalen Ideologie zu tun, wäre natürlich ein weiteres eigenständiges Buch erforderlich. Allgemein tendiert liberales Denken jedoch dazu, Vorläufigkeit und einige Aspekte der Integration zu betonen, Skepsis und Agnostizismus aber nur in unausgewogener und selektiver Weise zu pflegen und die „emotionalen“ Aspekte der Integration zu vernachlässigen, die sich nicht so leicht in einem gemeinsamen Annahmerahmen darstellen lassen. Indem es sich auf ein individualistisches Ideal fokussiert, neigt es dazu, die Komplexität psychischer Bedingungen zu vernachlässigen, die Individuen tatsächlich prägen, insbesondere die Konflikte innerhalb von Individuen, die sie hindern, „rational“ zu werden.

Diese Nachlässigkeit ist nicht notwendigerweise die Schuld der drei zuvor behandelten Denker oder anderer liberaler Denker, sondern vielmehr die Folge des Umfelds, in dem ihre Ideen interpretiert wurden. So wie die buddhistische Tradition nur eine eingeschränkte Interpretation des Mittleren Wegs als der hilfreichsten Einsicht des Buddha bieten kann, kann der Liberalismus, wie er im Westen gelebt wird, nur eine begrenzte Darstellung des Mittleren Wegs bieten, die anhand der Einsichten in die authentische Entwicklung des Individuums dieser drei Denker entwickelt werden kann.

Zusammenfassung

Der letzte Abschnitt hat deutlich gemacht, dass unser Verständnis des Mittleren Wegs aus vielen verschiedenen Quellen hervorgehen kann. Er ist vielleicht nicht immer explizit und hat auch nicht immer diesen Namen, aber dennoch ist es hilfreich, ihn explizit zu behandeln, um seine volle Tragweite zu verstehen. Er ist keine metaphysische Wahrheit, aber er ist eine universelle und synthetische praktische Theorie. Er ist in dem Sinne „universell", dass er den strukturellen Bedürfnissen des Menschen (und möglicherweise anderer Organismen) entspringt. Wir können daher getrost davon ausgehen, dass er auf alle anwendbar ist, bis wir Gründe finden, etwas anderes zu glauben. Er ist „synthetisch", weil dieses Vertrauen wächst, wenn wir seine Anwendbarkeit auf ein sehr breites Spektrum von Fällen verstehen, die wir in Beziehung zueinander sehen müssen.

Der Mittlere Weg ist nicht einfach nur ein Fachbegriff buddhistischer Studien und auch nicht irgendeines anderen Betätigungsfelds. Er ist eine praktische Theorie, die aus einer Reihe vorläufiger Überzeugungen besteht, denen durch Anwendung ihre ganze Bedeutung verliehen wird. Das bedeutet, dass er faktische, moralische und praktische Implikationen hat, dass er aber nur verstanden wird, wenn man diese Implikationen in Beziehung zueinander sieht.

Diese Implikationen sind gewaltig. Wenn wir über die einschränkenden Annahmen einer bestimmten Form der Untersuchung hinausblicken, können wir feststellen, dass der Mittlere Weg eine Bedeutung hat, die nicht bloß wissenschaftlicher, psychologischer, philosophischer, ethischer, religiöser, soziologischer, politischer, historischer oder künstlerischer Natur ist, sondern alle diese Aspekte beinhaltet. Unsere Darstellungen zu jedem Thema sollten viel synthetischer sein. Moralisch gesehen liefert er uns eine Vision des Guten, die nicht nur eine Idealisierung ist, sondern vielmehr Ausdrucksform des Rahmens bewältigbarer Herausforderungen, wie wir ihnen in der Erfahrung begegnen. Praktisch gesehen kann er uns einen Hinweis darauf geben, wie wir jede Aufgabe besser bewältigen können, von Meditation bis Metallbearbeitung: Verabsolutierungen engen unseren Horizont ein.

Das Hauptaugenmerk dieses Buchs liegt jedoch auf Buddhas Darstellung des Mittleren Wegs, der unsere erste wichtige Quelle für ein Verständnis desselben ist. Ich habe dargelegt, dass es eine fundierte und praktikable Interpretation des Pali-Kanons und der buddhistischen Tradition gibt, die den Mittleren Weg und nicht die verabsolutierte Erleuchtung als die wichtigste Erkenntnis und Errungenschaft des Buddha erkennt. Ich habe ausgeführt, dass alle wichtigen Lehren des Buddhismus – Bedingtheit, die Vier Edlen Wahrheiten, der Achtfache Pfad, die Drei Daseinsmerkmale, Karma und Wiedergeburt, die Bedeutung des Erwachens und des Buddha, Glaube und Zufluchtnahme – alle im Sinne des Mittleren Wegs interpretiert werden sollten und nicht der Mittlere Weg im Sinne einer älteren, verabsolutierten Interpretation dieser Lehren. Ich habe vorgebracht, dass die verabsolutierte Erleuchtung unser praktisches Verständnis des Mittleren Wegs verzerrt, so dass sie kein Objekt des Glaubens sein sollte, obwohl sie ein Objekt von archetypischer Bedeutung und von archetypischem Vertrauen sein kann. All dies wurde aus praktischen und nicht aus historischen Gründen vertreten, unter Verwendung von Texten aus dem Pali-Kanon, um eine hilfreiche Interpretation der Tradition zu unterbreiten und nicht, um den Nachweis in ihrer eigenen Begrifflichkeit zu erbringen.

Ich habe auch eine Positivanalyse des Mittleren Wegs in fünf Teilprinzipien angeboten – Skepsis, Vorläufigkeit, Allmählichkeit, Agnostizismus und Integration, die sich allesamt überschneiden, voneinander abhängig sind, uns aber eine einfach Möglichkeit bieten, neue Ideen in verschiedenen Kontexten auf ihre Kompatibilität mit dem Mittleren Weg zu überprüfen. Ich habe gezeigt, wie diese Prinzipien im Leben und in den Metaphern des Buddha sowie in einer hilfreichen Interpretation seiner Lehren verwurzelt sind. Die verschiedene Art und Weise, wie diese Prinzipien in einer Vielzahl anderer Quellen zu finden sind, sprechen ebenfalls dafür, dass der Mittlere Weg nicht ausschließlich dem Buddhismus vorbehalten ist.

Durch die vergleichende Betrachtung mit meinen bisherigen Publikationen habe ich versucht, mich in diesem Buch konstruktiv und umfassend mit der buddhistischen Tradition auseinanderzusetzen. Ich hoffe daher, dass es für Buddhisten und diejenigen, die sich für den Buddhismus interessieren und ihn studieren, die eine vornehmlich praktische und verantwortungsbewusste Interpretation suchen, statt sich engen traditionellen oder akademischen Annahmen zu unterwerfen, von Nutzen sein wird. Mein Ziel ist es nicht, Buddhisten dazu zu bringen, den Buddhismus aufzugeben, sondern ihn in einer Weise auszulegen, die so universell wie möglich ist, sei es auf individueller oder institutioneller Ebene. Wenn sie das tun, sollten sie feststellen, dass viele unnötige Konflikte sowohl innerhalb des Buddhismus als auch mit anderen Religionen oder mit wissenschaftlichen oder anderen Sichtweisen wegfallen werden. Der Mittlere Weg ist ein Werkzeug des Friedens, indem er sich auf die universelle Grundlage unserer vorläufigen Überzeugungen aufgrund von Erfahrungen konzentriert.

Nach der Lektüre dieses Buches werden mich wahrscheinlich einige Leute für einen Buddhisten halten, andere nicht. Das spielt keine Rolle. Ich versuche einfach nur, von der buddhistischen Tradition inspiriert zu bleiben und möglichst fruchtbar mit Buddhisten zusammenzuarbeiten. Ich selbst werde mich allerdings nur dann als Buddhisten bezeichnen, wenn die Grundlage dessen, was Menschen als „Buddhismus“ betrachten, ganz klar der Mittlere Weg ist.

Literaturverzeichnis

Bibliografische Anmerkung:

Auf buddhistische Texte wurde sowohl unter Verwendung der Originaltexte als auch ihrer Übersetzer Bezug genommen, sie sind hier jedoch nur unter ihren Übersetzern aufgeführt. Bei der Wiedergabe von Pali- und Sanskrit-Begriffen wurden aus drei praktischen Gründen keine diakritischen Zeichen verwendet: Erstens stellen sie eine unnötige Barriere für diejenigen dar, die mit ihnen nicht vertraut sind; zweitens können sie Probleme beim Druck verursachen; und drittens sind Probleme mit Mehrdeutigkeit bei der Transliteration, die ihre Verwendung für Gelehrte erforderlich macht, im Kontext dieses Buches sehr unwahrscheinlich.

Asch, Solomon (1956) *Studies of Independence and Conformity: 1. A Minority of One against a Unanimous Majority*. Psychological Monographs. http://www.psycontent.com/content/h128830k244141t6

Ayer, A.J. (1946) *Language, Truth and Logic*. Penguin, London.

Batchelor, Stephen (2015) *After Buddhism*. Yale University Press, New Haven CT.

Beckwith, Christopher I. (2015) *Greek Buddha: Pyrrho's Encounter with Early Buddhism in Central Asia*. Princeton University Press, Princeton NJ. https://doi.org/10.1515/9781400866328

Bett, Richard (2005) *Sextus Empiricus: Against the Logicians*. Cambridge University Press, Cambridge. https://doi.org/10.1017/CBO9780511815232

Bodhi, Bhikkhu (1994) 'Going for Refuge and Taking the Precepts'. *Access to Insight (BCBS Edition)*. https://www.accesstoinsight.org/lib/authors/bodhi/wheel282.html

Bodhi, Bhikkhu (1998) 'A Look at the Kalama Sutta'. *Access to Insight (BCBS Edition)*. http://www.accesstoinsight.org/lib/authors/bodhi/bps-essay09.html

Bodhi, Bhikkhu (1999) 'The Noble Eightfold Path: The Way to End Suffering'. *Access to Insight (BCBS Edition)*. https://www.accesstoinsight.org/lib/authors/bodhi/waytoend.html

Bodhi, Bhikkhu (2000) *The Connected Discourses of the Buddha: A New Translation of the Samyutta Nikaya* (2 vols). Wisdom Publications, Boston.

Bruzina, D.A. (2002) 'Sextus Empiricus and the Skeptic's Beliefs'. Master's thesis, Virginia State University. https://pdfs.semanticscholar.org/30c7/cc4fd42b310f98e903d6f0bbf9a878cc5c8d.pdf

Burlingame, E.W., revised by Bhikkhu Khantipalo (2006) 'Buddhist Stories from the Dhammapada Commentary, Part 2'. *Access to Insight (BCBS Edition)*. http://www.accesstoinsight.org/lib/authors/burlingame/wheel324.html

Capra, Fritjof and Luisi, Pier Luigi (2014) *The Systems View of Life: A Unifying Vision*. Cambridge University Press, Cambridge.

https://doi.org/10.1017/CBO9780511895555
Chabris, Christopher (2011) *The Invisible Gorilla: And Other Ways Our Intuition Deceives Us*. HarperCollins, London.
Conze, Edward (1951) *Buddhism: Its Essence and Development*. Bruno Cassirer, Oxford.
Curd, Patricia (2011) *A Presocratics Reader: Selected Fragments and Testimonia*. Hackett, Indianapolis IN.
Dewey, John (1944) *Democracy and Education*. Macmillan, New York.
Dewey, John, edited by Debra Morris and Ian Shapiro (1993*) The Political Writings*. Hackett, Indianapolis IN.
Drake, Stillman (1978) *Galileo at Work: His Scientific Biography*. Dover, Mineola NY.
Eddy, Mary Baker (1906) *Science and Health with Key to the Scriptures*. https://www.christianscience.com/the-christian-science-pastor/science-and-health
Ellis, Robert M. (2001) 'A Buddhist Theory of Moral Objectivity'. PhD thesis, Lancaster University, also published as *A Theory of Moral Objectivity* (2011) Lulu, Raleigh NC.
Ellis, Robert M. (2011a) *The Trouble with Buddhism: How the Buddhist Tradition Has Betrayed Its Own Insights*. Lulu, Raleigh NC.
Ellis, Robert M. (2011b) *Theme and Variations*. Lulu, Raleigh NC.
Ellis, Robert M. (2011c) 'The Master and His Emissary by Iain McGilchrist: Extended Review'. www.middlewaysociety.org/books/psychology-books/the-master-and-his-emissary-by-iain-mcgilchrist/
Ellis, Robert M. (2012) *Middle Way Philosophy 1: The Path of Objectivity*. Lulu, Raleigh NC.
Ellis, Robert M. (2013a) *Middle Way Philosophy 2: The Integration of Desire*. Lulu, Raleigh NC.
Ellis, Robert M. (2013b) *Middle Way Philosophy 3: The Integration of Meaning*. Lulu, Raleigh NC.
Ellis, Robert M. (2015a) *Middle Way Philosophy 4: The Integration of Belief*. Lulu, Raleigh NC.
Ellis, Robert M. (2015b) 'Cognitive Error as Absolutisation'. https://www.researchgate.net/publication/283460051_Cognitive_error_as_absolutisation
Ellis, Robert M. (2018) *The Christian Middle Way: The Case against Christian Belief but for Christian Faith*. Christian Alternative, New Alresford Hants.
Ellis, Robert M. (erscheint demnächst) *The Jungian Middle Way: How Jung's* Red Book
Parallels the Buddha's Method for Human Integration.
Festinger, Leon, Riecken, Henry, and Schachter, Stanley (1956) *When Prophecy Fails*. University of Minnesota Press, Minneapolis MN.

https://doi.org/10.1037/10030-000
Flintoff, E. (1980) 'Pyrrho and India'. *Phronesis* 25(1): 88–108. www.jstor.org/stable/4182084, https://doi.org/10.1163/156852880X00052
Fox, Michael D., Snyder, Abraham Z., Vincent, Justin L., Corbetta, Maurizio, Van Essen, David C., and Raichle, Marcus E. (2005) 'The human brain is intrinsically organized into dynamic, anticorrelated functional networks'. *Proceedings of the National Academy of Sciences USA* 102(27): 9673–8. https://www.ncbi.nlm.nih.gov/pmc/articles/PMC1157105/
Fox, Kieran C.R., Nijeboera, Savannah, Dixon, Matthew L., Floman, James L., Ellamilla, Melissa, Rumaka, Samuel P., Sedlmeier, Peter, and Christoof, Kalina (2014) 'Is meditation associated with altered brain structure? A systematic review and meta-analysis of morphometric neuroimaging in meditation practitioners'. *Neuroscience & Biobehavioral Reviews* 43: 48–73. https://www.sciencedirect.com/science/article/pii/S0149763414000724, https://doi.org/10.1016/j.neubiorev.2014.03.016
Garfield, Jay L. (1995) *The Fundamental Wisdom of the Middle Way: Nagarjuna's Mulamadhyamakakarika*. Oxford University Press, New York.
Gokhale, Pradeep P. (1996) 'Essentialism, Eternalism and Buddhism' from Kalpakam Sankarnarayan et al. (eds.) *Buddhism in India and Abroad*. Somaiya Publications, Mumbai.
Govinda, Lama Anagarika (1966) *The Way of the White Clouds*. Rider, London.
Grossman, David (1995) *On Killing: The Psychological Cost of Learning to Kill in War and Society*. Back Bay Books, New York.
Gunaratna, Henepola (1995) 'The Jhanas in Theravada Buddhist Meditation'. *Access to Insight (BCBS Edition)*. http://www.accesstoinsight.org/lib/authors/gunaratana/wheel351.html
Haase, Lori, May, April C., Falahpour, Maryam, Isakovic, Sara, Simmons, Alan N., Hickman, Steven D., Liu, Thomas T., and Paulus, Martin P. (2015) 'A Pilot Study Investigating Changes in Neural Processing after Mindfulness Training in Elite Athletes'. *Frontiers in Behavioral Neuroscience*. https://www.frontiersin.org/articles/10.3389/fnbeh.2015.00229/full
Hadot, Pierre (1995) *Philosophy as a Way of Life*. Blackwell, Oxford.
Haidt, Jonathan (2012) *The Righteous Mind: Why Good People Are Divided by Politics and Religion*. Pantheon Books, New York.
Harris, Sam (2007) Letter to a Christian Nation. Bantam, London.
Hecker, Hellmuth (2009) *Similes of the Buddha: An Introduction*. Buddhist Publications Society, Kandy, Sri Lanka.
Heisenberg, Werner (1958) *Physics and Philosophy: The Revolution in Modern Science*. Harper, New York.
Horner, I.B. (1952) *The Book of the Discipline, Volume 5*. Pali Text Society, Oxford.
Hume, David (1978, 2nd edn.) *A Treatise of Human Nature*. Oxford University Press, Oxford.

Ireland, John D. (1990) *The Udana: Inspired Utterances of the Buddha*. Buddhist Publications Society, Kandy, Sri Lanka.
Janis, Irving L. (1982) *Groupthink: Psychological Studies of Policy Decisions and Fiascos*. Houghton Mifflin, Boston.
Jayawickrama, N.A. (1990) *The Story of Gotama Buddha (Jataka Nidana)*. Pali Text Society, Oxford.
Johnson, Mark (1987) *The Body in the Mind*. University of Chicago Press, Chicago.
Johnson, Mark (2007) *The Meaning of the Body: Aesthetics of Human Understanding*. University of Chicago Press, Chicago. https://doi.org/10.7208/chicago/9780226026992.001.0001
Johnston, E.H. (1972) *The Buddhacarita or Acts of the Buddha*. Oriental Reprint, New Delhi.
Jones, Dhivan Thomas (2011) *This Being, That Becomes: The Buddha's Teaching on Conditionality*. Windhorse Publications, Cambridge.
Jung, Carl (1898) Zofingia Lectures, from *Collected Works Supplementary Volume* A. Routledge, London.
Jung, Carl, edited by Sonu Shamdasani (2009) *The Red Book: Liber Novus (Reader's Edition)*. Norton, New York.
Kabat-Zinn, Jon (2013, 2nd edn.) *Full Catastrophe Living: Using the Wisdom of Your Body and Mind to Face Stress, Pain, and Illness*. Bantam, New York.
Kahneman, Daniel (2011) *Thinking Fast and Slow*. Penguin, London.
Kegan, Robert (1982) *The Evolving Self: Problem and Process in Human Development*. Harvard University Press, Cambridge MA.
Kuhn, Thomas (1996, 3rd edn.) *The Structure of Scientific Revolutions*. University of Chicago Press, Chicago. https://doi.org/10.7208/chicago/9780226026992.001.0001
Kuzminski, Adrian (2008) *Pyrrhonism: How the Ancient Greeks Reinvented Buddhism*. Lexington Books, Lanham MD.
Lakatos, Imre (1974) 'Falsification and the Methodology of Scientific Research Programmes' from I. Lakatos and A. Musgrave (eds.) *Criticism and the Growth of Knowledge*. Cambridge University Press, Cambridge.
Lakoff, George (1987) *Women, Fire and Dangerous Things: What Categories Reveal about the Mind*. University of Chicago Press, Chicago. https://doi.org/10.7208/chicago/9780226026992.001.0001
Lakoff, George and Johnson, Mark (1980) *Metaphors We Live By*. University of Chicago Press, Chicago.
Lakoff, George and Johnson, Mark (1999) *Philosophy in the Flesh: The Embodied Mind and Its Challenge to Western Thought.* Basic Books, New York.
Langer, Ellen (1997) *The Power of Mindful Learning*. Da Capo Press, Boston.
Langer, Ellen (2010) *Counterclockwise: A Proven Way to Think Yourself Younger and Healthier*. Hodder, London.

Langer, Ellen J. (2014, 25th Anniversary edn.) *Mindfulness*. Da Capo Press, Boston.
Lerner, Melvin J. (1980) *The Belief in a Just World*. Plenum Press, New York. https://doi.org/10.1007/978-1-4899-0448-5
Ling, Trevor (1973) *The Buddha*. Penguin, Harmondsworth Middlesex.
Macy, Joanna (1991) *Mutual Causality in Buddhism and General Systems Theory*. SUNY Press, Albany NY.
Marx, Karl, edited by David McLennan (1977) *Selected Writings*. Oxford University Press, Oxford.
Mates, Benson (1996) *The Skeptic Way: Sextus Empiricus's Outlines of Pyrrhonism*. Oxford University Press, Oxford.
Maturana, Humberto and Varela, Francisco (1992) *The Tree of Knowledge: The Biological Roots of Human Understanding*. Shambhala, Boston.
McGilchrist, Iain (2010) *The Master and His Emissary: The Divided Brain and the Shaping of the Modern Mind*. Yale University Press, New Haven CT.
Mill, John Stuart (1972 – originally 1859) 'On Liberty' from *Utilitarianism, On Liberty, and Considerations of Representative Government*. Dent, London.
Monier-Williams, Monier (2008) *A Sanskrit-English Dictionary*. http://www.sanskrit-lexicon.uni-koeln.de/monier/
Morad, Natali (2017) 'How to Be an Adult: Kegan's Theory of Adult Development'. Medium online: https://medium.com/@NataliMorad/how-to-be-an-adult-kegans-theory-of-adult-development-d63f4311b553
Morrison, Robert (1997) 'Three Cheers for Tanha'. *Western Buddhist Review 2*. www.westernbuddhistreview.com/vol2/tanha.html
Murti, T.R.V. (1955) *The Central Philosophy of Buddhism: A Study of the Madhyamika System*. Unwin, London.
Ñanamoli, Bhikkhu (1962) *The Guide (Translation of the Nettippakarana)*. Pali Text Society, Oxford.
Ñanamoli, Bhikkhu (1991) *The Path of Purification (Visuddhimagga of Buddhaghosa)*. Buddhist Publication Society, Kandy Sri Lanka.
Ñanamoli, Bhikkhu and Bodhi, Bhikkhu (1995) *The Middle Length Discourses of the Buddha: A New Translation of the Majjhima Nikaya*. Wisdom Publications, Boston.
Ñanavira Thera (1987) *Clearing the Path*. Path Press, Colombo (also on nanavira.org).
Nussbaum, Martha (1994) *The Therapy of Desire: Theory and Practice in Hellenistic Ethics*. Princeton University Press, Princeton NJ.
Nyanaponika Thera (1962) *The Heart of Buddhist Meditation: A Handbook of Mental Training Based on the Buddhist Way of Mindfulness*. Rider, London.
Nyanaponika Thera and Bodhi, Bhikkhu (1999) *Numerical Discourses of the Buddha: An Anthology of Suttas from the Anguttara Nikaya*. Altamira Press, Walnut Creek CA.

Olendzki, Andrew (2013) 'Skinny Gotami & the Mustard Seed'. *Access to Insight (BCBS Edition).* http://www.accesstoinsight.org/noncanon/comy/thiga-10-01-ao0.html

Papadopoulos, Renos (2006) 'Jung's epistemology and methodology' from R. Papadopoulos (ed.) *Handbook of Jungian Psychology*. Routledge, London.

Payutto, P.A. (1994) *Buddhist Economics*. Buddhadhamma Foundation, Bangkok.

Perdue, Daniel E. (1992) *Debate in Tibetan Buddhism*. Snow Lion Publications, Ithaca, NY.

Pesala, Bhikkhu (2013) Quotation from translation of commentary on *Dighanakha Sutta (Majjhima Nikaya 74)* at https://dhammawheel.com/viewtopic.php?t=16541

Popper, Karl (1959) The Logic of Scientific Discovery. Hutchinson, London.

Popper, Karl (1994) *Knowledge and the Mind-Body Problem.*

Routledge, London. Price, A.F. and Mou-Lam, Wong (1969) *The Diamond Sutra and the Sutra of Hui Neng*. Shambhala, Boston.

Pseudo-Dionysius, trans. John Parker (1924) *Mystic Theology.* https://en.wikisource.org/wiki/Dionysius_the_Areopagite,_Works/Mystic_Theology, https://doi.org/10.1007/978-1-4899-0448-5

Ratnaguna (2010) *The Art of Reflection*. Windhorse Publications, Cambridge.

Ray, Reginald A. (1994) *Buddhist Saints in India: A Study in Buddhist Values and Orientations*. Oxford University Press, Oxford.

Reeve, C.D.C. (trans.) (1998) *Plato's Cratylus*. Hackett, Indianapolis IN.

Ross, Lee, Greene, David, and House, Pamela (1977) 'The False Consensus Effect: An Egocentric Bias in Social Perception and Attribution Processes'. *Journal of Experimental Social Psychology* 13(3): 279–301. http://www.sciencedirect.com/science/article/pii/002210317790049X

Saddhatissa, H. (1985) *The Sutta Nipata*. Curzon Press, London.

Sangharakshita (1987, 6th edition) *A Survey of Buddhism: Its Doctrines and Methods through the Ages*. Tharpa Publications, London.

Sangharakshita (1989, 3rd edition) *The Ten Pillars of Buddhism*. Windhorse Publications, Glasgow.

Sangharakshita (1990a) *Vision and Transformation*. Windhorse Publications, Glasgow.

Sangharakshita (1990b) *A Guide to the Buddhist Path*. Windhorse Publications, Birmingham.

Sangharakshita (1990c) *New Currents in Western Buddhism*. Windhorse Publications, Glasgow.

Sangharakshita (1993) *Forty-three Years Ago: Reflections on My Bhikkhu Ordination*. Windhorse Publications, Glasgow.

Sartre, Jean-Paul, translated by Phillip Mairet (1973) *Existentialism and Humanism*. Methuen, London.

Sargeant, Winthrop (2009) *The Bhagavad Gita*. SUNY Press, Albany NY.

Shantideva, translated by K. Crosby and A. Skilton (1995) *The Bodhicaryavatara*. Oxford University Press, Oxford.

Stevenson, Ian (1974) *Twenty Cases Suggestive of Reincarnation*. University of Virginia Press.

Sunstein, Cass (2005) 'Moral Heuristics'. *Behavioural and Brain Sciences* 28(4): 531–42.
http://www.ncbi.nlm.nih.gov/pubmed/16209802,
https://doi.org/10.1017/S0140525X05000099

Swearer, Donald K. (1995) *The Buddhist World of South East Asia*. SUNY Press, Albany.

Taleb, Nassim Nicholas (2012) *Antifragile: Things That Gain from Disorder*. Penguin, London.

Taylor, Donald and Doria, Janet (1981) 'Self-serving and Group-serving Bias in Attribution'. *The Journal of Social Psychology* 113(2): 201–11. http://www.tandfonline.com/doi/abs/10.1080/00224545.1981.9924371#.Uwn0cLnivIU

Thanissaro, Bhikkhu (1994) 'Sunita the Outcaste'. *Access to Insight (BCBS Edition)*. http://www.accesstoinsight.org/tipitaka/kn/thag/thag.12.02.than.html

Thanissaro, Bhikkhu (1997a) 'Kucchivikara-vatthu: The Monk with Dysentery'. *Access to Insight (BCBS Edition).*
http://www.accesstoinsight.org/tipitaka/vin/mv/mv.08.26.01-08.than. html

Thanissaro, Bhikkhu (1997b) 'Dhana Sutta: Treasure' (AN 7.6), *Access to Insight (BCBS Edition).*
https://www.accesstoinsight.org/tipitaka/an/an07/an07.006.than.html

Thanissaro, Bhikkhu (2003) 'Avarana Sutta: Obstacles' (AN 5.51). *Access to Insight (BCBS Edition).*
http://www.accesstoinsight.org/tipitaka/an/an05/an05.051.than.html

Thanissaro, Bhikkhu (2013) 'The Not-self Strategy'.
https://www.accesstoinsight.org/lib/authors/thanissaro/notselfstrategy. pdf

Twenge, Jean M. (2017) *iGen: Why Today's Super-Connected Kids Are Growing Up Less Rebellious, More Tolerant, Less Happy – and Completely Unprepared for Adulthood – and What That Means for the Rest of Us*. Atria Books, New York.

Walshe, Maurice (1995) *The Long Discourses of the Buddha: A Translation of the Digha Nikaya.* Wisdom Publications, Boston.

Whitaker, Justin (2017) 'A Storm is Coming: Tibetan Buddhism in the West'. www.patheos.com/blogs/americanbuddhist/2017/11/a-storm-is-coming-tibetan-buddhism-in-the-west.html

Wijayaratna, Mohan, translated by Claude Grangier and Steven Collins (1990) *Buddhist Monastic Life According to the Texts of the Theravada Tradition.* Cambridge University Press, Cambridge.

Williams, Paul (1989) *Mahayana Buddhism: The Doctrinal Foundations*. Routledge, London.

Index

Hinweis: Untereinträge im Index sind nach erster Nennung im Buch geordnet

Der Verlag Mittlerer Weg und die Buddha-Stiftung

Der Verlag Mittlerer Weg ist ein Projekt der Buddha-Stiftung.

Die gemeinnützige und unabhängige Buddhastiftung möchte Menschen die zentralen und ursprünglichen Einsichten des Buddhismus und deren praktische Anwendung im Leben in einer verständlichen Form zugänglich machen.

Das Fundament bildet dabei ein säkulares Verständnis des Buddhismus, das ohne kulturhistorisch entstandene Dogmen oder Glaubensinhalte auskommt.

Die Buddha-Stiftung fördert

- den Aufbau eines säkular buddhistischen Netzwerks
- den Dialog zwischen Buddhismus, Philosophie, Wissenschaft, Kunst und Religionen sowie den Dialog zwischen den verschiedenen buddhistischen Traditionen
- Angebote buddhistischer Meditation als Alltagspraxis, ins-besondere als Methode zur Entwicklung von Einsicht, Achtsamkeit, Offenheit und zur Bewältigung von Stress im Alltag.

Dazu veranstaltet die Buddhastiftung Symposien, Diskussionen, Retreats und Meditationsabende und veröffentlicht Inhalte in gedruckter Form und in digitalen Medien.

Die Stiftungsarbeit erfolgt auf ehrenamtlicher Basis.

Die Stiftung ist komplett unabhängig, finanziert sich nur aus Spenden und ist keiner Organisation weder finanziell, organisatorisch oder inhaltlich verpflichtet. Spenden sind steuerlich absetzbar.

www.buddhastiftung.org

ISBN 978-3-7531-6299-7
00005
9 783753 162997
www.epubli.com

Printed in Poland
by Amazon Fulfillment
Poland Sp. z o.o., Wrocław

34899087R00181